2023–2024
中国服装行业发展报告

2023–2024
ANNUAL REPORT OF CHINA GARMENT INDUSTRY

中国服装协会　编著

中国纺织出版社有限公司

内 容 提 要

本书分为总报告篇、分报告篇、产业链报告篇、专题篇、观点篇、大事记篇及附录七部分。

总报告篇是2023—2024年中国服装行业经济运行发展报告，分报告篇包括2023—2024年中国服装消费市场发展报告、2023—2024年中国服装出口贸易分析报告、2023—2024年中国服装电商发展报告、2023—2024年中国服装行业资本市场报告、2023—2024年中国纺织服装品牌发展报告、2023—2024年中国消费趋势报告，产业链报告篇收录了2023—2024年中国棉纺织行业运行报告、2023—2024年中国纤维流行趋势发布报告、2023—2024年中国纺织面料流行趋势报告、2023—2024年中国服装印花行业发展报告、2023—2024年中国缝制机械行业经济运行报告，专题篇收录了坚定信心开拓奋进书写新型工业化的锦绣篇章、中国与“一带一路”服装产业链合作报告、服装行业数智化转型前沿技术展望、2023年中国纺织服装上市企业ESG绩效研究报告、2023年中国少女发育内衣行业发展白皮书，观点篇收录了建设现代化服装产业集群以及对2023年世界服装大会、2023年中国服装大会、2023年中国服装论坛相关内容的整理和摘编，大事记篇梳理了2023年中国服装行业发展的重大事件和活动，附录则收录了2023年中国服装产业经济数据等内容，以备查询之用。

本书旨在总结2023年中国服装行业发展状况、解析行业热点问题，力求全面总结梳理2023年中国服装行业发展特点并展望行业未来；在分析和预测的基础上提出观点和建议，以翔实的数据和一手资料，为服装企业和相关业界人士提供具有指导性和权威性的参考依据。

图书在版编目（CIP）数据

2023-2024中国服装行业发展报告／中国服装协会编著. -- 北京：中国纺织出版社有限公司，2024. 3
ISBN 978-7-5229-1479-4

Ⅰ. ①2… Ⅱ. ①中… Ⅲ. ①服装工业—经济发展—研究报告—中国—2023-2024 Ⅳ. ①F426. 86

中国国家版本馆CIP数据核字（2024）第031095号

2023—2024 ZHONGGUO FUZHUANG HANGYE FAZHAN BAOGAO

责任编辑：郭 沫 张晓芳 责任校对：高 涵 责任印制：王艳丽

中国纺织出版社有限公司出版发行
地址：北京市朝阳区百子湾东里A407号楼 邮政编码：100124
销售电话：010—67004422 传真：010—87155801
http://www.c-textilep.com
中国纺织出版社天猫旗舰店
官方微博 http://weibo.com/2119887771
北京华联印刷有限公司印刷 各地新华书店经销
2024年3月第1版第1次印刷
开本：889×1194 1/16 印张：18
字数：450千字 定价：198.00元

《2023—2024 中国服装行业发展报告》课题组

组　长	陈大鹏
副组长	谢　青　周一奇　焦　培　杨晓东　陈国强
课题组成员 （以姓氏笔画为序）	王立平　王永生　王　玢　王　祺　王　静 卢　芳　兰　兰　冯炎君　刘　卉　刘正源 刘　佩　刘春芳　刘晓青　刘　静　齐元勋 齐　梅　闫　博　杨　涛　李晓菲　李雪菲 李　璇　求佳峰　吴吉灵　肖明超　邱　琼 屈　飞　赵明霞　闻力生　姜　蕊　袁　正 殷　夏　高宇菲　郭　燕　黄国光　黄宝娣 渠梦玮　董　正　彭丽桦　惠露露　靳高岭 窦　娟　廖　博　Zihan Huang

前言 Foreword

2023 年是极不平凡的一年，也是拼搏奋斗的一年。

这一年，世界经济复苏动力不足，经济全球化遭遇逆流，局部冲突和动荡频发，各种不稳定、不确定、难预料因素增多。在这种严峻复杂的外部环境下，中国服装行业的发展处于相对困难的时期，行业整体运行面对着比较大的困难、压力和挑战。

困难也是客观的，一方面新冠肺炎疫情后经济恢复需要波浪式发展、曲折式前进的过程；另一方面，处在百年未有之大变局中，地缘政治、冲突、发展遏制等变局不断累加，产业、市场、消费等变革也在持续叠加。回看中国现代服装产业几十年的发展，可以说是一路砥砺前行、风雨兼程、从弱到强，从一个传统劳动密集型产业走出了一条科技、时尚、绿色的全新发展之路。作为与生俱来就是充分市场化和不断开拓创新的产业，在压力与挑战面前，依然有一大批优秀品牌和企业逆势而上，不断加快数字化转型和调整创新，取得了良好的发展。从这些优秀企业的身上，可以看到中国服装行业在困难挑战中一如既往、奋进创新的产业特质和精神风貌。

行业的发展要看大势和条件，尽管面对着经济周期中的困难和压力，但是从行业发展阶段、发展条件、发展优势等方面看，中国服装行业韧性强、潜力大、空间广的基本面始终没有改变，中国经济向好的基本面没有改变，行业发展长期向好的基本面也没有改变。特别是"中国式现代化"推进的大背景，更是为行业开启了一个新的更好的发展时期，我们有理由、有底气对这个行业的发展充满信心。从服装行业的角度看"中国式现代化"。首先，中国 14 亿人的穿衣得立足自己；其次，从产业属性看，服装行业既是物质创造，更是精神文化的创造，满足人民对美好生活的向往，实现文化自信、文化复兴，服装是重要的载体和体现，要靠且必须要靠我们自己来创造。这是中国服装行业发展最重要的立足点，也是巨大的市场空间。

今天，在国家走向强盛的宏大背景下，中国服装行业已进入由高增长转向高质量发展的新阶段，处在了转变发展方式、优化结构、转换动能的新时期，步入 2024 年的中国服装产业要以新发展理念引领，瞄准世界科技革命和产业变革的新方向，践行科技、时尚、绿色的宏伟蓝图，开启现代化产业体系建设新征程。

对此，中国服装协会编辑出版了《2023—2024 中国服装行业发展报告》，希望以翔实的数据、准确的分析、前瞻性的研判，向读者全面展示 2023 年中国服装行业发展环境和现状，探析行业在新环境下的机遇与挑战，并揭示产业创新发展的重要意义。

报告中难免存在不足与争议，欢迎广大读者给予批评指正。

中国服装协会

2024 年 1 月

目录 Contents

CHIC
中国国际服装
服饰博览会(春季)
China International
Fashion Fair (Spring)
2024.3.6-8
国家会展中心（上海）
National Exhibition & Convention Center (Shanghai)

第一部分　总报告篇

2023~2024年中国服装行业经济运行发展报告

中国服装协会　产业部

2023年是全面贯彻落实党的二十大精神、推进现代化国家新征程的开局之年，是三年新冠肺炎疫情防控转段后经济恢复发展的一年。对于中国服装行业来说，2023年是在逆境中勇毅前行、奋力谋复苏求发展的一年。面对外部风险挑战和多重因素交织叠加带来的下行压力，我国服装行业坚持稳字当头、稳中求进的工作总基调，全面推进转型升级和创新发展，尽管行业经济呈现降速运行态势，但运行质效逐步修复，已有明显的边际改善，科技创新、智能制造、品牌建设、可持续发展等领域取得新进展，展现出强劲的韧性和活力，为服装行业构建现代化产业体系和高质量发展筑牢坚实基础。

2024年是深入实施“十四五”规划的攻坚之年，服装行业进入了以科技创新引领全面建设现代化产业体系的新发展阶段。虽然全球经济形势依然复杂严峻，但是我国经济内生增长动力加速修复，经济发展长期向好的趋势不会改变。面对战略机遇和风险挑战并存、不确定性上升的外部环境，服装行业将坚持稳中求进、以进促稳、先立后破的工作总基调，不断激发高质量发展潜力，持续推进产业基础高级化和产业链现代化，为稳定经济发展、满足人民美好生活需要以及构建现代化产业体系做出贡献。

一、2023年中国服装行业经济运行情况

2023年，我国服装行业面临的外部环境更趋复杂严峻，全球经济增长放缓，国际市场需求收缩，服装行业承压前行。随着我国宏观经济回升向好以及一系列扩内需促消费政策措施落地显效的带动，内销市场持续回暖，我国服装企业转型升级和创新发展不断推进，行业经济呈现“总体降速运行、年末边际改善”的态势。

（一）服装生产明显下滑

2023年，受外需收缩、内需增长乏力、成本上涨等因素影响，我国服装行业生产规模有所下降，工业增加值持续负增长。根据国家统计局数据，2023年1~12月，服装行业规模以上企业工业增加值同比下降7.6%，降幅比前三季度收窄1.2个百分点，比2022年同期加深5.7个百分点；规模以上企业完成服装产量193.9亿件，同比下降8.69%，降幅比前三季度收窄0.7个百分点，比2022年同期加深5.33个百分点。从服装主要品类产量来看，2023年1~12月，服装行业规模以上企业机织服装产量为65.56亿件，同比下降15.01%，针织服装产量为128.33亿件，同比下降5.08%，降幅分别比2022年同期加深9.86和2.84个百分点。在机织服装中，羽绒服装、西服套装和衬衫产量同比分别下降23.78%、9.37%和9.86%（图1-1）。

从月度生产变化来看，全年服装生产降幅呈现波动收窄的走势。一季度，受需求总体偏弱、上年同期基数较高及春节假期等因素影响，我国服装行业生产增速持续回落，规模以上企业工业增加值和服装产量均呈现负增长，降幅较2022年继续加深。根据国家统计局数据，1~3月，服装行业规模以上企业工业增加值同比下降8.8%，降幅比2022年全年加深6.9个百分点，服装产量同比下降9.7%，降幅比2022年全年加深6.3个百分点。4~5月，出口订单集中交付拉动服装生产明显回升，1~5月，服装产量降幅比一季度收窄7.8个百分点。但是自6月开始订单不足问题更为突出，6月工业增加值同比下降6.9%，降幅比5月加深0.6个百分点；1~6月，服装产量同比下降7.84%，降幅比1~5月加深5.93个百分点。进入三季度，在内需市场稳步恢复、国家一系列稳增长稳就业政策的有

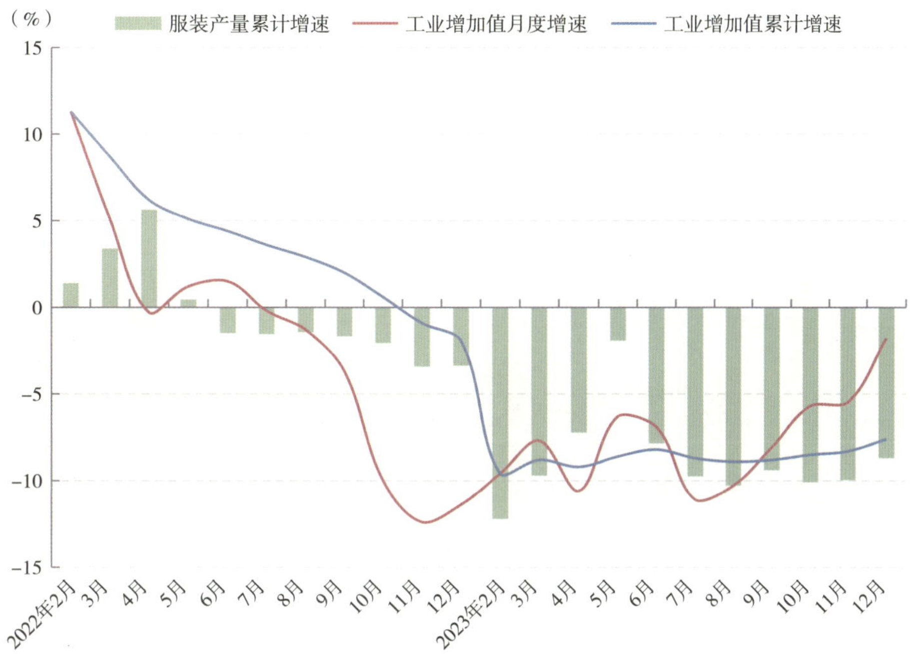

图 1-1　2023 年服装行业生产增速情况

（数据来源：国家统计局）

力支撑下，行业工业增加值降幅逐月收窄，7 月、8 月、9 月工业增加值增速分别同比下降 11.1%、10.3%和 8.1%。但服装产量降幅仍在加深，1～9 月，规模以上企业完成服装产量同比下降 9.39%，降幅比 1~6 月加深 1.55 个百分点。四季度，随着“双十一”购物节、圣诞季促销备货拉动国际市场需求增加以及海外去库存显效等积极因素增多，服装生产指标降幅明显收窄，11 月、12 月工业增加值降幅分别比上月收窄 0.2 和 3.7 个百分点，全年工业增加值和产量降幅分别比前三季度收窄 1.2 和 0.7 个百分点。

（二）内销市场持续回暖

2023 年，国内社会经济全面恢复，居民收入增长快于国民经济，就业形势大体稳定，为消费回暖提供有力保障。叠加产业供给不断优化、新业态新模式刺激潜在消费需求以及扩内需促消费政策落地显效等因素的有力拉动，我国服装内销市场实现较快增长，市场活力持续回升，消费需求逐渐释放。根据国家统计局数据，2023 年 1～12 月，我国限额以上单位服装类商品零售额累计 10352.9 亿元，同比增长 15.4%，增速比 2022 年同期提升 23.1 个百分点；穿类商品网上零售额同比增长 10.8%，增速比 2022 年同期加快 7.3 个百分点（图 1-2）。

从月度变化来看，2023 年，我国服装内销增速在冲高回落后逐步企稳回升。上半年，前期积压的消费需求集中释放、消费回暖叠加低基数因素，限额以上单位服装类商品零售额和穿类商品网上零售额同比分别增长 15.5%和 13.3%。其中，3 月、4 月和 5 月限额以上单位服装类商品零售额实现两位数快速增长，增幅分别为 24.5%、39.9% 和 21.2%，6 月增速有所下降，同比增长 7.2%。进入三季度，各项指标累计增速呈现了明显放缓的变化。7 月，受极端天气、服装消费进入传统淡季等因素影响，限额以上单位服装类商品零售额增速仅为 2.6%。自 8 月开始，在新一轮稳增长政策措施效应显现及暑假旅游旺季的支撑下，服装销售逐渐回升，9 月，限额以上单位服装类商品零售额同比增长 12%。四季度，受“双十一”购物节、秋冬装换季热销、节日需求集中释放以及低基数效应的拉动，11 月、12 月限额以上单位服装类商品零售

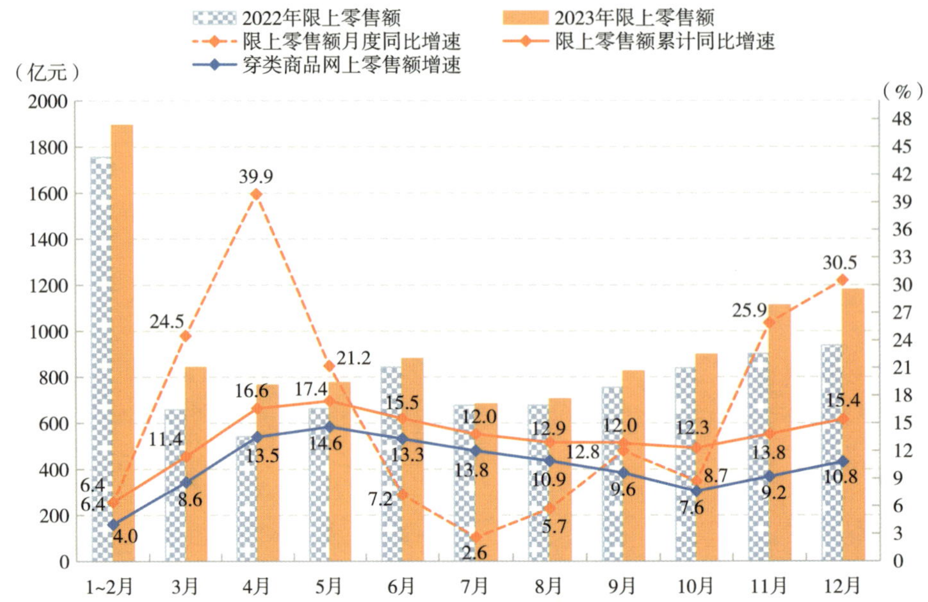

图 1-2　2023 年国内市场服装销售情况

（数据来源：国家统计局）

额增速达 25.9%和 30.5%，全年限额以上单位服装类商品零售额和穿类商品网上零售额增速分别比前三季度加快 2.6 和 1.2 个百分点。

从销售渠道来看，实体门店零售稳步恢复，线上服装消费实现较快增长。在企业积极推进数字化转型、消费环境优化改善、消费体验丰富提升等因素带动下，大商场、专业市场等实体店铺服装销售持续改善。根据中华全国商业信息中心的统计，2023 年 1~11 月，全国重点大型零售企业服装类商品零售额同比增长 17.2%，零售量同比增长 9.0%，分别比 2022 年同期提升 29.5 和 25.2 个百分点，其中男西装、男衬衫、女装、童装和运动服均实现较快增长，增幅分别为 10.7%、11.2%、8.9%、3.9%和 13.5%。根据中国纺织工业联合会流通分会数据，2023 年前三季度，重点监测的 44 家纺织服装专业市场成交额 10580.7 亿元，同比增长 17.4%。同时，直播电商、内容电商、社群营销等新业态新模式快速发展，线上服装消费增势良好。根据天猫、淘宝、京东、抖音和快手五大电商平台的数据，2023 年男装、女装、童装和运动服销售额同比分别增长 8.6%、7.8%、8.0%和 7.4%，户外服装成为网络平台销售热点，同比增幅高达 75.3%。

（三）服装出口负增长

2023 年，受国际市场需求收缩、“去中国化”趋势加剧等因素影响，我国服装出口延续了去年四季度增速放缓的态势，出口下行压力加大，出口规模明显下降。根据中国海关总署数据，2023 年 1~12 月，我国累计完成服装及衣着附件出口 1591.4 亿美元，同比下降 7.8%，增速比 2022 年同期回落 11 个百分点。从量价关系来看，服装出口量价齐跌，出口数量为 304 亿件，同比下降 1.0%，出口平均单价 4.3 美元/件，同比下降 6.9%。其中，针织服装及衣着附件出口金额 825.7 亿美元，同比下降 7.8%，出口数量同比下降 0.8%，出口单价同比下降 7.5%；机织服装及衣着附件出口金额 704.2 亿美元，同比下降 6.8%，出口数量同比下降 1.4%，出口单价同比下降 6.0%。

从全年出口走势来看，2023 年服装出口在小幅回升后持续负增长，年末翘尾现象较为明显。1~4 月，随着国内供应链恢复、积压订单集中交付，服装出口同比增长 2.5%。但是各月出口增幅波动较大，由于春节假期停工影响，1~2 月出口同比下降 14.7%，3 月、4 月出口增速高达 32.3%和 14.3%。5 月以来，由于海外需求收缩、积压订单逐步完成交货等因素影响，服装出口压力明显加大，出口金额持续下降，5月、6月同比分别下降12.3%和13.9%，7月出口降幅高达18%。自8月开始，受2022年同期基数降低、海外市场库存消化等因素拉动，出口降幅触底回弹，10月出口降幅收窄至8.7%。在圣诞节、新年等节日消费需求提升及美国去库存显效等因素作用下，年末两月服装出口明显向好，11月降幅收窄至2.8%，12月当月服装出口恢复正增长，同比增长1.9%，全年服装出口降幅比前三季度收窄1.0个百分点（图1-3）。

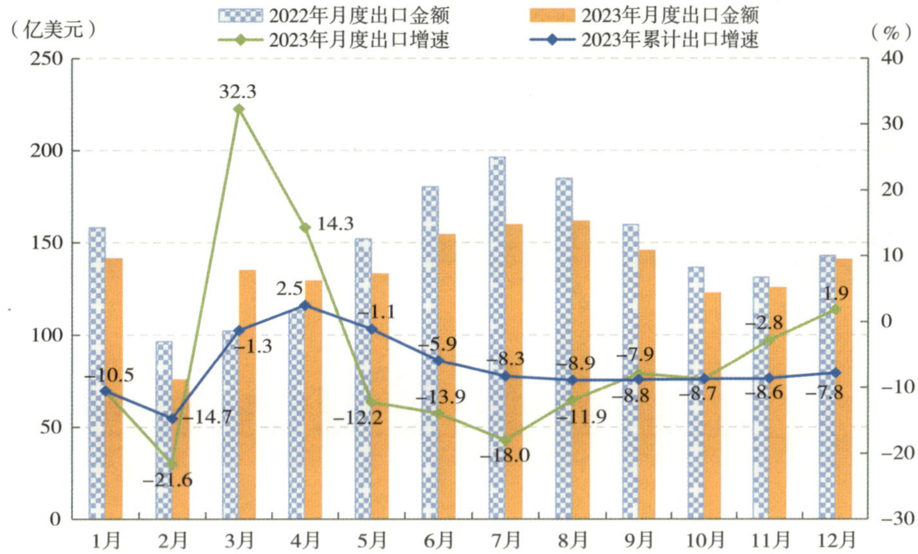

图1-3　2023年我国服装及衣着附件出口情况

（数据来源：中国海关总署）

美国“涉疆法案”实施以来，不仅严重影响我国对美国棉制品出口，对其他主要市场也产生负面连锁效应。根据中国海关总署数据，2023年1~12月，我国棉制服装出口506.7亿美元，同比下降10.8%。其中，棉制针织服装出口292.4亿美元，同比下降14.3%；棉制机织服装出口214.2亿美元，同比下降5.6%。另外，我国对美国棉制服装出口85.0亿美元，同比下降18.1%；对欧盟棉制服装出口67.0亿美元，同比下降23.0%；对日本棉制服装出口30.5亿美元，同比下降23.0%。从细分品类来看，附加值较高的西服、便服等通勤、社交类服装以及滑雪等运动服装出口继续保持增长，其中西服套装、便服套装出口金额同比分别增长7.2%和26.3%，滑雪等运动服装出口金额同比增长0.2%。除此之外，大衣、羽绒服等防寒服装、睡衣等家居服装出口金额同比分别下降18.2%和7.4%；针织类T恤衫和毛衫出口金额同比分别下降1.6%和10.3%。

服装出口市场多元化持续推进，我国对美国、欧盟和日本服装出口延续下降态势，对东盟服装出口呈先增后降趋势，对非洲和“一带一路”沿线国家和地区服装出口逆势增长。根据中国海关总署数据，2023年1~12月，我国对美、欧、日三大传统市场服装出口金额合计727.8亿美元，同比下降15.1%，占我国服装出口总额的45.7%，比2022年同期减少3.9个百分点。其中，我国对美国服装出口金额335.9亿美元，同比下降12.0%，降幅比2022年加深9.8个百分点；我国对欧盟服装出口金额265.5亿美元，同比下降19.5%，增速比2022年回落22.5个百分点；我国对日本服装出口金额126.5亿美元，同比下降13.2%，降幅比2022年加深12.9个百分点。同期，我国对东盟服装出口金额155.1亿美元，同比下降4.3%，自7月开始，我国对东盟单月服装出口转为负增长，10月和11月降幅分别达30.7%和17.2%，12月降幅收窄为4.5%。1~12月，我国对“一带一路”沿线国家和地区服装出口同比增长1.4%，拉动我国服装出口增长0.4个百分点，其中对哈萨克斯坦同比增长72.5%；对非洲服装出口同比增长15.0%，拉动我国服装出口增长0.7个百分点；而对拉丁美洲和大洋洲服装出口则同比下降7.9%和5.7%。另外，我国对韩国、俄罗斯服装出口同比增长1.1%和12.8%，对英国、智利和加拿大服装出口同比分别下降15.7%、22.5%和20.5%（图1-4）。

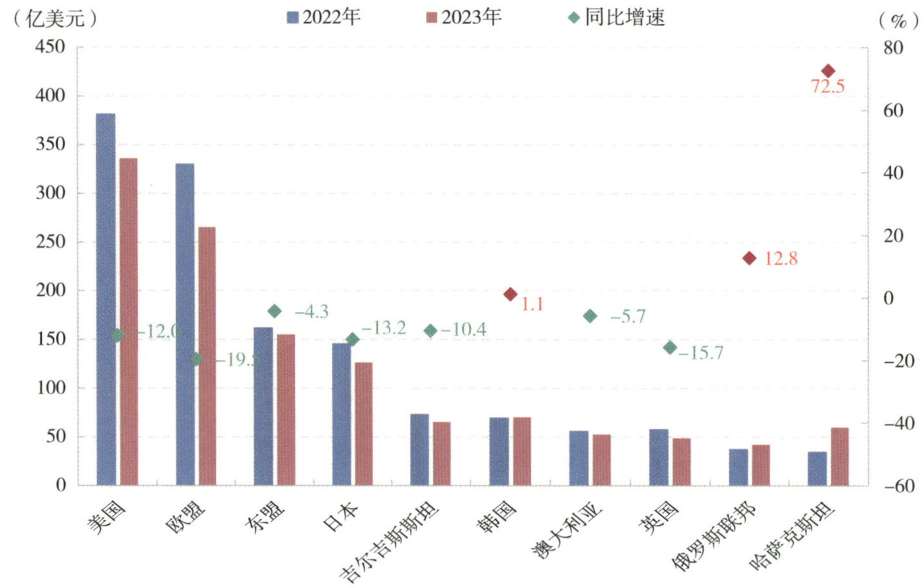

图1-4　2023年我国对部分国家和地区服装出口情况

（数据来源：中国海关总署）

东部地区仍占据我国服装出口的主导地位，中西部地区服装出口保持小幅增长，尤其是四川、新疆、广西等西部省份服装出口势头强劲，显示出服装产业梯度转移步伐持续加快。根据中国海关总署数据，2023年1~12月，我国服装出口前五大省份浙江、广东、江苏、山东和福建合计完成服装出口1094.9亿美元，同比下降10.1%，占我国服装出口总额的68.8%，比2022年减少1.8个百分点。其中，浙江、山东服装出口同比下降2.1%和2.7%，占全国服装出口比重分别提升1.3和0.6个百分点；广东、江苏和福建服装出口同比分别下降16.8%、16.0%和15.6%，占全国服装出口比重分别减少1.6、1.2和0.8个百分点。同期，我国中西部地区服装出口金额合计同比增长4.9%，占全国服装出口总额的21.7%，比上年同期提升2.6个百分点。其中四川出口增幅高达58.7%；湖北、新疆和广西出口金额同比分别增长31.3%、23.0%和12.6%；同时，湖南、江西和安徽服装出口金额分别同比下降31.8%、27.7%和8.4%（表1-1）。

表1-1　2023年我国各省、市、自治区服装出口情况

省市名称	出口金额（亿美元）	同比（%）	占服装出口总额比重（%）	占比增减（个百分点）
浙江省	341.4	-2.1	21.5	1.3
广东省	236.8	-16.8	14.9	-1.6
江苏省	200.2	-16.0	12.6	-1.2
山东省	179.8	-2.7	11.3	0.6

续表

省市名称	出口金额（亿美元）	同比（%）	占服装出口总额比重（%）	占比增减（个百分点）
福建省	136.6	-15.6	8.6	-0.8
前五名合计	**1094.9**	**-10.1**	**68.8**	**-1.8**
新疆维吾尔自治区	128.4	23.0	8.1	2.0
上海市	87.4	-12.0	5.5	-0.3
江西省	35.7	-27.7	2.2	-0.6
湖北省	35.2	31.3	2.2	0.7
广西壮族自治区	31.0	12.6	1.9	0.4
湖南省	28.0	-31.8	1.8	-0.6
安徽省	26.7	-8.4	1.7	0.0
四川省	26.5	58.7	1.7	0.7
辽宁省	25.8	-16.3	1.6	-0.2
河北省	22.6	-15.0	1.4	-0.1
前十五名合计	**1542.2**	**-7.6**	**96.9**	**0.2**

（数据来源：中国海关总署）

（四）投资呈现小幅下降

在国内外市场需求整体疲弱、企业经营压力加大、市场预期不稳以及高基数等因素的影响下，我国服装行业投资信心略显不足，固定资产投资规模小幅下降，但降幅逐步收窄。根据国家统计局数据，2023 年 1~12 月，我国服装行业固定资产投资完成额同比下降 2.2%，比 2022 年下滑 27.5 个百分点，但降幅比上半年和前三季度分别收窄 3.1 和 2.5 个百分点。行业数字化、智能化转型升级明显提速，在新增固定资产投资项目中，以产能升级改造为主，涉及智能化设备的开发应用、智能工厂建设、供应链优化、品牌营销、渠道拓展、仓储物流等多个领域（图 1-5）。

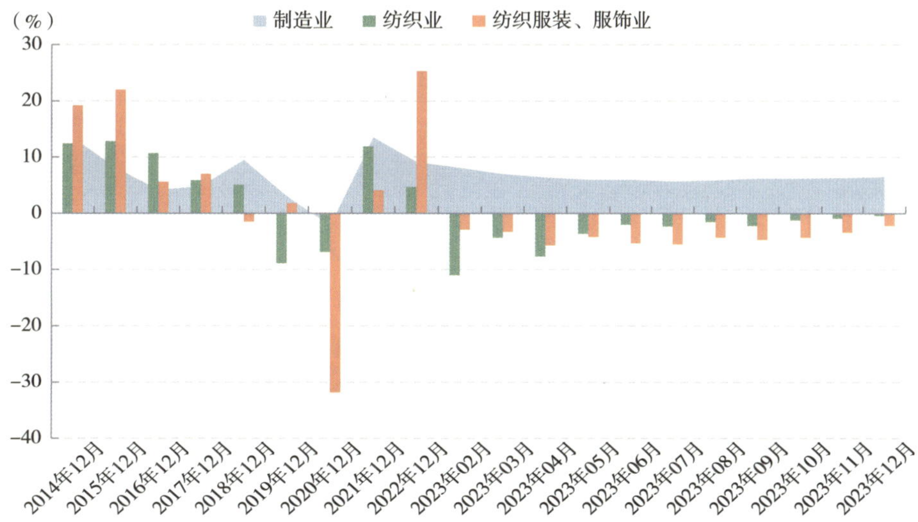

图 1-5 2023 年服装行业固定资产投资增速情况

（数据来源：国家统计局）

(五)运行质效严重承压

2023 年，我国服装行业营业收入和利润总额的萎缩态势仍在延续，企业运行效率放缓，盈利难度加大，行业经济运行严重承压。根据国家统计局数据，2023 年 1～12 月，我国服装行业规模以上(年主营业务收入 2000 万元及以上)企业 13625 家，实现营业收入 12104.66 亿元，同比下降 5.40%，降幅比 2022 年加深 0.84 个百分点；利润总额 613.82 亿元，同比下降 3.39%，降幅比 2022 年收窄 2.95 个百分点；营业收入利润率为 5.07%，高于 2022 年 0.11 个百分点。受益于年末服装出口和内销市场的向好表现，行业效益指标明显改善，全年营业收入和利润总额降幅分别比前三季度收窄 2.73 和 3.81 个百分点，营业收入利润率比前三季度提高了 0.69 个百分点。

行业亏损面扩大，运行效率有所下降。根据国家统计局数据，1～12 月，服装行业规模以上企业亏损面达 20.8%，比 2022 年同期扩大 2.07 个百分点，亏损企业亏损额同比增长 4.49%；“三费”比例为 10.07%，高于 2022 年 0.54 个百分点；产成品周转率、应收账款周转率和总资产周转率分别为 10.71 次/年、6.40 次/年和 1.11 次/年，同比分别下降 3.64%、7.65%和 5.00%，周转速度放缓显示行业运营压力加大（图 1-6）。

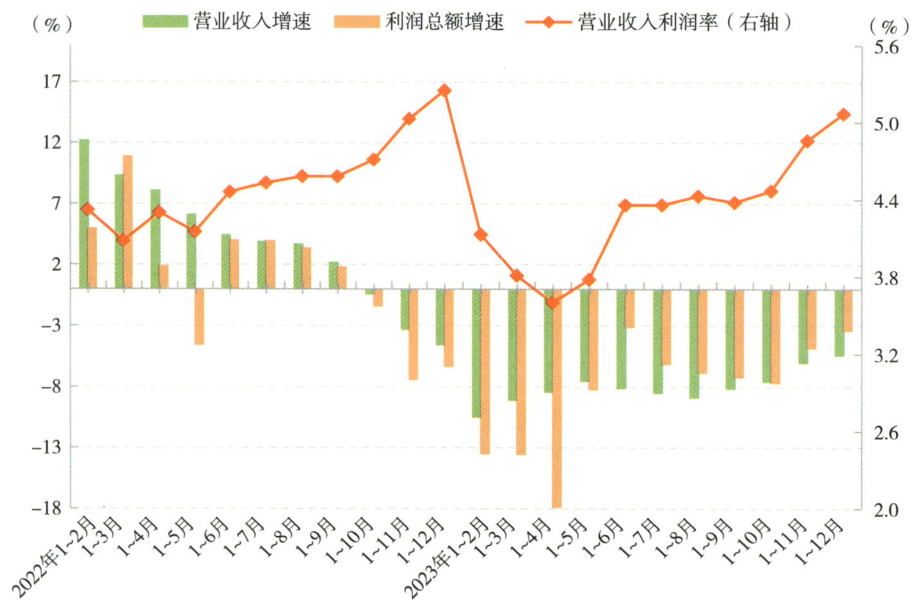

图 1-6　2023 年服装行业主要效益指标情况

（数据来源：国家统计局）

从子行业运行情况来看，机织服装制造业运行情况要好于针织或钩针编织服装制造业，服饰制造业亏损最为严重。根据国家统计局数据，机织服装制造业规模以上企业实现利润总额 402.40 亿元，同比下降 0.27%，亏损企业亏损额同比下降 1.06%，营业收入利润率比 2022 年同期提高 0.30 个百分点；而针织或钩针编织服装制造业规模以上企业实现利润总额 161.45 亿元，同比下降 7.14%，亏损企业亏损额同比增长 4.07%，营业收入利润率比 2022 年同期下降 0.08 个百分点；服饰制造业规模以上企业利润总额同比下降 13.87%，亏损企业亏损额同比增长 40.75%，营业收入利润率仅为 3.71%，比 2022 年同期下降 0.41 个百分点。

二、2023 年中国服装行业运行特点

2023 年，全球经济下行压力持续凸显，国内经济短期需求不足与中长期结构性问题相互交织，

复杂严峻的国内外经济环境给服装行业发展造成巨大压力和挑战。在市场需求疲软、经营成本高企、贸易竞争加剧等各种风险因素叠加共振的形势下，我国服装行业坚持创新驱动，数字经济加速融合，智能制造深度推进，新业态新模式蓬勃发展，品牌价值更加彰显，产业高端化、智能化和绿色化水平持续提升，为行业稳定复苏和高质量发展注入新的势能和动力。

（一）行业转型升级步伐加快

面对消费群体分级分层、消费场景细化多元加速演进，服装行业数字化转型全面提速，坚持以创新发展推动产业时尚化、高端化。移动互联网技术的发展、人工智能技术的普及应用不断塑造全新的生产和消费模式，Z 世代、新中产、银发族等新消费群体表现出不同消费倾向和消费理念，特别是年轻消费群体的生活方式、消费需求正在发生深刻变革，理智随兴消费趋势逐渐兴起。在新技术和新消费的推动下，服装行业紧紧围绕价值创造，在困境中坚持创新驱动，利用数字技术破解企业、产业发展中的难题，在产品研发、生产制造、品牌营销、客户服务、供应链管理等全流程推进智能化升级，将内在的精益化管理和外在的协同创新结合，实现业务的转型、创新和增长，进一步提升企业的综合能力和品牌软实力。

随着商务活动恢复以及男性时尚消费观念的转变，男装细分品类和消费需求愈加丰富，带动男装消费明显改善，尤其是在宏观环境诸多不确定性因素影响下，中高端男装品牌逆势实现稳健增长。男装企业持续夯实材料、工艺、制造等创新基石，与产业链上下游协同，加强面料和款式的功能性、时尚性研发，以中华传统文化为底蕴捕捉设计元素，推出年轻化的新产品和新品类，提升品牌的科技含量和时尚度，灵活响应消费群体的差异化需求。同时，个性化定制快速发展，并有向产业链上游面料研发环节延伸的趋势。为更加精准高效满足消费需求，男装企业持续推进数字技术的应用，重点围绕电商的数智化升级，借助多维传播渠道，夯实传统电商平台业务，开拓新兴直播平台，加速全渠道融合发展，有效助推男装行业全价值链的效率提升。例如，雅戈尔集团聚焦终端智慧营销领域的前沿布局，持续推进汇集旗下商务、定制、运动和环保四大品牌的大店战略，增强消费者的时尚体验；同时加速线下与线上的深度互联，构建线下体验服务、线上推广销售的全渠道融合运营新模式，提升企业的核心竞争力。

由于疫情对女装行业的线下渠道和供应链体系造成了严重冲击，叠加消费需求复苏不及预期，相比于男装和运动服装，2023 年女装行业的复苏势头略缓，部分以女装为主营业务的企业开始寻求第二增长曲线，突破消费低迷形势下遇到的发展瓶颈。随着银发经济、健康经济、悦己经济、可持续经济等细分垂直市场不断涌现，为满足多层次、细分化、理性化的消费需求以及不同年龄的时尚诉求，女装企业坚持跨品类、多品牌的矩阵式运营方式，持续进行渠道优化，在新兴城市和优质商圈积极布局，通过社群营销、私域运营、品牌直播等多渠道拓展提升线上销售，并加快推进数据中台、智能营销、柔性供应链等核心项目，构建数字化管理系统，实现商品在全渠道的高效流转，整体提升运营效率。在产品创新方面，女装品牌聚焦产品本质，紧扣“国潮”崛起的大趋势，增加与传统文化相关的 IP 联名、原创设计师合作，持续提升产品竞争力。同时，“国风热”让汉服从小众市场走进大众视野，市场规模快速增长，2023 年仅天猫/淘宝平台的销售额近百亿元，同比增长超过 50%，在线商品数量增长超过 60%。马面裙成为 2023 年热门汉服单品，是淘宝 2023 年度十大商品之一。

受益于新中产崛起、新消费群体品牌意识增强等积极因素的拉动，我国童装市场恢复至正增长轨道，消费趋向理性和谨慎，健康化、功能化、专业化的发展态势显著增强。由于 2016 年以来国内新生儿出生数量大幅下降，婴幼及小童服装市场需求收缩，竞争更加激烈。童装企业坚持以消费者为中心，针对多年龄段、不同风格特色的差异化需求进行品牌矩阵的全面布局，持续在产品防护性能、凉感速干、蓄热保暖等方面进行技术创新，满足孩子们多场景舒适穿搭体验，并通过 IP 跨界联名、人文主题活动等方式展示和传播品牌理念，提升品牌影响力和竞争优势。在市场营销方面，企业全面推进线上线下融合发展，从模式、技术和管理三个维度进行全域数字化转型，实现了全渠道经营效率的大幅提升。例如，以童装为主营业务的森马集团在国内凭借 AIGC 核心技术能力，将 3D 虚拟人主播嵌入到真人模特的试穿直播中，对服装面料、板型等服装细节进行生动呈现，在服装行业实现了先驱性的突破，同时加大力度线上线下全域布局海外市场，在新加坡、越南设立子公司，目前海外门店数量已经达到 70 家。

2023 年，在全民健身运动持续普及、户外运动升温以及各项体育赛事的带动下，运动相关品类的消费需求迅速释放，但是由于过去两年高速增长的基数效应，我国运动服装市场规模增长回归常态化，同时国际品牌明显加大产品的本土化设计，国内运动品牌的竞争压力持续增大。休闲服装行业受疫情冲击严重，库存压力短期难以缓解，叠加运动服装的市场挤压，休闲服装市场呈现持续收缩态势。为满足日益扩大的运动消费需求，企业持续扩充产品品类和品牌矩阵，加大科技创新研发，叠加时尚设计优化和性价比优势，打造更有科技含量、更能表达中国文化自信、专业化、年轻化的产品和品牌，逐步缩小了与国际品牌的差距。根据中华全国商业信息中心统计，2023 年前 10 个月，运动服装前十大品牌市场综合占有率高于 2022 年同期 3.1 个百分点，品牌集中度进一步提升。从单品类来看，冰雪经济盛行不仅催化了羽绒服、冲锋衣等户外运动服装销售额的增长，更有力地推动了冰雪运动装备全产业链的发展；2023 年防晒服市场快速增长，兼具功能性和舒适性的防晒服能够满足消费者从运动到通勤、户外活动、时尚穿搭等多场景防晒需求，波司登、李宁等服装品牌对防晒服品类积极布局；鲨鱼裤成为服饰品类的黑马，销量位居“双十一”抖音电商户外运动商品榜的第二。

（二）智能制造能力显著增强

2023 年，以人工智能为代表的新一代数字技术与行业的融合不断深化，服装行业智能制造能力显著增强，从个性化定制、智能化生产到网络化协同、服务型制造不断衍生出新业态、新模式，设计智能化、生产自动化、管理精益化水平明显提升，进一步提高了产品质量和生产效率。例如，自动化裁剪、模板自动针车、服装智能吊挂系统等数字化设备的应用使同一工序效率提高 60%，智能化仓储和分拣系统能够根据衣架上的序列码对上衣和裤子进行扫描配对再成套送进仓库，大规模个性化定制整体解决方案也日趋成熟。当前，服装行业骨干企业基本完成了产品设计、工艺规划、计划控制、制造运营、生产跟踪等模块的信息化数据采集和可视化管理，正在向各系统的数据化集成和智能制造运营方向升级；龙头企业和部分大型企业则处于深度应用和创新融合阶段，基本实现了企业内部以及产业链供应链相关资源的优化配置与智能管控，逐步形成从研发设计、原材料采购、生产加工、品牌营销、仓储物流等全方位、全过程、全链路的数智化升级。国内具有代表性的服装企业雅戈尔、海澜之家、红豆、安踏、太平鸟、歌力思、森马、报喜鸟、际华集团等一直走在数智化转型之路的最前端，通过 5G+AI、智能机械臂等新技术手段布局典型应用场景，全面深度推进智能制造新模式。近期，工业和信息化部公布了 2023 年新一代信息技术典型产品、应用和服务案例（第一批）名单和 5G 工厂名单，安徽新亳华扬服饰有限公司的纺织服装数智化云工厂创新应用、宁波太平鸟时尚服饰股份有限公司的基于时尚服饰快速反应特性的智慧协同供应链创新应用、青岛环球服装股份有限公司的 MTM 个性化定制平台创新应用分别入选数字化管理、网络化协同和个性化定制三项应用模式名单，安徽新亳华扬服饰数智化管理云 5G 工厂、江苏波司登品牌服装柔性制造 5G 工厂、江苏虞美人 5G+智能针织工厂、海澜 5G 智能工厂、无锡红豆男装 5G 工厂、广安鸿美嘉服饰 5G 智慧工厂等六家企业入选5G工厂名单。

随着应用场景不断丰富、渗透范围逐步扩大，服装行业的工业互联网平台进入到快速成长的关键期。龙头企业以及产业集群的工业互联网平台建设已经处于实质性应用阶段，通过云计算、大数据、物联网、人工智能等技术手段将数字化实践的经验赋能中小企业，汇聚共享设计、生产、物流等制造资源，有效整合产品设计、生产制造、设备管理、运营服务等关键环节，开展面向不同场景的应用创新，实现业务与资源的智能管理，不断拓展服装产品和品牌价值空间，推动服装行业数字化、网络化、智能化转型整体进度不断加快。比如汉帛推出“哈勃智慧云”工业互联网平台，以智能制造为核心引擎，搭建服装行业云以及智能制造云，助力中小企业转型升级；广州市汇美时尚集团股份有限公司打造汇美云企业中台体系，基于数字化系统实现精益运营，上下游配套的中小企业陆续纳入平台，达成了智能研发、智能制造、智慧物流、智慧零售的高效协同。再如以出口为主营业务的迪尚集团，在加快开拓国内市场、补齐短板的同时，以工业互联网思维打造创新设计与智能制造一体化的纺织服装垂直生态链平台，用数字化、信息化驱动资源和信息的即时共享，通过平台进行大数据分析，科学高效地调配资源，真正实现柔性协同生产，使产业链上下游企业协同创新、共同发展。

（三）全渠道新零售模式稳步推进

为适应“后疫情”时代消费理念和消费方式的变化，服装行业全渠道新零售模式稳步推进，直播电商保持快速增长。2023年，直播电商、兴趣电商、跨境电商不断壮大，虚拟现实和元宇宙科技重塑着商业场景和消费体验。随着“悦己”消费、体验消费、理性消费渐成主流，服装企业和品牌持续加强线下门店和线上电商的融合发展，利用线下门店终端体验模式作为链接线上平台的载体，实现与消费者“产品设计—线下体验—线上下单—分享复购”的多维度交互，逐步构建线上线下一体化融合的全洞察、全渠道、全触点、全链路的全域营销矩阵。线下渠道方面，企业持续调整门店布局和直营比例，强化门店的数字化建设，提高精准化营销能力和运营效率，通过打造超级体验店、智慧门店为消费者提供沉浸式、差异化的消费体验。同时，随着人工智能、物联网、云计算和大数据技术在服装行业的深度应用，企业充分利用线上传统电商存量市场和新兴电商增量市场的优势，在完善传统电商平台的同时，积极探索社交平台、直播电商和内容电商，通过品牌小程序、小红书、微博、私域营销等渠道实现对消费者个性化、趣味化内容的精准触达和智能推荐，采用直播+短视频、博主种草、品牌自播等方式加快自媒体化运营，服装行业的直播电商呈现出由内容和品牌驱动的快速增长态势。根据商务部数据，2023年上半年，重点监测电商平台累计直播销售额1.27万亿元，直播场次数超过1.1亿场，直播商品数超过7000万个，活跃主播数超过270万人。安踏集团持续强化DTC（直面消费者）业务模式，打造“品牌+零售”的数字化能力，建立起“以消费者为中心”的数字化体系，实现了核心领域的流程、系统和数据的联通，上半年安踏品牌和DTC营业收入同比分别增长14.2%和21.8%。

依托强大的供应链优势、全球采购服务体系以及平台数字化服务能力，服装行业的跨境电商正从“中国制造”出海进入全面品牌培育的新阶段。根据中国海关总署初步测算，2023年我国跨境电商出口额同比增长19.6%，以Temu、Shein、速卖通、TikTok为代表的跨境电商平台将国内全渠道购物、智能供应链、自动化仓拣、线下门店和配送上门服务等整个生态服务体系推向了海外，成为服装企业开拓海外市场、加速国际化布局的重要渠道。在人工智能、区块链等数字技术深度应用的加持下，企业充分利用电商平台、独立站、社交媒体以及海外实体店铺等营销渠道，以“平台引流+内容种草+短视频、直播带货”多种组合的营销方式，更精准地洞察海外消费者的行为和需求，并依托国内产业带的供应链优势，迅速将目标市场需求反馈到产品研发和运营策略中，推动产品品质化、品牌化、差异化能力不断提升，形成线上线下、内贸外贸融合发展的新生态，实现全球市场拓展和品牌国际经营能力的打造。例如，以 Shein、子不语等为代表的服装品牌已经建立了全平台全渠道全链路营销服务体系，2023 年前三个季度 Shein 的营业收入达到 240 亿美元，增长超过 40%，预计全年营收将超过 300 亿美元；快时尚品牌 Urban Revivo 上线海外独立站、入驻速卖通，实现了线下店+线上店+电商平台的多渠道布局。

（四）品牌价值更加彰显

新一代年轻消费群体具有更多元的审美、更开放的视野、更高的品牌忠诚度，带动服装行业持续向时尚化、高端化升级，尤其是在时尚创意方面逐渐强化，数字经济的加持、人工智能的发展催生出更多的设计师品牌、网红品牌，行业已经进入主打原创设计、凸显文化特色、彰显品牌价值的发展新阶段。尤其是在“国潮”“新中式”等本土化时尚趋势的引领下，服装品牌更加注重图案元素的文化内涵，将传统元素、民族精神与世界潮流创新性融合，风格定位与目标消费者的自我概念、生活方式匹配更加精准，传播的核心内容和文化内涵日益凸显，品牌在品质、特色、时尚方面的吸引力和影响力不断增强。天猫数据显示，2023 年“双十一”活动期间，平台共有 402 个品牌成交额破亿元，其中有 243 个是国货品牌，占比超 60%。同时，绿色制造、绿色消费已经成为服装品牌发展的价值内核。企业将绿色发展植入品牌内涵，强调从原料到生产过程全方位的绿色理念，加大绿色产品的开发创新力度，大力推行节能环保工艺，减少库存积压，深入、多元化地推行可持续时尚生态系统，引领消费者绿色时尚生活方式。在工信部公布 2023 年度绿色制造名单中，服装行业新增了 12 家绿色工厂，波司登羽绒服装有限公司、达利（中国）有限公司上榜 2023 中国工业碳达峰“领跑者”企业名单，展现了服装行业在绿色低碳转型方面的积极进展。

随着中国文化自信的进一步提升，自主品牌国际化步伐正在加快。2023 年，波司登、李宁、生活在左、UMA WANG 等一批优势服装品牌登上国际时装周舞台，通过举办品牌发布秀、艺术展演等宣传推广活动，推动中国文化元素的现代化全新演绎，提升中国的时尚话语权。“时尚中国 Fashion China”展团聚集劲霸、九牧王、歌力思、江南布衣等 20 家中国顶尖男装、女装、设计师品牌，以及多位中国时装设计“金顶奖”获得者和十佳时装设计师走进巴黎 Who’s Next 时装贸易展，以中国传统元素与国际时尚潮流相结合的设计理念和精湛的技术工艺，向世界展示了中国服装品牌的文化内涵和精神力量。拥有全球视野的自主品牌持续布局国际市场，海澜之家、波司登、江南布衣、爱慕、鸿星尔克等越来越多的优秀品牌在海外开设店铺，也有部分服装品牌通过跨国并购进行国际化布局。高端运动品牌比音勒芬并购两大国际品牌 Kent&Curwen、Cerruti 1881，进一步推进集团品牌多样化、国际化布局；Shein 收购了知名女性时尚品牌 Missguided，并与美国品牌管理集团 Sparc 达成战略伙伴关系，持续开展优势互补，加速产品创新、开拓新业务领域、提升客户体验，从而进一步扩大在时尚领域的市场影响力；李宁集团拟收购瑞典百年品牌 Haglofs、特步国际拟收购 Wolverine 的合资公司、安踏集团计划 2024 年正式进入美国市场，均表现出国内运动品牌向全球化持续发力。

三、2023 年中国服装行业运行主要影响因素

（一）市场需求总体疲软

2023 年，我国服装行业经济运行经历了曲折的恢复过程，在疫情防控放开初期补偿性修复阶段过后，总体呈现了降速运行的态势，核心原因是国内有效需求不足叠加国际市场需求收缩的内外共振。

从国际市场来看，在全球产业链调整、地缘政治冲突等事件长期影响下，叠加紧缩货币政策、债务风险上升等周期性因素，全球经济增长动力回落，国际市场需求收缩，服装出口下行压力加大。

从主要国家和地区的市场表现来看，受高通胀和高利率削弱实际购买力、品牌商库存高企等因素制约，终端消费需求持续疲弱，导致服装消费和进口均较为低迷。2023 年，美国经济表现出较好韧性，服装消费保持小幅增长，1～12 月美国服装和服装配件零售额同比增长 1.5%，但增速比 2022 年同期放缓 5.0 个百分点，11 月美国服装服饰商店库存/销售比率为 2.34，环比下降 1.7%；1～11 月，美国服装进口同比下降 22.4%。欧洲经济出现衰退迹象，三季度欧元区 GDP 环比增速由之前的正增长转为负增长，1～11 月，欧盟服装进口同比下降 17.1%。英国居民生活面临高成本压力，消费维持谨慎态度，1～12 月，英国纺织服装鞋类零售额同比增长 6.3%，增速比 1～3 月放缓 8.4 个百分点；1～11 月，英国服装进口同比下降 15.4%。日本经济低迷，服装进口增速持续放缓，1～11 月，日本纺织服装零售额同比下降 0.8%，服装进口同比小幅增长 1.3%，比上半年回落 8.4 个百分点（图 1-7）。

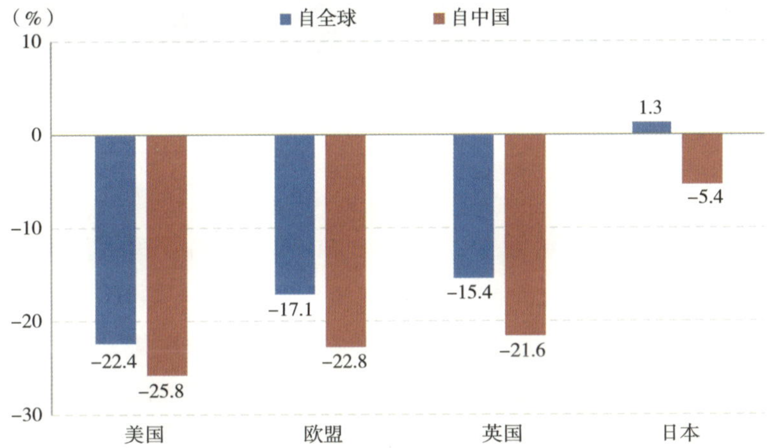

图 1-7　2023 年全球主要市场服装进口增速情况

（数据来源：美国商务部、欧盟统计局、英国统计局、日本海关）

从国内市场来看，国民经济持续恢复向好，消费市场活力持续增强，服装内销呈现回暖态势。但是在前期积压的消费需求集中释放后，受资产价格下跌、居民预期转弱、消费意愿不足等因素影响，二季度以来内需市场恢复势头有所放缓，居民消费恢复持续性不强，剔除基数效应后消费整体仍呈弱复苏态势。2023 年，我国社会消费品零售总额同比增长 7.2%，其中商品零售额同比仅增长 5.8%，明显低于餐饮收入 20.4%的增速。作为可选消费的服装类商品，居民消费更趋理性，消费者更加注重产品的实用性和性价比。2023 年全国居民人均衣着消费支出 1479 元，同比增长 8.4%，增速明显低于交通通信、教育文化娱乐等改善型消费支出。在人均消费支出中，衣着消费支出占人均消费支出的比重为 5.5%，低于疫情前 2019 年 0.7 个百分点，显示服装消费需求弹性相对偏低，仍有较大的释放空间（图 1-8）。

（二）全球供应链竞争加剧

在美国加大对华贸易限制和乌克兰危机引发的地缘政治冲突升级的背景下，美国、欧盟等发达经济体加大调整产业政策的力度，促进产供链自主可控，近岸化、盟友化和区域化趋势越发明显，对全球产业链重构产生了重大影响，加速了服装产业链及国际品牌采购策略向东南亚、墨西哥、土耳其等国家和地区转移，使得我国服装行业参与国际市场竞争压力加剧，占传统市场的份额呈现了持续下滑态势。根据美国纺织品服装办公室、欧盟统计局和日本海关数据，2023 年 1～11 月，美国、欧盟和日本自我国进口服装金额分别为 152.2 亿美元、231.2 亿欧元和 16753.6 亿日元，我国在美国、欧盟和日本三大市场的进口份额分别为 21.0%、

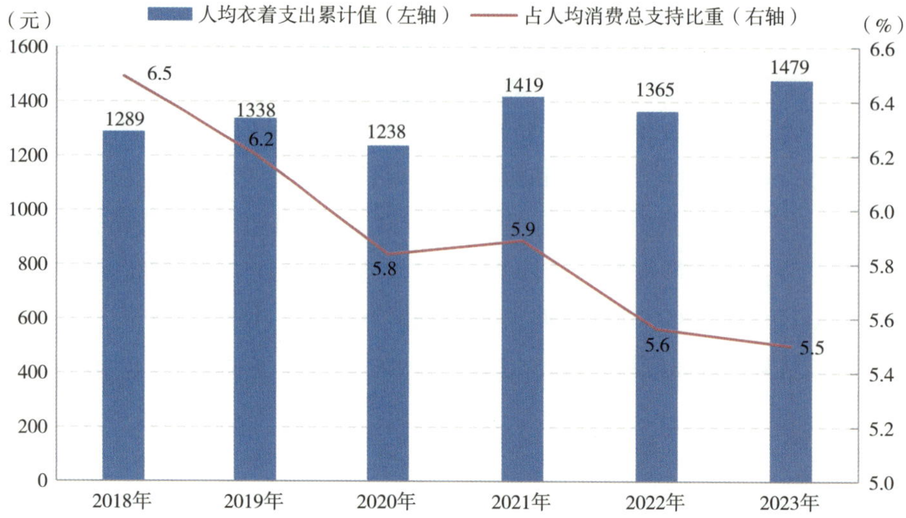

图 1-8　2018~2023 年人均消费支出变化情况

（数据来源：国家统计局）

28.3%和 51.0%，较 2022 年同期分别减少 1.0、2.1 和 3.6 个百分点。同期，东盟、孟加拉国在美国和欧盟的市场份额也有所减少，东盟在美国和欧盟的进口份额分别减少 0.6 和 1.2 个百分点，孟加拉国在美国和欧盟的进口份额分别减少 0.3 和 0.7 个百分点。而印度、墨西哥以及经济合作与发展组织（OECD）国家在美国的进口份额分别增加 0.1、0.5 和 1.3 个百分点，土耳其、印度和突尼斯在欧盟的进口份额分别增加 0.5、0.3 和 0.6 个百分点，1~10 月欧盟内部贸易比重增加了 4.5 个百分点。由于日本向东南亚转移订单趋势明显，东盟和印度在日本的进口份额分别增长 2.2 和 0.1 个百分点（表 1-2）。

表 1-2　2023 年 1~11 月美国、欧盟和日本服装主要进口国份额变化情况

美国			欧盟			日本		
国别	比重（%）	比重增减（个百分点）	国别	比重（%）	比重增减（个百分点）	国别	比重（%）	比重增减（个百分点）
中国	21.0	-1.0	中国	28.3	-2.1	中国	51.0	-3.6
越南	18.2	-0.1	孟加拉国	20.0	-0.7	越南	16.7	1.4
孟加拉国	9.4	-0.3	土耳其	11.4	0.5	孟加拉国	5.0	-0.1
印度	5.8	0.1	印度	5.0	0.3	缅甸	5.0	0.8
印度尼西亚	5.4	-0.2	越南	4.5	0.1	柬埔寨	4.6	-0.1
柬埔寨	4.3	-0.1	巴基斯坦	3.8	0.0	意大利	4.0	0.9
墨西哥	3.6	0.5	柬埔寨	3.7	0.2	印度尼西亚	3.3	0.2
洪都拉斯	3.1	-0.1	摩洛哥	2.9	0.0	泰国	1.7	0.0
意大利	2.6	0.7	缅甸	2.9	-0.2	马来西亚	1.5	-0.2
巴基斯坦	2.6	-0.2	突尼斯	2.7	0.6	印度	1.0	0.1

（数据来源：美国商务部、欧盟统计局、日本海关）

（三）成本上涨、内卷式竞争等问题影响产业恢复

2023 年，在市场需求不足、生产成本高企、价格竞争加剧、应收账款增多等不利因素叠加作用下，服装企业生产经营压力持续加大，利润空间收紧，效益承压尤为明显。尤其是在资金流动受限和融资渠道不畅的情况下，企业降低对未来投资和发展的预期，在一定程度上影响了产业恢复。一方面，企业成本压力持续高企。虽然原材料价格小幅回落，但由于前两年的高基数效应，服装行业原料成本依然居高不下，能源、安全生产、环境保护、绿色低碳改造等成本费用均明显上调，叠加结构性用工矛盾突出，用工成本连年上涨，多重因素导致企业经营成本维持高位运行。根据国家统计局数据，2013~2022 年制造业城镇单位就业人员平均工资年均增长 8.6%。另一方面，服装价格竞争加剧。市场需求不足引发供给端竞争激烈，企业为缓解库存积压、现金流趋紧等经营困境，低价出货现象增多，企业利润空间严重收窄。特别是直播电商、跨境电商等渠道价格内卷严重，为增加流量压低价格的行为，对行业健康发展造成压力。根据国家统计局数据，2023 年 1~12 月纺织业工业生产者出厂价格同比下降 3.4%，但从月度价格变化来看，2023 年各月纺织业工业生产者出厂价格指数呈现明显先抑后扬的回升态势，而年内各月服装行业工业生产者出厂价格指数波动下滑，1~12 月服装行业工业生产者出厂价格同比增长 0.8%，12 月当月增幅仅为 0.4%，显示出服装价格总体势弱，企业盈利能力难以提升（图 1-9）。此外，企业应收账款明显增多。受经济下行压力影响，企业间拖欠账款问题突出，加剧了资金紧张状况，经营压力和风险大幅增加。根据国家统计局数据，2023 年 1~12 月，规模以上服装企业应收账款同比增长 2.4%。

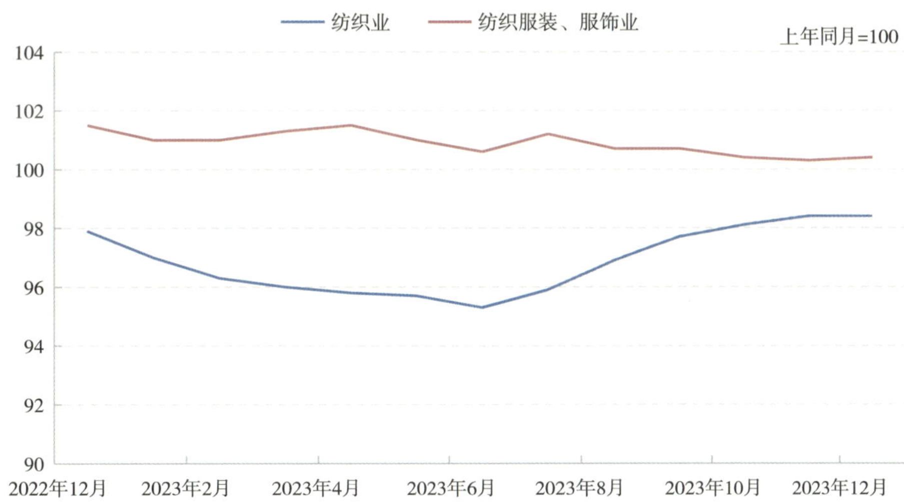

图 1-9　纺织业和服装行业工业生产者出厂价格指数变化情况

（数据来源：国家统计局）

（四）企业分化态势更趋明显

2023 年，终端需求不足、价格竞争激烈进一步加剧了服装行业的分化趋势，产业资源加速向大型企业集中，中小企业承压更为严重。一方面，大型企业凭借在生产、技术、人才、资本、市场等多方面的竞争优势，整合、集聚产业链上下游优质资源，做大做强做专做精。另一方面，中小企业尤其是加工型企业因议价能力更弱而持续承压，陷入“不涨价没利润、涨价没客户”的两难困境。根据国家统计局数据，2023 年制造业大型企业采购经理指数（PMI）除 4 月小幅波动，其余各月均处于扩张区间；而中、小企业 PMI 指数只在 2 月和 3 月短暂回升后连续数月位于枯荣线以下，12 月分别

降至48.7%和47.3%，持续处于收缩区间。在市场端，由于内销市场整体处于疫后修复阶段，消费信心不足、消费意愿不强、预防性储蓄高位等“疤痕效应”短期内难以消除，服装消费的“K”型分化趋势更加明显，高端品牌以产品创新、精准营销和优质服务锁定目标消费群体，奥莱、电商等销售渠道以“价低质优”的高性价比吸引消费者，部分中档品牌和大众品牌则由于重营销轻研发、产品缺乏核心竞争力等问题，难以说服消费者为高溢价买单，只能以高折扣促进消费，造成营收下降利润承压的局面，也有一些同质化严重的品牌在新一轮洗牌中被淘汰（图1-10）。

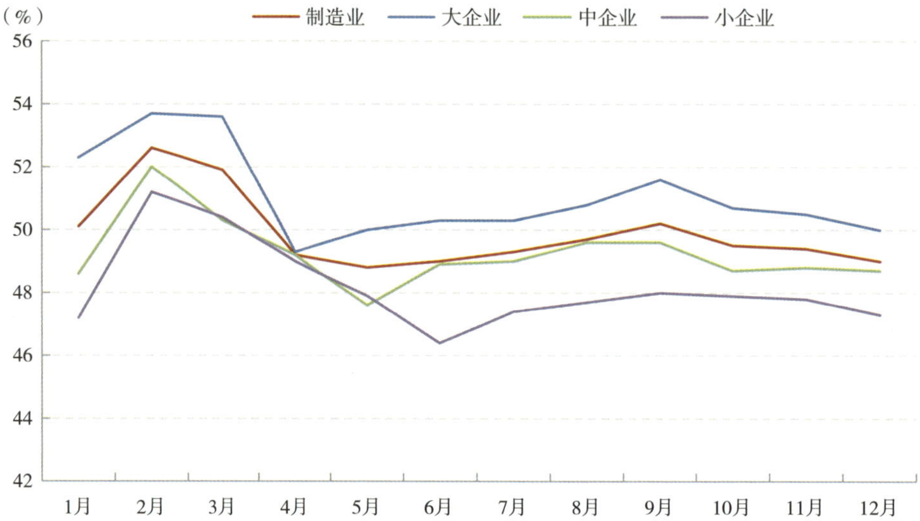

图1-10　2023年大中小企业制造业采购经理指数变化情况

（数据来源：国家统计局）

四、2024年中国服装行业发展趋势展望

现代化产业体系是现代化国家的物质技术基础，加快建设以实体经济为支撑的现代化产业体系是构建新发展格局、推动高质量发展的必然要求。进入新时代，我国服装行业将遵循新发展理念，持续优化生产要素配置，推动质量变革、效率变革、动力变革，提升产业敏捷柔性能力、组织协调能力和价值创造能力，努力建设具有完整性、先进性、安全性的现代化产业体系，为全面建成社会主义现代化强国、实现第二个百年奋斗目标提供坚强物质支撑。

（一）2024年服装行业面临的发展环境

1. 国际需求增长乏力是服装行业恢复面临的首要困难

2024年，全球经济增速放缓，通胀水平仍处高位、货币政策偏紧、地缘政治冲突等因素将导致全球经贸活动持续低迷，国际市场需求增长动力仍显疲软。根据2023年10月国际货币基金组织（IMF）的最新预测，2024年全球增速将放缓至2.9%，远低于疫情前2000~2019年平均3.8%的水平，其中发达经济体增速将放缓至1.4%，新兴市场和发展中经济体将增长4.0%；全球通胀率将从2022年的8.7%、2023年的6.9%降至2024年的5.8%，仍未回到2%左右的预期水平；全球制造业PMI已经连续15个月处于收缩区间，经济增长前景暗淡。随着主要经济体加息周期进入尾声，尤其是美国经济进入主动补库存周期有利于缓解全球需求走弱压力，2024年全球货物贸易或将回暖，世界贸易组织（WTO）预计2024年全球货物贸易量增速将在2023年0.8%的低增长基础上回升至3.3%。但是，在高通胀、高利率、高债务的背景下，欧美等发达经济体居民可支配收入增长受限，家庭资产负债状况变差，消费者实际购买能力下降，消费活力和潜力释放受到抑制，紧缩性货币政策对需求端的滞后影响将逐步显现。国际市场需求增长乏力将成为我国服装行业外贸发展面临的首要困难，叠加贸易保护主义和地缘政治紧张引发的国际贸易壁垒增多、全球供应链加速向区域化本土化重构、海外品牌商采购策略调整等不利因素仍将对我国服装出口造成较大压力。

2. 内需市场成为支撑服装行业高质量发展的战略基点

尽管我国经济发展面临多重风险因素，但仍具有市场空间广阔、产业体系完备、转型升级持续推进、宏观政策空间较大等一系列良好支撑和有利条件，国民经济回升向好的态势将不断得到巩固和增强。国际货币基金组织（IMF）上调 2024 年中国经济增长预期至 4.6%，高出此前预测值 0.4 个百分点。随着宏观经济持续恢复，我国居民收入和消费倾向已经出现改善趋势。根据国家统计局数据，2023 年，居民可支配收入同比增长 6.1%，高于 GDP 增速 0.9 个百分点，扭转了此前居民收入增速慢于经济增速的局面；居民消费支出同比增长 9.0%，居民消费倾向（消费支出占可支配收入的比重）为 68.3%，虽仍低于 2019 年 1.8 个百分点，但比 2022 年提高 1.8 个百分点，正在向疫情前水平回归（2013~2019 年的均值为 71.2%）。2023 年 12 月召开的中央经济工作会议再次强调了扩大内需消费的重要性，并将其列为 2024 年重点经济工作任务的第二位。随着我国消费市场的提质扩容、国民文化自信的增强，以及人们的消费信心和购买力逐渐恢复，国货消费、绿色消费、健康消费以及银发经济、冰雪经济等新模式新业态快速发展，将为内需消费注入新的动力。在服装出口面临较大压力的背景下，国内消费有望持续恢复，特别是在扩内需促消费政策继续发力显效、数字技术推动消费业态和模式创新、丰富消费场景促进消费潜力释放等有利条件的支撑下，内需市场的“压舱石”作用将更加凸显，成为 2024 年乃至更长时期内支撑服装行业高质量发展的战略基点。

3. 数字经济是服装现代化产业体系建设的重要引擎

新一轮科技变革和产业变革的加速演进，数字经济与实体经济融合已成为赋能新型工业化、推动我国现代化产业体系建设的重要引擎。中央经济工作会议提到：“要以科技创新引领现代化产业体系建设，大力推进新型工业化，发展数字经济，加快推动人工智能发展。”在以互联网为依托、以新一代信息技术为内生动力、以融合创新为典型特征的数字经济中，数字技术的创新应用正在全面推进产业体系的现代化建设，数字资源成为生产要素，数字化转型和绿色化发展结合生成新质生产力，通过资源的有效融合，打造新型工业化产业生态。以 ChatGPT 为代表的人工智能技术取得突破性发展，将加速赋能多产业、多业态；工业互联网、大数据等数字技术与制造业加速渗透融合，将提升产业高端化、智能化、绿色化、融合化发展水平，并拓展新的增长空间。根据中国信通院发布的报告，2016~2022 年，中国数字经济的年均复合增长率为 14.2%，远超美国、德国、日本、韩国等发达国家，预计 2023 年中国数字经济市场规模将进一步增长至 55 万亿元。在此背景下，我国服装产业应充分把握科技创新的时代机遇，发展更多新技术、新领域、新赛道，不断提高自身数智化水平、精益管理能力和敏捷组织效率，构建以产业结构优化和质量提升为重要目标的现代化产业体系。

4. 竞合共赢的国际化发展新格局为服装行业发展创造新机遇

当前，经济全球化呈现区域化、地区化新特征，国际分工颗粒度从产业间分工、产业内分工转变为产品内分工、要素分工。习近平总书记强调：“要不断扩大高水平对外开放，深度参与全球产业分工和合作，用好国内国际两种资源，拓展中国式现代化的发展空间。”这为新发展阶段推进高水平对外开放指明了方向。在数字经济、绿色经济、服务经济等新经济领域中，传统的土地、劳动力等低成本的国际合作竞争优势逐渐减弱，通过高水平对外开放聚合全球更高质量的资源要素，充分参与全球产业分工与合作，形成更强大的新质生产力，已经成为塑造我国经济高质量发展新优势的重要动力。我国正在加快构建面向全球的高标准自贸区网络，"一带一路"合作成果已经惠及全球150多个国家，带动沿线国家成为全球经济贸易的重要增长极；《区域全面经济伙伴关系协定》（RCEP）生效实施已经两年，有效加深了区域内各成员国的经贸往来，进一步强化了地区产业链与供应链韧性；我国已与29个国家签署了双边电子商务合作备忘录，为中国企业、跨境电商进入国际市场提供了更多的机会和便利。随着各项战略协定的深入推进，我国持续加强国际贸易投资合作，挖掘数字经济和绿色发展潜能，拓展国际合作新空间，培育国际竞争新优势，逐步形成竞合共赢的国际化发展新格局。这必将为服装行业构建全球产业链供应链合作体系、迈向全球价值链高端创造新机遇。

（二）2024年服装行业发展趋势预测

展望2024年，随着国内经济回升向好、内销市场信心和活力逐渐增强，我国服装行业经济平稳运行基础更趋巩固，但行业面临的外部形势仍然复杂严峻，行业经济保持恢复性增长的压力依然较大。在国际经贸形势基本平稳、欧美等主要市场主动补库存以及国内经济稳定增长的前提下，依托强大产业链供应链的生产优势、超大规模的市场优势、延续叠加的政策优势以及上年低基数效应，2024年服装行业经济运行有望在内销温和复苏、出口逐渐企稳的支撑下走出低谷，重新进入疫情之前的行业深度调整和低速运行周期。

从国际市场来看，服装出口上行和下行因素并存，虽然出口压力短期内不会缓解，但是在发达国家补库存需求回升、加速拓展新兴市场、跨境电商等新模式快速发展的推动下，预计2024年我国服装出口态势将趋于稳健，价格企稳回升成为出口支撑因素，市场结构继续优化调整。同时，我国服装出口的下行压力短期内难以缓解，主要影响因素包括：一是贸易保护主义和地缘政治风险因素导致国际环境不确定性增加，乌克兰危机、巴以冲突等外溢效应或将持续，世界主要经济体政治选举陆续展开，国际局势仍将处于动荡变革期，不利于全球贸易的稳定与发展。二是欧美发达经济体紧缩货币政策滞后效应将持续显现，虽然欧美加息周期已经进入尾声，但通胀和利率水平仍处于历史较高区间，制约居民实际购买力和消费信心改善，不利于全球增长动能修复和国际需求回暖。三是由于东南亚、南亚国家服装产业逐渐恢复，疫情红利终结以及国际采购策略的"去中国化"调整将进一步加速海外订单转移，全球供应链竞争加剧使我国服装出口下行压力增大。此外，人民币对美元汇率升值概率加大，汇率波动将削弱出口产品的国际竞争力，增加企业汇兑风险，对我国服装出口产生一定影响。

从国内市场来看，我国经济企稳向好发展为消费复苏创造了良好的条件和基础，预计2024年我国服装内销市场将延续恢复态势，但由于市场主体信心和预期仍有待改善，叠加2023年基数较高，内销市场增速或将有所放缓。多重利好因素将支撑服装内销市场持续改善：一是政策优化叠加促消费稳增长政策显效发力，就业形势大体稳定，居民收入保持增长，有助于提升消费能力和意愿，促进内需市场提质扩容。二是随着城市群建设以及新型城镇化和乡村振兴战略持续推进，电商平台和品牌企业加速布局下沉市场，带动服装消费需求进一步释放。三是以Z世代、新中产、银发族和小镇青年为代表的新消费群体崛起，运动、国潮、绿色等新消费增长点结合线上线下融合发展的新零售模式持续激发市场活力，推动新业态、新场景发展壮大，服装企业通过研发创新、文化赋能、科技支撑等强化产品和品牌价值创造，从供需两侧助力服装内销市场持续回暖。

总体来看，2024年，国内外市场需求改善将有利于产品价格回升，进一步促进行业营收和利润修复，逐渐缓解市场主体压力并激发企业内生动力，形成供需两端相互促进的良性循环，推动行业经济稳步向好。服装行业需坚守"科技、时尚、绿色"的产业新定位，坚持稳中求进、以进促稳、先立后破的工作方针，加快现代化产业体系建设，持续推进产业基础高级化和产业链现代化，有效推动产业高质量发展。

（三）2024 年服装行业重点发展方向

数字技术作为新一轮科技革命的主导技术，推动生产力跃迁，成为新质生产力重要组成部分，“数字+算法”将驱动未来产业实现商业模式创新，完成产业链重构和产业生态重塑。在全球科技变革和产业变革的大趋势下，我国服装行业将坚持创新驱动发展战略，加快科技创新与产业创新深度融合，全面推进产业数智化转型和绿色化发展，践行文化引领和时尚创新，以新技术、新模式、新业态打造新的增长引擎，着力培育新动能、塑造新优势，推动行业加速向智能化、绿色化、高端化、融合化发展。

1. 强化产业基础提升，推动产业链现代化

在新旧动能转换的关键阶段，服装行业坚持创新驱动发展战略，不断增强原始创新能力和科技成果转化、应用能力，推进科技创新平台建设，进一步提升产业基础高级化和产业链现代化水平，为服装现代化产业体系建设提供有力支撑。针对工艺技术、高端制造、精益管理等方面的短板弱项，服装行业企业将持续加强新材料、新工艺、新技术的融合应用，以及数据中心、创新中心、技术中心建设，不断完善和优化以产学研合作为基础的协同创新机制，围绕工业互联网、人工智能等关键共性技术，进一步加强服装智能制造共性技术研发和应用，重点开发自动识别、自动抓取、立体缝制和织物拼接缝合的服装专用机器人等高端智能制造技术，推动产业由传统制造技术向数字制造技术、智能制造技术转变。

同时，服装行业将持续推进科技创新平台建设，跨领域、跨学科、跨区域的开展技术研发和产业化应用，提高产业链整体运行效率。首先，要发挥各地政府和产业集群“自上而下”的组织作用，加快建设开放式数字化创新平台，开展人工智能、大数据、云计算、虚拟现实和增强现实等数字技术应用研究，聚焦国内外创意研发、生产制造、质量标准、管理运维等方面的数据资源和工具开发服务，推广共性应用场景，带动中小企业数智化升级，促进资源在线化、产能柔性化和产业链协同化，逐渐形成区域内大中小服装企业之间以及服装企业和数字企业之间融合共生的创新生态系统。其次，积极融入京津冀一体化、长江经济带发展、黄河流域生态保护等发展战略，通过协同创新、共享制造等数字化平台建设，加强跨区域、跨领域的产业链纵向关联和横向拓展，开展协同采购、协同制造、协同配送、产品溯源等典型场景应用，促进产业集群间的信息交互和资源共享，在东、中、西部服装企业以及产业集群之间加快构建多元化“链网协同”的发展新格局，打造更强创新力、更高附加值、更有韧性的产业链供应链。

2. 全面推进智能制造，构建产业发展新生态

随着智能制造试点示范和新模式应用不断深入，产业政策和标准化体系不断健全，服装行业的智能制造正在由示范推广阶段迈向系统化普及的新阶段，从数据集成、强化价值创造以及平台赋能三个维度推动服装产业构建现代化发展新生态。近期国家出台的《“数据要素×”三年行动计划（2024—2026 年）》，为企业最大程度发挥数据要素协同优化、复用增效、融合创新作用提供了方向指引。服装行业企业将全面推进智能制造装备、模块化单元、信息化管理系统以及智能化解决方案的广泛应用，以场景化方式推动数字化车间、智能工厂建设，聚焦生产智慧场景建立设备、计划、质量、成本、库存等指标的数据可视化体系，通过生产制造与质量管理系统之间的互联互通及信息共享，将整个产品制造过程的实时采集、动态监测、质量研判、工序卡控、残次整改及闭环处置流程化，形成产品的全生命周期管理，从而大幅提升企业智能制造和精益管理能力。

同时，服装行业将持续加强工业互联网、智能制造平台建设，从企业内部数字化转型到产业链网络化、智能化协作，进一步加快人工智能、大数据、物联网等数字技术的深度融合，探索打通全域全链全生态的数据交互，实现供应链和产业链的无缝连接。特别是在“大数据+大算力+强算法”加持下，AIGC、ChatGPT、大模型等人工智能技术将加速赋能全产业链从文化创意、研发设计、生产制造到仓储物流、营销服务多个维度下不同的应用场景。在此趋势下，服装企业要积极把握人工智能技术的发展趋势，面向数据资源有序汇聚、高效流通、有效利用等环节，把数据要素融入研发、生产、运营的全生命周期，加快数字技术的全面覆盖、渗透融合和综合集成，促进全流程全渠道模式创新，改变价值创造和传递的方式。企业通过大数据的挖掘，既可以为供应链优化、市场变化应对和发展战略调整提供数据支持，不断提升管理决策的智能化水平，也可以快速洞察、分析消费需求数据指导产品创新和品牌建设，促进研发端的降本增效和消费端的交互体验升级，逐步搭建起面向全球的全价值链一体化的新型工业生产制造和服务体系，推动企业运营向以消费者需求为中心的价值创造转型。

3. 强化时尚文化赋能，提升品牌创新能力

传统文化底蕴与现代时尚元素的碰撞赋予产品和品牌新的精神与情感共鸣，支撑服装品牌和产品创新性发展，强化时尚文化赋能成为服装企业提升品牌创新能力的关键。服装行业将持续开展中华优秀文化与当代消费审美的创新性研究与跨学科研究，结合当代艺术、科技发展属性与趋势，不断汲取和沉淀中华时尚美学精髓，逐步构建起富有中国特色标识的时尚价值观和时尚价值体系。特别注重民族风尚向产业时尚的转化，要把中华文化精神和文化要素注入设计、研发、生产、营销、服务等运营全流程，促进传统民族文化、现代潮流文化等资源在品牌建设中的融合应用，实现创意形式、创意内容的突破和创新，着重提升优秀文化的品牌承载力，进一步增进文化自信和市场认同，提升服装行业时尚发展软实力。

在时尚文化赋能与数字经济的深度融合下，服装品牌将加速向价值链的高附加值领域跃迁。面对新一代消费主力的时尚需求，服装企业和品牌将持续加大产品研发投入和市场宣传强度，通过大数据、AI智能设计、虚拟主播等新技术和元宇宙科技的加速融合，对消费喜好、时尚趋势等信息进行即时快速的挖掘和预测，聚力提升产品开发设计能力、时尚创意能力和品牌精准服务能力，加强时尚文化要素在品牌定位、市场传播等方面更加广泛、更具创新的传承应用，为消费者提供更符合需求的创新产品和个性化设计，不断增强品牌的时尚引领力和市场影响力。国潮、国风、原创等自主品牌积极探索与文学、影视、动漫、游戏等产业跨界合作，在更加丰富的业态场景中延展价值，并通过构建精益高效的生产供应体系和营销服务体系，不断优化市场服务与沟通连接方式，提高品牌运营效率，推动品牌向年轻化、时尚化、高端化发展。

4. 践行绿色发展理念，推动产业可持续发展

随着绿色发展理念的贯彻执行，服装行业的绿色发展实践不断深化拓展，要素资源、创新资源、市场资源加速向绿色发展聚集，形成新的发展优势。服装行业将引导企业树立环境资产观念，持续强化绿色制造体系和社会责任体系建设，不断提升行业企业的ESG表现和社会贡献，彰显负责任的时尚强国新形象。一方面，不断完善绿色产品、绿色工厂、绿色园区、绿色供应链等绿色低碳评价标准体系，通过开展工业产品绿色设计示范企业、能效“领跑者”企业和园区建设，推进绿色制造技术和先进生产工艺的应用，持续强化绿色制造体系建设。另一方面，推进诚信体系建设，维护公平竞争的市场环境，引导和支持企业落实中国纺织服装企业社会责任管理体系（CSC9000T），提高社会责任管理能力和管理水平，推动企业进行产品碳足迹、社会责任建设等环境信息披露。

随着越来越多的消费者积极倡导简约适度、绿色低碳的生活方式，尤其是年轻群体对于绿色消费意识觉醒程度更高，开始注重从环境保护、社会责任等维度审视产品价值。服装企业将持续增强绿色发展能力和绿色转型创新实践，将可持续发展理念融入企业战略体系、生产体系和创新体系中，利用数字化技术加速向生产清洁化、能源高效低碳化、资源可循环化的绿色发展模式转变。在节能减碳方面，通过引进性能先进且环保节能的设备、技术，加快生产全流程的绿色低碳改造升级，形成动态监测、精准控制的信息化、数字化管理，构建能效提升的长效机制。在资源循环利用方面，积极开展产品全生命周期绿色管理，全面推进原材料、设计、制造、物流等关键环节绿色可持续发展，加快构建资源节约、环境友好的绿色产业链供应链；同时，积极倡导和传播绿色消费理念，基于互联网平台开展旧衣回收和二手交易等，加强废旧服装产品工业化再利用等关键技术的研发和应用，推动行业可循环经济持续发展。

5. 加快组织方式变革，完善人才梯队建设

新一轮科技革命和产业变革深刻改变着传统产业组织结构，产业发展呈现出强劲的网络化态势，服装行业的组织方式变革正在从线性竞争向平台化、共享化、多元化的生态共赢转变。行业企业将持续强化延链、融链与强链的组织创新与价值增值，通过搭建前台、中台、后台的平台化组织结构，实行扁平高效的“品牌+平台”运营模式，设计团队、营销团队、服务团队等多个权责明确的应用组合既能够独立运营，又可以通过平台相互协同，最大程度提高运营效率，使企业内部的组织机制变得更有序、更专业、更敏捷。同时，龙头企业、优势企业通过数字化平台将先进发展理念、技术、研发等资源开放共享，并吸纳上下游中小企业参与，带动产业链、供应链整体推进数字化转型，加强供应链数字化管理和产业链资源联动，逐步构建多元共享、生态共赢的产业协作模式。

在以创新驱动发展的新阶段，富有创新精神的企业家和人才队伍是服装行业高质量发展的重要支撑。行业将持续弘扬创新精神、协作精神、工匠精神和企业家精神，形成鼓励创造、追求卓越的创新文化，完善培养引进、使用评价、激励服务体系，推动人才向产业和企业集聚，培育一批具有创新精神、创新意识和创新能力的领军企业家和具有丰富经验和专业技能的高层次融合型人才，着重引进行业转型升级过程中紧缺的数字化专业人才，激发人才创新创造活力和创业热情，形成创新人才集聚效应，构筑服装行业可持续发展的原动力。同时，鼓励企业与时俱进升级迭代绩效激励管理制度，优化人才培养和储备机制，为员工提供成长和发展的机制保障，鼓励员工通过项目制、轮岗制、导师制、培训等方式自我成长，并通过搭建体系化、规范化、科学化的人才培养平台，实现企业和员工的同步发展。

6. 优化产业区域布局，塑造开放发展新优势

在全球产业链供应链加速重构的背景下，我国服装行业将加快构建优势互补、协调发展的区域布局，平衡好产业国内转移与国际转移的关系，助推行业全面融入新发展格局。面对传统优势弱化、新的竞争优势尚未全面形成的发展环境，服装行业将进一步统筹传统产业要素优化调整和新兴产业要素发展壮大，结合各地区自身资源禀赋和比较优势，引导产业从东部地区向中西部地区有序有效梯度转移，推进产业从集聚向集约转化。东部地区聚焦巩固优势，强化引领地位，建设总部经济集聚地和创意设计策源地，推动产业智能化、绿色化、高端化发展；中西部地区立足区位、人才、特色资源等比较优势，融入“一带一路”建设等重大战略，发展特色产业和高端制造，加快产业智能化转型升级，大力提升协同制造效率、精益制造品质和绿色制造水平，加快构筑具有更高附加值的先进制造产业集群。

随着全球产业分工不断深化，产业链的依存度不断提升，服装行业将科学引导服装制造产能国内外多元化布局，持续推进品牌国际化发展战略，塑造开放发展新优势。在中国制造从世界工厂向全球化制造演进的过程中，服装企业将继续深耕传统市场，积极拓展新兴市场，加快发展国际贸易新业态新模式，深度参与全球化产业分工协作，持续巩固我国服装行业在全球产业中的主导地位。同时，服装品牌将全面推进国际化发展战略，加速布局国际市场。一方面，立足国内大循环，发展“跨境电商+产业带”“平台+独立站”等服装品牌出海新模式，加强海外零售渠道和电商平台建设，搭建线上线下融合、境内境外联动的国际化营销体系；另一方面，合理引进先进装备、技术和人才等国际优质资源，开展设计创意、品牌运营、市场开拓等方面的跨国并购与合作，建立全球研发体系和营销网络，增强在全球服装供应链、价值链中的资源控制力和市场影响力，推动我国服装产业提升国际时尚话语权。

第二部分　分报告篇

2023～2024 年中国服装消费市场发展报告

中华全国商业信息中心　殷夏

2023 年是全面贯彻党的二十大精神的开局之年，是三年新冠疫情防控转段后经济恢复发展的一年。中共中央、国务院高度重视扩内需、促消费工作，要求着力扩大国内需求，把恢复和扩大消费摆在优先位置。在一系列扩内需、促消费政策落地显效、居民出行活动增多，以及 2022 年同期低基数等因素推动下，我国接触型、聚集型消费需求不断释放，带动消费市场快速恢复，服装消费随之大幅增长，服装消费价格在市场回暖的带动下，涨幅大于居民消费价格平均水平。实体店客流量增多、服装供给质量提升、品牌升级，推动线下门店服装消费实现较快增长，2023 年前 10 个月，全国重点大型零售企业服装零售额大幅增长 14.6%，反映出在购买能力范围内，人们有着较强的消费升级意愿，追求品质、性价比、功能创新、年轻化构成 2023 年我国服装消费市场的主要特点。

中央经济工作会议提出，2024 年要围绕推动高质量发展，扎实做好经济工作，以科技创新引领现代化产业体系建设，着力扩大国内需求，推动消费从疫后恢复转向持续扩大。因此，我国经济将呈现稳中有进，以进促稳的发展态势，居民消费能力将得到进一步提升，服装消费市场持续向好的发展态势将得到进一步巩固。我国服装企业和品牌将全面深入贯彻落实党的二十大精神，以高质量发展为首要目标，着重满足大众美好生活需要，在设计、生产、销售、服务等各个环节上，着力体现品牌核心价值，在不断提升品牌辨识度的基础上，有序拓展市场。

一、2023 年我国服装消费市场运行情况

2023 年，在一系列扩内需促消费政策落地显效、居民出行相关需求加快回升、居民消费潜力有效释放的带动下，市场销售加快增长，服装消费随之恢复。居民人均衣着消费支出增速明显提升，占居民消费总支出比重和上年基本持平，限额以上单位服装零售额大幅增长，网上“穿”类商品零售增速快于上年，服装消费价格在市场回暖的带动下，涨幅大于居民消费价格平均水平，反映出人们较强的消费升级意愿。

（一）居民衣着消费支出快速恢复

2023 年以来，居民户外运动、聚餐社交意愿明显增强，节假日居民休闲旅游、返乡探亲活动明显增多，带动居民衣着消费快速恢复，前三季度，居民人均衣着消费支出同比增长 6.5%，增速较 2022 年同期提高 7.6 个百分点。由于疫情后，居民服务消费支出增速快于商品消费支出增速，在交通通信、教育文化娱乐、医疗保健等消费支出较快增长的拉动下，前三季度居民人均消费支出同比增长 9.2%，增速快于衣着消费支出 2.7 个百分点（图 2-1）。

（二）居民衣着消费支出占比降幅收窄

2023 年，居民衣着消费支出占居民消费支出比重虽有下降，但降幅有所收窄，前三季度，居民衣着消费支出占比为 5.4%，较上年同期下降 0.1 个百分点，降幅较上年收窄 0.2 个百分点。服务类消费支出占比有所提升，居民交通通信、教育文化娱乐、医疗保健支出占比达到 13.3%、10.7% 和 9.4%，较上年同期分别提高 0.2、0.7 和 0.5 个百分点（图 2-2）。

（三）限额以上单位服装零售实现较快增长

2023 年限额以上单位服装商品零售额较上年大幅提升，国家统计局数据显示，2023 年前 10 月，限额以上单位服装类商品零售额实现 8143 亿元，同比大幅增长 12.3%（图 2-3）。

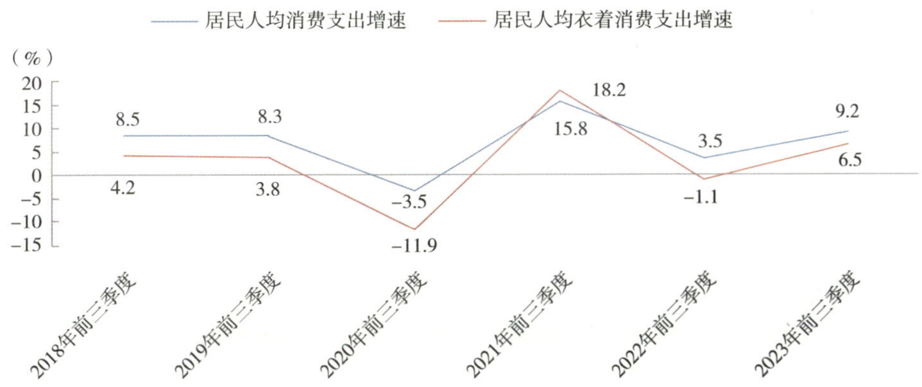

图 2-1　2018~2023 年近六年前三季度居民人均衣着消费支出增速

（数据来源：国家统计局）

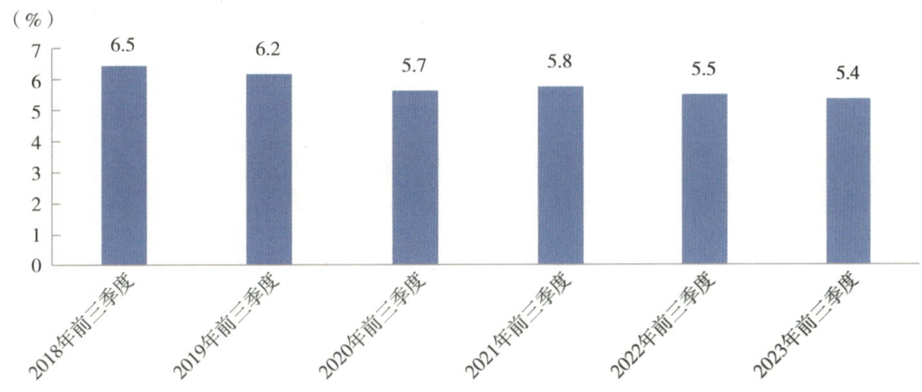

图 2-2　2018~2023 年近六年前三季度居民人均衣着消费支出占比

（数据来源：国家统计局）

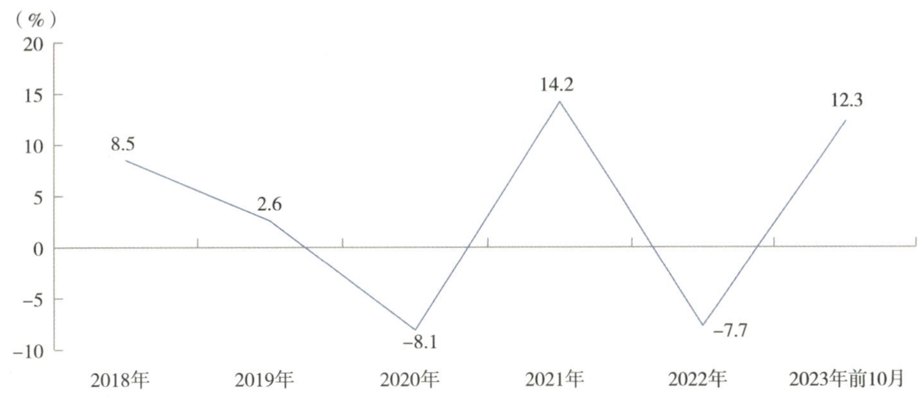

图 2-3　2018~2023 年前 10 月限额以上单位服装商品零售额增速

（数据来源：国家统计局）

在限额以上单位商品零售中，服装类商品零售额增速最高，快于增速次之的金银珠宝类 0.3 个百分点，更是快于以刚需消费为主的粮油、食品类 7.1 个百分点，反映出人们消费升级意愿依然较强，在消费能力、消费条件、消费场景得到改善的情况下，居民升级类需求会随之有效地释放（图 2-4）。

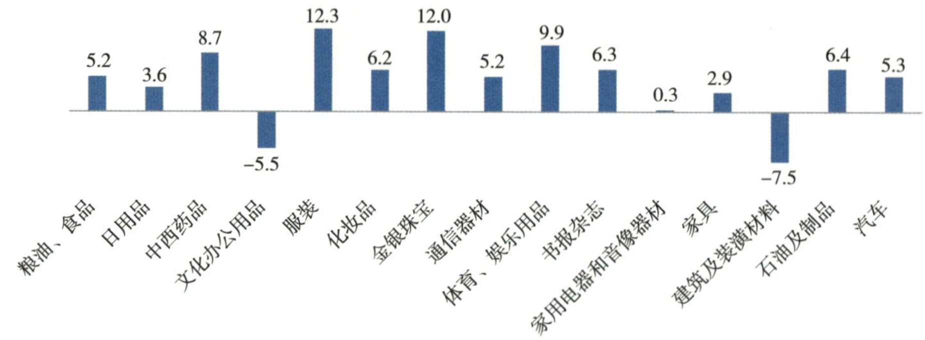

图 2-4　2023 年前 10 月限额以上单位各类商品零售额累计增速（%）

（数据来源：国家统计局）

（四）网上“穿”类商品零售增速加快

在网上服装消费模式日益成熟，居民服装消费意愿有所提升的推动下，网上“穿”类商品消费实现加快增长。2023 年前 10 月，网上“穿”类商品零售额同比增长 7.6%，增速较 2022 年加快 4.1 个百分点。网上“用”类商品零售同比增长 8.2%，增速较 2022 年加快 2.5 个百分点。网上“吃”类商品零售同比增长 11.3%，增速较 2022 年放缓 4.8 个百分点（图 2-5）。

从各月累计增速来看，由于 2022 年 3~5 月增速基数较低，网上“穿”类商品零售额累计增速持续提升，在 5 月达到 14.6%的年内高点。此后，随着增速基数回升，网上“穿”类商品零售额累计增速持续放缓至 10 月的 7.6%（图 2-6）。

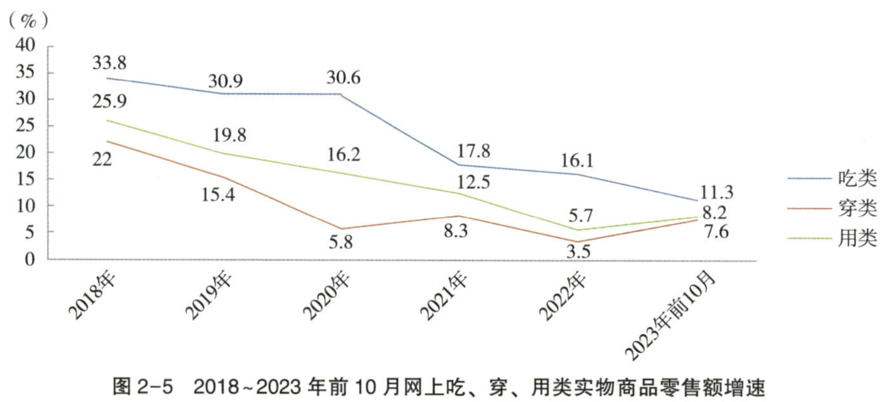

图 2-5　2018~2023 年前 10 月网上吃、穿、用类实物商品零售额增速

（数据来源：国家统计局）

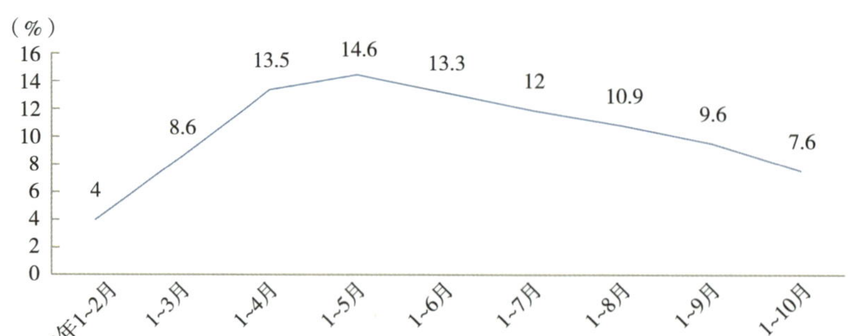

图 2-6　2023 年前 10 月网上“穿”类商品零售额分月累计增速

（数据来源：国家统计局）

（五）服装消费价格上涨幅度相对较大

服装消费市场整体回暖、实体店品牌服装消费增多、秋冬季服装消费占比提高，使得服装类居民消费价格实现较快上涨。2023 年前 10 月，服装类消费价格同比上涨 1%，涨幅高于上年 0.4 个百分点，高于居民消费价格整体涨幅 0.6 个百分点（图 2-7）。

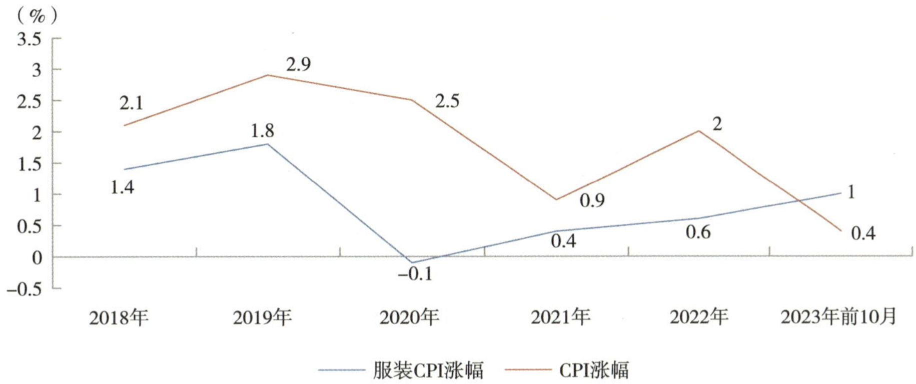

图 2-7　2018~2023 年前 10 月服装类居民消费价格涨幅

（数据来源：国家统计局）

二、2023 年全国重点大型零售企业服装销售情况

2023 年，重点大型零售企业客流量较上年明显增多，人们购买服装的意愿明显增强，加之服装供给质量提升、品牌升级，推动实体店服装消费实现较快增长。2023 年前 10 月，全国重点大型零售企业服装零售额同比大幅增长 14.6%，快于其商品零售平均增速水平 4.7 个百分点。服装零售量、零售均价较上年均有明显提升。其中，女装零售额恢复速度较快、男装零售量增长明显、运动服零售量大幅增长、羊绒和羊毛衫得到消费者青睐。大型零售企业的服装品牌市场集中度持续提升，2023 年前 10 月，十个品类的前十品牌市场综合占有率较上年均有提高。

（一）服装零售额实现较快增长

线下客流增多、品牌创新提升、消费者购买意愿增强等因素推动大型零售企业服装销售实现较快增长。2023 年前 10 月，全国重点大型零售企业服装零售额同比大幅增长 14.6%，增速较 2022 年提高 32.1 个百分点，快于全国重点大型零售企业商品零售整体增速 4.7 个百分点（图 2-8）。

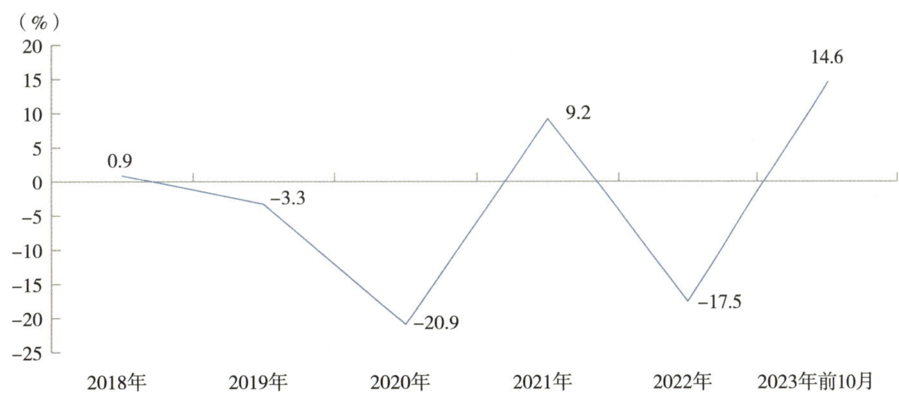

图 2-8　2018~2023 年前 10 月全国重点大型零售企业服装零售额增速

（数据来源：中华全国商业信息中心）

（二）服装零售量增速由负转正

2023年前10月，全国重点大型零售企业服装零售量同比增长7.3%，增速较上年提高25.9个百分点。除牛仔服外，其他品类服装零售量均实现正增长，且夹克衫、运动服、羊绒及羊毛衫零售量实现两位数增长（图2-9）。

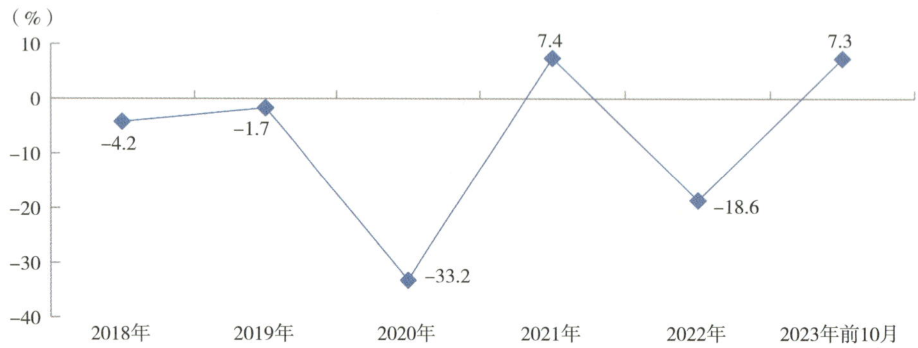

图2-9　2018~2023年前10月全国重点大型零售企业服装零售量增速

（数据来源：中华全国商业信息中心）

（三）服装消费均价涨幅较大

与统计局公布的服装消费价格趋势一致，2023年前10月，全国重点大型零售企业服装消费均价同比上涨6.7%，涨幅较2022年提高5.4个百分点（图2-10）。

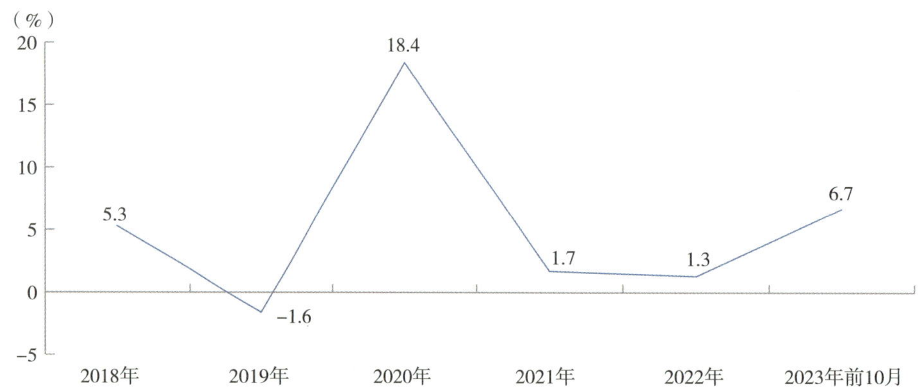

图2-10　2018~2023年前10月全国重点大型零售企业服装消费均价涨幅

（数据来源：中华全国商业信息中心）

（四）女装零售额恢复速度较快

2023年前10月，全国重点大型零售企业女装零售额同比增长15.3%，增速快于男装1.2个百分点，快于童装8.1个百分点。除女装零售额增速上年基数较低、消费恢复意愿较强等因素外，女装消费均价上涨幅度较大也是推动其零售额增速较快的重要原因之一。2023年前10月，全国重点大型零售企业女装消费均价同比上涨7.4%，涨幅高于男装3.3个百分点，高于童装1.6个百分点（图2-11）。

（五）运动服零售量同比大幅增长

随着科技进步推动居民生活水平持续提升，人民健康生活的需求越发显现，运动爱好人群不断扩大，使得中国运动行业快速发展，越来越多的人群选择运动健身作为他们保持健康的生活方式，由此带动相关商品的消费增长。此外，运动服饰品牌持

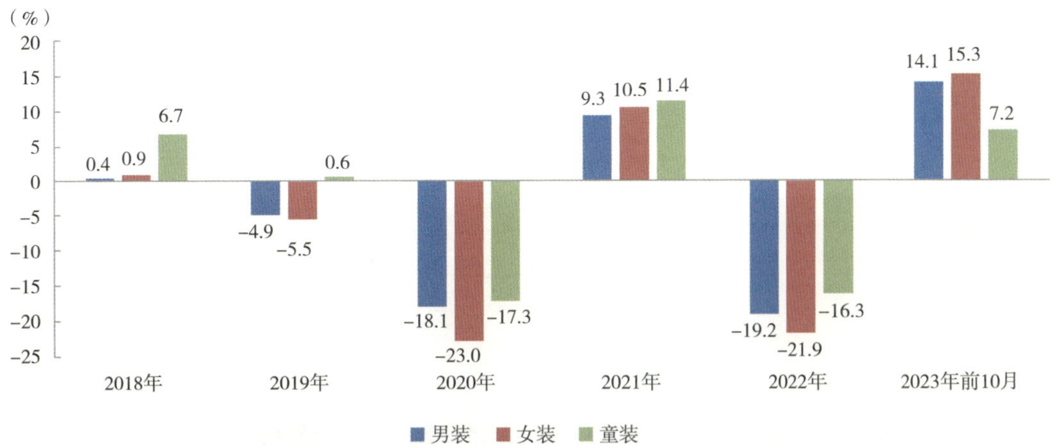

图 2-11　2018~2023 年前 10 月全国重点大型零售企业男装、女装、童装零售额增速

（数据来源：中华全国商业信息中心）

续加大功能、时尚、工艺等方面的提升力度，进一步刺激市场需求。2023 年前 10 月，全国重点大型零售企业运动服零售量同比大幅增长 11.3%，增速较上年提升 30.3 个百分点（图 2-12）。

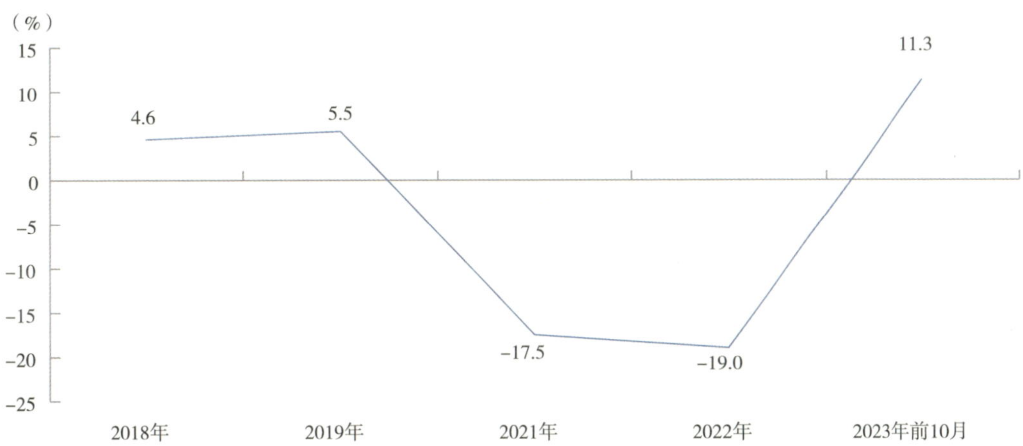

图 2-12　2018~2023 年前 10 月全国重点大型零售企业运动服零售量同比增速

（数据来源：中华全国商业信息中心）

（六）男装零售量增长明显改善

2023 年商务出行需求较上年大幅提升，有力带动男装消费增长。此外，随着男性对时尚的消费观念与时俱进，对于品质和形象的重视程度越来越高，男装消费需求持续升级。2023 年前 10 月，全国重点大型零售企业男西装零售量同比增长 9.7%，增速较上年提升 30.3 个百分点，男衬衫零售量同比增长 9.4%，增速较上年提升 30.1 个百分点（图 2-13、图 2-14）。

（七）羊绒和羊毛衫零售量实现大幅增长

随着时代的发展与变迁，消费者对服装材质的要求持续提升，羊绒衫、羊毛衫也从原来设计单一、仅为御寒的保暖服装，逐渐成为设计新颖、款式流行、广受消费者喜爱的冬季单品。2023 年前 10 月，全国重点大型零售企业羊绒和羊毛衫零售量同比大幅增长 13.3%，增速较上年提高 38.2 个百分点（图 2-15）。

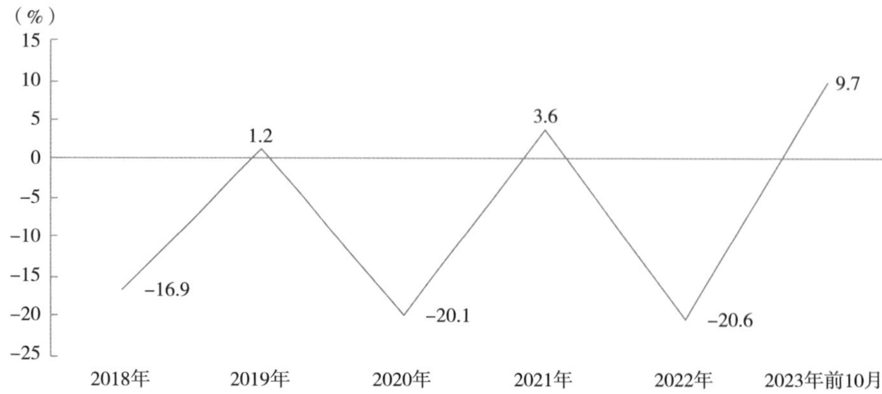

图 2-13　2018~2023 年前 10 月全国重点大型零售企业男西装零售量同比增速

（数据来源：中华全国商业信息中心）

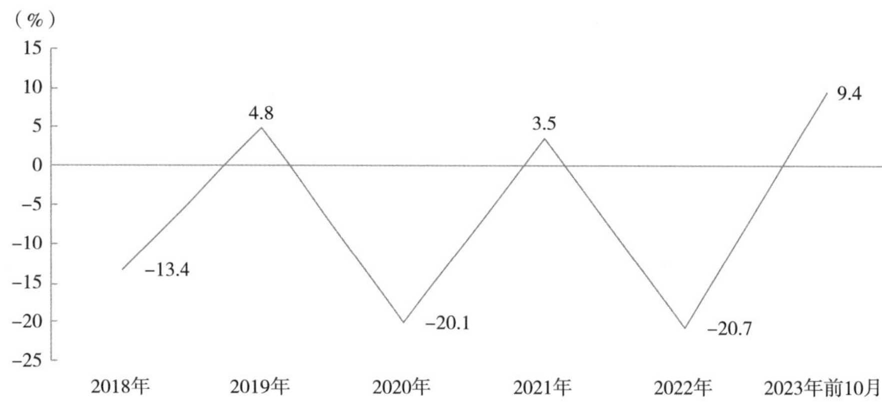

图 2-14　2018~2023 年前 10 月全国重点大型零售企业男衬衫零售量同比增速

（数据来源：中华全国商业信息中心）

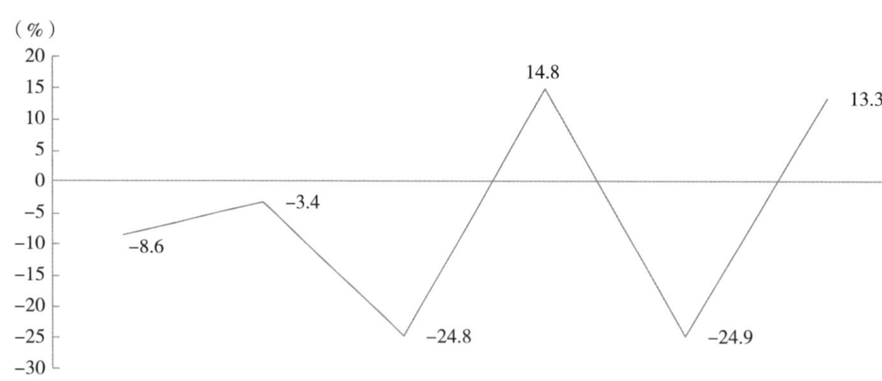

图 2-15　2018~2023 年前 10 月全国重点大型零售企业羊绒和羊毛衫零售量同比增速

（数据来源：中华全国商业信息中心）

（八）品牌市场集中度持续提升

全国重点大型零售企业服装品牌集中度进一步提升。根据中华全国商业信息中心统计，2023 年前 10 月，男西装、男衬衫、T 恤衫、女装、夹克衫、羊毛衫、女性内衣、运动服、童装、羽绒服的前十品牌市场综合占有率均高于 2021 年同期。羊绒衫前十品牌市场综合占有率虽略有降低，但依然高达 46.2%（图 2-16）。

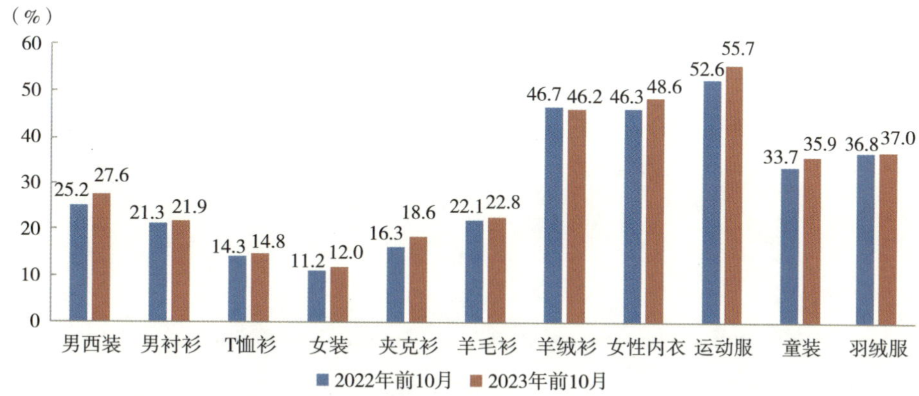

图 2-16　全国重点大型零售企业各服装品类前十品牌市场综合占有率

（数据来源：中华全国商业信息中心）

三、2023 年我国服装消费市场运行特点

尽管服装消费在 2023 年实现较快增长，但与上年低增速有一定关系，扣除基数影响，服装消费在 2020 年以来，基本呈现低速增长态势。消费观念、消费理念的变化，以及收入增长预期偏弱的客观现实，使得服装市场表现出较为明显的平替需求，人们更加看重服装产品的品质、性价比，而不是盲目追求大牌。国内奢侈品市场经过 2020 年、2021 年的大幅增长后，增速逐渐放缓。兼具功能和时尚的运动休闲服饰成为市场主要卖点，防晒服、滑雪服、速干衣、冲锋衣等服装需求大幅增加。人们渴望释放情绪，表达积极快乐的人生态度，推动多巴胺穿搭成为 2023 年夏季的时尚潮流。综上所述，追求品质、性价比、功能创新、年轻化构成 2023 年服装消费市场的主要特点。

（一）低增速基数对服装消费增速的作用明显

2023 年服装消费实现快速增长与 2022 年增速偏低有一定关系。2023 年前 10 月，限额以上单位服装类商品零售额增长 12.3%，增速高于其他商品品类。但如果不考虑限额以上单位样本因素，与 2021 年前 10 月相比，服装零售额同比增长 4.1%，两年平均增速为 2%。与 2019 年前 10 月相比，增长 6.1%，4 年平均增速为 1.5%，均低于粮油食品、日用品、中西药品、化妆品、金银珠宝、通信器材、体育娱乐用品等商品品类，表明 2020 年以来，限额以上单位服装零售整体呈现低速增长态势（图 2-17）。

（二）服装消费更加理性、谨慎

2023 年以来，服装市场表现出较为明显的“质价比”“性价比”平替需求，究其原因，主要有三个方面：一是对于收入增速放缓的预期，使得人们在消费的时候变得更加谨慎，购买服装更加审慎，更注重实用性和性价比；二是消费观念的转变也是影响购买决策的重要因素，人们更加注重旅游、运动、娱乐等服务消费，商品消费需求随之逐步回归理性；三是年轻人对消费主义的认知更加深刻，更多从自身实际需求和自身消费能力出发，购买数量适当、价格适中的商品，为品质、性价比而非单纯地为大牌的符号价值买单。

（三）奢侈品消费增速放缓

根据腾讯、波士顿咨询发布的《中国奢侈品市场数字化趋势洞察报告》，2023 年中国内地消费者的奢侈品消费预计实现 5500 亿元人民币，同比增

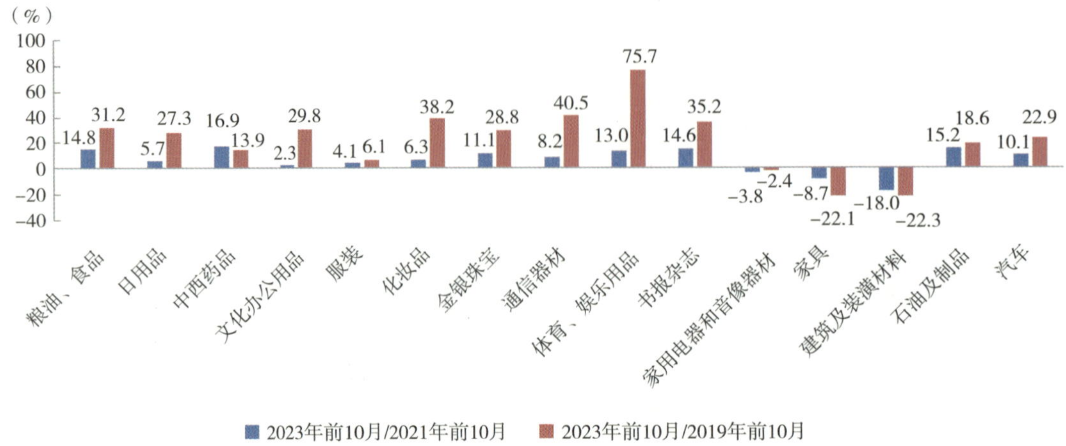

图 2-17　2023 年前 10 月较 2021 年、2019 年同期限额以上单位服装商品零售额增速

（数据来源：国家统计局）

速虽然达到 17%，但较 2021 年增长 5.7%，两年平均增速仅为 2.8%，增速相比 2020 年的 23.5%、2021 年的 23.8% 大幅放缓。报告指出，仅 11% 的重度客群贡献了 40% 以上的市场规模，重度客群依然是奢侈品牌收入的主要来源。但在内需仍有不足、中产群体收入增长预期放缓、年轻消费者更加理性的环境下，奢侈品牌持续快速涨价，将使得品牌与渴望拥有奢侈品的入门级消费者距离越来越远，而这部分消费者态度的变化，正在影响奢侈品市场规模及品牌业绩增长。

（四）兼具功能和时尚成为市场主要卖点

一方面人们消费更加务实、更加关注健康，促使市场对服装的功能需求持续增多；另一方面随着疫情防控平稳转段，居民户外运动、休闲、旅游明显增多，使得消费者在功能需求得到满足的基础上，注重服装的时尚度、潮流感，再者随着个性化、多元化消费需求增多，消费者在颜值风格上会有更高要求，希望从着装中体现与众不同的文化特点。综合因素作用下，今年以来户外防晒服以及滑雪服、速干衣、冲锋衣等兼具功能与时尚的服装需求大幅增加，服装品牌在加大科技属性、功能属性的同时，结合灵活多变的时尚风格，满足消费者多元化需求。

（五）多巴胺穿搭成为夏季时尚潮流

服装是人们表达内心情感的重要渠道，疫情结束后，消费者乐于通过高饱和色彩的服装搭配，来营造舒适愉悦的情绪，表达自己身处快乐积极的状态中。这种消费心理在 2023 年夏季，掀起一股色彩斑斓的“多巴胺”时尚浪潮。众多服装品牌借势营销，纷纷在产品中融入复杂度高、对比感强的亮色系，并融入复古、图案、设计等多重元素，让服装极具视觉冲击力。此外，多巴胺设计反映服装品牌在包装、广告、文案、代言等品牌宣传形式之上，更加注重从产品中体现品牌年轻化发展战略，通过服装的款式和色彩，展现出消费者对未来憧憬、向往的年轻化心态。

四、2024 年我国服装消费市场发展趋势展望

2024 年，我国经济将巩固和增强经济回升向好态势，消费市场将持续扩大，居民消费能力将得到进一步提升，服装消费市场持续向好的发展态势将得到进一步巩固。我国服装企业和品牌将全面深入贯彻落实党的二十大精神，以高质量发展为首要目标，着重满足大众美好生活需求。我国时尚消费正从“以消费者需求为中心”转向“以消费者体验为中心”，来自产品、场景、服务等的正面体验

价值将成为刺激服装消费的最强动力。服装品牌将在设计、生产、销售等各个环节上，着力体现品牌核心价值，在不断提升品牌辨识度的基础上，有序拓展市场。服装品牌将顺应居民消费加快向服务消费转变的发展趋势，从增强店员服务意识、丰富服装消费知识、融入多元化服务场景等方面，不断提高品牌的服务质量。

（一）服装消费市场将持续扩大

中央经济工作会议强调，做好明年经济工作，要以习近平新时代中国特色社会主义思想为指导，全面贯彻落实党的二十大和二十届二中全会精神，坚持稳中求进工作总基调，巩固和增强经济回升向好态势，持续推动经济实现质的有效提升和量的合理增长。会议提出，要着力扩大国内需求，激发有潜能的消费，推动消费从疫后恢复转向持续扩大，培育壮大新型消费，大力发展数字消费、绿色消费、健康消费，积极培育智能家居、文娱旅游、体育赛事、国货“潮品”等新的消费增长点。因此，在积极的财政政策和稳健的货币政策推动下，我国居民消费能力将得到持续提升，消费环境将持续改善，服装消费市场持续扩大的发展态势将得到进一步巩固。

（二）服装品牌将坚持高质量发展

党的二十大报告深刻揭示了中国式现代化的科学内涵，明确提出中国式现代化的本质要求之一，就是实现高质量发展，高质量发展是全面建设社会主义现代化国家的首要任务。我国服装企业和品牌将全面深入贯彻落实党的二十大精神，以高质量发展为首要目标，着重满足大众美好生活需要，深入推进物质需求与精神文明融合协调发展，积极转型升级助力实现双碳目标，加快数字化智能化发展进程，增强国内国际两个市场两种资源联动效应，并针对不同市场、不同的消费主体，采取基于品质、性价比、品牌文化等差异化的竞争策略。

（三）服装市场将以消费者体验为中心

我国时尚消费正从“以消费者需求为中心”转向“以消费者体验为中心”。服装供给如果以现有需求为中心，需求满足后，供给边际效用快速递减。服装供给如果以体验为中心，良好的体验是促使人们再次消费的最强动力，甚至会出现边际效用递增的情况。正面的体验价值将成为刺激服装消费的最强动力，具体来说包括：一是产品体验，新功能、新设计、新文化等将催生出新的服装品类，或者新的着装理念，从而满足消费者猎奇心理，激发市场新需求；二是场景体验，时尚消费是视觉、听觉、触觉等多重感官的综合体验消费，而不是让消费者的目光只集中在价格上的标准化产品购买，多巴胺经济和大店首店热潮已经证实场景对消费欲望的刺激作用，未来服装市场将在场景体验上做出更多的探索；三是服务体验，商品消费与服务消费融合是消费发展的主要趋势，服装品牌在做好导购服务、售后服务的基础上，将进一步与旅游、运动、文化等服务消费相结合，以此强化品牌形象定位。

（四）服装品牌将着力塑造核心价值

服装市场已经进入消费品质化、个性化、彰显品牌定位、品牌文化的新发展阶段，消费者购买的不仅是商品，还需要透过品牌的产品、服务和企业文化来感知品牌的核心价值。品牌核心价值需要时间来培育，不是一蹴而就，更不能随市场波动而动摇，唯有坚持、创新、提升，才能最终占领消费者的心智。塑造品牌核心价值：一是从原材料、采购、制造、直销、分销、VIP 顾客全产业链各个环节，从企业领导层、管理层、员工层等各个企业层面，体现以健康、安全、尊严、情感、科技为主的品牌核心价值；二是细分场景结合细分功能打造爆款产品，满足广大消费者实用主义与精致生活两者兼得的消费心理；三是创新营销方式，充分利用微博、微信、抖音等新媒体平台、直播平台，用大众喜闻乐见的内容、形式、语言及活动，向消费者传播品牌的核心价值。

（五）服装品牌将持续提升服务品质

居民消费加快向服务消费转变是长期发展趋

势。《关于恢复和扩大消费的措施》提出，加大对餐饮、文旅、文娱体育等领域的支持力度，并推进数字经济发展，培育新型业态，为消费者提供更加便捷的服务体验。在服务消费占比提升的趋势下，服装品牌不仅要在商品上创新，更要着力提升服务品质。一是提升店员的专业能力、亲和力、责任心，让顾客感受到尊重和品牌文化；二是丰富多维度的销售渠道、传播渠道，在方便消费者选购服装的同时，学习到更多的服装知识和穿搭技巧；三是加大服装品牌与旅游、运动、娱乐、休闲、康养等服务消费项目的融合力度，把服饰产品融入服务场景中。

2023~2024 年中国服装出口贸易分析报告

北京服装学院　郭燕

2023 年是全面贯彻党的二十大精神的开局之年，是三年新冠疫情防控转段后经济恢复发展的一年。为推进我国纺织产业转型升级，2023 年 8 月，中国纺织工业联合会发布《建设纺织现代化产业体系行动纲要（2022—2035 年）》；2023 年 11 月，工业和信息化部联合国家发展改革委、商务部、市场监管总局印发《纺织工业提质升级实施方案（2023—2025 年）》。

在《建设纺织现代化产业体系行动纲要（2022—2035 年）》中，针对推进双循环的国际化供应链提升行动，提出：推动出口结构和业态模式优化升级，优化出口市场结构。巩固发达国家中高端市场份额，有效提升市场多元化水平，把握新兴市场特点。发展国际贸易新业态新模式。促进跨境电商健康、有序创新发展，搭建海外销售网络平台体系，提升渠道控制力，扩大自主品牌产品出口。促进跨境电商模式创新，发展“跨境电商+产业集群”“跨境电商+专业市场”等模式，打造内外贸一体化区域品牌。为今后我国纺织品服装出口市场多元化，贸易新业态新模式指明了方向。

一、2022 年中国服装出口贸易回顾

（一）2022 年中国服装出口创历史新高

根据世界贸易组织（WTO）数据显示，2022 年全球服装出口额为 5777 亿美元，同比增长 5.3%，为历史最高位。2022 年全球服装进口额达 6284.72 亿美元，同比增长 8.7%，全球服装进口额首次突破 6000 美元，达历史最高点。

受全球服装贸易增长的拉动，WTO 数据显示，2022 年中国服装出口额为 1824.2 亿美元，同比增长 3.62%，创历史新最，占全球服装出口额比重的 31.58%，继续保持全球第一大服装出口国地位（图 2-18）。

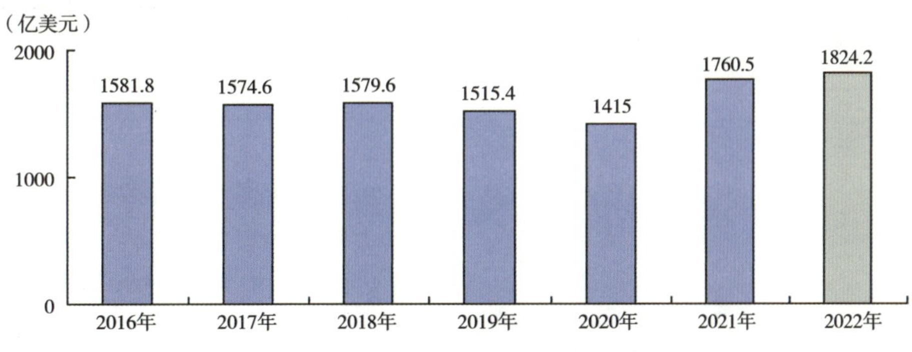

图 2-18　2016~2022 年中国服装出口额

（数据来源：WTO）

（二）中国服装在美欧日市场占比呈逐年下降走势

如表 2-1 所示，美国从中国服装进口额占美国服装进口总额的比重在逐年下降，从 2020 年占 28.93%，到 2022 年下降到 22.43%，下降较为明显。

表 2-1　2020~2022 年中国服装在美欧日市场占比

从中国服装进口	2020 年	2021 年	2022 年
占美国服装进口总额比重	28.93%	27.18%	22.43%
占欧盟服装进口总额比重	30.46%	30.23%	29.34%
占日本服装进口总额比重	54.62%	56.12%	54.49%

欧盟从中国服装进口额占欧盟服装进口总额的比重微降，从 2020 年占 30.46%，到 2022 年下降到 29.34%。

日本从中国服装进口额占日本服装进口总额的比重，从 2020 年占 54.62%，到 2022 年下降到 54.49%，中国服装在日本市场上仍具有一定的竞争力。

（三）中国服装出口市场呈多元化

根据中国海关总署数据显示，2022 年我国服装出口额 1754.31 亿美元，同比增长 3.21%，其中对“一带一路”沿线国家服装出口额 468.59 亿美元，同比增长 13.37%，占我国服装出口总额的 26.71%。

美国、欧盟和日本仍是我国服装三大出口市场，对美国服装出口额 383.18 亿美元，同比下降 2.98%，占我国服装出口总额的 21.84%；对欧盟服装出口额 333.31 亿美元，同比增长 3.07%，占我国服装出口总额的 19%；对日本服装出口额 146.15 亿美元，同比下降 0.26%，占我国服装出口总额的 8.33%。对美国、欧盟和日本服装出口占我国服装出口总额的 49.17%。对东盟服装出口 170.73 亿美元，同比增长 24.95%，占我国服装出口总额的 9.73%（表 2-2）。

表 2-2　2022 年中国服装前十位出口市场

单位：亿美元

位次	出口国家和地区	2022 年	占比	同比
	全球	1754.31	100%	3.21%
	“一带一路”沿线国家	468.59	26.71%	13.37%
	东盟	170.73	9.73%	24.95%
1	美国	383.18	21.84%	-2.98%
2	欧盟	333.31	19.00%	3.07%
3	日本	146.15	8.33%	-0.26%
4	吉尔吉斯斯坦	73.26	4.18%	70.98%
5	韩国	70.78	4.03%	4.95%
6	英国	58.56	3.34%	-12.47%
7	澳大利亚	56.58	3.23%	15.23%
8	马来西亚	43.21	2.46%	10.17%
9	俄罗斯	38.03	2.17%	-19.21%
10	越南	34.92	1.99%	23.38%
	合计	**1237.98**	**70.57%**	

（数据来源：中国海关总署）

在我国服装前十位出口市场中，2022 年我国对吉尔吉斯斯坦服装出口增长最快，同比增长 70.98%；其次是对越南服装出口，同比增长 23.38%；对澳大利亚服装出口，同比增长 15.23%；对马来西亚服装出口，同比增长 10.17%。对俄罗斯服装出口，同比下降 19.21%；对英国服装出口，同比下降 12.47%。

二、2023 年全球贸易环境分析

（一）世界经济复苏乏力

2023 年全球经济增长放缓，进入第四季度以来，主要国际组织纷纷下调 2023 年全球经济增速的预测。总体而言，2023 年全球经济表现为低增长。

2023 年 10 月，国际货币基金组织（IMF）发布的《世界经济展望》报告，预测 2023 年全球经济增速将为 3.0%，低于 2022 年 3.5%的 GDP 增速水平（图 2-19）。

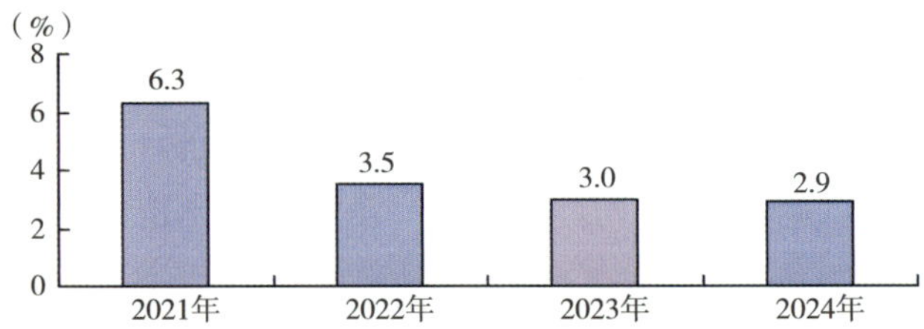

图 2-19　IMF 2023 年 10 月发布《世界经济展望》报告对全球 GDP 增速预测

2023 年 10 月，世界贸易组织（WTO）发布的《全贸易统计与展望》报告，预测 2023 年全球经济增速为 2.6%，低于 2022 年 3.1%的 GDP 增速水平（图 2-20）。

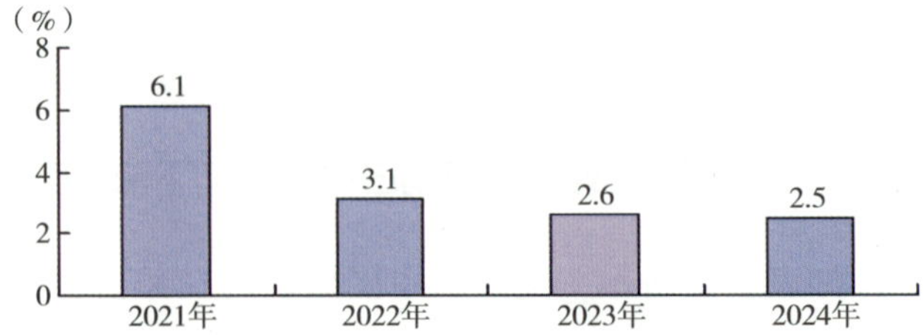

图 2-20　WTO 2023 年 10 月发布《全贸易统计与展望》报告对全球 GDP 增速预测

2023 年 11 月，经济合作与发展组织（OECD）发布的《全球经济展望》，预期 2023 年的全球 GDP 增速为 2.9%，低于 2022 年 3.3%的 GDP 增速（图 2-21）。

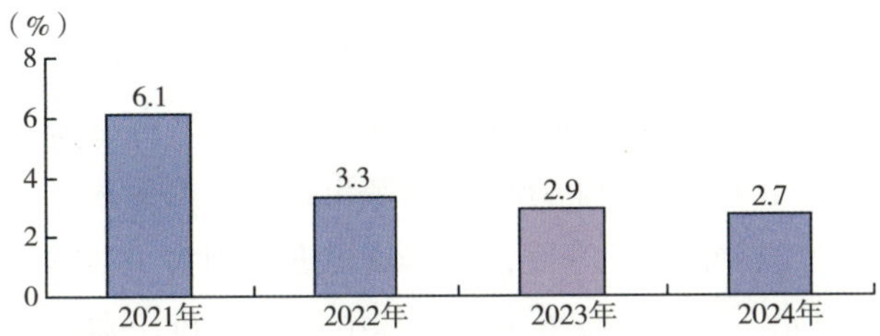

图 2-21　OECD 2023 年 11 月发布《全球经济展望》报告对全球 GDP 增速预测

2023 年 12 月，联合国贸发会（UNCTAD）发布的《2023 年统计手册》，预测 2023 年全球经济增速为 2.2%，低于 2022 年 3.1%的 GDP 增速（图 2-22）。

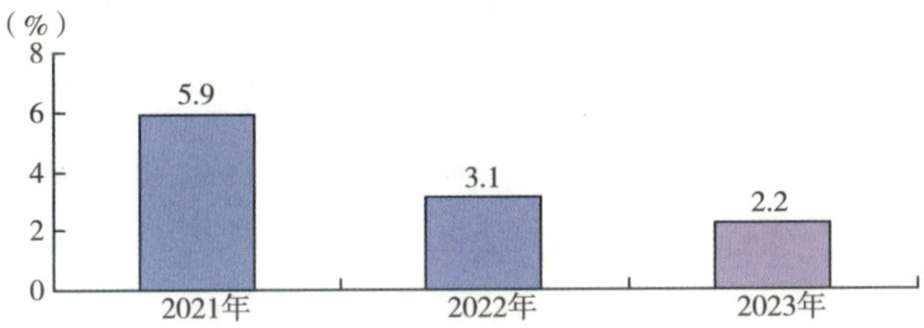

图 2-22　UNCTAD 2023 年 12 月发布《2023 年统计手册》对全球 GDP 增速预测

（二）发达经济体经济增速放缓更为明显

发达经济体增速放缓是全球经济增速下行的主要原因。2023 年 10 月，国际货币基金组织（IMF）发布的《世界经济展望》报告，预测 2023 年发达经济体的增速将从 2022 年的 2.6%降至 2023 年的 1.5%，约 93%的发达经济体在 2023 年的经济增速放缓。其中，预测 2023 年美国经济增速为 2.1%，2023 年欧元区经济增速为 0.7%，2023 年日本经济增速为 2.0%（表 2-3）。

2023 年 11 月，经济合作与发展组织（OECD）发布的《全球经济展望》报告指出：高利率高通胀持续拖累全球经济增长，发达经济体经济增速放缓更为明显，以美国和欧盟为例，预期 2023 年美国经济增速为 2.4%，2023 年欧元区经济增速仅为 0.6%（表 2-4）。

表 2-3　IMF 2023 年 10 月《世界经济展望》报告的预测

国家和地区	2022 年	2023 年	2024 年
发达经济体	2.6%	1.5%	1.4%
美国	2.1%	2.1%	1.5%
欧元区	3.3%	0.7%	1.2%
日本	1.0%	2.0%	1.0%

表 2-4　OECD 2023 年 11 月《全球经济展望》报告的预测

国家和地区	2022 年	2023 年	2024 年
美国	1.9%	2.4%	1.5%
欧盟	3.4%	0.6%	0.9%
日本	0.9%	1.7%	1.0%

（三）国际贸易持续低迷

2023 年 10 月，国际货币基金组织（IMF）发布的《世界经济展望》报告，预测 2023 年全球贸易量（货物和服务）增速为 0.9%，远远低于 2022 年的 5.1%水平（图 2-23）。

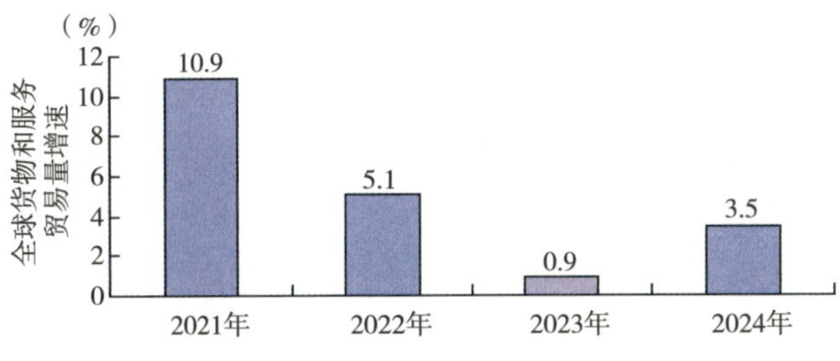

图 2-23　IMF 2023 年 10 月发布《世界经济展望》报告对世界贸易量（货物和服务）增速预测

受通货膨胀、高利率、美元升值以及地缘政治局势紧张等因素影响，2022 年四季度以来全球贸易持续低迷。WTO 10 月发布的《全贸易统计与展望》报告，预计 2023 年全球货物贸易量将增长 0.8%，低于 2022 年全球货物贸易量增长 3%的水平（图 2-24）。

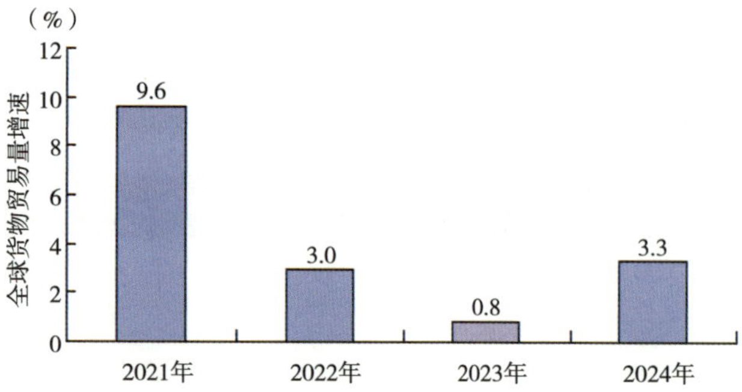

图 2-24　WTO 2023 年 10 月发布《全贸易统计与展望》报告对全球货物贸易量增速预测

（四）2023 年 1~3 季度全球货物贸易额下降

2023 年 12 月 19 日 WTO 更新的 2023 年第 3 季度货物贸易统计数据显示，2023 年 1~3 季度，全球货物出口额为 177277.12 亿美元，同比下降 5.64%。其中第 1 季度下降 2%，第 2 季度下降 8%，第 3 季度下降 8%。WTO 预计 2023 年全球纺织品出口额将下降 16%，服装出口额下降 8%。

2023 年 1~3 季度，全球货物进口额为 181483.61 亿美元，同比下降 6.15%。其中第 1 季度下降 2%，第 2 季度下降 7%，第 3 季度下降 9%（表 2-5）。

表 2-5　2023 年 1~3 季度全球货物贸易　　单位：亿美元

货物贸易	全球出口额	出口额同比	全球进口额	进口额同比
第 1 季度	59417.89	-2%	61113.06	-2%
第 2 季度	59239.29	-8%	60692.50	-7%
第 3 季度	58619.94	-8%	59678.05	-9%
前 3 季度累计	177277.12	-5.64%	181483.61	-6.15%

（数据来源：WTO）

（五）国际贸易壁垒增多，阻碍全球经济复苏

受贸易保护主义、地缘政治冲突等因素影响，WTO 成员实施的新贸易限制措施有所增加，贸易摩擦加剧。2023 年 11 月，WTO 发布的《年终贸易监管报告》显示，2022 年 10 月 16 日至 2023 年 10 月 15 日以来，WTO 成员国推出 93 项进口限制措施，涉及 1780 亿美元货物进口额，占全球进口贸易总额的 0.71%；WTO 成员国推出 99 项出口限制措施，涉及 1591 亿美元货物出口额，占全球商品出口额的 0.7%。2022 年 10 月 16 日至 2023 年 10 月 15 日，每个月新增的进出口限制措施多达 16.1 项，国际贸易壁垒增多，不利于全球供应链稳定畅通，制约世界经济复苏。

三、2023 年中国服装出口贸易分析

（一）2023 年我国货物进出口额下滑

随着全球经济增长放缓、贸易低迷和进口限制措施的增加，2023 年中国货物进出口贸易下降幅度与全球货物贸易下滑走势相一致。

2023 年，我国货物进出口额 5.94 万亿美元，下降 5.0%。其中，出口额 3.38 万亿美元，下降 4.6%；进口额 2.56 万亿美元，下降 5.5%；贸易顺差 8232.2 亿美元，下降 6.2%（图 2-25）。

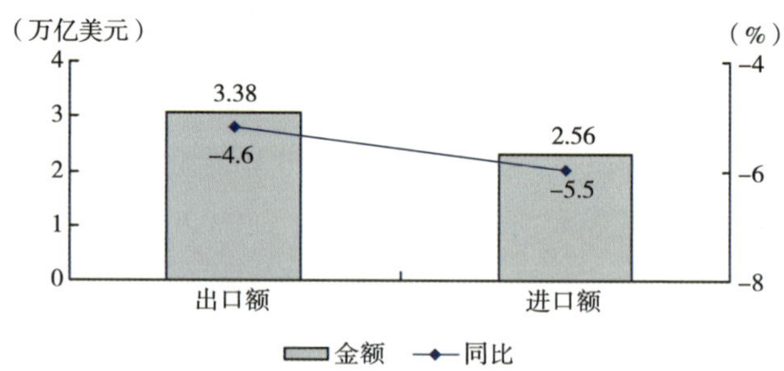

图 2-25　2023 年我国货物进出口贸易额及增速

（二）我国与主要贸易伙伴进出口额明显下滑

东盟、美国、欧盟和日本为我国前四位贸易伙伴，2023 年我国与主要贸易伙伴进出口贸易均呈

现下滑。

东盟仍保持我国第一大贸易伙伴地位。2023年，我国与东盟进出口贸易额9117.18亿美元，同比下降4.8%。其中，对东盟出口额为5236.74亿美元，同比下降5%；从东盟进口额为3880.44亿美元，同比下降4.8%。

2023年，我国与欧盟进出口贸易额7829.87亿美元，同比下降7.1%。其中，对欧盟出口额为5012.33亿美元，同比下降10.2%；从欧盟进口额为2817.54亿美元，同比下降0.9%。

对美国贸易降幅较大。2023年，我国与美国进出口贸易额6644.51亿美元，同比下降11.6%。其中，对美国出口额为5002.91亿美元，同比下降13.1%；从美国进口额为1641.60亿美元，同比下降6.8%。

2023年，我国与日进出口贸易额3179.99亿美元，同比下降10.7%。其中，对日本出口额为1575.24亿美元，同比下降8.4%；从日本进口额为1604.75亿美元，同比下降12.9%（表2-6）。

表2-6 2023年我国与主要贸易伙伴进出口贸易

主要市场	进出口额		出口额		进口额	
	亿美元	同比	亿美元	同比	亿美元	同比
东盟	9117.18	-4.9%	5236.74	-5.0%	3880.44	4.8%
欧盟	7829.87	-7.1%	5012.33	-10.2%	2817.54	-0.9%
美国	6644.51	-11.6%	5002.91	-13.1%	1641.60	-6.8%
日本	3179.99	-10.7%	1575.24	-8.4%	1604.75	-12.9%

（三）2023年我国服装出口主要特征

在外需走低、全球纺织服装供应链加速调整的大背景下，2023年，我国服装出口额1591.45亿美元，同比下降7.8%；服装出口量为304亿件，同比下降1.0%；服装出口单价4.3美元/件，同比下降6.9%。

1. 机织服装和针织服装出口均下滑

根据中国海关总署数据显示，2023年，我国机织服装出口额625.6亿美元，同比下降7.4%；出口量95.4亿件，同比下降1.4%；出口单价同比下降6.0%。针织服装出口额688.4亿美元，同比下降8.3%；出口量208.5亿件，同比下降0.8%；出口单价同比下降7.5%（表2-7）。

表2-7 2023年我国服装出口商品结构

商品结构	出口额（亿美元）	同比	出口量（亿件）	同比	出口单价（美元/件）	同比
机织服装出口	625.6	-7.4%	95.4	-1.4%	6.6	-6.0%
针织服装出口	688.4	-8.3%	208.5	-0.8%	3.3	-7.5%

2. 棉制服装出口继续下降

美国“涉疆法案”实施一年多以来，我国棉制服装对主要发达市场出口持续大幅下降。2023年，我国棉制服装出口额455.4亿美元，同比下降11.7%。其中，棉制服装对美国出口下降18.6%，棉制服装对欧盟出口下降23.7%，棉制服装对日本出口下降23.4%，降幅均超20%。

化纤服装已经成为我国服装出口的优势产品，出口金额约为棉制服装的1.7倍，且降幅低于棉制服装。2023年，化纤服装出口768.6亿美元，同比下降5.5%（表2–8）。

表2–8 2023年我国棉制服装出口

商品结构	出口额（亿美元）	同比
棉制服装	455.4	–11.7%
棉制服装对美国出口额	85.02	–18.6%
棉制服装对欧盟出口额	67.01	–23.7%
棉制服装对日本出口额	30.54	–23.4%

3. 我国服装主要出口市场大幅下降

2023年，我国对美欧日英发达国家服装出口额同比下降。对美国服装出口额355.9亿美元，同比下降12.0%，占我国服装出口额比重21.1%。对欧盟服装出口额265.5亿美元，同比下降19.5%，占我国服装出口额比重16.7%。对日本服装出口额126.5亿美元，同比下降13.2%，占我国服装出口额比重7.9%。对英国服装出口额48.7亿美元，同比下降15.7%，占我国服装出口额比重3.1%。对东盟服装出口额155.1亿美元，同比下降4.3%，占我国服装出口额比重9.7%。2023年我国服装前十位出口市场中，有三个国家保持增长。对韩国服装出口额70.1亿美元，同比微增1.1%；对哈萨克斯坦服装出口额59.9亿美元，同比增长72.5%；对俄罗斯服装出口额42.3亿美元，同比增长12.8%（表2–9）。

表2–9 2023年中国服装前十位出口市场

位次	出口国家和地区	出口额（亿美元）	同比	占比
	对全球出口	1591.4	7.8%	100%
	“一带一路”沿线国家	461.6	1.4%	29.0%
	RCEP成员国	410.6	–6.6%	25.8%
	东盟	155.1	–4.3%	9.7%
1	美国	335.9	–12.0%	21.1%
2	欧盟	265.5	–19.5%	16.7%
3	日本	126.5	–13.2%	7.9%
4	韩国	70.1	1.1%	4.4%
5	吉尔吉斯斯坦	65.3	–10.4%	4.1%
6	哈萨克斯坦	59.9	72.5%	3.8%
7	澳大利亚	52.6	–5.7%	3.3%
8	英国	48.7	–15.7%	3.1%
9	德国	47.0	–24.2%	3.0%
10	俄罗斯	42.3	12.8%	2.7%
	合计	**1113.7**	**–10.7%**	**70.0%**

4. 对“一带一路”沿线国家服装出口增加

2023年是我国“一带一路”倡议提出10周年。近年来，“一带一路”沿线国家成为我国服装出口新兴市场。2023年，我国对“一带一路”沿线国家服装出口贸易逆势增长，出口额达461.6亿美元，同比增长1.4%，占我国服装出口额比重29.0%。

2023年，我国对中亚五国服装出口额130.2亿美元，增长16.7%。其中对哈萨克斯坦、塔吉克斯坦出口分别大幅增长72.5%和42.8%。在中亚五国中，吉尔吉斯斯坦和哈萨克斯坦已跃居中国服装第五大出口市场和第六大出口市场。

5. 对 RCEP 成员服装出口额占我国服装出口额比重达 25.8%

2022 年 1 月 1 日，东盟 10 国和澳大利亚、中国、日本、韩国、新西兰共同签署的《区域全面经济伙伴关系协定》（以下简称 RCEP）生效。2023 年 1 月 2 日起 RCEP 对印度尼西亚正式生效，2023 年 6 月 2 日起 RCEP 对菲律宾正式生效，至此，RCEP 对 15 个签署国全面生效，标志着全球人口最多、经贸规模最大、最具发展潜力的自由贸易区进入全面实施的新阶段。RCEP 区域总人口、GDP 总值、货物贸易金额均占全球比重约 30%。

2023 年，我国对 RCEP 成员国服装出口额 410.6 亿美元，同比下降 6.6%，占我国服装出口总额的 25.8%。

6. 东部地区服装出口呈下降态势，中西部地区服装出口保持增长

2023 年，我国东部"五省"服装出口均呈下降态势，浙江省、广东省、江苏省、山东省、福建省服装出口额同比分别下降 2.1%、16.8%、16.0%、2.7%和 15.6%，东部"五省"服装出口额合计达 1094.9 亿美元，占全国服装出口额比重为 68.8%，同比下降 10.1%。

中西部地区 20 省市服装出口额 344.9 亿美元，占全国服装出口额比重为 21.7%，同比增长 4.9%。新疆维吾尔自治区服装出口额 128.4 亿美元，占全国服装出口额比重为 8.1%，同比增长 23.0%。

在我国引导加工贸易向中西部地区和东北地区转移政策的推动下，中西部地区服装出口持续增长，并成为我国服装出口新增长地区（表 2-10）。

表 2-10 2023 年我国服装出口省市自治区

省、自治区、地区	金额（亿美元）	同比	占比
浙江省	341.4	-2.1%	21.5%
广东省	236.8	-16.8%	14.9%
江苏省	200.2	-16.0%	12.6%
山东省	179.8	-2.7%	11.3%
福建省	136.6	-15.6%	8.6%
东部五省合计	1094.9	-10.1%	68.8%
东部地区	1246.6	-10.8%	78.3%
中西部地区	344.9	4.9%	21.7%
新疆维吾尔自治区	128.4	23.0%	8.1%

（四）美国、欧盟、日本、英国服装进口全面下滑

1. 2023 年 1~10 月美国服装进口额大幅下降

美国商务部数据显示，2023 年 1~10 月美国服装进口额 672.63 亿美元，同比大幅度下降，降幅达 22.71%。美国从前十位服装进口国进口额全面下滑，降幅高达 20%以上。中国仍保持美国服装进口来源国第一位，2023 年 1~10 月美国从中国服装进口额 141.78 亿美元，同比下降 26.70%，占美国服装进口总额比重的 21.07%，占比继续下降，2022 年 1~10 月，中国占美国服装进口总额比重为 22.23%（表 2-11）。

表 2-11 2023 年 1~10 月美国服装进口额 单位：亿美元

位次	国家	2022 年 1~10 月进口额	2023 年 1~10 月进口额	同比
	全球	870.30	672.63	-22.71%
	东盟	269.80	202.92	-24.88%
1	中国	193.45	141.78	-26.70%
2	越南	160.41	122.23	-23.80%
3	孟加拉国	84.47	63.56	-24.75%
4	印度	50.14	39.46	-21.30%

续表

位次	国家	2022 年 1～10 月进口额	2023 年 1～10 月进口额	同比
5	印度尼西亚	49.41	36.75	-25.62%
6	柬埔寨	38.54	28.56	-25.90%
7	墨西哥	26.80	24.18	-9.78%
8	洪都拉斯	26.40	20.35	-22.92%
9	巴基斯坦	23.77	17.21	-27.60%
10	尼加拉瓜	23.80	16.78	-29.50%
	合计	**677.19**	**510.86**	**-24.56%**

（数据来源：美国商务部纺织品服装办公室）

美国是全球第一大服装进口国，美国服装进口规模的下降，对全球服装出口影响较大。2023 年 1～10 月美国服装进口大幅下降主要原因如下。

（1）美国纺织服装产品消费需求增长放缓。美国通货膨胀率走高，需求疲弱，服装 CPI 上行，导致美国个人衣着和鞋履消费支出放缓。2023 年 11 月，美国通货膨胀率为 3.1%，核心 CIP 指数为 2.57%。

（2）商业库存高位抑制品牌商进口采购需求。受需求疲弱影响，2023 年以来，品牌商普遍放缓采购节奏积极去库存，但库存整体仍呈逐月增加态势。2023 年 3 月美国服装服饰商店零售库存达 618.3 亿美元，同比增长 8.8%，服装批发商存销比高于 2022 年同期 30%。在需求低迷、库存高位的情况下，美国进口纺织品服装的金额及数量均明显放缓。

（3）国际供应链格局调整重构，美国自中国直接进口比重下降。近年来，中国在美国纺织品服装进口总额占比呈现持续下降走势，2023 年 1～10 月美国自中国服装进口额，占美国服装进口总额比重降至 21.08%。受美国“涉疆法案”的影响，棉制产品采购订单从中国进口大幅减少，2023 年 1～10 月，美国棉制服装进口额为 306.82 亿美元，低于 2022 年 1～10 月棉制服装进口额 414.67 亿美元，降幅达 26.01%。

2. 2023 年 1～10 月欧盟服装进口额下滑

根据欧盟统计局数据显示，2023 年 1～10 月，欧盟服装进口额 803 亿美元，同比下降 14.5%。自中国服装进口额 227.3 亿美元，同比下降 28.3%，占欧盟服装进口额比重 27.9%。自孟加拉国服装进口额 162.3 亿美元，同比下降 20.2%，占欧盟服装进口额比重 20.5%。自土耳其服装进口额 91.6 亿美元，同比下降 11.4%，占欧盟服装进口额比重 11.4%。

中国仍是欧盟服装进口最大供应国，孟加拉国居第二位，土耳其居第三位，前三位进口来源国占欧盟服装进口总额的 59.9%（表 2-12）。

表 2-12　2023 年 1～10 月欧盟服装进口额

单位：亿美元

位次	国家	进口额	占比	同比
	全球	803.0	100%	-14.5%
1	中国	227.3	27.9%	-28.3%
2	孟加拉国	162.3	20.5%	-20.2%
3	土耳其	91.6	11.4%	-11.4%
	合计	**481.2**	**59.9%**	

3. 2023 年 1～10 月日本服装进口额微降

根据日本经济产业省数据显示，2023 年 1～10 月，日本服装进口额 217.5 亿美元，同比下降 4.2%。自中国服装进口额 112 亿美元，同比下降 10.8%，占日本服装进口额比重 51.5%。自越南服装进口额35.8亿美元，同比增长4.9%，占日本服装进口额比重16.5%。自缅甸服装进口额10.8亿美元，同比增长16.2%，占日本服装进口额比重5%（表2-13）。

表2-13 2023年1~10月日本服装进口额

单位：亿美元

位次	国家	进口额	占比	同比
	全球	217.5	100%	-4.2%
1	中国	112.0	51.5%	-10.8%
2	越南	35.8	16.5%	4.9%
3	缅甸	10.8	5.0%	16.2%
	合计	**158.6**	**72.9%**	

4. 2023年1~10月英国服装进口额下降

2023年1~10月，英国服装进口额182.2亿美元，同比下降14.4%。自中国服装进口额45亿美元，同比下降20.6%，占英国服装进口额比重24.7%。自孟加拉国服装进口额34.5亿美元，同比下降7.5%，占英国服装进口额比重18.9%。自土耳其服装进口额15.1亿美元，同比下降21.3%，占英国服装进口额比重8.3%（表2-14）。

表2-14 2023年1~10月英国服装进口额

单位：亿美元

位次	国家	进口额	占比	同比
	全球	182.2	100%	-14.4%
1	中国	45.0	24.7%	-20.6%
2	孟加拉国	34.5	18.9%	-7.5%
3	土耳其	15.1	8.3%	-21.3%
	合计	**94.6**	**51.9%**	

四、2024年我国服装出口贸易走向

（一）国际环境

1. 受全球经济增长的影响

从IMF、WTO、OECD和UNCTAD最新预测显示，主要国际组织对2024年全球GDP增速预测在2.2%~2.9%，并不乐观。其中，对发达经济体美国、欧元区和日本的GDP增长预测水平低于全球GDP增速。2024年全球经济增长将小幅放缓（表2-15）。

表2-15 主要国际组织对2024年全球GDP增长预测

国际组织	IMF	WTO	OECD	UNCTAD
全球GDP增速	2.9%	2.5%	2.7%	2.2%
美国	1.5%		1.5%	
欧元区	1.2%		0.9%	
日本	1.0%		1.0%	

2. 受新贸易措施的影响

从IMF和WTO对2024年全球贸易增速预测看，略好于2023年，但仍低于2022年贸易增速水平。全球经济复苏动力不足，逆全球化、供应链深度调整，导致不确定因素增多（表2-16）。

表2-16 国际组织对2024年全球贸易增速预测

国际组织	IMF	WTO
全球贸易增长	2.4%	3.3%

2023年6月1日，欧盟委员会提出的《关于欧盟可持续和循环纺织品战略(2022/2171)(INI)的决议》提出“产品数字身份证”，要求标注产品成分，以便于以后回收、维修和对其中危险物质的跟踪。到2023年，欧盟市场上的纺织品必须耐用且可回收。未来价廉的快时尚将受到影响。

2023年11月29日，越南国会投票批准对跨国公司征收附加税。越南将从2024年1月1日起，对于连续四年中两年合并总收入达到7.5亿欧元或以上的跨国企业征收全球最低税率15%。根据越南政府文件，新税率实施后将影响122家外国公司税费，预计越南每年将增加14.6万亿越南盾（约43亿元人民币）的税收收入。越南批准对跨国公司征收附加税，会对在越南的中资服装企业有一定的影响。

（二）国内环境

1. 国家出台推动出口贸易发展的相关政策和措施

2023年4月25日，国务院办公厅印发《关于推动外贸稳规模优结构的意见》，聚焦解决市场和企业关注问题，支持企业稳订单拓市场，打通外贸发展难点堵点，推动进出口促稳提质。

2023年12月11日，国务院办公厅印发《关于加快内外贸一体化发展的若干措施》，提出促进内外贸规则制度衔接融合、促进内外贸市场渠道对接等5方面18条工作措施。

2. 出口企业用好RCEP原产地累积规则

在RCEP协定项下的RCEP区域原产地累积规则，允许在确定货物是否适用RCEP关税优惠时，将来自RCEP任何缔约方的价值成分都考虑在内，实行原产成分累积规则。即产品原产地价值成分可在15个成员国内进行累积，将可能被认定为RCEP区域原产，享受RCEP优惠关税。

2023年1~9月，全国贸促系统RCEP原产地证书签证金额共计54.78亿美元，同比增长10.10%；签证份数共计15.95万份，同比增长47.15%。表明，随着RCEP对15个成员国全面生效，RCEP政策红利在不断释放，我国外贸企业利用RCEP享惠的能力和水平也在不断提升。

自RCEP生效以来，中国服装出口企业、生产加工企业积极利用原产地累积规则，主动为进口商提供原产地证明，将RCEP协定红利充分释放，有助于扩大RCEP成员之间的贸易。在RCEP原产地规则下，中国面料出口到东盟加工成服装，再出口日本即可享受免税待遇。

2023~2024 年中国服装电商发展报告

中国国际电子商务中心　邱琼

电子商务作为数字经济和实体经济融合发展的桥梁纽带，通过数据价值转化深度赋能服装全产业链，全面提升服装产业数字化水平。2023 年，服装网络零售市场加快复苏，主要电商平台服装服饰品类增势亮眼，特别是户外运动服饰类增长迅猛，网络零售成为引领服装零售市场主要力量。通过网络零售沉淀的大数据赋能服装产业链全流程，带动服装产业采购销售、研发设计、原材料采购、生产加工、仓储物流等全流程线上发展，B2B 电子商务成为引领服装产业数实融合发展的加速器；通过发展跨境电商带动各地服装产业带协同出海，培育壮大一批品牌服装出海企业，持续提升我国服装外贸向“一带一路”沿线国家出海能力，带动中国服装外贸由产品出海向品牌出海、价值出海等价值链高端跃升。2024 年，围绕“技术与需求”的融合创新仍将是服装电子商务主要发展方向，数字孪生技术将重构服装电商“人、货、场”，“即时+”将极大提升服装电商潜在增长空间，跨界融合的快闪店仍将是品牌服装全渠道运营重点，丝路电商是服装外贸提质升级重要方向，绿色低碳发展将引领服装电商新方向。

一、网络零售成为稳定服装市场主要力量

2023 年，国内经济形势持续复苏，网络零售作为消费市场的先导力量，带动服装网络零售市场呈现“前升后稳”复苏态势，品牌服装抢抓流媒体电商、内容电商等发展机遇，依托全平台全渠道全链路组合化营销方式，线上渠道保持较快增长态势，特别是户外运动品类线上增长迅猛，极大扭转了线下市场增长乏力局面，服装零售市场保持较快增长，网络零售成为稳定服装市场的主要力量。

（一）服装网络零售复苏明显好于市场总体

2023 年，服装零售市场复苏进度明显好于市场总体。前 11 个月限额以上企业服装鞋帽、针纺织品零售额为 12595 亿元，同比增长 11.5%，增速快于同期社会消费品零售总额增速 4.3 个百分点。从月度看，服装零售经历一季度爆发式复苏后从 2 月 5.4% 提高到 4 月的 32.4%，之后逐步回归理性，增速回落明显，总体呈现“前升、中降、后稳”发展态势，与消费市场总体运行轨迹基本一致（表 2-17）。

表 2-17　2023 年限额以上服装服饰类商品零售额月度增长变化

月度	限额以上服装服饰商品零售额增速		社会消费品零售总额增速	
	当月	累计	当月	累计
2022 年 1~12 月	-12.5%	-6.5%	-1.8%	-0.2%
2023 年 2 月	—	5.4%	—	3.5%
2023 年 3 月	17.7%	9.0%	10.6%	5.8%
2023 年 4 月	32.4%	13.4%	18.4%	18.5%
2023 年 5 月	17.6%	14.1%	12.7%	11.5%
2023 年 6 月	6.9%	12.8%	3.1%	8.2%
2023 年 7 月	2.3%	11.4%	2.5%	7.3%
2023 年 8 月	4.5%	10.6%	4.6%	5.1%

续表

月度	限额以上服装服饰商品零售额增速		社会消费品零售总额增速	
	当月	累计	当月	累计
2023 年 9 月	9.9%	10.6%	5.5%	6.8%
2023 年 10 月	7.5%	10.2%	7.6%	6.9%
2023 年 11 月	22.0%	11.5%	10.1%	7.2%

（数据来源：国家统计局）

网络零售引领消费市场复苏，上半年增速从 2 月 5.3%迅速上升到 5 月的 11.8%，之后逐月小幅回落，前三季度增长 8.9%。前 11 个月，全国实物商品网络零售额实现 117709 亿元，增长 8.3%，较上年提高 1.9 个百分点；增速高于社会消费品零售总额 1.1 个百分点，占社会消费品零售总额比重为 27.5%，较上年提高 0.4 个百分点（图 2-26）。

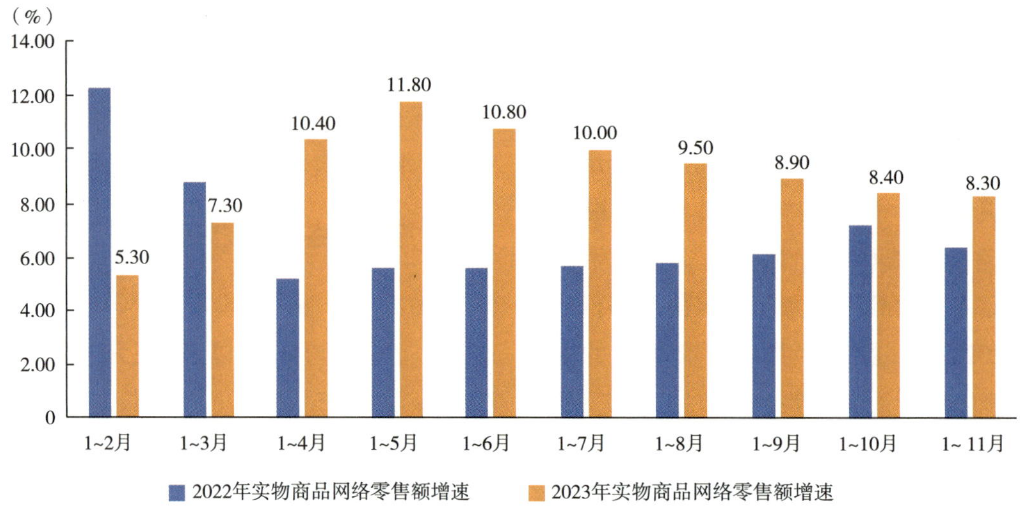

图 2-26　2023 年全国网络零售额增速月度变化

（数据来源：国家统计局）

服装服饰作为网络零售主要品类，复苏进度、幅度明显好于消费市场总体，也好于网络零售总体，服装网络零售成为稳定消费市场的主要力量。2023 年在网络零售市场主要品类中，穿类商品复苏程度明显好于吃类商品和用类商品。前 5 个月，穿类商品网络零售额增长 11.6%，快于实物商品网络零售额总体 2.8 个百分点，比吃类商品和用类商品分别快 6.2 和 3.1 个百分点；6 月以来，服装零售市场逐步趋稳，吃类商品稳中有进，用类商品运行平稳。前 11 个月，全国实物商品网络零售穿类商品增长 9.2%、吃类商品增长 12.0%、用类商品增长 7.5%。总体而言，服装网络零售市场对消费市场贡献继续提升，渗透率预计在 45%左右，预计 2023 年中国服装市场 B2C 交易额比 2023 年增长 8%，至 2.4 万亿元（图 2-27）。

（二）主要电商平台服装服饰品类增速亮眼

2023 年，各电商平台通过流媒体、品牌自播、合作达人播等内容种草，开展立体化营销攻势，在流量市场中抢增量、将新品变成爆品，努力为商家带来流量转化，服装服饰仍是主要电商平台热销品类。2023 年“双十一”，服装服饰在拼多多、天猫、唯品会、抖音、快手等平台上均有较大程度增长，据星图数据显示，服装服饰品类网上销售额为 1370 亿元，占比达 14%。具体情况如下：

在拼多多平台，国货运动品牌 361°销售额同比

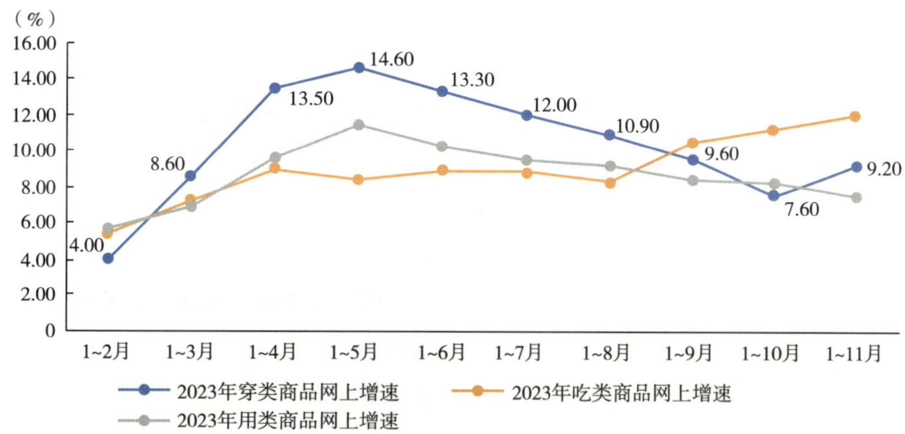

图 2-27　2023 年全国网络零售穿类商品月度增长变化

（数据来源：国家统计局）

增长 100%，旗下碳板竞速跑鞋在四五线城市订单量增长 5 倍；彪马订单量在“95 后”群体中增长 77%；美国运动品牌威尔胜篮球销量增长 180%。在天猫平台，100 多个服饰品牌店播预售首日成交同比超 500%。在唯品会平台，女装、男装、母婴鞋服等展现出强劲爆发力，女士 POLO 衫销量增长 150%，女士西裤销量增长 72%，女士衬衫销量增长 50%以上；亲子服饰快速增长，儿童篮球鞋销量增长 164%，儿童雪地靴销量增长 114%；羽绒服品类中，雪中飞销量猛增 206%，鸭鸭增长 77%，波司登增长 60%以上。在抖音平台，女装销量榜首鸭鸭增长 110%，罗宾汉（ROBINHOOD）增长 344%、ROMI STUDIO 增长 321%、雪中飞增长 278%。在快手平台，棉衣棉服品类 GMV 增长 91%，羽绒服品类 GMV 增长 87%；女装品牌自播 GMV 增长 155%，品牌商家 GMV 超 100%的商家数量达 195 个，头部知名品牌 GMV388%，品牌扶摇计划流量曝光 2.3 亿+。

（三）品牌服装全平台全链路稳定线上市场

2023 年，品牌服装综合运用传统电商在存量市场和新兴电商在增量市场双重优势，建立全渠道多触点资源体系，全平台全链路布局线上渠道，货架电商与内容电商共生发展，公域与私域互为补充提升，线上渠道收入保持强劲增长态势，占总体营业收入比重继续提升，成为稳定品牌服装销售业绩重要渠道。报喜鸟力求以多渠道、多平台触达年轻客群，在完善传统线上渠道同时，积极探索抖音、视频号等直播平台，并通过品牌小程序、企业微信，积极推进会员标签系统、店铺 RFID 等数字化工具，搭建一套以区域导购为最小单元“1+4+8×*N*”私域销售体系，形成“门店+小程序+企微+视频号”全域联动组合，2023 年线上渠道收入增长 10%以上。安踏通过电商平台、全员零售、门店直播、KOL 种草等方式进行引流提升成交率，上半年线上渠道收入占总收入比重 32.7%，前三季度线上渠道销售收入增长 30%。红豆家居构建起线上线下一体化全域营销矩阵，2023 年前三季度线上渠道收入达到 3.69 亿元，占总营业收入比重达 30%以上，较上年同期提升 1.6 个百分点。江南布衣利用门店作为联结线上、微信小程序商城和社群等全渠道全触点资源载体，通过私域社群、朋友圈等渠道分享素材，实现对消费者个性化内容精准触达，2023 年上半年线上渠道收入实现 8.52 亿元，同比增长 24.5%，占总营业收入比重较 2021 年同期提升约 5 个百分点（图 2-28）。

（四）户外运动品类成服装网络零售增长新亮点

随着户外运动受到消费者越来越多的关注，户外全民化趋势明显，钓鱼、露营等户外服饰引领服装市场新风潮。2022 年淘宝天猫运动户外有 18 个品牌销售规模过亿元，有 78 个品牌超双位数增长，

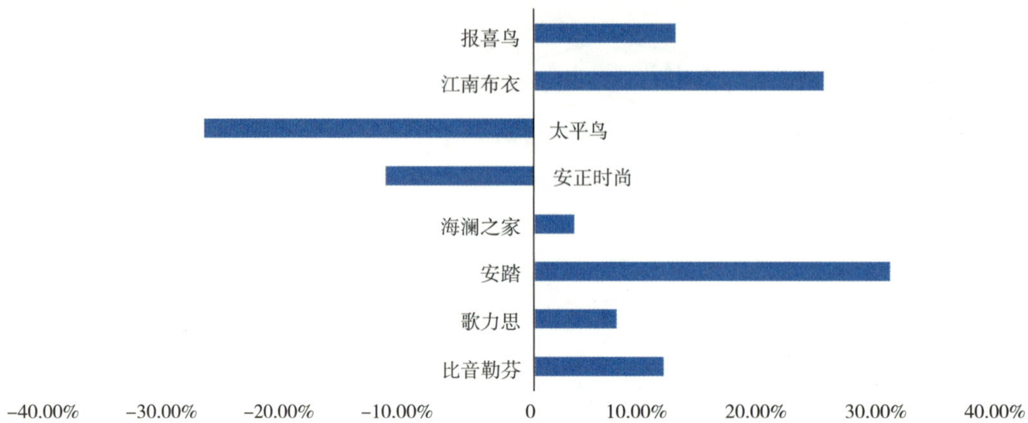

图 2-28 2023 年前三季度传统国产服装品牌线上收入增长情况

（数据来源：CIECC 综合上市公司财报等网络资料绘制；其中，江南布衣、比音勒芬为上半年数据）

并且规模都超过 5000 万元以上。据天猫统计调查[1]显示，户外人群中，“00 后”“95 后”占比 20.3%，“95 前”“85 后”占比 32.4%、“85 前”“70 后”占比 73.1%，其中“95 后”户外人群年同比增长近 4 倍，50 岁以上中老年群体涨幅达到 140%以上；天猫户外一线城市户外成交额增长 400%以上，五六线城市增长 220%以上；户外服装销售额 TOP10 品牌为：骆驼、北面、始祖鸟、Canada Goose、蕉下、哥伦比亚、可隆、凯乐石、艾高、探路者。

从主要电商平台来看，无论是天猫、京东、唯品会等传统电商平台，还是抖音、快手等新兴电商平台，户外运动服饰均成为市场增长靓丽风景线。天猫平台数据显示，2021~2023 年，天猫“户外”搜索量同比增长 659%，3 月份瑜伽短裤成交额增长 240%，防晒服增长 150%，路亚装备增长 70%。京东运动数据显示，在 2019~2023 年 4 年间，26 岁以下人群数量增长 4 倍，路亚（钓鱼装备）场景销售额在近 4 年间年均增长在 50%以上，增速远高于其他垂钓场景。唯品会数据显示，2023 年以来，女性购买登山、徒步、越野鞋数量增长 107%，运动卫衣、冲锋衣销量增长达 80%以上，运动外套和运动裙销量增长 68%。抖音平台数据显示，2023 年 1~7 月，抖音冲锋衣销售额达到 13 亿元，同比大涨 336.57%。快手平台数据显示，快手男装雪地靴类目 GMV 增长 1065%，冲锋衣裤类目 GMV 增长 298%，户外休闲鞋类目 GMV 增长 591%，户外女装品牌增长 20 倍。

二、B2B 电商加快推动服装产业数实融合

随着服装电商快速发展，数实融合场景逐步呈现新的商业价值，在全产业链数字化贯通、供应链数字化协同、产业链数字化服务方面呈现出更多新情况新特点，带动服装产业数字化进一步向纵深发展，成为国民经济数实融合最深、应用最广产业门类之一。截止到 2023 年 6 月，通过对全国 11000 余家纺织企业两化融合数据对比分析表明，纺织行业工业电子商务普及率达到 68.7%，高于全国制造业 67%的平均水平；纺织服装行业在研发设计、生产制造、运营管理等关键业务环节全面数字化企业比例达到 56.8%，高于全国制造业 54.6%平均水平。

（一）电商大数据驱动服装产业链数字化发展

品牌服装企业通过发展电子商务，聚合消费者、服务商、供应商、生产商等产业链上下游市场主体，搭建供给与需求数字化桥梁，在打通消费、设计、生产与供应数据基础上，通过消费与需求数

[1] 数据统计时间截至 2023 年 3 月。

据分析提升供给侧的研发、设计、生产精准度和效率，提高供需匹配度，形成以客户为中心的定制生产模式，通过订单驱动智能化生产，带动服装制造全流程数字化贯通和产业链上下游协同。太平鸟运用新零售大数据，依托人工智能技术，全面深化以商品全流程快速反应为特点的TOC商品运营模式，将大数据、人工智能技术应用在商品生命周期预估、顾客画像等领域，以终端消费洞察、大数据驱动产品开发，不断优化商品管理快速反应与价值升级，有效提高商品周转率降低库存，提高企业综合竞争力。红豆家居通过与微盟合作，构建起线上线下一体化全域营销矩阵，通过线上线下多渠道大数据分析，预判某款产品、核心节假日节点订单增长量，带动产业链上下游研发设计、生产加工、采购销售实现全链条智慧联动，实现品牌数字化运营和智能化生产。安踏以DTC方式启动数字化建设，对门店、营销体系、业务流程和供应链进行全方位数字化改造，提升精准营销能力和运营效率；截至2023年6月底，安踏已有7600家安踏门店完成DTC转型，安踏品牌直营占比超过70%。

（二）B2B采购平台助力服装产业数字化转型

B2B采购平台在提供线上交易服务基础上，不断提升线上运营、精准营销、支付结算、供应链金融、仓储物流以及本地化服务等多元服务能力，助力服装行业供应链数字化升级，促进服装产业链协同发展。例如，1688综合电商平台在细分垂直领域为产业链上下游构建线上专属采购通道，通过完善电子商务基础设施带动ERP管理、数据分析、数字营销等数字化服务机构集聚发展，带动服装产业链上中小企业数字化转型。京东通过搭建工业品采购商城平台、京东工采货架式采购平台、MRO品类一站式商品供应，将服务扩展到供应商关系管理（SRM）、产品生命周期管理（PLM）、高级生产计划与排程系统（APS）、生产管理系统（MES）等生产管理全流程，加快推动服装产业链供应链整体数字化转型。

传统专业市场如义乌小商品市场、杭州四季青桥、广州十三行等依托多年积累产业链资源，构建起以供应商资源库为核心、以数据驱动的线上采购平台，对接全国各地二三级采购商，完善货物仓储、产品展示、物流仓储、供应链金融、支付结算、研发定制等服务体系，通过互联网手段有效解决物流、信息流、商流、资金流等“四流不合一”问题。例如，义乌小商品批发市场的义乌购平台、杭州四季青桥服装批发市场的四季星座网。中国纺织工业联合会流通分会景气监测结果显示，2023年，全国主要纺织服装专业市场电子商务景气指数处于50以上扩张区间，11月管理者电商销售指数达到54.67，商户电商商户指数达到53.19（图2-29）。

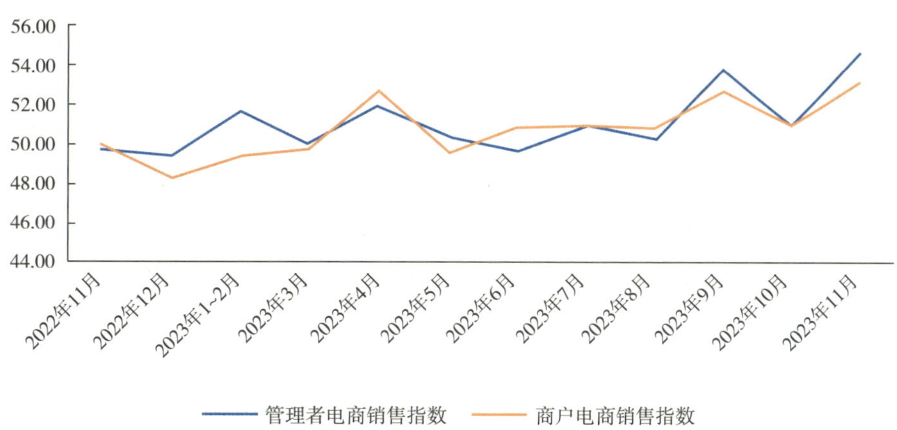

图2-29　2023年全国纺织服装专业市场电子商务景气指数月度变化

（数据来源：中国纺织工业联合会流通分会监测）

第三方批发采购平台搜款网、批批网、Unibuy等，通过互联网平台整合上下游供应链资源，依托专业化服务能力，打造以供应链为支撑的全渠道共享服务采购分销平台，通过货品、渠道、系统、服务等共享，实现多触点沟通、信息同步共享，建立了相对齐全的产业链生态圈，赋能服装产业链上下游企业发展。

（三）B2B 服务平台加快服装产业数字化进程

服装服饰是电子商务起步最早、产业链数字化融合环节最多、数字化应用最广的产业门类之一，从销售渠道数字化出发向产业链上下游延伸，已逐步形成从研发设计、原材料采购、生产加工、品牌营销、仓储物流等全产业链数字化服务平台。从研发设计服务看，凌迪科技基于 Style 3D 自主柔性仿真技术为时尚行业不同企业提供 3D 产品研发、协同、展示、连接生产的全链路数字化解决方案；深图智能研发出 DEJAAI 一站式开发平台，通过人工智能技术为服装设计师和服装品牌商家打造智能服装设计产品。从原材料采购服务看，智布互联、辅料易等 B2B 电商平台以数字化服务为核心深耕服装产业链各环节市场主体需求，为设计师、品牌商、贸易商、加工商、辅料采购商等提供全流程数字化解决方案。从生产加工服务看，鹿优通过“设备+工人+工艺”三位一体 AI 智能实现订单柔性快反，根据学习曲线模型和参数，AI 自动计划排产和生成人机工位图，并通过 MES 现场监控，实现动态生产平衡。从供应链服务看，新百佳集团打造“旺加旺服装供应链大数据交易服务平台”，研发出供应链云仓、产品展示、下单交易、财务结算支付、物流快递和研发定制等六大核心闭环子系统，集合货物仓储、产品展示、下单交易、快递信息采集和打包揽货等数个支点功能，带动服装产业链供应链整体提质增效。从产业链服务看，飞榴科技平台将人工智能技术引入服装成衣生产全链路管理，打通 ERP、CRM、WMS、PLM、GSD、MES、APS、C&S、吊挂等软硬件系统数据壁垒，辅助工厂智能决策，提升生产效率 20%。

三、跨境电商推动服装外贸高质量发展

2023 年，服装外贸产业带依托跨境电商平台逐步向东南亚、中东、拉美、中亚等新兴市场拓展，希音（Shein）、子不语等为代表的头部品牌服装企业建立全平台全渠道全链路营销服务体系，推动中国服装外贸出口从加工贴牌等价值链低端向通过设计研发、品牌运营等高价值链跃升，实现从产品出海向精品出海、品牌出海华丽转变。2023 年前三季度，我国跨境电商进出口额 1.7 万亿元，增长 14.4%；其中，出口额 1.3 万亿元，增长 17.7%；进口额 0.4 万亿元，增长 5.3%。

（一）新兴市场跨境电商增长潜力巨大

据 eCommerce BD 预测，2023 年全球电商销售额预计将达到 6.3 万亿美元，中美两国占据半壁江山，欧洲和日韩合计约占 10%。东南亚电子商务市场增速快于全球总体，eMarketer 报告[1]显示，2023 年东南亚电商市场收入预计达到 1139 亿美元，增长 18.6%，远超全球电商 8.9%平均增速；拉美地区为仅次于东盟第二大电商潜力市场，2022 年线上消费市场规模达到 1678.1 亿美元，同比增长 20.4%。中东电子商务市场增势亮眼，雨果网研究发现，2019~2023 年，阿联酋电子商务收入复合年增长率为 19.3%，其中伊朗为 31.7%，2023 年土耳其线上消费支出约为 187 亿美元，时尚类商品达 34 亿美元。中亚电子商务发展潜力巨大，已建立中国—中亚电子商务合作对话机制，商务部数据显示，2022 年中国与中亚跨境电商贸易额同比增长 95%，近 300 家中亚企业入驻中国电商平台。

服装服饰是新兴市场电子商务热销品类、增速领先。Statista 数据显示，计算机类、通信类和消费类、电子 3C、时尚、玩具和爱好是东盟电子商务消费者线上消费主要领域，东盟国家时尚品类电子

[1] 资料来源：《2023 年全球零售电商预测报告》，eMarketer。

商务市场规模预计达200亿美元。Lazard、Shopee等新兴电商平台数据显示，女装、太阳镜、箱包、衬衣、鞋子、手表等产品在东南亚等新兴市场搜索率和销量极高，增势领跑全盘。希音（Shein）运用“自营品牌+平台”双引擎独特模式加速布局全球市场，成为拉美、南美等新兴市场下载量最多购物应用。阿里国际站数据显示，2023年第一季度，海外订单高增长十大上升品类中，服装相关品类占据8个，其中柔性订制服装自2020年以来每年增速高达34%。

（二）“跨境电商+服装产业带“协同出海

2023年，商务部等部门大力发展“跨境电商+产业带”模式，各地和主要跨境电商平台积极响应，带动国内服装产业带协同出海。亚马逊全球开店推出“产业带启航十条”扶持计划，从传统工贸转型最需要的商机拓展、品牌打造、本地化服务、人才培育和品牌标杆塑造五个方面推动“跨境电商+产业带”融合发展。全球速卖通推出“全托管”在全国30多个重点城市产业带召开近100场招商会，覆盖广州、深圳、厦门、义乌、杭州、上海等城市及周边重点产业带。TikTok for Business联合TikTok Shop推出“新海计划”共同组成“新海导师联盟”，提供从入驻到运营的全链路服务。跨境电商平台希音（Shein）宣布推出全国500城产业带出海计划，三年内将深入全国500城产业带，助力更多优质厂商、品牌出海。

广东东莞市大朗羊毛衫产业带积极联合1688、阿里国际站、拼多多、抖音、快手等各大电商平台，创新跨境电商与市场采购贸易融合模式，目前开展电商业务企业达7011家，其中毛织类电商4179家，2022年实现跨境电商销售额34.6亿元。江苏无锡市启动“跨境电商+产业带”培育计划，探索实施“一板块一特色”品牌出海行动，新吴打造“时尚家纺+供应链全链服务”产业带，助力红豆品牌成功“出海”，红豆国际目前已在亚马逊、易贝、阿里国际站、来赞达、虾皮、速卖通等各大跨境平台开展多品类的跨境电商业务。江苏省南通市积极发展“跨境电商+产业带”模式推动家纺产业链供应链生态体系迭代升级，园区企业南京致宁贸易有限公司预计2023年跨境电商销售额同比增长三倍左右。

（三）品牌服装全平台全渠道拓展国际市场

2023年，品牌服装积极运用全渠道布局海外市场，依托强大的供应链优势、全球采购服务体系，以及平台数字化服务能力，采用“线下2B+线上2C同步”营销模式，助力国货品牌加速进入国际市场。据2023年《全球客户联络中心白皮书》调研数据显示，拥有较强全渠道战略品牌的客户留存率高达89%，全渠道战略薄弱品牌，其客户留存率约为33%，且客户满意度相对前者降低48%。

一方面，品牌服装由境外子公司或品牌经销商对接大型零售卖场、线下体验店和专业渠道卖家。国内时尚品牌UR、美特斯邦威、森马、伊芙丽，还有泳装品牌卡佩希（Cupshe）、内衣品牌猫人、原创女包品牌芭菲丽、独立设计师女装品牌艾米（Amii）等均已入驻速卖通等跨境电商平台，同时将线下门店开至海外市场，海澜之家已在马来西亚、新加坡等地开设近50家海外店铺，轻奢快时尚国货品牌URBAN REVIVO（简称UR）在全球布局超过360家实体店铺。另一方面，品牌服装通过社交媒体、自建独立站等联合开展跨境电商业务，“平台引流+内容种草+直播带货”占据跨境营销主流。互随（Hootsuite）数据显示，26.5%用户会去社交平台寻找可购买产品。“平台+独立站”模式成为品牌服装出海新方式，据测算，未来三年将有一批平台卖家、B2B外贸卖家、国内电商卖家涌入独立站，中国独立站卖家数量将超过50万个。社交拼团具有发现式购买、流量触点丰富、多场景变现等独特优势，成为跨境电商私域流量运营重要发力点。拼多多海外版泰穆（TEMU）2023年第三季度销售额突破50亿美金，预计2023年全年将达到180亿美元。直达消费者（DTC）模式为品牌服装出海首选，URBAN REVIVO 2021年初建立官方DTC网站，截至2023年7月，UR官方DTC网站总访问量达到218.6K，在所有受众中，男性占33.18%，女性占66.82%。

(四) 服装外贸由产品出海向品牌出海迈进

近年来，跨境电商出海卖家依托我国强大供应链优势，整合线上线下生态系统营销、支付、物流和售后等所有流程和数据，进行精准数据分析和本土化战略，快速响应消费者需求，打造特有品牌形象和品牌个性，为全球市场提供多样化产品，增强品牌出海竞争力。服装服饰是具有先天海外市场基因的消费品类，也是跨境电商出海品牌孵化较为集中领域。据亿邦智库数据，2022年跨境电商零售额超1000万美元中国出海品牌数量或将超过2277个，其中超过5000万美元的头部品牌超过230个；服装、数码3C、家居厨房用品品牌数量占比最大，依次为15.2%、14.5%和12.7%。

Shein作为近年来最具代表性DTC服装出海品牌，充分利用海外社交媒体、电商平台等多种组合营销方式为自身引流，结合前端庞大用户基础与后端数字化供应链，精准制订经营决策，品牌知名度大幅提高，为150多个国家和地区的消费者提供服务，成为我国服装领域品牌出海独立站生态成长标杆。“子不语”为服装服饰出海最大出海卖家，2023年上半年通过第三方电商平台实现销售收入约为人民币13.04亿元，较2022年同期约增加约人民币1.037亿元，同比增长约8.6%。

四、融合创新仍是2024年服装电商主旋律

2024年，面对复杂多变的国内外经济环境，电子商务在增强我国经济发展韧性、激活内需市场消费潜力、助力传统产业数实融合、构建双循环发展格局等方面仍将继续发挥更大作用。围绕电子商务的技术创新、业态创新、渠道创新、贸易创新、理念创新仍将是服装产业与实体经济融合发展的主要方向，进一步驱动服装行业电子商务进入新的发展阶段。

(一) 技术融合：数字孪生将带来新的价值增长点

数字孪生技术作为整合多种新技术而产生的新型虚实相融的互联网应用和社会形态，迅速传导至各行各业，有望成为推动数字经济发展新引擎。在电子商务领域，数字孪生技术有可能改变传统购物链路，通过打造全景360°实时互动一站式体验平台，创造新型“人、货、场”要素关系，将电子商务推向新体验高潮。工业和信息化部等五部门联合印发《虚拟现实与行业应用融合发展行动计划（2022—2026年）》，提出到2026年，我国虚拟现实产业总体规模超过3500亿元。

数字人主播打破传统“文字+图片+产品文档+对话”服务模式，创造电子商务新的价值增长点，吸引各方市场主体积极入局。一方面，直播电商平台通过培育发展数字人主播加大流量推广，打造云宇宙直播间提供沉浸式消费场景。例如，抖音平台以流量赋能二次元虚拟IP成长，联合知名明星、品牌方式，扶持像萌芽熊这样的二次元动漫IP，持续推动二次元虚拟偶像的深化拓展。2023淘宝服饰新势力周生态发布会公布两款面向服饰商家AI产品，搭配生产千万级同店、跨店以及跨品类的服饰穿搭，可实现多场景、多主题呈现。另一方面，品牌服装企业与数字孪生技术公司合作打造符合自身产品形象的数字人或数字藏品。例如，李宁借助元美科技打造“AR+换装+游戏+明星”组合来“装扮”自己，还推出“悟道鞋人”等。特步与数字藏品PFP类项目“疯狂食客俱乐部”合作发布定制T恤、运动鞋、“爱食客，爱此刻”数字纪念品等相关联名产品。361°与潮玩品牌FATKO联合定制数字藏品上线天猫平台。

(二) 业态融合：“即时+”将开辟服装电商新的增长空间

伴随中国电子商务与实体经济融合应用创新实践，以数字化供应链协同为特征的全品类全时段全场景即时零售正在全面开启，以“即时+”为主线“实物+服务”一体化即时商业正在引领中国商业

新格局。“即时+”履约需求将极大提升服装电商潜在增长空间，吸引众多品牌服装入局。据不完全统计[1]，2022 年我国即时零售市场规模超 5900 亿元，2019~2022 年年均复合增长 51.6%，相当于社会消费品零售总额 1.4%，实物网络零售总额 5.0%；预计至 2030 年增至 3.6 万亿元，相当于同期社会消费品零售总额 6%，实物网络零售总额 20%。

随着即时消费习惯逐渐养成和即时零售基础设施不断完善，即时消费品类从食品饮料等刚需品类向服装时尚等高价值品类拓展。2023 年以来，京东到家新增上线门店 13 万家，覆盖超市便利、生鲜果蔬、3C 家电、鲜花蛋糕、服饰运动、家居时尚、个护美妆、医药健康等各种零售业态，2023 年以来京东小时达服装服饰品类增长迅猛。服装品牌全棉时代联合京东到家基于位置的服务（LBS）精准运营，通过线上线下的多渠道协同，从全渠道营销运营、履约优化多个层面均有提升，2023 年上半年全棉时代通过投入 29 万元在京东“小时达”平台投放流量，家居服品类销售占比提升至 30%，2023 年“618”期间销售环比增长 70%。

（三）渠道融合：快闪店等仍是服装全渠道运营重点

品牌服装运用快闪店、智慧门店等新零售模式加强全渠道运营，实现“一店多能”，增强体验效能，促进线上线下渠道联动发展。一方面，品牌商通过线上线下渠道融合，打通了全渠道消费数据，实现线上线下消费场景优势互补，促进线上线下经济主体共同创造价值并分享成果，形成全渠道融合共同繁荣发展良好局面。另一方面，百货商城、品牌集合店等渠道商以“快闪+潮玩”“快闪+咖啡”等跨界合作模式为品牌服装引流，提升品牌知名度和消费体验，助力流量转化。

品牌服装大力布局快闪店，据不完全统计，2023 年仅上半年就有超过 100 个品牌开设快闪店。例如，Goodbai 先后在我国深圳、法国巴黎、新加坡开始线下快闪店，通过打造沉浸式体验、灵活多变场景布局、线上线下联动策略，创造出更有利于品牌文化输出和形象焕新的品牌价值。街头潮牌 Stahood 通过举办 SROD“联合战纪”线下 POP-UP 等极具声量和话题性的快闪活动频频卷起排队热潮，2023 年在沈阳、南京等地开店 5 家以上。福州潮牌 Wassup 以不同形式的快闪营销黏住客群，通过场景美陈大胆潮趣、产品设计感强、颜值高，叠加高性价比，快速积累 600 多万粉丝。同时，百货商城、品牌集合店等也在积极以跨界快闪店加码赋能品牌商，2023 年二季度，天津和平印象城引进“止痒商店”快闪店，集合左咸敦道、Wildgoods、Tagi、哭喊中心、雨过山等数十家有趣好玩品牌，成为潮流青年快乐老家，促进各类品牌商销售业绩大幅增长。

（四）贸易融合：丝路电商将是服装外贸升级重要方向

“丝路电商”合作先行区是中国支持高质量共建“一带一路”的八项行动的重要举措。我国电子商务多双边国际合作持续推进，已建立双边电子商务合作机制的伙伴国增加到 30 个，在政策沟通、产业对接、能力建设、地方合作等方面开展多层次、宽领域务实合作，为加快双边跨境电商协同发展提供了契机，丝路电商成为我国产业带出海、外贸提质升级重要抓手。2023 年，商务部等部委已推动上海成为全国首个“丝路电商”合作先行区，未来将有更多城市入局。2022 年，中国与“一带一路”共建国家的跨境电商交易额增长超过 20%，与柬埔寨、科威特、阿联酋、奥地利等国交易额同比增速超过 100%；2023 年前三季度，中国对“一带一路”共建国家和地区跨境电商零售出口同比增长更是超过一倍。

纺织服装是中国对“一带一路”沿线国家出口重点品类，必将成为丝路电商发力重点领域。2013~2022 年，中国对“一带一路”共建国家纺织

[1] 资料来源：《2023 即时零售发展趋势白皮书》，中国国际电子商务中心、京东消费及产业研究院、达达集团研究院。

品服装出口额从1256亿美元增长到1685亿美元，占行业对全球出口比重从45%提高到52%。速卖通、TikTok、Temu、Shein等国内主要跨境电商平台大力布局东南亚、中东、拉美、中亚等新兴市场，“一带一路”沿线国家电子商务发展环境大幅改善，有助于中国服装企业“丝路出海”。各地纺织服装产业带面向“一带一路”沿线国家积极转变贸易方式，通过跨境电商、市场采购贸易等多种贸易方式全力拓展丝路市场，丝路电商将为我国纺织服装外贸提质升级提供新的发展动能。山东即墨服装市场自市场采购贸易试点以来通过纺织服装出口78.3亿元，产品销往123个国家和地区。江苏常熟服装城2023年前5个月对“一带一路”沿线国家进出口总额超178亿元，其中市场采购贸易出口货值超45亿元。

（五）理念融合：绿色低碳将继续引领服装电商新风尚

2023年是我国实现“双碳”目标第一个阶段性节点，纺织服装是推动低碳经济市场发展的重点领域。2023年6月，国家发展改革委、工业和信息化部、生态环境部、市场监管总局、国家能源局五部门发布关于《工业重点领域能效标杆水平和基准水平（2023年版）》通知，其中拓展重点领域范围包括纺织服装业。《2023循环时尚行业趋势报告》显示，预计未来几年，绿色时尚产业迎来高速增长期，预期至2025年循环时尚产业规模将超千亿元。绿色电商是引导绿色生产、引领绿色生活方式重要手段，将引领服装电商新风尚。数据显示，预计2023年二手电商交易规模达5486.5亿元，同比增长14.25%。

全球时尚购物平台LYST采取B2B2C导购模式，通过社交互动引导消费购物，消费者可按类别、颜色材质和价格等进行商店筛选，倒逼品牌服装产业链面料、涂料等绿色化供给。法国时尚品牌Maje在美国正式推出Maje Secondhand转售平台，以此满足消费者多样化个性化消费需求。《红布林2023循环时尚碳减排实践报告》显示，超九成消费者愿意在未来践行“低碳生活”理念，让闲置物品“转”起来，让“循环”成为一种时尚、潮流生活方式；截至2022年底，红布林累计减少碳排放50531.59吨，若以搭载4人汽油小客车一年行驶2万公里计算，相当于1.5万辆小汽车一年的碳排放；其中，每双二手运动鞋减排量3~19千克，每个二手包减排量0.5~12.7千克，单件二手衣物饰品减排量0.3~172千克。

2023~2024年中国服装行业资本市场报告

申万宏源证券　王立平　求佳峰　刘佩　李璇

一、2023年分析：社交复苏背景下服装板块具备强β，领跑消费品各行业

（一）板块行情复盘：低估值、低持仓、强β三重因素共振，全面跑赢市场

2023年纺织服饰板块主要由终端市场复苏带来公司业绩层面改善驱动股价表现。2022年12月，国内疫情防控政策重大优化，市场对消费改善信心大增，全板块出现快速反弹。一季度出行场景及客流等恢复，带动线下零售复苏，重点公司销售呈现逐月改善趋势，感染达峰过后社交复苏，驱动3、4月服装社零同比增长显著加速。二季度国内零售市场进入低基数红利期，服装板块公司业绩表现整体较好，尤其男装龙头领跑，而欧美通胀率快速回落，市场对欧美经济预期有所好转，且人民币快速贬值利好纺织出口。三季度疫后消费反弹告一段落，国内消费力不足担忧显现，国际品牌去库进度分化，且欧美经济衰退预期改善之后，又出现一定反复。四季度国内服装消费旺季来临，叠加零售端低基数，服装品牌增速加速改善，尤其冲锋衣等高功能性户外运动服饰火爆出圈，催化旺季销售表现，同时，海外品牌去库存期满一年、临近尾声，阶段性补库驱动订单加速回暖（图2-30）。

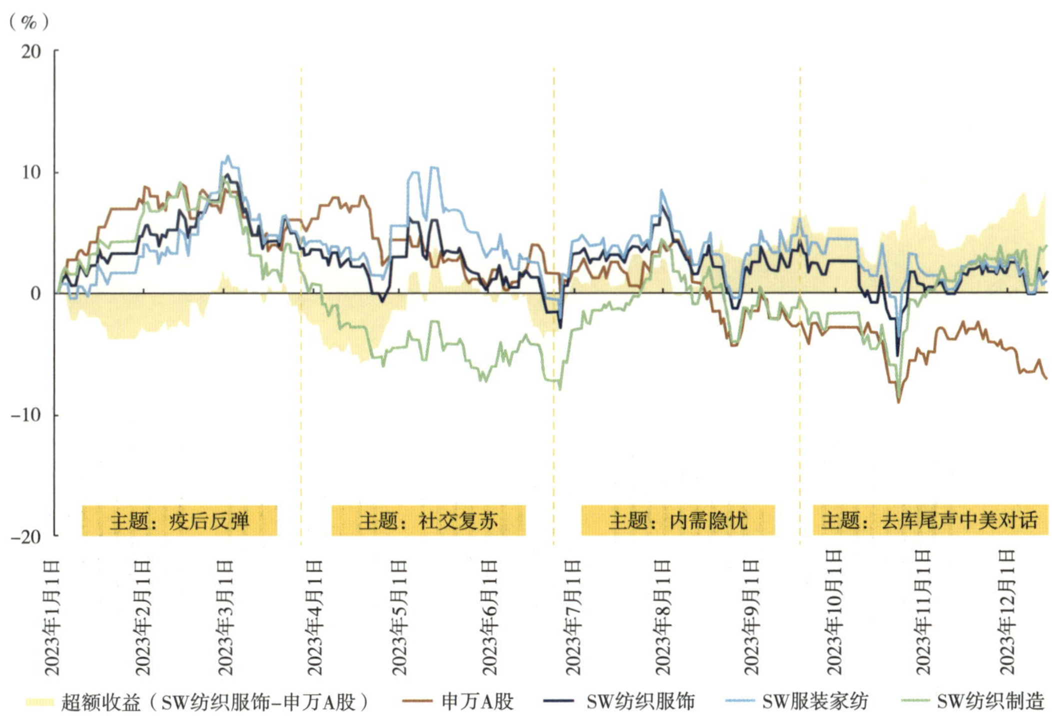

图2-30　2023年纺织服装板块行情复盘

（数据来源：Wind，申万宏源研究；统计截至2023年12月14日）

纺织服饰相对收益率整体跑赢大盘，位居全行业上游。2023年初至12月14日，申万纺织服饰绝对收益率为+1.7%，相对申万A股指数跑赢8.7个百分点，相对收益位列全行业第7位，处于所有申

万一级行业的上游。在申万二级行业中，服装家纺绝对收益+1.1%，相对收益+8.0%；纺织制造绝对收益+4.0%，相对收益+11.0%（图 2-31）。

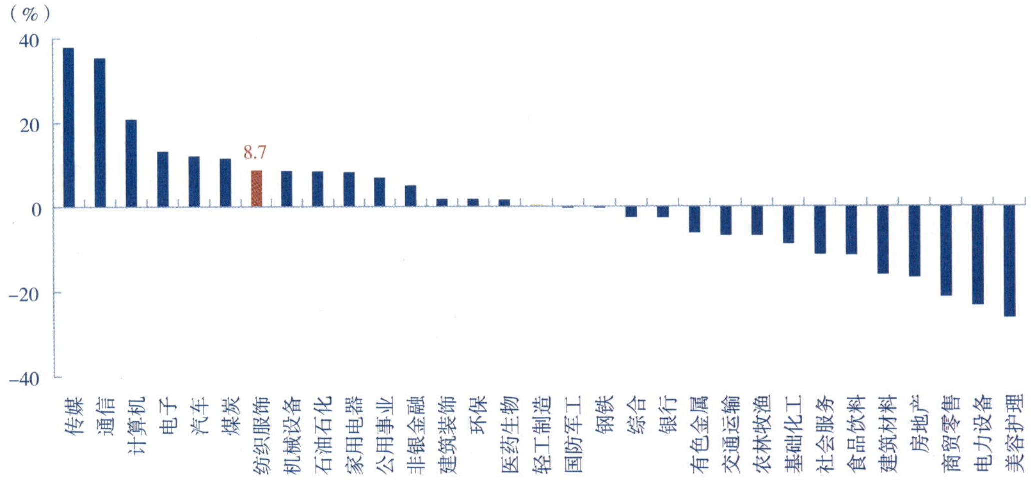

图 2-31　2023 年申万一级行业累计超额收益（相对申万 A 股指数）

（数据来源：Wind，申万宏源研究；统计截至 2023 年 12 月 14 日）

（二）行业销售表现：疫后社交恢复、服装消费反弹，去库阶段出口依然承压

2023 年在疫后社交场景恢复背景下，服装消费实现大幅反弹。2023 年 1~11 月服装鞋帽零售额为 12595 亿元，同比增长 11.5%，其中，3~5 月在社交出行恢复叠加上年同期低基数之下实现双位数增长，6~8 月随基数抬升增速略有放缓，9 月在中秋国庆双节加持、亚运会催化下增速开始回升，11 月服装鞋帽零售额为 1503 亿元，增幅提升至 22.0%。整体而言，预计 2023 年服装销售大幅反弹，充分享受了线下社交场景恢复的红利（图 2-32、图 2-33）。

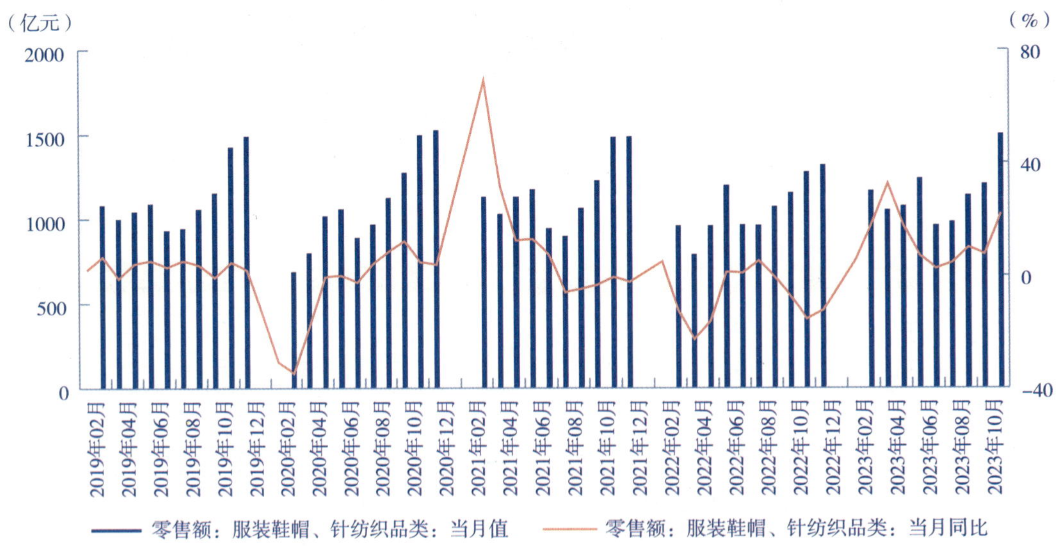

图 2-32　限额以上企业服装鞋帽当月零售总额及同比增速

（数据来源：国家统计局，申万宏源研究）

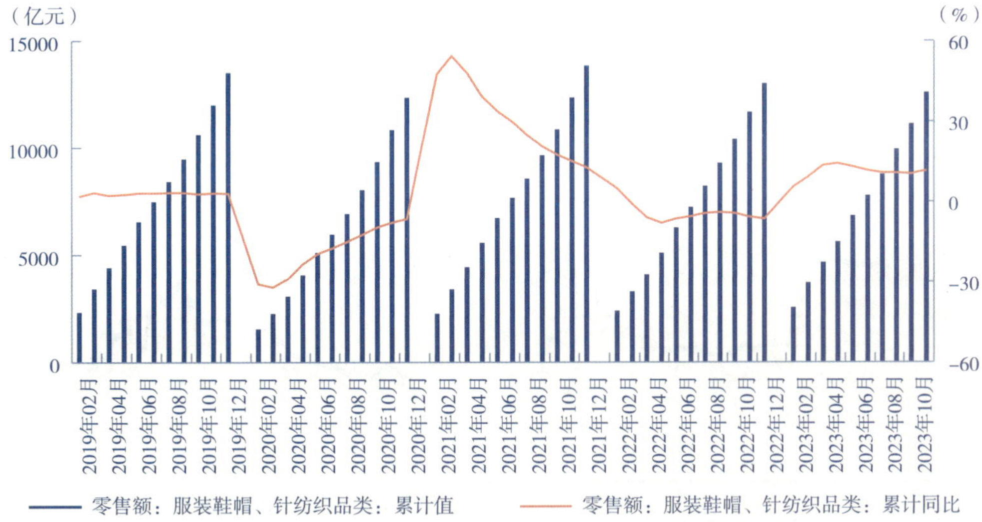

图 2-33 限额以上企业服装鞋帽累计零售总额及同比增速

（数据来源：国家统计局，申万宏源研究）

海外品牌去库存背景下，纺织品出口增速持续下滑。2023 年 1～11 月中国纺织业出口金额 2367 亿美元，同比下滑 3.0%。1～2 月感染高峰期及春节假期中，工厂开工率低，出口同比双位数下滑，3～4 月节后开工订单密集交付下出口增速实现短暂转正，但 5 月后由于海外服装品牌整体处于去库存周期，导致订单较弱，国内纺织业出口金额持续下滑，但 11 月出现降幅收窄。随海外品牌去库存逐步完成，国内纺织业出口订单有望逐步实现回暖（图 2-34）。

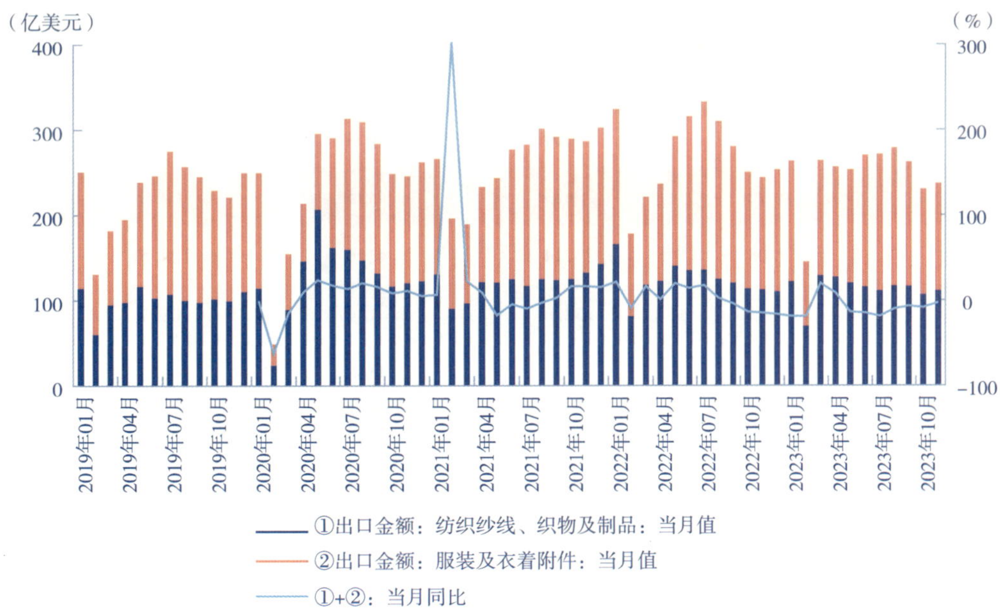

图 2-34 我国纺织业出口规模

（数据来源：Wind，中国海关总署，申万宏源研究；2023 年 11 月同比数据为计算值，其他同比数据为披露值）

汇率和棉花价格是影响出口企业利润的重要因素，棉花价格在经历了 2021 年的迅速上涨后已从高位回落，由于需求不足，2023 年下半年国内棉价出现下滑，对于纺织制造企业而言，短期棉价上行带来的成本压力小。就汇率而言，出口国货币相对进口国货币贬值利于本国产品出口，2023 年初至今人民币相对美元仍为贬值，同时，中国企业在越南、柬埔寨等东南亚国家也有一定产能布局，部分产品直接从东南亚出口至欧美等发达国家，年初至今越南、孟加拉国货币相比美元仍处于贬值状态（图 2-35、图 2-36、表 2-18）。

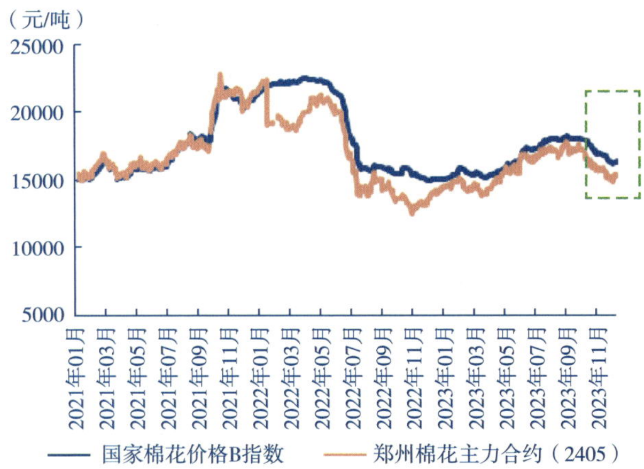

图 2-35　中国棉花价格及期货指数

（数据来源：Wind，中国棉花网，申万宏源研究）

图 2-36　国际棉花价格及期货指数

（数据来源：Wind，中国棉花网，申万宏源研究）

表 2-18　美元兑主要纺织出口国货币汇率变化

当月末汇率	美元兑人民币	美元兑越南盾	美元兑柬埔寨瑞尔	美元兑孟加拉国塔卡	美元兑斯里兰卡卢比
2023 年 1 月	6.76	23609	4104	104.4	365.9
2023 年 2 月	6.95	23644	4043	106.4	362.3
2023 年 3 月	6.87	23600	4054	106.8	327.1
2023 年 4 月	6.92	23639	4115	107.0	321.3
2023 年 5 月	7.08	23714	4116	108.5	294.4
2023 年 6 月	7.23	23800	4130	108.7	308.9
2023 年 7 月	7.13	23758	4130	109.0	329.2
2023 年 8 月	7.18	23977	4158	109.5	321.1
2023 年 9 月	7.18	24089	4122	110.3	323.6
2023 年 10 月	7.18	24087	4135	110.5	327.3
2023 年 11 月	7.10	23891	4115	110.5	328.5
2023 年 12 月 8 日	7.11	23951	4115	110.25	326.75
较年初汇率变动	2.1%	1.4%	-0.05%	5.1%	-10.7%
较月初汇率变动	0.1%	0.3%	0	-0.2%	-0.5%

（数据来源：Wind，各国央行，申万宏源研究）

（三）板块业绩回顾：品牌服装销售稳步复苏，纺织制造拐点临近

根据申银万国行业类（2021）分类标准，纺织服饰为一级行业分类，包含纺织制造、服装家纺、饰品 3 个二级行业，其中，服装家纺包含运动服装、非运动服装、家纺、鞋帽及其他 4 个三级子行业，我们主要选取 3 个二级行业进行板块业绩表现分析。

1. 营业收入

2023 年前三季度，上游纺织制造板块受服装品牌去库存的情况影响，订单较弱，收入端同比下滑 6.1%；服装家纺板块一季度在上年同期高基数叠加逐步实现感染达峰的影响下，收入较弱，而后第二、第三季度随线下客流恢复及基数降低，收入逐步改善，整体而言，前三季度板块收入下滑 5.2%；饰品板块在婚庆需求延后释放、金价上涨催化下获得较高增长，前三季度收入增长 17.5%（图 2-37）。

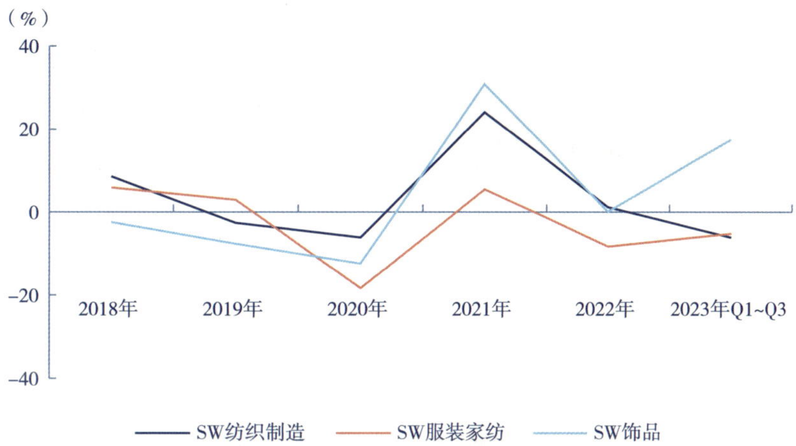

图 2-37 纺织服饰细分板块营收合计增速

（数据来源：Wind，申万宏源研究）

2. 净利润

2023 年前三季度，纺织服饰板块净利润整体改善。其中，上游纺织制造板块下降 5.5%，主要受服装品牌去库存导致产能利用率不足以及汇兑收益同比减少等因素影响；服装家纺板块在疫后复苏中展现出较高的业绩弹性，随线下客流恢复，门店租金、员工薪酬等刚性费用贡献较大的经营杠杆，前三季度板块净利润同比增长 21.2%；同样，饰品板块上涨 13.3%。预计后续随零售回暖，费用摊薄等拉动，业绩将逐步修复（图 2-38）。

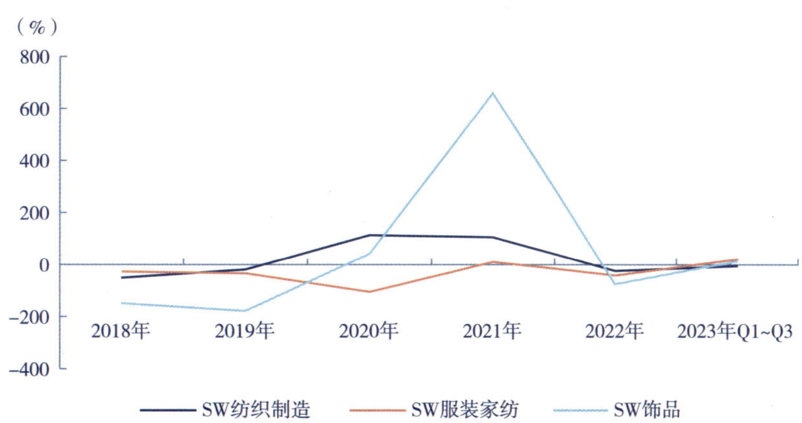

图 2-38 纺织服饰细分板块归母净利润合计增速

（数据来源：Wind，申万宏源研究）

3. 盈利能力及营运指标

2023 年前三季度，上游纺织制造板块盈利能力小幅下滑，毛利率同比下滑 1 个百分点达到 17.6%，净利率小幅下滑 0.1 个百分点达到 7.5%，主要由于产能利用率偏低导致规模效应减弱。服装家纺板块盈利能力整体呈改善趋势，毛利率同比提升 4.1 个百分点达到 45.6%，净利率同比提升 3.6 个百分点达到 10.0%，主要由于终端零售恢复，而门店租金、人员成本等费用支出较为刚性，具备经营杠杆。从营运能力看，服装家纺板块存货及应收账款周转速度相比 2022 年同期小幅波动、接近持平（图 2-39、图 2-40、表 2-19）。

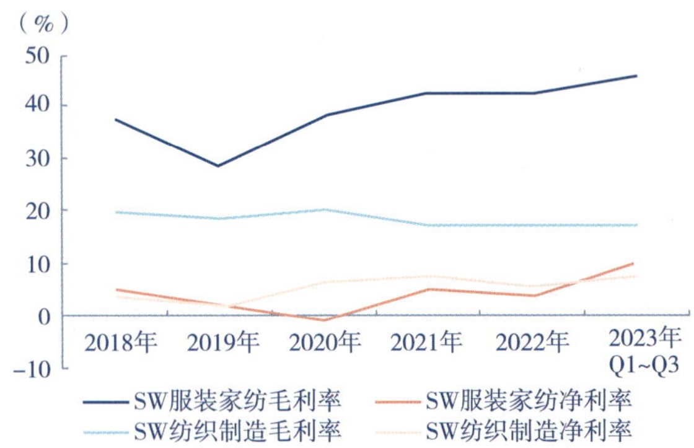

图 2-39 近年来 A 股纺织服装板块盈利能力表现

（数据来源：Wind，申万宏源研究）

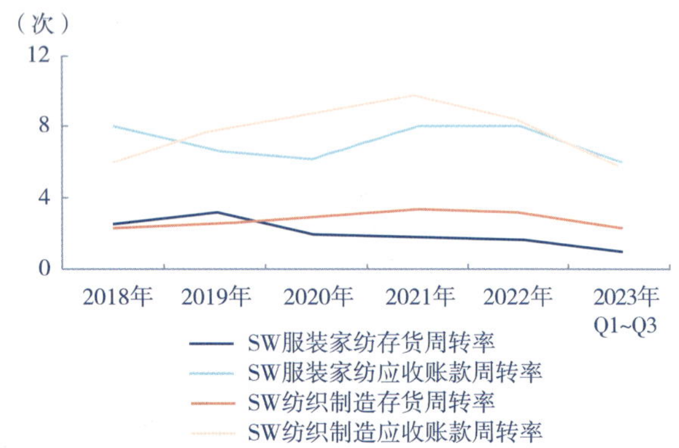

图 2-40 近年来 A 股纺织服装板块营运能力表现

（数据来源：Wind，申万宏源研究）

表 2-19 纺织服装行业 2022 年 Q1 ~ Q3 业绩汇总

子行业	证券代码	公司简称	营收同比增速				归母净利润同比增速			
			23Q1	23Q2	23Q3	23Q1 ~ Q3	23Q1	23Q2	23Q3	23Q1 ~ Q3
运动服饰	2020. HK		中个位数	高个位数	高个位数	—	—	—	—	—
		安踏体育	高个位数	高双位数	10% ~ 20%低股	—	—	—	—	—
			75% ~ 80%	75% ~ 80%	45% ~ 50%	—	—	—	—	—
	2331. HK	李宁	中个位数	10% ~ 20%低段	中个位数	—	—	—	—	—
	1368. HK	特步国际	20%左右	高双位数	高双位数	—	—	—	—	—
大众服饰	600398. SH	海澜之家	9%	28%	5%	● 14%	11%	58%	63%	● 40%
	002563. SZ	森马服饰	-9%	10%	1%	○ 0%	49%	296%	89%	● 207%
	603877. SH	太平鸟	-16%	-12%	-20%	○ -16%	14%	159%	-314%	● 37%
	301088. SZ	戎美股份	2%	1%	-43%	○ -15%	-24%	-26%	-81%	○ -43%
中高端服饰	3998. HK	波司登	14%		—	—	15%		—	—
	002832. SZ	比音勒苏	33%	20%	22%	● 26	41%	40%	23%	● 32%
	002154. SZ	报喜鸟	11%	41%	15%	● 21%	24%	158%	23%	● 44%
	003016. SZ	欣贺股份	-11%	14%	-2%	○ 0%	-21%	26%	-30%	○ -10%
	603587. SH	地素时尚	2%	26%	-3%	● 7%	9%	40%	-14%	● 10%
	603808. SH	歌力思	6%	30%	21%	● 18%	0%	1786%	-14%	● 67%
家纺	002293. SZ	罗莱生活	-4%	11%	-3%	● 1%	11%	69%	-22%	● 6%
	603365. SH	水星家纺	1%	17%	12%	● 10%	-1%	287%	9%	● 38%
	002327. SZ	富安娜	-8%	-2%	1%	○ -3%	5%	2%	9%	● 6%

续表

子行业	证券代码	公司简称	营收同比增速				归母净利润同比增速			
			23Q1	23Q2	23Q3	23Q1~Q3	23Q1	23Q2	23Q3	23Q1~Q3
中游制造	2313. HK	申洲国际	-15%		—	—	-10%		—	—
	300979. SZ	华利集团	-11%	-4%	-7%	○　-7%	-26%	-7%	-6%	○　-6%
	605138. SH	盛泰集团	-5%	-16%	-30%	○　-17%	-8%	-36%	-59%	○　-59%
	603558. SH	健盛集团	-7%	-15%	-2%	○　-9%	-53%	-34%	-25%	○　-25%
	603908. SH	牧高笛	5%	-4%	2%	○　0%	-21%	-14%	-16%	○　-16%
	605080. SH	浙江自然	-27%	-5%	-16%	○　-16%	-21%	-31%	-33%	○　-33%
上游供应	603889. SH	新澳股份	9%	10%	18%	●　12%	21%	5%	4%	●　4%
	002003. SZ	伟星股份	-4%	2%	9%	●　3%	-18%	-3%	2%	●　2%
	601339. SH	百隆东方	-25%	-13%	6%	○　-11%	-76%	-65%	-47%	○　-47%
	603055. SH	台华新材	3%	11%	37%	●　17%	-35%	-24%	10%	●　10%
	605189. SH	富在染织	0%	12%	23%	●　12%	-13%	-64%	-49%	○　-49%

（数据来源：Wind，申万宏源研究；港股公司季度增速为流水增速）

（四）板块估值分析：估值处于历史低位，板块性价比凸显

2022~2023 年纺织服饰板块小幅上涨，但目前纺织服饰板块估值仍处于历史低位。截至 2023 年 12 月 14 日，申万一级行业纺织服饰的 PE（TTM）为 23.3 倍，处于 2017 年以来的 33%的估值分位水平，服装家纺、纺织制造估值分别是 22.8 倍、24.2 倍，分别处于 2017 年以来的 18%、64%估值分位水平（表 2-20、图 2-41）。

表 2-20　A 股纺织服装板块 PE（TTM）统计

PE（TTM）	SW 纺织服饰	SW 服装家纺	SW 纺织制造
最大值	39. 5	45. 1	51. 7
最小值	17. 4	17. 4	15. 2
当前值	23. 3	22. 8	24. 2
分位数	33%	18%	64%

（数据来源：Wind，申万宏源研究；统计周期为 2017 年 1 月 1 日~2023 年 12 月 14 日）

图 2-41　A 股纺织服装板块 PE 走势

（数据来源：Wind，申万宏源研究；统计周期为 2017 年 1 月 1 日~2023 年 12 月 14 日）

港股主要代表公司估值当前处于历史低位，前期港股市场受到国内消费弱复苏、海外经济衰退悲观预期等影响，股价跌幅较大。当前估值仍处于相对低位，截至 2023 年 12 月 14 日，安踏体育、李宁、特步国际、申洲国际、波司登的 PE（TTM）均回落至历史中枢以下（表 2-21、图 2-42）。

表 2-21　H 股纺织服装龙头的 PE（TTM）统计

PE（TTM）	安踏体育	李宁	特步国际	申洲国际	波司登
最大值	91.6	128.9	75.2	56.3	42.7
最小值	20.6	11.1	6.8	18.8	12.9
当前值	21.6	11.6	10.6	26.3	14.6
分位数	2%	0.1%	12%	31%	6%

（数据来源：Wind，申万宏源研究；统计周期为 2017 年 1 月 1 日~2023 年 12 月 14 日）

图 2-42　港股代表纺织服装行业上市公司 2023 年初至今累计涨跌幅走势

（数据来源：Wind，申万宏源研究；统计周期为 2023 年 1 月 1 日~2023 年 12 月 14 日）

二、“后疫情”时代现状：服装消费升温，K 型分化特征突出

（一）运动服饰：运动赛道具备长期成长性，功能性服饰火爆出圈

服装行业是我国经济的重要产业之一，2020~2022 年市场受到疫情影响较大。根据 Euromonitor 数据，2022 年我国服装市场规模达到 20490 亿元，同比下滑 10.2%，其中男装占比约 26%，女装占比约 48%，童装占比约 12%，预计 2023~2027 年服装市场规模复合增速约为 4.3%。

运动服饰是服装板块中最具景气度和需求韧性的子赛道，2022 年中国运动市场规模达到 3627 亿元，同比增长 2.2%，2020~2022 年中国运动服饰市场规模的复合增速为 7.8%，略低于全球的 11.3%。随着政策推动打造运动强国，全民健身上升为国家战略，未来行业有望继续保持持续增长，预计 2023~2027 年市场规模复合增速为 8.3%，高于全球 6.1%的增长水平（图 2-43）。

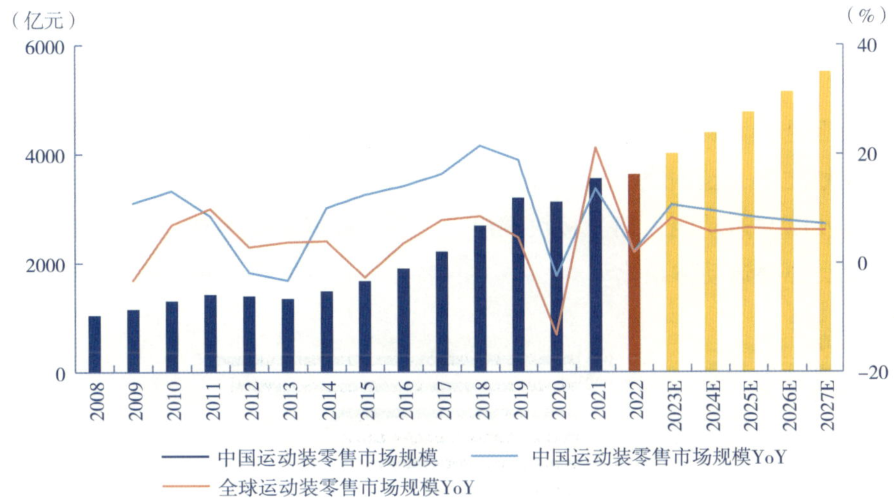

图 2-43　2008~2022 年我国运动服装市场规模

（数据来源：Euromonitor，申万宏源研究）

从竞争格局上看，中国运动市场集中度高，竞争格局优质，近年来国货崛起趋势明显。2022 年运动服饰品牌 CR10 为 79%，前十大公司中中国本土品牌占据五席，包括安踏、李宁、斐乐、特步、361°。公司口径集中度更高，2022 年运动服饰集团 CR10 高达 86%，安踏集团在 2021 年首次超过阿迪达斯，跃升为中国市场第二大运动服饰集团，耐克、阿迪达斯公司市场份额在 2022 年分别下降 1.1 和 4.0 个百分点，国货崛起趋势继续强化（表 2-22）。

表 2-22　2022 年中国运动服饰零售市场前 10 大品牌份额（品牌口径）

排名	品牌	2012 年	2017 年	2022 年	2012~2022 年变化	2017~2022 年变化	2021~2022 年变化
1	耐克（Nike）	13.7%	18.2%	17.0%	3.3%	-1.2%	-1.1%
2	阿迪达斯（Adidas）	12.4%	18.3%	11.2%	-1.2%	-7.1%	-3.8%
3	安踏	6.1%	8.4%	11.0%	4.9%	2.6%	1.2%
4	李宁	7.0%	6.2%	10.4%	3.4%	4.2%	1.1%
5	斐乐（FILA）	0.7%	2.5%	7.5%	6.8%	5.0%	0.2%
6	特步	7.9%	4.5%	6.3%	-1.6%	1.8%	1.3%
7	斯凯奇（Skechers）	0.4%	3.9%	6.0%	5.6%	2.1%	-0.6%
8	乔丹（Jordan）	1.1%	2.9%	4.4%	3.3%	1.5%	0.1%
9	361°	5.4%	3.8%	3.1%	-2.3%	-0.7%	0.4%
10	新百伦（New Balance）	—	3.0%	1.7%	1.7%	-1.3%	0.2%

（数据来源：Euromonitor，申万宏源研究）

2022年11月7日，国家体育总局、发展改革委等八部门联合印发《户外运动产业发展规划（2022—2025年）》，规划明确提出户外运动产业高质量发展的目标，通过持续增加户外运动场地设施大幅提升普及程度，至2025年户外运动产业总规模超过3万亿元，至2035年户外运动产业规模更大、质量更优、动力更强、活力更足、发展更安全。在体育产业发展和全民健身规划之下，已围绕山地户外、冰雪运动、水上运动以及航空运动四大细分板块推出相关发展规划，将多类户外运动体系化。

疫后催化人们对健康生活方式的追求，露营、徒步、跑步、骑行、滑雪、水上运动等户外运动逐渐走入大众视野，在行业快速发展之下，国货运动品牌顺势而为，加大户外运动领域布局，传统运动行业龙头公司安踏、李宁、特步、361°纷纷在细分赛道中进行品牌和产品布局，而牧高笛、探路者、三夫户外等专注于户外行业服饰装备的公司也享受了行业发展的红利。在2023年冬季服装销售旺季，三合一冲锋衣成为热门词，强功能性、高性价比的特点使得其快速出圈，赢得消费者喜爱（图2-44）。

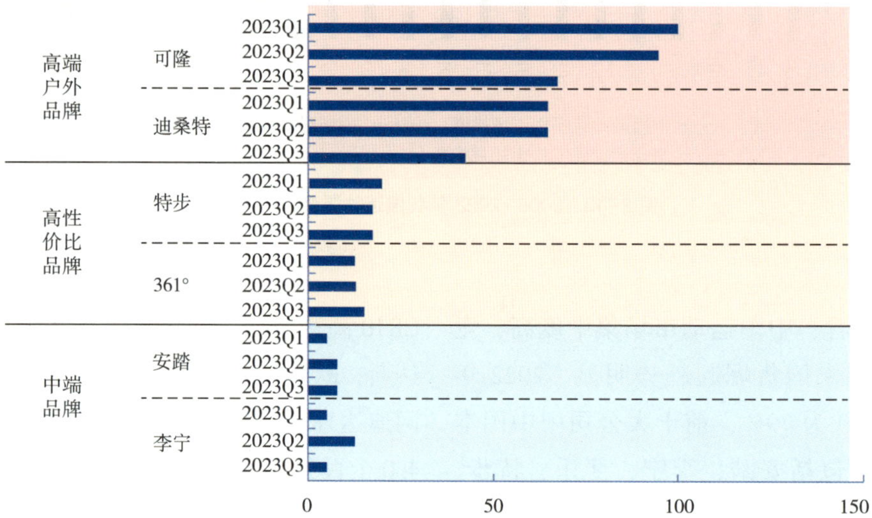

图2-44　2023年运动市场不同定位品牌的流水增速对比（%）

（数据来源：各公司公告，申万宏源研究；部分增速为区间的取中间值，不代表准确数值）

（二）男装、女装、童装：男装疫后恢复最快，休闲装竞争格局均有优化

由于社交属性较强，男装市场疫后快速复苏，用户品牌忠诚度相对更高，竞争格局持续优化。2022年我国男装市场规模5323亿元，同比下滑6.7%。从竞争格局上看，男装市场集中度相比女装、童装均更高，2022年男装品牌CR10为20.5%，其中海澜之家稳居市占率第一，市占率为4.6%，耐克、李宁品牌位居第二和第三，占比分别为2.3%和2.0%（图2-45）。

女装市场为最大细分服装领域，占比接近服装行业的一半，疫后行业稳步恢复。2022年我国女装市场规模9842亿元，同比下滑6.6%。但行业集中度较低，2022年女装品牌CR10为7.8%，最大的优衣库品牌市场份额仅为1.7%，竞争格局较为分散。由于女性对于品牌多样性、服饰风格变化要求较高，女装市场多品牌布局是行业发展趋势（图2-46）。

童装市场增速相对较快，龙头市场地位稳固。2022年童装市场规模为2374亿元，同比下滑5.7%，2017~2022年复合增速达到5.7%，领先于男装和女装。从竞争格局上看，2022年童装品牌CR10为16.8%，其中，森马服饰旗下的巴拉巴拉品牌龙头地位稳固，2022年市占率达到6.8%，安踏和斐乐位居第二、第三，市占率分别为2.1%和1.7%（图2-47）。

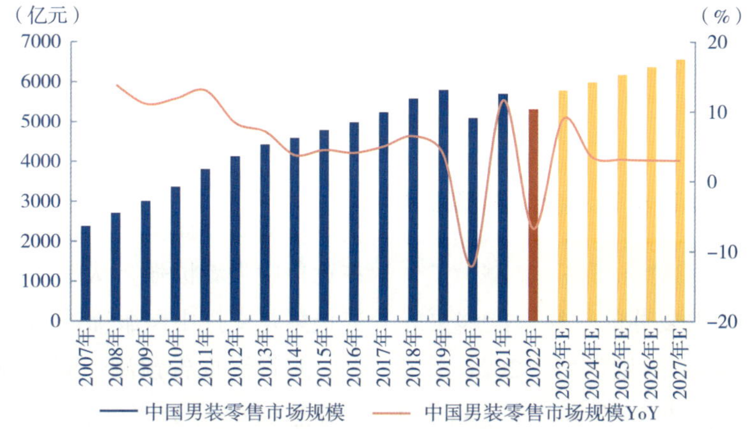

图 2-45　2007~2022 年中国男装市场规模

（数据来源：Euromonitor，申万宏源研究）

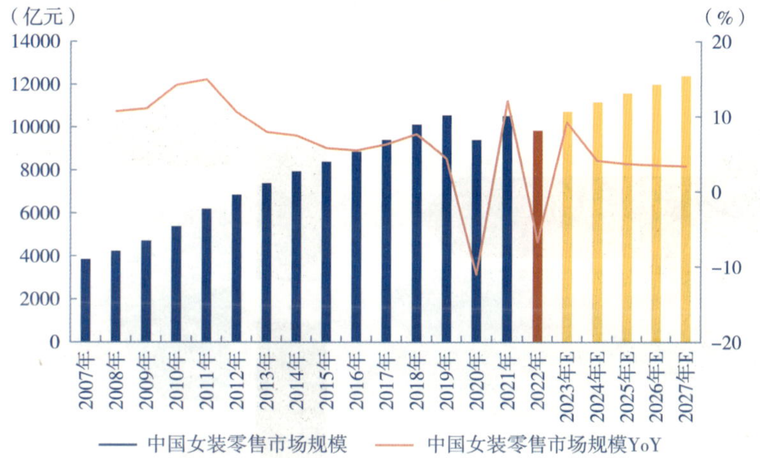

图 2-46　2007~2022 年中国女装市场规模

（数据来源：Euromonitor，申万宏源研究）

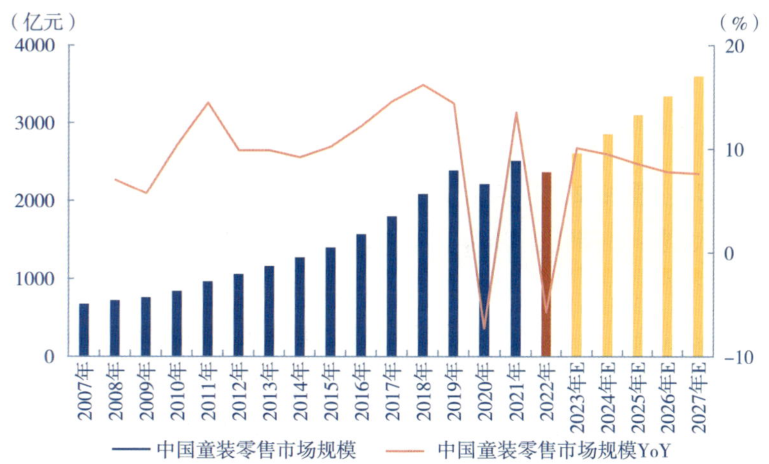

图 2-47　2007~2022 年中国童装市场规模

（数据来源：Euromonitor，申万宏源研究）

三、行业趋势：品牌消费分化，纺织制造期待需求回升

（一）疫后经济 K 型分化或将长期延续，头部高端及高性价比品牌强者恒强

参照海外市场疫后消费复苏的规律，能够更好地理解中国市场消费复苏的后续演绎。2021 年美国劳工部曾发布统计研究报告得到“K-Shaped Recovery”的实证结论，而 2023 年以来我国纺服零售消费也十分契合该趋势特征，高端品牌与奥莱折扣渠道的消费表现相对较好，而中档品牌消费相对承压（图 2-48）。

参照美国疫后消费复苏经验，预计中国经济复苏期将会持续这一趋势，短期消费分层化的格局演绎下，高端奢侈品牌与大众品牌表现将更好，居民对性价比的高度关注，也为品牌以物美价廉的产品打动消费者提供了有利契机。在 K 型分化的过程中，伴随着行业集中化，符合分化趋势的优质品牌在竞争中强者恒强。从中长期来看，消费升级的趋势仍然是支撑中国服饰市场快速增长的最大红利之一，麦肯锡报告预测，到 2030 年中国个人消费规模将达到 65.3 万亿元，其中超 66%的增长将来自三线及以下城市、县乡市场，下沉市场的消费升级也为品牌提供了战略纵深，短期消费分层化与长期消费升级并存，共同孕育多元化的市场发展机遇。

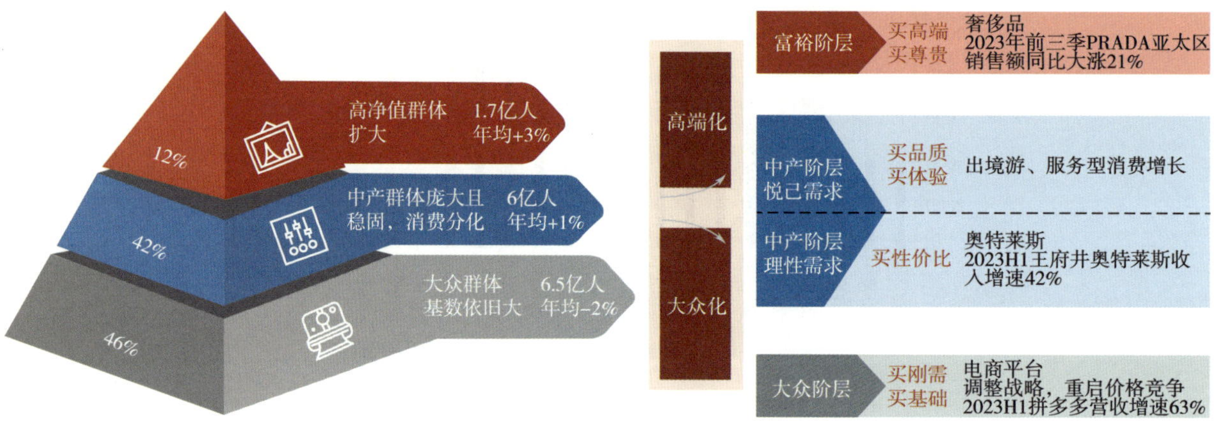

图 2-48　消费 K 型复苏或将持续

（数据来源：安踏投资者日公开 PPT，申万宏源研究）

（二）户外运动热潮兴起，强功能属性产品受追捧

疫后居民健康意识提升，叠加 2022 年北京冬奥会、国际足联世界杯等大型赛事催化，滑雪、冲浪、骑行、徒步、露营等多样化的户外运动方兴未艾，政策利好频出，全方位引导户外体育行业高质量发展，未来市场空间依旧广阔。户外运动行业未来将进入“总量稳健增长，但结构性机会涌现”新阶段。时尚消费跃迁，垂类细分领域需求崛起，户外、滑雪等高端化、多场景机会涌现，多品牌、多品类的运营能力成为核心竞争力（图 2-49）。

从服装消费的风格属性上看，大致可以分为运动、休闲和社交三大类。近年来随着消费者更加重视运动健康和社交体验，服饰消费也逐渐呈现出运动社交化的趋势，处于运动和社交之间的品牌，如比音勒芬、始祖鸟、迪桑特均取得快速发展，既能满足消费者运动时对产品的功能性需求，又能在日常社交中保持较好舒适性和穿着体验，预计未来这类兼具运动和社交属性的品牌依然能保持较好的增长势头（图 2-50）。

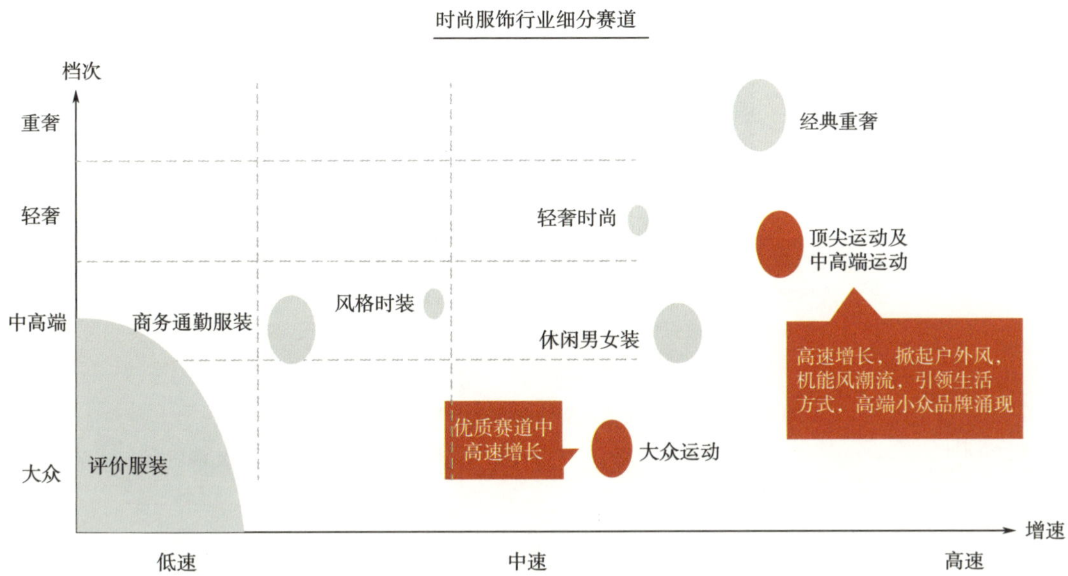

图 2-49　时尚服饰行业细分赛道细分增长机会涌现

（数据来源：安踏投资者日公开 PPT，申万宏源研究；上图不含童装、内衣，圆圈大小为赛道规模）

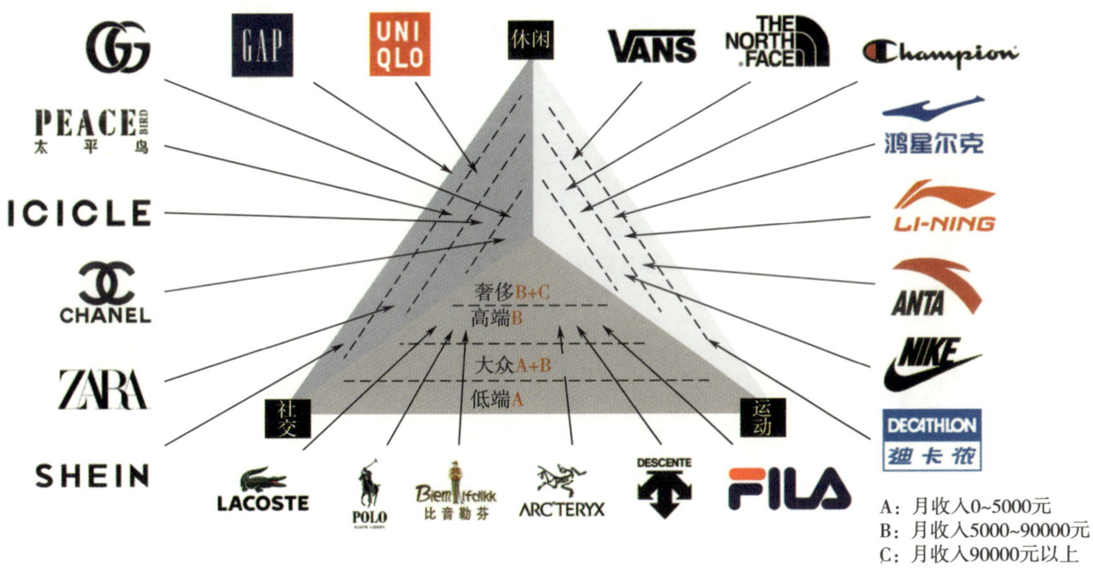

图 2-50　中国市场代表性服饰品牌矩阵

（数据来源：阿福先生公众号，申万宏源研究）

（三）线上平台分化，社交电商分羹传统电商份额

2023 年 1～11 月实物商品网上零售额同比增长 8.3%，依然优于社零大盘增长 7.2%的表现，实物商品网上零售占比 27.5%，同比进一步提升 0.4 百分点。其中，2023 年 1～11 月穿类商品网上零售额同比增长 9.2%，略低于同期服装鞋帽零售额同比增长 11.5%的表现，主要因为 2023 年疫后线下活动恢复，线下短期弹性更高（图 2-51、图 2-52）。

家纺电商销售占比保持高位，品牌服饰线上零售进一步提升。由于家纺产品主要为标品，适合在线上进行销售推广，因而电商占比相比其他服饰品类更高，2022 年罗莱生活、水星家纺、富安娜线上营收占比分别达到 28%、58%和 42%，在服装领

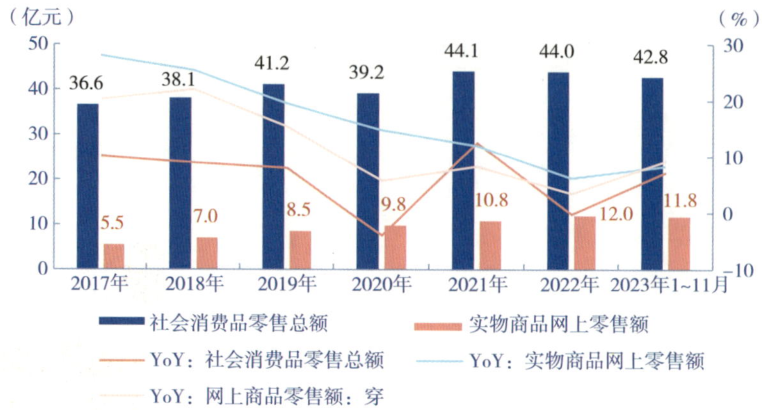

图 2-51　社会消费品及实物商品网上零售额、同比增速

（数据来源：国家统计局，申万宏源研究）

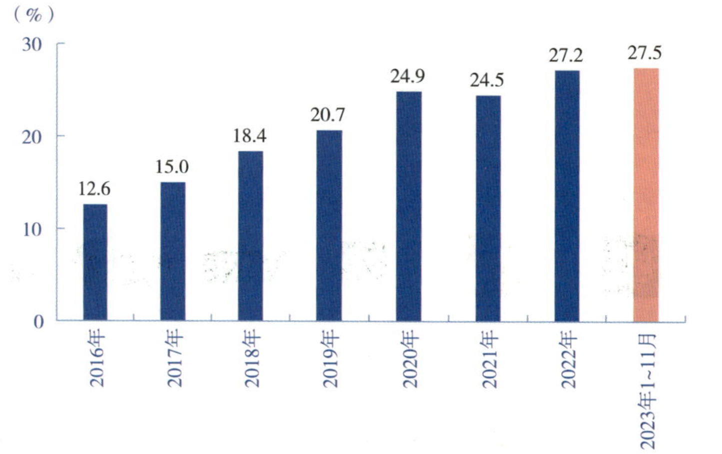

图 2-52　实物商品网上零售额占社会消费品零售总额的比重（累计值）

（数据来源：国家统计局，申万宏源研究）

域处于绝对领先位置。大众服饰领域中，海澜之家、森马服饰 2022 年线上收入占比分别为 16%、48%，相比 2021 年均有进一步提升。运动服饰景气度较高，线上销售持续保持较快增长，李宁、安踏、特步 2022 年线上收入占比分别达到 29%、34%、33%（图 2-53）。

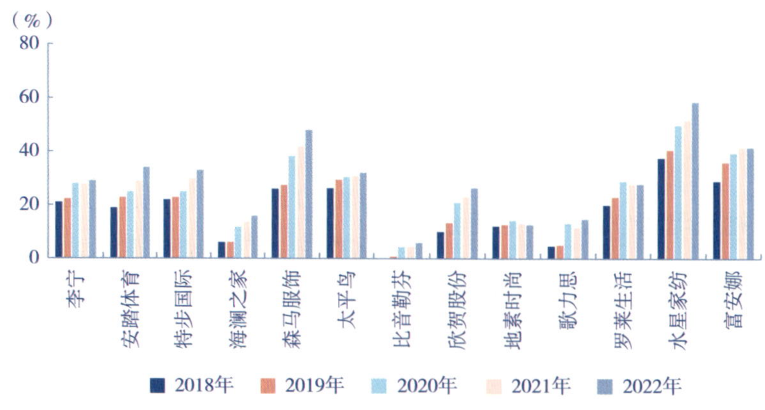

图 2-53　主要服饰公司线上收入占比持续提升

（数据来源：各公司公告，申万宏源研究）

中国互联网电商行业发展 20 余年，社交电商逐渐成为新的发展趋势，从传统货架式发展到如今以短视频、直播等为载体的兴趣电商，从“人找货”到“货找人”，推荐算法的精准度在不断提升，消费网购体验在不断优化，基于用户浏览内容挖掘用户消费需求的兴趣电商已成为电商行业发展的重要渠道（图 2–54）。

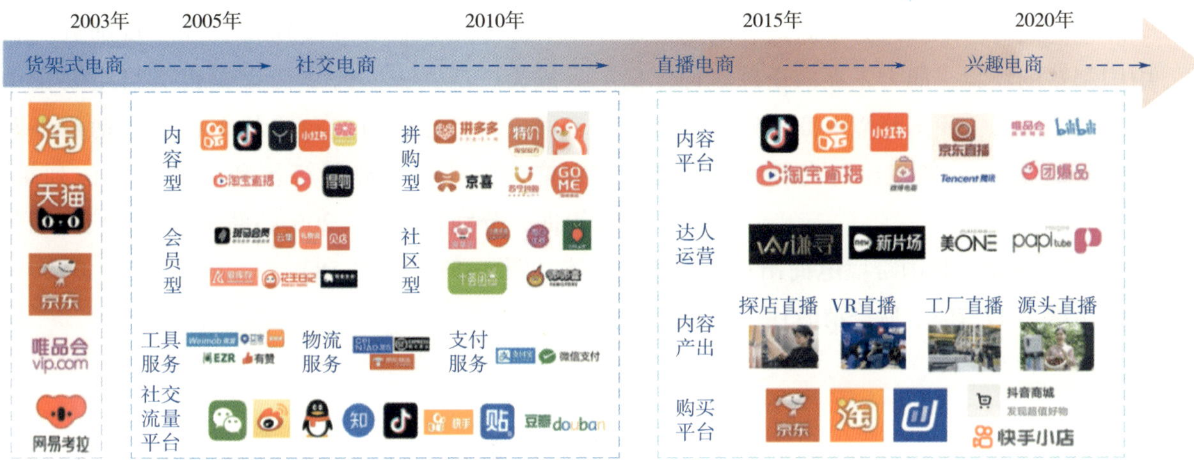

图 2–54　电商行业发展历程图

（数据来源：各公司官网，申万宏源研究）

据网经社数据，2022 年我国直播电商用户已达到 4.7 亿人，同比增长 10%，直播电商市场规模近 3.5 万亿元，同比增长 48%，是目前增长速度最快、增长规模最大的用户类型。凭借讲解全面、互动即时、娱乐休闲等优势，以直播电商为代表的新零售模式正加速迭代传统电商，流量结构的转变有望给商家带来新的消费场景，也为线上服装销售打开新客流渠道（图 2–55、图 2–56）。

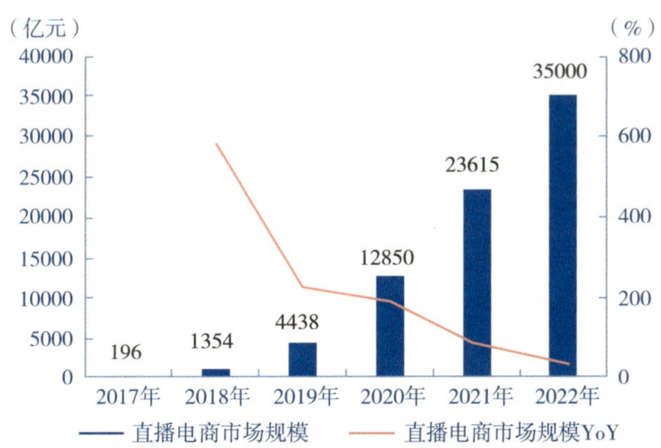

图 2–55　2017~2022 年中国直播电商行业市场快速增长

（数据来源：网经社，申万宏源研究）

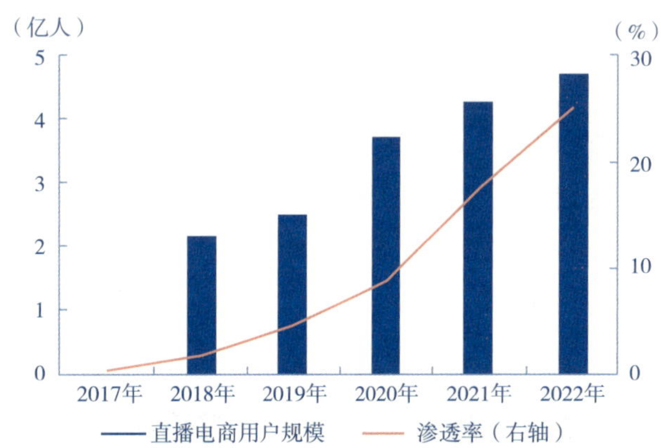

图 2–56　2022 年中国直播电商行业用户达 4.7 亿

（数据来源：网经社，申万宏源研究）

在兴趣电商火热发展的趋势下，品牌方顺势而为，加强线上多平台布局，建立专门的直播基地，重点发展自播业务，通过多平台布局发展新兴增长点。根据蝉妈妈发布的《2023 年抖音电商半年报》，2023 年上半年，抖音电商增长稳健，服饰依然是抖音电商的快消品渗透大头，行业客单价增长主要依托于节点营销和精神消费。

(四)品牌出海为下一个蓝海,跨境出口正当时

随着经济全球化发展、互联网基础建设和全球物流网络的完善,全球电子商务持续增长,市场渗透率从2017年的10.4%上升到2022年的20.3%。在品牌全球化的同时,中国作为全球最大的制造业基地,中国制造的经验、能力正在向全球延伸,据亿邦动力研究院测算,我国跨境电商出口额仅占海外电商消费额的5.5%,跨境出海尚有巨大潜在市场空间待释放。

2023年前三季度,我国跨境电商出口额达1.3万亿元,同比增长17.7%。后疫情时代,我国跨境电商启动了以“集约化、品牌化、数字化”为特征的新一轮增长。其中,贸易方式更加集约化,出现了全托管新模式;出海产品趋于品牌化,大量内贸传统品牌入局;产业服务更加数字化,围绕跨境电商的数字贸易蓬勃发展。

传统优势品类继续保持领先,从细分类目切入成为广泛共识。跨境商家销售类目主要集中在家居家具、鞋服箱包、美妆个护、运动户外和珠宝首饰,其中,鞋服箱包和运动户外位列第二、第四,分别有32%、20%的商家销售相应类目的产品(图2-57、图2-58)。

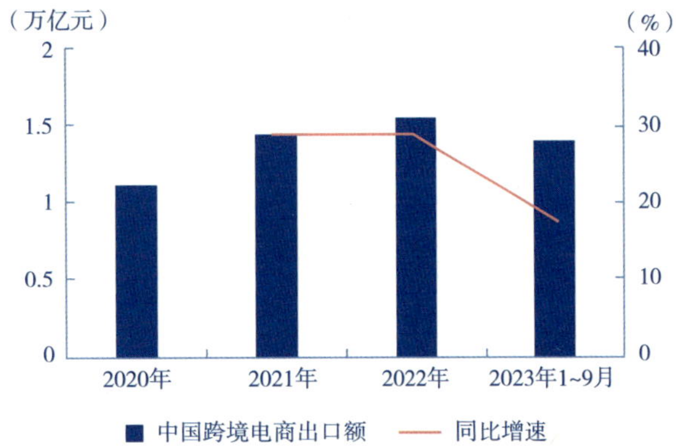

图2-57 2022年中国跨境电商进出口额达1.6万亿元

(数据来源:中国海关总署,亿邦动力研究院,申万宏源研究)

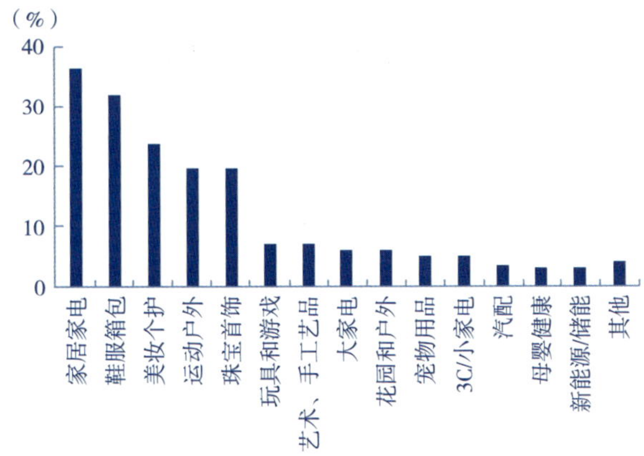

图2-58 2022年跨境电商十大热销品类

(数据来源:中国海关总署,亿邦动力研究院,申万宏源研究)

梳理服装行业具有代表性的跨境电商公司,普遍具有较强的性价比优势,如Shein、赛维时代等核心产品基本为线下渠道或亚马逊等平台同品质商品价格的30%~60%。以欧美地区为主要销售地,以亚马逊为主要渠道,但是多区域、多平台布局正在稳步推进。Shein品牌力居前,赛维时代的核心产品在细分赛道同样位居翘楚(表2-23)。

表2-23 代表性服装行业跨境电商

	Shein	赛维时代	子不语
核心品类	快时尚,服饰类为主	服装配饰占比约67%	服饰鞋履,服饰占比约78%
核心品牌	年轻快时尚品牌Romwe、熟龄女装品牌Emery Rose、美妆品牌Sheglam、中高端服装品牌Motf、鞋履品牌Cuccoo	家居服Ekouaer、男装Coofandy、内衣Avidlove、运动器材Ancheer	女装Cicy bell、女士毛衣Imly Bela等
核心销售地	北美、欧洲、中东	北美占比约85%	北美占比约95%
核心渠道	独立站	亚马逊占比约89%	亚马逊占比约90%

(数据来源:各公司官网,申万宏源研究)

（五）订单牵引纺织制造产能出海，海外产能竞争相对蓝海

纵观纺织服装全产业链，各环节分工明确、紧密合作，共同形成了优秀品牌、大型制造商和优质原料供应商共生共赢的产业生态，奠定了中国纺织服装产业在全球的优势地位。2001 年中国加入 WTO 后，凭借便利的贸易条件和较低的人力成本，迅速成为全球纺织业中心。但随着中国人力成本的上升和产业链的加速升级，目前纺织制造环节已逐步从中国大陆向东南亚进行转移。疫情考验使下游品牌对自身供应链的安全性更为重视，对制造商的稳定生产、如期交付提出了更高的要求。在此背景下，制造龙头加速进行供应链多元化布局，提升供应链的稳定性和成本优势。东南亚地区凭借全球贸易便利、充足且低成本的劳动力供应和较低的关税税率，成为中国纺织企业产业链转移的战略要地。

根据联合国贸易数据库，2022 年纺织品、成衣、鞋类全球出口份额前 20 中，中国大陆纺织业出口份额仍居各品类第一，部分东南亚、南亚国家排名提升靠前，在成衣、鞋类、纺织品全球出口份额前 20 中，东南亚、南亚国家数量分别为 10、6、5 席，中游鞋服转移领先上游纺织品，中国大陆鞋服出口占全球份额低于纺织品。方向上，各品类在亚洲内部转移目的地不同，成衣转向孟加拉国、越南，鞋类转向越南、印度尼西亚，纺织品转向印度、越南，但越南均为热门选择。除了亚洲之外，欧洲、美洲也涌现转移的热门备选国家（表 2-24）。

表 2-24 2022 年各纺织品类全球出口份额 TOP20 国家及地区　　单位：亿美元

排名	纺织品				成衣				鞋类				三项合计			
	国家/地区	出口额	占比	累计占比	国家/地区	出口额	占比	累计占比	国家/地区	出口额	占比	累计占比	国家/地区	出口额	占比	累计占比
1	中国大陆	1231.4	39%	39%	中国大陆	1466.0	28%	28%	中国大陆	548.6	33%	33%	中国大陆	3245.9	32%	32%
2	印度	217.0	7%	45%	孟加拉国	568.0	11%	39%	越南	325.6	19%	52%	越南	880.3	9%	41%
3	土耳其	145.0	5%	50%	越南	433.6	8%	47%	意大利	158.12	9%	61%	孟加拉国	610.5	6%	47%
4	意大利	125.0	4%	54%	意大利	259.0	5%	52%	印度尼西亚	103.3	6%	67%	意大利	535.0	5%	52%
5	越南	121.1	4%	58%	意大利	252.0	5%	57%	德国	66.7	4%	71%	印度	457.7	5%	56%
6	德国	119.7	4%	61%	印度	202.7	4%	60%	比利时	41.7	2%	74%	土耳其	417.2	4%	61%
7	美国	105.1	3%	65%	德国	171.4	3%	64%	印度	38.0	2%	76%	德国	357.8	4%	64%
8	韩国	96.5	3%	68%	柬埔寨	156.6	3%	67%	柬埔寨	35.0	2%	78%	印度尼西亚	265.1	3%	67%
9	巴基斯坦	96.3	3%	71%	印度尼西亚	126.3	2%	69%	荷兰	32.8	2%	80%	巴基斯坦	213.0	2%	69%
10	日本	67.9	2%	73%	巴基斯坦	114.3	2%	71%	西班牙	29.8	2%	82%	柬埔寨	195.8	2%	71%
11	荷兰	48.0	1%	74%	西班牙	98.1	2%	73%	法国	27.0	2%	83%	西班牙	165.4	2%	72%
12	比利时	47.8	1%	76%	法国	78.6	1%	75%	葡萄牙	26.3	2%	85%	荷兰	149.5	1%	74%

续表

排名	纺织品				成衣				鞋类				三项合计			
	国家/地区	出口额	占比	累计占比	国家/地区	出口额	占比	累计占比	国家/地区	出口额	占比	累计占比	国家/地区	出口额	占比	累计占比
13	法国	41.0	1%	77%	缅甸	77.1	1%	76%	荷兰	20.2	1%	86%	美国	149.1	1%	75%
14	泰国	39.8	1%	78%	马来西亚	74.5	1%	77%	孟加拉国	17.6	1%	87%	法国	146.6	1%	77%
15	西班牙	37.5	1%	79%	斯里兰卡	68.9	1%	79%	罗马尼亚	16.3	1%	88%	比利时	146.3	1%	78%
16	印度尼西亚	35.5	1%	81%	荷兰	68.7	1%	80%	巴西	15.8	1%	89%	韩国	113.2	1%	79%
17	墨西哥	35.2	1%	82%	摩洛哥	60.0	1%	81%	土耳其	13.2	1%	90%	波兰	104.9	1%	80%
18	英国	31.1	1%	83%	比利时	56.8	1%	82%	美国	10.8	1%	91%	泰国	104.8	1%	81%
19	波兰	28.2	1%	83%	泰国	56.7	1%	83%	缅甸	10.1	1%	91%	葡萄牙	101.6	1%	82%
20	葡萄牙	25.7	1%	84%	波兰	56.6	1%	84%	墨西哥	9.2	1%	92%	马来西亚	96.3	1%	83%
	世界合计	**3197.8**			**世界合计**	**5262.6**			**世界合计**	**1685.6**			**世界合计**	**10146.1**		

［数据来源：联合国贸易数据库（UN Comtrade Database），申万宏源研究；2022 年以进口国贸易数据为样本统计，参照 SITC 代码分类统计；红色/蓝色对应表示东南亚/南亚国家］

服装代工龙头申洲国际自 2005 年投建了首个柬埔寨成衣工厂，此后越南、柬埔寨产能占比不断攀升，目前面料产能在国内和海外各占约 50%，成衣产能在国内和海外分别占比 55%和 45%。鞋类代工龙头裕元、丰泰早在 20 世纪 80 年代末就启动全球化布局，普遍选择当时基础设施领先的越南南部建厂，而华利自 2005 年起开始境外布局，战略性地选择越南北部大规模设厂。2022 年，华利越南产能占比已达到 100%，裕元在越南和印尼的产能占比达到 84%，丰泰在越南、印尼和印度产能占比 90%。随着东南亚地区铁路、物流等基础设施的不断完善，越来越多的纺织企业持续扩大海外产能，提升全球化比例，新一轮的全球产业链重构正加速进行，为全行业发展孕育出更多成优势互补，共同发展的新机会（表 2-25、表 2-26）。

表 2-25　中国大型服装制造商全球产能结构（截至 2022 年末）

公司/业务		中国	海外	越南	柬埔寨	印度尼西亚	菲律宾	缅甸	其他	产能出海历程
申洲国际	面料	50%	50%	50%						2005 年柬埔寨首个成衣工厂投产，2014 年越南德利一期面料厂投产，自此越南、柬埔寨两地海外产能占比持续提升，现已接近国内规模，后续将考虑在印度尼西亚建立新产能
	成衣	55%	45%	22%	23%	规划中				
儒鸿	面料	中国台湾	√	√						2006 年越南成衣工厂建厂及量产，并积极寻求海外面料厂设立据点，至今海外产能主要布局在越南、柬埔寨、印度尼西亚
	成衣	0%	100%	√	√	√				
鲁泰 A	面料	80%	20%	20%						2014 年设立柬埔寨、缅甸工厂，2016 年成立越南工厂，至今海外产能主要布局在越南、柬埔寨、缅甸
	成衣	44%	56%	√	√			√		
盛泰集团	面料	50%	50%	√						海外产能主要布局在越南、柬埔寨、斯里兰卡、罗马尼亚
	成衣	√	√		√				√	

续表

公司/业务		中国	海外	越南	柬埔寨	印度尼西亚	菲律宾	缅甸	其他	产能出海历程
聚阳实业	成衣	3%	97%	36%	20%	38%	3%			海外产能主要布局在越南、柬埔寨、印度尼西亚、菲律宾
晶苑国际	成衣	20%	80%	√	√				√	海外产能主要布局在越南、柬埔寨、孟加拉国、斯里兰卡等

（数据来源：各公司公告、官网，申万宏源研究；各公司各地产能结构为预测值）

表 2-26 中国大型鞋类制造商全球产能结构（截至 2022 年末）

公司	中国	海外	越南	印度尼西亚	印度	缅甸	其他	产能出海历程
华利集团	0%	100%	99%	在建		在建	1%	2005 年开始在越南北部设厂，持续扩大投资，至今几乎全部产能位于越南北部，还有极小部分产能位于多米尼加、缅甸（在建），2021 年披露计划在印度尼西亚投资兴建大型制造基地，目前在建中，预计 2024 年起有望陆续投产
裕元集团	10%	90%	38%	46%			6%	1992 年设立印度尼西亚基地，1994 年设立越南基地，2009 年设立柬埔寨及孟加拉国基地，2015 年设立缅甸基地
丰泰企业	10%	90%	48%	14%	28			1992 年布局越南、印度尼西亚基地，2006 年布局印度基地

（数据来源：各公司公告、官网，申万宏源研究；以上为成品鞋产能结构，不考虑鞋面等其他产能）

2023~2024年中国纺织服装品牌发展报告

中国纺织工业联合会品牌工作办公室

2023年，我们进入向第二个百年奋斗目标迈进的新征程，面对错综复杂的国际国内经贸环境，全行业肩负建设纺织现代化产业体系的新使命，纺织服装品牌不断创新突破，在变局中谋革新，在变化中求升级。

一、中国纺织服装品牌发展的新环境与国际化布局

（一）行业发展面临复杂的国际国内经贸环境

1. 国际经贸环境复杂多变

世界经济增速放缓、复苏动力不足，经济全球化遭遇逆流，局部冲突和动荡频发，全球纺织供应链深度调整，外部环境不稳定、不确定、难预料因素增多。国际货币基金组织（IMF）2023年10月更新《世界经济展望》，预计2023年全球经济增速为3.0%，2024年为2.9%。

全球市场需求不足、消费能力与消费信心受到抑制是当前的突出问题。10月WTO发布《全球贸易展望与统计数据—更新：2023年10月》，下调2023年全球商品贸易量预测，预计增长0.8%。

2. 中国纺织业发展韧性凸显

面对复杂严峻的外部环境，中国纺织行业紧扣高质量发展的要求，不断巩固制造优势，着力提升基础能力和产业链现代化水平，行业在压力下彰显韧性，呈现波浪式发展、曲折式前进的态势。

从整体运行来看，2023年纺织行业规模以上企业增加值同比降低1.2%；规上营业收入同比减少0.8%，利润总额增长7.2%，营业收入利润率恢复至3.8%。主要运行指标延续恢复回升态势，经济运行恢复基础有所巩固，高质量发展的积极因素积累增多。

从内销市场来看，居民收入及消费信心逐步回升，内销市场持续回暖。根据国家统计局数据，2023年我国限额以上单位服装、鞋帽、针纺织品类商品零售额1.41万亿元，同比增长12.9%，增长率在16类商品中排第2位；穿类商品网上零售额同比增长10.8%。

从出口市场来看，出口压力明显加大，但对部分市场出口表现较好。2023年全国纺织品服装出口2936.4亿美元，同比下降8.1%。前三季度，我国纺织品服装对美国、欧盟和日本三大市场出口额同比分别下降15.6%、20.5%和12.3%；对“一带一路”沿线的土耳其和俄罗斯出口额分别实现6.2%和20.1%的较好增长。

（二）中国纺织服装加快品牌国际化步伐

1. 品牌宣传推广

随着中国文化自信的逐步提升，自主品牌国际化步伐加快。更多纺织服装品牌借助国际知名时装周舞台以及文化时尚场所，举办品牌发布秀等宣传推广活动，推动中国文化元素的国际表达。2023年，借助纽约、伦敦、米兰、巴黎四大国际时装周，Who's Next时装贸易展等平台，一批优势中国服装品牌走向国际，展示新时代中国品牌形象。其中，登上纽约时装周的中国品牌数达到历史新高（表2-27）。

9月初，“时尚中国 Fashion China”展团聚集劲霸、九牧王、歌力思、江南布衣等20家服装品牌，共赴巴黎。本次组团以品牌主导、设计发声的方式，汇聚4个上市公司商业品牌、2位金顶奖设计师、2位十佳设计师、3位深圳十佳设计师，合力讲述服装品牌背后中国文化的思想力量及精神力量。

表 2-27　2024 春夏国际四大时装周上的中国品牌

活动名称	举办时间	中国品牌数	设计师品牌名称
2024 春夏纽约时装周	2023 年 9 月 8～13 日	6 家中国/华裔设计师品牌	Jason Wu Collection、Anna Sui、PH5、Kim Shui、Private Policy、Vivienne Tam
2024 春夏伦敦时装周	2023 年 9 月 15～19 日	21 家中国/华裔设计师品牌	Huishan Zhang、KWK by KAY KWOK、PRONOUNCE、MITHRIDATE、8ON8 等
2024 春夏米兰时装周	2023 年 9 月 19～25 日	2 家设计师品牌	HUI、SHUTING QIU
2024 春夏巴黎时装周	2023 年 9 月 25 日～10 月 3 日	8 家女装品牌	Dawei、Didu、Caroline Hú、Uma Wang、Rui、Ruohan、Chen Peng、Shiatzy Chen
	2023 年 6 月 20～25 日	5 家男装品牌	Ziggy Chen（陈翔）、Sean Suen（孙小峰）、Feng Chen Wang（王逢陈）、Sankuanz（上官喆）、Namesake（Richard，Michael，Steve Hsieh）

6 月 20 日，李宁再现巴黎时装周，以“自有天地”活动主题，融合视频装置艺术、快闪艺术行为表演等多元视听体验，展现高级街头运动风格，将古老中国谚语中的“规天矩地，自成方圆”进行当代化全新演绎。

9 月 24 日，波司登在意大利米兰的达·芬奇庄园举办大秀，以“更多样、更时尚、更轻暖”的设计理念，再一次重新定义轻薄羽绒服。汲取文艺复兴与达·芬奇庄园的灵感，打造具有浓郁文艺复兴气息的天然秀场，推动中意文化融合。

设计师品牌 HUI 连续 13 次在米兰时装周发布，通过将中国传统文化创新性融入服装设计，推进中国元素的国际化和现代化表达，提升中国的世界时尚话语权。其 2024 春夏系列《苗印》，将轻松的当代时尚意趣和新中式穿搭结合，彰显出独具特色的诗意氛围，溯源东方之美。同期举办的《中国苗·艺术展》，展出上百件贵州苗绣珍品，展现贵州苗绣风采。

2. 品牌渠道拓展

从线下渠道来看，波司登、孚日、江南布衣、爱慕等一批优势品牌在国外开设店铺。线上渠道来看，在国家和地方相关政策支持力度增强、“一带一路”与 RCEP 双轮驱动打开新发展空间、互联网渗透率提升等多重因素的共同支撑下，我国跨境电商交易规模持续且稳定增长。

根据工业和信息化部近期对“重点培育纺织服装百家品牌”调查（以下简称“百家品牌调查”）数据显示，46 家消费品牌中，32.6%的企业在国外市场开设了线下店铺，21.7%的企业通过跨境电商拓展国际市场。

跨境电商成为品牌扩宽国际市场的重要手段。海关数据显示，2023 年中国出口跨境电商总额达 2.38 万亿元，同比增长 15.6%。亚马逊 2023 年全球净收入 5748 亿美元，2023 年 12 月发布的数据显示，过去一年中国卖家通过亚马逊全球站点售出的商品件数同比增长超过 20%。有数据显示，Shein 2023 年营收超过 300 亿美元，2025 年目标为 585 亿美元营收（约合人民币 4270 亿元）。

3. 品牌资本运作

部分纺织服装品牌通过跨国并购，进行品牌国际化布局，以丰富提升品牌形象、扩大目标消费群体，以及开拓国外市场渠道（表 2-28）。

表 2-28 2023 年国内服装领域跨国（境）收购主要事件

时间	企业（品牌）名称	具体事件	交易金额
4 月公告	比音勒芬服饰股份有限公司	通过其持有 99.86% 份额的控制企业厚德载物，向凯瑞特及盈丰泽润分别投资 5700 万欧元、3800 万欧元，收购总部位于巴黎的 Cerruti 1881 新加坡 100%股权和法国 100%股权，收购英国服装品牌 Kent & Curwen 新加坡 100%股权，从而间接收购全球商标所有权	9500 万欧元（合人民币 7.2 亿元）
/	Raza Heritage Holdings 财团（总部中国香港）	获得意大利家纺品牌 Frette 的 100%股权（Frette 2022 年营收 1.28 亿欧元）	约 2 亿欧元（合人民币 15.6 亿元）
8 月	Shein	获得美国 SPARC 集团 1/3 股份，SPARC 旗下服装品牌 Forever 21 将在 Shein 平台销售；SPARC 集团获得 Shein 少数股权（SPARC 集团在全球拥有 4200 多家零售店及店中店）	/
9 月	Shein	与英国零售公司 Frasers 集团洽谈，收购在线时尚品牌 missguided（面向年轻女性的线上零售网站）和其他相关知识产权	/
9 月公告	嘉曼服饰（水孩儿）	拟收购源自美国的品牌暇步士（Hush Puppies）中国内地及香港、澳门区域 IP 资产，包括“暇步士”“Hush Puppies”等核心商标以及全品类的 155 个相关商标和 2 项专利、4 项著作权、6 项域名等 IP	5880 万美元（合人民币 4.26 亿元）

4. 产能国际布局

一批优势制造品牌建设海外工厂，通过产能国际化，实现全球资源配置，深化与国际品牌战略合作，成为构建国内外双循环格局的有利抓手。据不完全统计，中国纺织业对外投资存量超过 110 亿美元，项目分布在全球 100 多个国家地区，越南、柬埔寨、埃塞俄比亚、缅甸、埃及等国家已成为吸引企业境外绿地投资的主要目的地。过去十年，中国纺织业对共建“一带一路”国家直接投资金额达 60 亿美元，约占行业对全球投资比重的 50%。

华孚时尚在越南建设 30 万锭纺纱产能和 2 万吨染色产能；天虹纺织在越南打造原料、纺纱、染整、制衣等全产业链；百隆东方越南子公司拥有 100 万纱锭生产能力，约占公司全部产能的 60%；申洲国际在柬埔寨、越南设立工厂；鲁泰在越南建有锭纱线项目和色织面料项目；盛泰集团在越南建设十万锭纱线建设项目等。“百家品牌调查”数据显示，54 家制造品牌中，31.5%的企业建有海外工厂，主要集中在越南、柬埔寨两国，以及缅甸、印度尼西亚、马来西亚、埃塞俄比亚、荷兰等国家。

二、中国纺织服装品牌发展的新趋势特点

中国纺织服装品牌持续创新发展，呈现产品细分化、管理数字化、时尚创意化、发展可持续化等新特点、新趋势，满足人们品质多元生活、智慧生产生活、文化时尚生活、绿色生态生活等多层面美好生活需要的水平逐步提升。

（一）以产品细分化满足品质多元生活需要

全国纤维加工量已超过 6000 万吨，其中服装、家纺、产业用三大终端产业纤维消耗量比例已调整为 40∶27∶33。产品领域结构与消费升级不断匹配调整，产品品类细分、功能细分、场景细分趋势明显，同时产品范围不断拓宽、延展、更新，产品设计力不断提升，品质、功能与时尚文化更多融合，顺应与引领消费的能力不断提升。

1. 服装产品细分化

在传统分类基础上，服装产品领域在功能、场景等方面更加细分拓展；工作与休闲场景边界打破，舒

适自然的日常通勤穿着广受欢迎；随着户外运动的延展，专注于跑步、户外远足、瑜伽等细分品类的运动品牌明显增长。2022 年 7 月至 2023 年 6 月，抖音运动健康相关场景下累计直播商品点击次数同比增长 100%+。蝉魔方 & 巨量算数数据显示，2023 年上半年，野营、水上运动、登山攀岩、野炊烧烤相关领域商品热卖指数分别增长 201%、105%、337%、103%。

2. 家纺产品细分化

一方面，随着消费需求升级，家纺产品升级态势明显，具体表现为品质功能提升及应用领域拓展，如从原材料与工艺着手，提高纤维品质、面料支数、时尚性与舒适度，开发户外露营野餐、收纳整理等领域产品，适用更多消费场景需求；另一方面，依托技术创新，向大健康领域延展深入，如舒适助眠、养老健康与青少年家纺产品。有关数据显示，预计 2024 年中国大健康产业将达 9 万亿元。

3. 产业用纺织品细分化

产业用纺织品与高性能材料、先进加工技术紧密联系，与下游产业融合发展，广泛应用于生产生活诸多领域，包括卫生材料、医用防护材料、医用敷料和人造器官等医疗健康领域，环保领域，基础设施建设领域，交通工具领域，航空航天国防军工领域以及能源领域，为人民健康福祉、经济社会发展做出了贡献。

品牌案例
特步自 2007 年起打造大众跑者首选品牌，建立“跑步生态圈”，以“跑者服务”为核心，包含赛事、装备、特跑族、跑步俱乐部等要素。截至 2023 年底，特步在全国拥有 67 家跑步俱乐部，分会数 281 个，特步跑团族人数突破 200 万人。 愉悦家纺向医养健康产业转型升级，用微米级纱线编织的大口径人造血管，可实现对心脏主动脉血管更换，在心脑血管疾病治疗等方面应用前景广阔。 中复神鹰、吉林化纤的碳纤维复合材料应用在风电、储氢等场景；鲁普耐特的超高分子量聚乙烯纤维缆绳，强力为钢缆的 1.5 倍，重量仅为钢缆的 1/7。

（二）以运营数字化满足智慧生产生活需要

纺织全行业数字化发展水平持续提升，多项关键指标高于全国制造业平均水平。中国纺织工业联合会通过对全国 1.1 万家纺织企业数据分析显示，截至 2023 年 6 月，全行业在研发设计、生产制造、运营管理等关键业务环节全面数字化的企业达 56.8%，智能制造就绪率 14.6%，分别高于全国 54.6%、13.1%的平均水平；生产设备数字化率、数字化设备联网率、MES 普及率分别达 55.8%、49.1%、28.9%，比 2020 年同期分别提高 5.1、4.8、6.2 个百分点。

1. 私域营销不断升级

私域营销已从微商逐步扩大到企业微信、公众号、腾讯广告、小程序、私域直播、社区团购、社群团购，并逐步形成多种模式融合的品牌社交圈，建立核心用户群，构建“触达—转化—复购”的数字化全链路。据国家统计局等部门预测，2023 年社区团购零售规模约 8365.1 亿元。有预计显示，到 2025 年，我国社群团购分销小程序的市场规模将达 1.2 万亿元，用户规模将达 10 亿人。根据呱呱爆品《2023 年私域电商快团团行业洞察》数据，2022 年快团团 GMV 接近 1500 亿元、拥有 500 万团长，均为上年的 2.5 倍；2023 年头部团长开团类目中，男女装占 29.6%。

2. AIGC 应用加速深入

人工智能技术与物联网、云计算和大数据技术深度融合，构建人—网—物的互联体系和泛在的智能信息网络，推动人工智能向自主学习、人机协同增强智能和基于网络的群体智能方向发展。艾瑞咨询预测，2023 年中国 AIGC 产业规模约为 143 亿元，2028 年预计将达 7202 亿元，2030 年有望突破万亿元。AIGC 技术在纺织服装领域的应用，主要集中于商品企划、产品设计、零售终端三个环节，正在加速实现智能创意设计、流行趋势预测、智能穿搭推荐，辅助设计决策，提高设计效率和灵感，有效降低生产成本。麦肯锡预测，未来 3～5 年，生成式 AI 可能会帮助服装、时尚及奢侈品行业的营业利润创造 1500 亿美元的增量，乐观估计可高达 2750 亿美元。

3. 数字人改变直播运营模式

数字人主播与 AI 技术结合，可根据用户偏好和需求进行定制化服务，具有低投入、高产出、续航久的优势，省去真人主播、场地与设备。艾媒咨询数据显示，2022 年中国虚拟人带动产业市场规模和核心市场规模分别为 1866.1 亿元和 120.8 亿元，预计 2025 年分别达到 6402.7 亿元和 480.6 亿元，呈现强劲增长态势；2022 年新增虚拟主播企业注册数 948 家，2025 年虚拟主播缺口高达 900 万。

品牌案例

安踏通过数字化 2.0 建设体系，强化 DTC（直面消费者）业务模式，实现“人、货、场”打通，建立品牌私域流量中心，加速升级私域营销，以官方小程序、视频号、社群等构建私域流量，实现上半年营业收入 296 亿元，同比增长 14.2%，其中安踏品牌上半年 DTC 营收同比增长 21.8%至 80.85 亿元，占安踏品牌的 57.1%。

鸿星尔克与微盟共建数字化生态系统，以 AIGC 技术提升线上经营效率，应用于产品上新、朋友圈营销、公域种草、社群运营、短视频等多场景，解决七成左右的社群和朋友圈推广文案生成问题，同时在商品标题和描述生成方面，降低内容生产和时间成本。

森马于 2023 年 7 月上线服装行业首个数字人主播，单账号 4 小时直播 GMV 达 1.2 万元，商品点击率高达 7.5%，自然观看人流量接近 4000 人，单月单账号凌晨时段无人直播业绩达成 12 万。突破了数字人主播除了说话和互动之外的功能，具备动作、表情、体态及互动能力，突破了行业中虚拟人无法进行非标品电商直播的行业难题。

（三）以品牌文化建设满足当代时尚生活需要

作为中华文明特性的集中体现和重要表征，纺织服装产业对于推动中华文化繁荣、树立文化自信、实现文化价值具有重要意义。我国纺织服装企业在品牌文化建设方面取得长足的发展，纺织行业品牌建设文化的实践，已逐步渗透到品牌定位、创意设计、生产制造等各个环节，品牌文化对品牌建设产生越来越重要的影响。

1. 品牌定位方面，注重传统文化与当代生活方式的结合

越来越多的品牌注重将中国传统文化与当代生活方式相结合进行品牌定位，倡导“自然、和谐、包容、绿色”等理念，在深入理解、挖掘中华传统文化的基础上，将中国文化与消费者在思想、精神、生活层面相关联，多元化地表达、应用与传输中国文化，弘扬民族文化，提升国人对本土品牌认可度，构建多元包容的现代文化体系，树立提升大国文化自信。

2. 创意设计方面，注重优秀文化元素的创新性转化

品牌创意设计方面，更加注重对中国文化元素、民族精神、当代时尚的融合运用。主要包括：传统技艺、非遗文化的活化传承运用，汉服、唐装等特色细分品类引领文化消费；借助传统手工艺与当代技法，中国元素的创新性转化；通过品牌联名设计，满足与引领多元化、个性化的审美与情感诉求。抖音电商“3·8 大促”期间，马面裙销量同比增长近 20 倍。

3. 生产制造方面，注重匠心文化与精益求精精神的支撑

工匠精神在生产环节更加充分体现，专业技能、创意设计人才培养选拔更受重视，实用性、功能性提升成为行业高质量发展、满足人们高品质美好生活的重要支撑。行业举办技术能手评选表彰、“中国纺织大工匠”推荐等活动，引导创建精益求精的工作氛围。

品牌案例

之禾始终“倡导可持续的生活方式”，顺应自然之道，坚持使用最优质的天然材质。在2023秋冬自然之道系列中，启用全新可持续工艺——回收羊绒填棉；2024春夏系列中，率先探索亚麻、汉麻和真丝等天然可持续材质，应用于通勤着装；将香云纱大规模生产，让传统可持续材质以当代设计重返人们的生活。

第19届亚运会开幕式以宋韵服装和生活之美，推动宋韵文化和审美热潮。其中设计师楚艳领衔设计的“国风雅韵”篇服装以江南钟灵毓秀的山水和色彩美学为重要灵感来源，以晕染加3D复合工艺表现江南的山水草木、亭台楼阁之美。

爱慕秉承30年专注做一件好内衣的专业和匠心，推出以“爱慕1993限定系列”为代表的“人体美学内衣”。基于人体工学和人因设计的理念，对中国大量人体数据进行研究分析，设计适合不同年龄和体型消费者在不同场景穿戴的产品；通过对人体美的理解和对时尚趋势的捕捉，在产品中表达美、呈现美。

（四）以发展可持续化满足绿色生产生活需要

低碳减碳成为全球话题，截至2023年9月，已有150多个国家作出碳中和承诺，覆盖全球80%以上的CO2排放量、GDP和人口。中国纺织业正在加快建设低碳绿色循环的产业体系，在行业层面，系列行动有序推进，专业数据库逐步扩大，量化平台启动应用；在企业层面，创新绿色产品、优化能源结构、发展循环经济等思路做法更加系统清晰。

1. 行业行动逐步有序推进

一批行业领军企业和千亿级产业集群加入“气候创新2030行动”，5万人次产业人群参与；鄂尔多斯、罗莱、魏桥、鲁泰、申洲等大批领军企业和盛泽、柯桥等千亿级产业集群发布了碳中和愿景、启动了碳中和行动。截至2023年9月，已有21家品牌企业、42家制造企业和3个重点纺织集群加入“30·60碳中和加速计划”。中国本地化纺织服装碳足迹数据库逐步扩大，已涵盖13种纤维类型、6种纺纱方式、24种纱支类型、2种面料织造方式及3种染色方式，覆盖服装、床品、面料、纱线等多个纺织服装品类。中国纺联近期发布LCA plus数字化纺织品全生命周期绿色评价平台，帮助披露产品环境信息，优化产品流程。

2. 企业做法更加系统清晰

第一，绿色产品加大开发创新。绿色原料和环保面料加大开发应用，绿色产品成为市场需求的重要趋势。特步、李宁、安莉芳、赢家时尚集团等积极参与到绿色生产中，高度重视可持续发展相关工作，积极响应“双碳”目标，驱动绿色材料创新。第二，能源结构不断优化。使用光伏发电等绿色清洁能源，提高可再生能源应用；通过节能技改，实现废水回收、减少能源投入；通过对蒸汽冷凝水回用节能改造，充分利用余热余压。第三，循环经济推动发展。我国废旧纺织品回收量已经从2015年的260万吨增长到2022年的544万吨。温州苍南县汇集全国半数以上纺织工业布角料，打造再生棉回收和加工基地，远销100多个国家和地区，每年创造产值近百亿。

品牌案例

浙江佳人新材料有限公司首批化学法再生DMT（对苯二甲酸二甲酯）于2023年7月顺利出口，实现万吨级产业化，既填补了国内再生DMT领域空白，也对全球DMT市场提供了重要补充。目前该公司每年可处理废旧纺织品4万吨，年产3万吨再生产品。

CABBEEN卡宾以海洋废旧渔网为原料，推出全新“再生计划”环保牛仔系列。再生可降解尼龙每吨纤维可节省二氧化碳排放量8.8吨、能量33630千瓦时、用水7.3吨。

安莉芳在参与产品全生命周期测评（LCA），获得糖果裤的分析报告后，对其进行同款产品的减碳改进，通过使用零碳纤维、生物基材料及更换辅料供应商，实现有效减碳17.38%。

三、中国纺织服装品牌发展的新路径方向

2023年8月，中国纺织工业联合会发布《建设纺织现代化产业体系行动纲要（2022—2035年）》，对如何推动纺织行业高质量发展，加快建设纺织现代化产业体系进行了系统论述，对如何立足新时代，以品牌建设支撑纺织现代化产业体系构建指明了方向路径。

（一）注重创新升级，不断提高美好生活的品牌贡献力

加强消费市场研究，针对不同消费群体，加大对当代生活方式、新消费方式的深度研究，提炼总结消费新特征，加强流行趋势研究与应用。

注重产品功能与消费场景细分，持续优化产品结构，围绕市场消费升级趋势，加快与数字经济、生物经济、绿色经济等领域结合，拓宽产业场景和市场边界。

注重科技支撑，加大对新材料、新技术在生产设计中的应用，完善从纤维原料到终端产品的全产业链创意创新体系，扩大健康舒适、绿色安全、生态环保、运动功能、安全防护等产品的开发。

（二）注重积淀输出，着重提升优秀文化的品牌承载力

加强对传统技艺的传承保护与商业开发，加强纺织非物质文化遗产与产品的活态传承与市场应用，开展中华优秀传统文化的创新性研究和创造性发展，推动品牌文化与民族文化、区域文化的融合贯通，打造富有内涵与特色的品牌形象。

加强传播推广，发挥优秀品牌故事、品牌人物、典型案例的引领作用。加强跨界合作，注重与关联产业、其他文化领域的跨界交流与融合发展，注重对当代生活方式的引领，构建泛文化生态体系。

坚定文化自信，秉持开放包容，加强中华优秀文化的深度研究，以及与国际文化的融合发展，推动文化要素在品牌定位、设计与营销等更加广泛、更具创新的传承应用，形成能够彰显中国特色、具有全球认同的纺织服装美学体系。

（三）注重运营管理，持续提高国际市场的品牌影响力

遵循智能化、绿色化、融合化发展方向，构建规范化、标准化、精益化、高效化生产运营体系，着重提升品牌国际化供应链管理协作水平，建设世界领先的纺织服装制造品牌梯队。

借助数字化、信息化新技术手段，强化与平台、社群、场景等新业态融合创新，加强流行趋势预测应用、创意设计和精准营销能力提升，不断革新渠道布局与零售业态，形成一批消费支撑力、时尚引领力强的消费品牌梯队。

组织支持优势品牌企业、优秀设计师参与国际展示交流，开展国际产能布局、要素合作、资本运作、全渠道布局等，提升品牌全球资源整合能力，培育代表中国高质量发展水平、具有国际竞争力的优势品牌。

2023~2024 年中国消费趋势报告

知萌咨询　肖明超

2023 年，中国消费市场经历了“渐进式回暖”到“常态化回归”再到“稳步中回升”的过程，消费者的生活也在呈现出新的节奏感，丰富多彩，简单生活，稳稳的幸福成为很多消费者 2023 年的体会。

从 2017 年开始，知萌咨询机构每年都会出品年度的中国消费趋势报告，持续预见着中国消费市场的潮流变迁，2024 年进入知萌趋势报告对外发布的第 8 年，我们通过鲜活的第一手研究与多元数据，立体多维观察中国消费新趋势，通过这样一份年度的《中国消费趋势报告》分享给大家，希望能够帮助更多的企业在新的一年，找到确切发展的商业创新到品牌营销逻辑。

2024 年，中国消费市场会涌现哪些新的趋势？如何激发有潜能的消费？如何打造消费新场景，激发消费新活力？各产业和企业如何从消费趋势上寻找新的机会？报告总结提炼了 2024 年的趋势关键词和 8 大消费趋势。

一、2024 年消费趋势关键词：“稳进”与“向新”

知萌开展的消费趋势研究显示，中国消费者对 2024 年保持着积极的乐观和期待，希望能够更好地享受生活，可以成长加速和勇往直前；同时，消费者也在控制节奏，想要稳中求胜，稳步前行，会进一步保持理性。在消费开支上，人们会对身心愉悦的领域投入更多的精力，如美食、旅游、健康养生等。此外，消费者表示，为家人的消费、健康的消费、悦己的消费领域坚持不降级（图 2-59）。

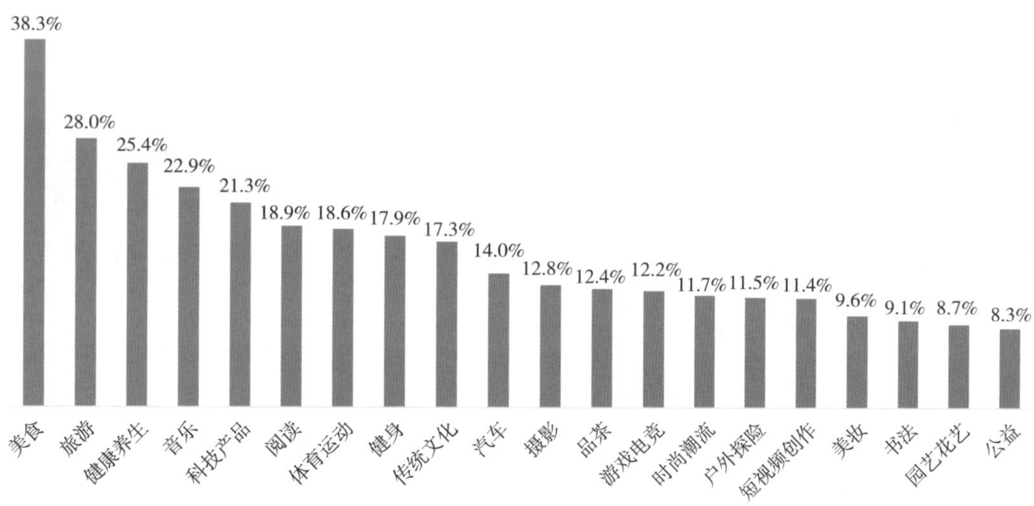

图 2-59　消费者 2024 年会投入更多精力和金钱的领域（多选）

结合 2023 年知萌咨询对于中国消费市场的观察，报告对于 2024 年消费趋势关键词定为“稳进”与“向新”。

“稳进”，代表着消费节奏的控制与把握，消费者将会重置消费欲望，越来越不想受制于制造消费焦虑的情绪裹挟，希望保持自己的需求清醒；“向新”，代表着消费者在通过更多元的体验和探索，寻觅让自己获得精神充实的消费，向内追寻情绪价值，向外探索自我松弛，这将成为新的生活标尺。

二、2024年八大消费趋势

报告经过深度的研究，预见2024年将会呈现八大消费趋势，分别是：审慎精明、精神悦己、向外探索、烟火叙事、品质至微、价值重构、无龄体验、可持续品牌。

（一）趋势一：审慎精明

回归常态的消费者变得更加理性和冷静，在重新审视消费的意义，重新评估哪些事物对他们来说是重要的，在消费决策上更加审慎精明，不断建构新的幸福哲学，确保消费可以获得更有价值的享受。消费者购物不再盲目冲动，不再贪图一时之快，高性价比的评判标准不再局限于“低价”，而是重视实用性。

同时，越来越多消费者减少囤货，只买必要，甚至可以买少买精但是要用久，消费者在购物前会更加慎思而行，通过多个平台搜索比较，并会详细阅读评论和评分，还会充分进行调查比较，以追求消费的确定性和寻求生活中的安全感（图2-60）。

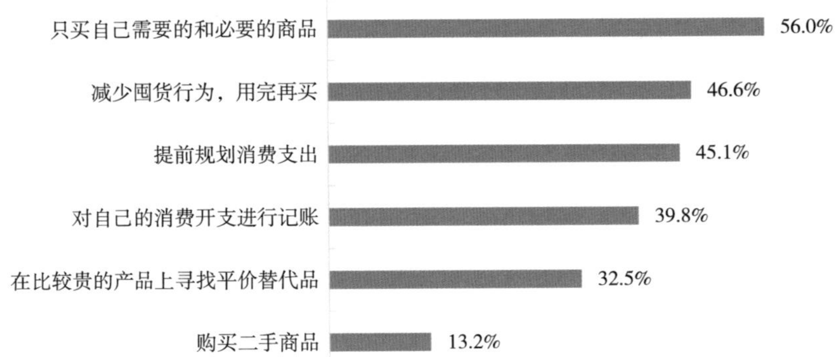

图2-60 2023年消费者践行的消费举措（多选）

审慎精明在年轻人中的表现尤其明显，从“9块9”的咖啡，到“10块钱做一顿饭”等在年轻人中的话题热度，正在显示着，年轻人也在掌握消费自主权，走向“人间清醒”，节俭不是抠门，而是一种新的生活哲学和体面。

在“审慎精明”的消费趋势下，“极致平价”以及“优质平价”商品始终会受到消费者青睐。例如，1976年诞生于法国，2003年进入中国市场的迪卡侬，2023年在中国增长迅速，之所以受欢迎，在于其提供了极致低价又能提供满足运动全场景的优质产品，契合了消费者更加理性的消费需求。

面对愈加理性和审慎的消费者，市场将去泡沫化，迈入去伪存真的阶段，品牌需要指向消费真需求、发挥品牌真实力，展示更多的“值得感”，为消费者提供更加经得起考验的质价比，更加妥帖细致的服务体验，更能经得起推敲的品牌价值。

（二）趋势二：精神悦己

多巴胺穿搭、美拉德穿搭、电子木鱼、City Walk、找搭子、寺庙上香、彩票店里“排排站”、职场发疯文学……盘点2023年的热点现象，虽形式各异、花样频出，但殊途同归，最终都指向了“精神”，凡是刺激到消费者精神的都成了热点。

多巴胺穿搭是2023年最火的时尚现象之一，知萌2024年中国消费趋势调研显示，35.8%的消费者尝试多巴胺穿搭，对于如何看待多巴胺穿搭的问题，53%的消费者认为有利于情绪释放，51.8%的消费者认为有利于展现自信、表现自我。搭乘多巴胺穿搭的情绪风潮，日常穿搭产品也可以塑造出新的体验。例如，新兴品牌如Happy Socks和Farm Rio凭借鲜明的多巴胺穿搭特点逐渐崭露头角。以Happy Socks为例，其丰富多彩、图案丰富的袜子，为消费者带来愉快的视觉感受（图2-61）。

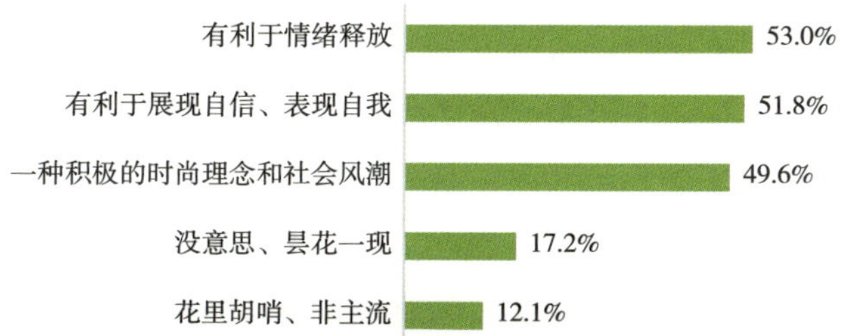

图 2-61　消费者如何看待多巴胺穿搭（多选）

多巴胺穿搭的背后，源自于人们对于精神悦己的需求，中国消费趋势调研显示，64%的消费者更加看重精神消费，且年轻的消费者对精神消费的重视程度更高，而从情绪浓度、文化滋养和自我充实三个维度，消费者开始为自己创设精神悦己的世界。例如，一个产品要给消费者带来愉悦，除掉产品功能好用之外，产品有情绪激励和新体验以及颜值和文化等都是非常重要的因素。

2024 年，将会有更多精神悦己的消费涌现，为抓住这一趋势，品牌企业可以从提供情绪价值、附加文化意义和带来兴趣体验三个角度出发，满足消费者精神悦己的需求，抢占情绪消费赛道。

（三）趋势三：向外探索

在当今这个快节奏、高压力的社会中，寻找有效的解压方式成为人们关注的焦点，一次说走就走的踏青，既是向外探索自我，更是满足感受世界的需求，而在运动方式中，亲近自然、轻装上阵，放松休闲让户外以其自然疗愈、挑战自我、扩大社交、放慢节奏等特点成为消费者最偏爱的方式。

根据消费趋势研究显示，在 2023 年有 65.3% 的消费者外出次数增加，户外呈现出从小众向大众发展的趋势。消费者一边向内寻找自我，一边向外亲近自然，通过短暂的逃离，在山野间寻找纯净与舒展，感受大自然的治愈，轻户外，骑行、露营、徒步、爬山等成为消费者新的生活方式。

户外运动不仅在参与人群上呈现出从小众到大众的趋势，形式也更丰富多样，程度也在进一步细分。从户外形式上看，或刺激或平和、或上山或入海、或温暖或寒冷……消费者可以根据自己的体能和喜好选择不同的户外运动方式，徒步、骑行、踏青、登山和野营最受消费者欢迎。

从程度上看，轻量户外、专业户外、极限运动，不同程度不同乐趣，为了更好地走出去，消费者要有更专业的装备，带来了整个户外运动赛道的增长，防晒服、冲锋衣、登山鞋，包括速干运动鞋，包括自行车等都成了专业装备细分赛道（图 2-62）。

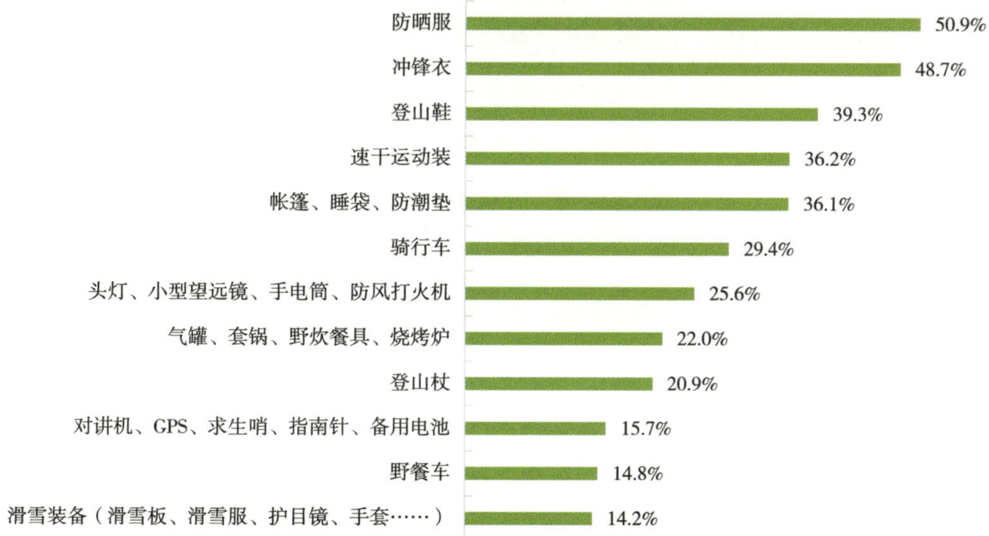

图 2-62　2023 年消费者购买的户外装备（多选）

例如，蕉下以一件防晒服打开了市场，乘着户外热的风潮，从一个主攻线上的硬防晒垂类品牌，升级为“轻量化户外”的生活方式品牌，顺应了向外探索的趋势。同样，骆驼以一件印着骆驼图案的冲锋衣，成了年轻人人手一件的户外标配，秉持“探索自然与自我”的品牌理念，骆驼激励着年轻人去追求自己的梦想和目标，去勇敢地面对困难和挑战，去发现自己的潜能和价值。

消费者之所以喜欢户外，能推动户外的发展壮大，是因为它满足了健康、精神、挑战社交、疗愈等多种需求，因此，可以说向外也是向内，向外探索的最终目的，还是指向了向内的精神需求。

（四）趋势四：烟火叙事

2023 年以来，消费市场最重要的关键词之一，旅游一定会排在其中。走出去看一看成为更多消费者在消费复苏中的追求，大部分消费者表示过去一年增加了旅行消费，并且在未来一年也计划增加旅行方面的支出。

但是，大家今天为什么要去旅游？

接近一半消费者认为旅行放松是释放压力的重要方式，“旅游的目的胜过目的地”。这句话含义很深，消费者在重新思考为什么要旅游？大山、大江、大河不再是吸引旅游的唯一理由，因为大家追求是在旅游当中的松弛感，大家要去发现在地的文化，要去发现在地的烟火，要发现并慢下来真正体验一座城市的人文氛围。消费者对“新烟火气息的体验式追逐”更加明显，更愿意为“能构成我人生特殊体验”的内容、具有文化底蕴的城市烟火，以及回归生活本真的当下质感买单。

除了热衷于文化旅游，大部分消费者也喜欢避开人流、反向旅行，去小众城市寻求安静和放松，远离城市喧嚣，感受更多未知惊喜；同时，消费者也越来越青睐有烟火气息的、沉浸式的深度体验旅游，感受城市的“新烟火主义”。

保留文化底蕴和烟火气息的新烟火主义满足了消费者多元的需求，因此，也成为城市流量新密码，无论是 2023 年热火朝天的“赴淄赶烤”，还是爆火的贵州村 BA 和村超等话题和事件，都为城市烟火叙事打开了新的视角（图 2-63）。

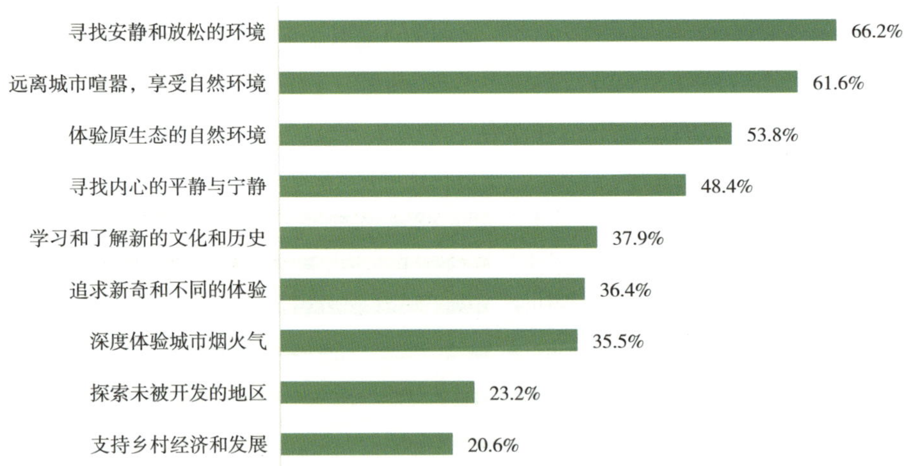

图 2-63　消费者选择小众旅游城市去旅行的原因（多选）

烟火气还渗透到了服装服饰行业。2023 年冬天，“不是羽绒服穿不起，而是军绿棉大衣和花棉袄更有性价比”的现象开始流行，校园随处可见男生成群结队穿着军绿棉大衣，女孩子们纷纷穿上了花棉袄；而为迎战寒潮天气，湖南人的御寒“神器”也成为流行，湖南“省服”——棉睡衣迅速成为时尚装扮，这些烟火气中的“小群像”，无关宏大叙事，只是百姓寻常。

在“烟火叙事”的趋势下，品牌也可以从城市文化中汲取养分、提炼出特色元素，并将其与产品进行融合，从而创造出新的产品，挖掘出新的场景，讲述新的故事，呈现出品牌质感。

（五）趋势五：品质至微

消费者对于品质生活的需求永不止境，“品质”升级的今天，人们致力于寻求更加高效、专业的产品来解决生活中细小的痛点。因此，在看似消费者的所有需求被满足的情况下，依然存在着消费者更深层次的痛点，消费者对于日常生活期待着新的质感，以及每一刻生活程序的精致化和专业化，寻找和挖掘到更加细微的消费需求，创造新的产品意义空间，聚焦更加精分和细分的赛道，始终有新的市场机会。

我们今天看到很多产品的场景。例如，大家期待现在洗衣机功能分得越来越细，洗内衣、洗袜子、洗鞋等，很多现代家庭里已不止一台洗衣机，而是要有多台洗衣机；今天使用一个生活用纸，同样会发现功能分得越来越细，从厕所用纸到厨房用纸，有更多的场景分类，甚至就是一个在家里的日化用品，也会针对家庭中的不同成员而进行分类。所以，消费者更细腻的日常生活场景中的需求，就成了新品类和新品牌开创市场的重要切入点（图 2-64）。

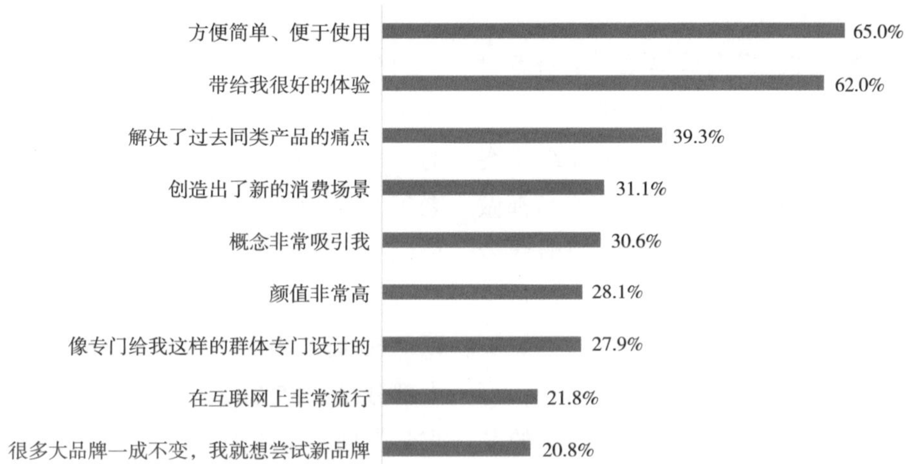

图 2-64　消费者选择购买细分需求新产品的原因（多选）

例如，成立于 2015 年的“奶糖派”，是一个专做大杯文胸的内衣品牌，为了满足不同胸型、不同身材的大胸女性的个性化需求，奶糖派于行业内提出了分胸型（圆盘胸、半球胸、木瓜胸）、分场景（工作、运动、约会、居家、睡眠、哺乳、时尚穿搭等）的设计理念，推出了 54 个尺码、49 种杯型的产品供用户选择，累计获得 53 项国家专利，找到了原本不受重视的品质至微的细分市场空白。

不论消费周期如何轮动，消费者对美好生活的向往和追求始终未变，需求更加专业化、个性化的消费市场，也在倒推品牌进行精细化、专业化创新，越精小的场景，反而可以找到新的机会。

（六）趋势六：价值重构

买到值得感、新意义和新内涵，这是消费者对于产品可感知价值的追求，也将引发产品和品牌的价值重构。越是希望引领趋势和创造高溢价的品牌，越要思考如何为消费者创造更加美好的“消费体感”。

如今，消费产品要重新定义三大市场，到底选哪个赛道？是性价比的大众平价市场？还是创造新体验、新品质心价比市场？还是满足稀缺感、专属感的奢价比市场？每个市场都要找到新的价值。

品牌价值重构重点在于软实力提升，过去讲到产品硬实力更多来自功能价值，性价比、卖点、使用价值，但是，品牌溢价永远来自软实力的提升，就是情感价值和体验价值（图 2-65）。

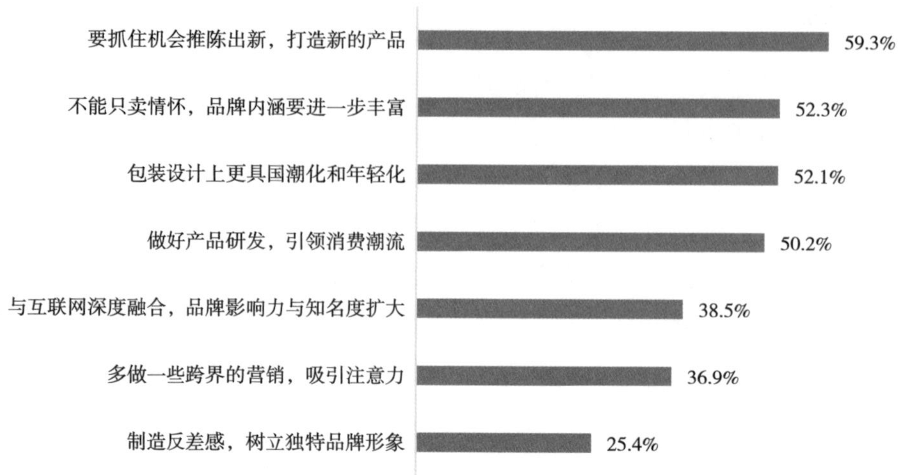

图 2-65 消费者对于国货翻红的下一步期待（多选）

近两年，老国货翻红，极大地提振了消费者对于老国牌的认知和消费，消费者对于国牌的忠诚度逐年提升，老字号品牌如蜂花、活力 28 都纷纷突围，在应对新消费市场和人群上，品牌和产品都做出了“焕新”的姿态，以此来吸引更多的消费者重构对品牌的价值认知，而不再停留在固有的传统认知层面。

其中，2023 年鸭鸭羽绒服这一国民品牌，可谓是一匹“超级黑马”，这一有着 51 年历史的品牌，在 2020 年经历了品牌股份重组后开始着力发展电商赛道，打造“国民”“性价比”形象，依靠主力价格带仍然在 399~799 元的产品、多元化明星合作战略，成为羽绒服老品牌翻新和价值重构的标杆案例，三年时间，鸭鸭品牌从全渠道 GMV 8000 万元到 2022 年全渠道 GMV 突破 100 亿元。

未来中国品牌的价值升级会朝什么方向？要思考如何去更好应用中国文化、中国美学，做精专化、走向全球，应用科技创新增强硬实力，这是价值重构的机会。

（七）趋势七：无龄体验

随着中国老年人口的增多，银发经济将带来新的机遇，但是，老年人需要适老护老的服务，更要与跨年龄的人群一起乐享银龄、保持活力，因此，适老化改造的本质是创造“无龄感”体验。

2013~2022 年，国内老年人口占比已由 2013 年的 9.7%增长为 2022 年的 14.9%，2022 年我国老年人口数达到 20978 万人。未来 10 年我国人口的平均年龄和老年人口的占比也将快速提升，中国老年人口将快速上升。按照联合国关于老龄化的划分标准，当前我国已进入到中度老龄化社会。

未来的银发市场将是“新老年人”市场，人群以“60 后”和“70 后”为主，充满活力与朝气，大部分是“85 后”“95 后”父母一辈，他们的需求是发展型享受型需求，他们要享受自我，要补偿自我，他们要老有所乐、所学、所为。所以，我们看到他们希望是要有无龄感。因此，顺应老年人的潮流做适老化的改造、针对老年人做精准化的细分和无龄感体验，或许会变得越来越重要。

调查数据显示，相比 2022 年，33.2%的老年群体消费者增加了旅游方面的消费支出，超过 20%的老年群体消费者也增加了医疗保健、生活服务等方面的消费支出。除此之外，老年人还在通过发达的自媒体手段触达更广的受众，在社交媒体平台上分享个人日常生活或穿搭审美经验（图 2-66）。

老龄化社会的到来，孕育着一个潜力无穷的消费市场，伴随着老年人的消费习惯和心态改变，使老年人不只存在身体需求，更要关注其心理需求，品牌应明确他们真正的关注点，才能有效地吸引到老年人群。

今天，我们已经生活在一个无龄化的社会，大家都要追求无龄化体验，这或许是我们去思考未来

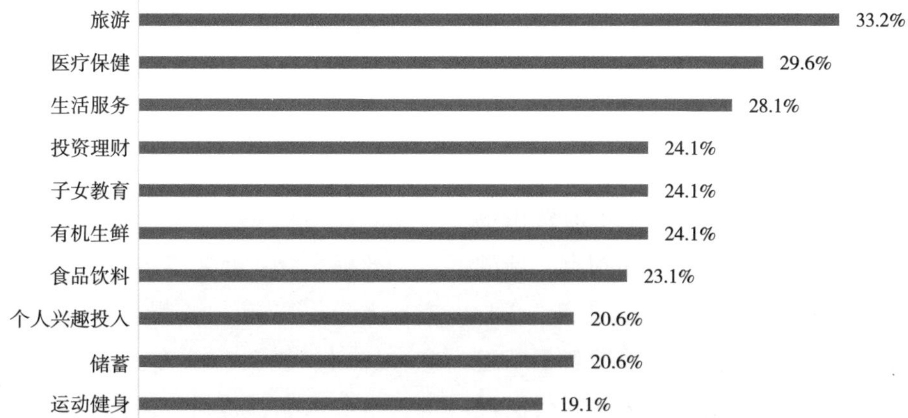

图 2-66　相比 2022 年老年人群消费支出增加的领域（多选，回答者为 60+以上人群）

老年市场的关键。

（八）趋势八：可持续品牌

实现可持续发展是当今世界各国需要面对的重要且迫切的发展任务之一，我国早已推进各项政策旨在积极应对气候变化、实现可持续发展，碳中和愿景的重要宣示是加强生态文明建设、实现美丽中国目标的重要抓手，是我国履行大国责任、构建人类命运共同体的重大历史担当。

调研显示，消费者对环保低碳相关概念的认知程度较高，绝大多数消费者对于"低碳生活""双碳目标""气候变化"等环保低碳相关的概念具有一定的了解。除此之外，消费者也越来越关注绿色低碳和可持续的产品及品牌，消费者对可持续发展理念和对社会责任的关注不断提高，越来越多的消费者更关注企业的 ESG 表现，消费者越来越看重企业在环保可持续方面作出的实际行动，践行 ESG 理念的企业会获得更多消费者的关注和好感（图 2-67）。

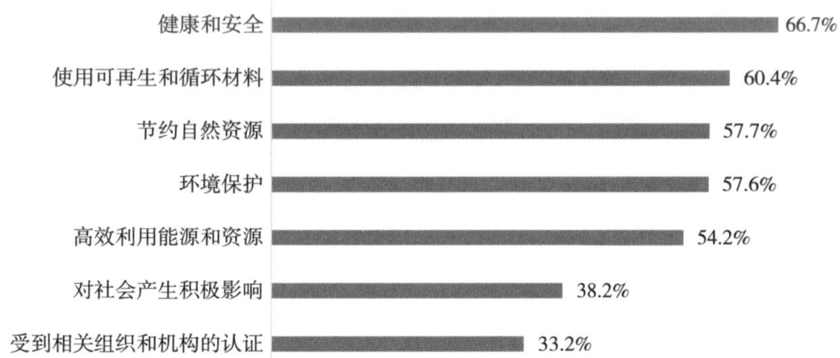

图 2-67　消费者评价产品是否"绿色"或"可持续"的主要依据（多选）

例如，作为户外运动头部品牌，也是可持续先锋实践者——始祖鸟一直是探索可持续的"排头兵"。2021 年，始祖鸟推出了 Rebird 可持续计划，这不仅是始祖鸟融合自然与时尚后新生的开始，也是始祖鸟将传统服装产业的"原料—制造—使用—废弃"的链路，通过 Reduce、Reuse、Repair、Respect 四个维度转化为具有无限可能的循环模式的先锋实践，该计划践行循环性设计理念，通过保养、维修、转售和回收等一系列举措，与户外社群共同参与可持续发展。对始祖鸟而言，Rebird 不仅是面向可持续的先锋实践，也是品牌倡导循环，尊重自然的"使命"。

随着社会对可持续发展和生态环保的关注度不断提高，ESG 在企业社会角色和价值创造过程中将占据日益重要的位置，无论是使用可持续材料还是号召可持续消费，企业不仅要在推进实施 ESG 上花费精力，还要制定绿色品牌战略，建立绿色供应链、优化产品设计和生产，让可持续真正与每个人相连结。

经历了 2023 年的消费振兴，2024 年消费市场将迎来从消耗转为自我充实的转折点和拐点，新的消费周期正在开始，在“稳进”与“向新”中，品牌正在面临着价值本真的考验。当消费者不断追求精神悦己，商业仅仅是满足物质需求的时代已经过去，品牌必须思考如何用情绪价值和精神文化内涵进行重构或者重塑，那些能够能带给消费者正向反馈、感官愉悦和心灵舒展及精神满足的产品和品牌一定会更加受欢迎。品牌对于个人的意义表达，或许比宏大的社会叙事更能走进人们的内心，满足消费者更高质量的闲暇和更丰富的内容体验的商业，蕴藏着更大的机会。

数据来源：知萌咨询机构 2023 年 12 月针对北京、上海、广州、深圳、成都、武汉、西安、南京、杭州、厦门、哈尔滨、太原、呼和浩特、淄博、乌鲁木齐、柳州、洛阳、秦皇岛、义乌、大理 20 个城市 18 ~ 65 岁消费者进行的在线调查，$N=4000$。

第三部分　产业链报告篇

2023~2024年中国棉纺织行业运行报告

中国棉纺织行业协会　刘春芳

2023年以来，全球政治经济环境复杂多变，世界经济复苏动力不足，我国经济顶住了国外风险挑战和国内多重因素交织带来的下行压力，总体持续回升向好，但同时也面临社会预期偏弱、国内消费需求仍需提振等困难和挑战。面对复杂局面，我国棉纺织行业坚决贯彻落实中共中央、国务院决策部署，坚持稳中求进工作总基调，积极把握我国经济社会全面恢复常态化运行的有利时机，努力克服需求不足、经营压力较大等风险挑战，围绕加快建设高质量发展的棉纺织现代化产业体系目标，不断提升抗风险能力和发展韧性。

一、2023年棉纺织行业运行情况

（一）生产情况

2023年1~10月，我国棉纺织行业生产总体保持稳定，但由于市场需求疲软，纱布产量同比下降（图3-1）。据国家统计局数据，2023年1~10月，规模以上棉纺织企业纱产量累计同比下降1.15%，其中，纯棉纱产量累计同比降幅小于棉混纺纱，布产量累计同比下降4.22%。分品种来看，纯棉布产量累计同比降幅小于色织布（含牛仔布）和棉混纺布。从中国棉纺织行业协会调研情况来看，棉纺织企业普遍反映今年受国际市场低迷影响，外贸订单压力明显增加，但内销支撑作用有所增强，总体上，生产形势持续恢复。

（二）运行质效

1. 主要经济指标情况

2023年1~10月，随着我国经济社会全面恢复常态化运行，国内纺织服装消费需求稳步恢复，棉纺织行业主要经济指标降幅持续收窄，但受复杂多变的国际经济形势及超预期多重不利因素影响，出口降幅大于行业平均值，见表3-1。

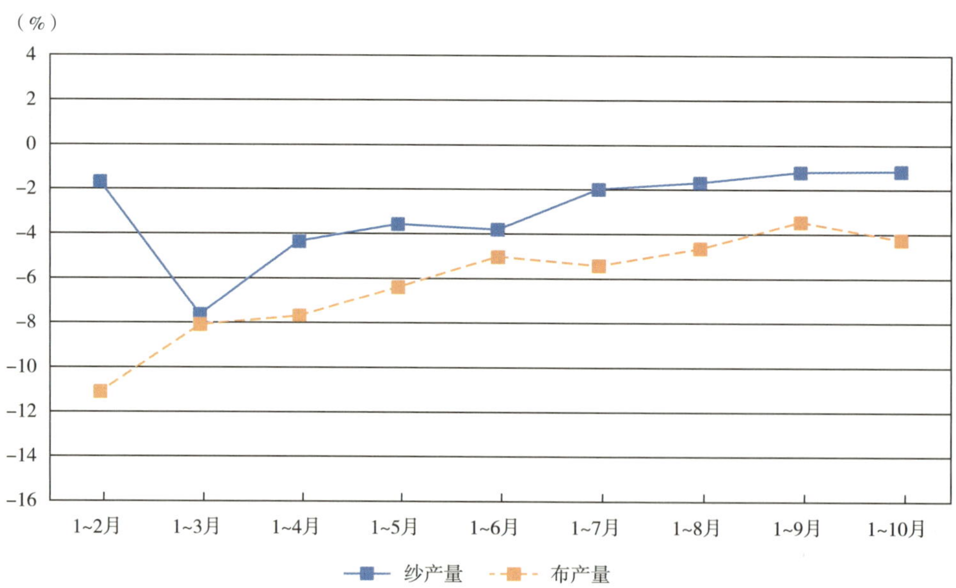

图3-1　2023年1~10月规上棉纺织企业纱布产量同比增速

（数据来源：国家统计局）

表 3-1　2023 年 1~10 月规模以上纺织行业及棉纺织主要经济指标同比情况

项目	营业收入	利润总额	亏损面	出口交货值
纺织行业	-2.5%	-5.5%	25.6%	-11.6%
棉纺纱加工业	-7.0%	-3.1%	26.9%	-21.4%
棉织造加工业	-4.5%	-4.8%	21.3%	-15.2%

（数据来源：国家统计局）

从国家统计局经济指标数据来看，2023 年 1~10 月，规模以上棉纺纱行业营业收入同比下降 7.0%，利润总额同比下降 3.1%，亏损面 26.9%，出口交货值同比下降 21.4%；棉织造企业营业收入同比下降 4.5%，利润总额同比下降 4.8%，亏损面 21.3%，出口交货值同比下降 15.2%。

2. 棉制纺织品出口情况

受海外宏观经济复苏不及预期，全球纺织供应链深度调整及“涉疆法案”问题等因素影响，我国棉制纺织品对主要发达市场出口持续下降。据中国海关总署数据，2023 年 1~10 月，我国棉纱线出口量累计 19.9 万吨，同比减少 15.0%；累计出口棉布 49.3 亿米，同比下降 10.5%。1~10 月，我国棉制针织服装出口 206.1 亿美元，同比下降 18%；棉制梭织服装出口 169.8 亿美元，同比下降 6.8%。棉制针织、梭织服装对美国出口分别下降 24.7% 和 19.2%，对欧盟分别下降 30.9% 和 20.7%，对日本分别下降 25.5% 和 23.5%。企业表示，2023 年以来，人民币汇率经历了较长时间的贬值阶段，虽能够吸引部分外贸订单，但市场价格竞争激烈，利润空间一再挤压。

（三）景气指数

2023 年 1~10 月，中国棉纺织景气指数值整体明显高于去年同期，季节性变化明显，指数最高点在 2 月，达到 53.2，显示出春节后市场转暖，棉纺织企业采购、生产节奏加快，对后市充满信心（图 3-2）。随后，景气指数围绕荣枯线窄幅震荡。从构成中国棉纺织景气指数的 7 个分项指数来看，原料采购指数、产品销售指数及企业信心指数在 8~9 月均高于 50，表明棉纺织企业对行业传统旺季抱有较高期望，企业产销回升，后随着旺季行情不及预期，景气指数回落。产品库存指数除 2 月以外，其他月份数值均低于荣枯线，棉纺织企业产品库存压力较大，从构成产品库存指数的分线指标来看，布产品库存压力大于纱线产品。

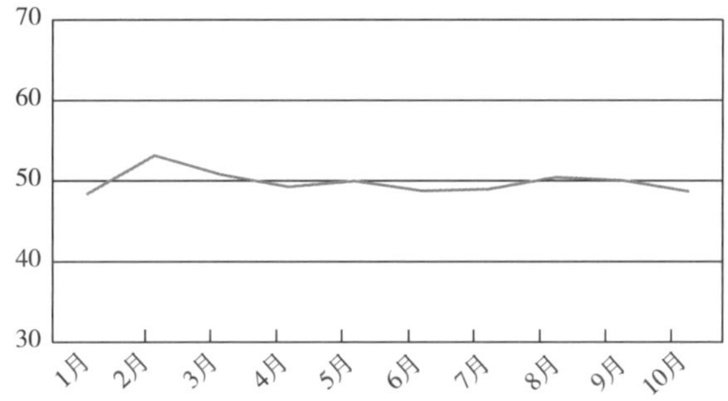

图 3-2　2023 年 1~10 月中国棉纺织景气指数走向

（数据来源：中国棉纺织行业协会）

（四）市场情况

1. 原料价格

2023 年 1~10 月，国内棉价呈震荡上行态势，国际棉价窄幅波动（图 3-3）。1~4 月，内外棉价持续倒挂，最高时超过 2600 元/吨。上半年，在疫情防控政策全面放开、国家宏观经济形势持续回暖的背景下，市场对国内需求恢复持乐观态度，叠加市场炒作信息推动棉价强劲上涨。3128B 级棉价自年初的 14565 元/吨涨至 6 月 30 日的 17240 元/吨，涨幅达 18.4%。后受涉棉相关政策发布、国内棉花商业库存偏紧、市场传出新疆局部高温影响棉花生长等信息影响，棉价持续走高，9 月初到达年内价格最高点 18575 元/吨。10 月，随着新棉上市、传统旺季需求不及预期、储备棉轮出保障原料供应等因素影响，棉价开始走弱。10 月 31 日，国内

3128B 级棉价 16410 元/吨，较 10 月初下跌 2045 元/吨。国际棉价受美联储多次大幅度加息、国际市场消费偏弱等多重因素影响，市场较为悲观，棉价波动下行，内外市场形成明显反差。

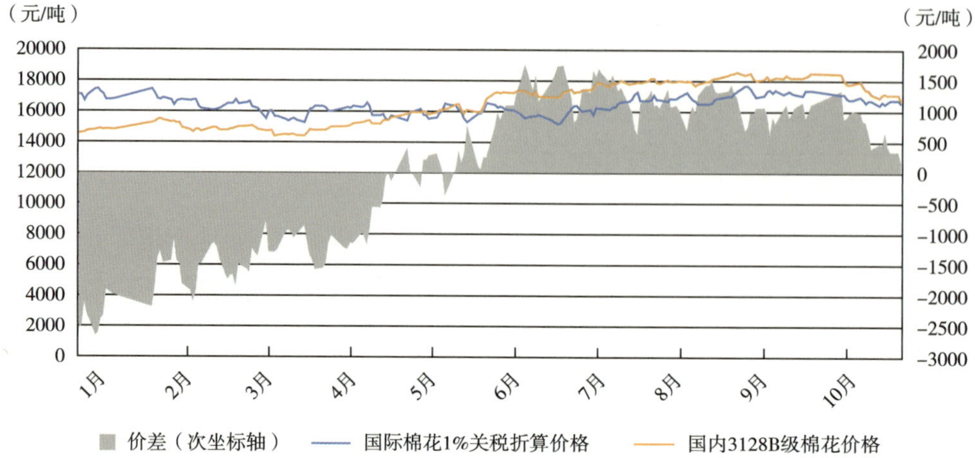

图 3-3　2023 年 1～10 月国内外棉花价格走势

（数据来源：中国棉纺织行业协会）

2023 年 1～10 月，涤纶短纤和黏胶短纤价格均呈小幅波动走势（图 3-4）。涤纶短纤价格基本跟随原油价格走势，第三季度，受沙特减产和强需求等影响，原油价格开始上涨，涤纶价格跟涨，但涨价幅度不及原油。9 月 15 日，涤纶短纤价格达到最高点 7970 元/吨，随后受原料价格下跌，叠加下游市场需求不足等因素影响，价格开始下行。黏胶短纤价格呈现一定的季节性特征，价格在 12000～14000 元/吨浮动。6 月黏胶短纤价格明显走低，主要是由于黏胶短纤溶解浆价格走弱以及步入传统淡季，全球需求疲软叠加国内开机不足，纺织企业补库量较小，出货价格有一定商谈空间。8 月到达年内价格最低点后，价格因成本支撑而上涨。与棉花相比，非棉纤维凭借供应更充足，价格相对较低、价格波动相对较小的优点获得纺企青睐。

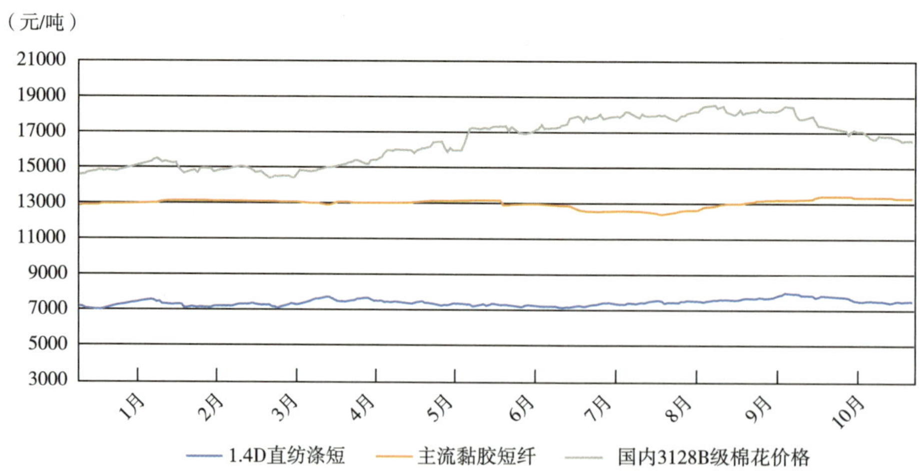

图 3-4　2023 年 1～10 月主要棉纺织原料价格走势

（数据来源：中国棉纺织行业协会）

2. 纱、布产品价格

2023 年 1～10 月，棉纱价格随棉花价格波动，棉布价格偏强运行，棉布价格涨幅高于棉纱（图 3-5）。1～2 月中旬，棉纱、棉布价格在市场较好的交投氛围下有所上涨，随后下游支撑转弱，棉纱价格持续回落，棉布价格较为稳定。5 月，棉花价格因市场炒作因素震荡上涨，成本驱动棉纱价格止跌跟涨。9 月，传统旺季成色不足，市场观望情绪浓厚，订单走弱叠加成本弱势下行，棉纱、布价格稳中偏弱延续至 10 月底。具体来看，32 支纯棉纱价格从 1 月初的 22500 元/吨涨至 10 月底 23250 元/吨，涨幅 3.3%；纯棉坯布（32 英支×32 英支，130 根/英寸×70 根/英寸，2/1 斜纹，幅宽 47 英寸）价格从年初的 4.43 元/米涨至 10 月底 4.98 元/米，涨幅 12.4%。10 月底 3128B 级棉价较年初上涨 2130 元/吨，而棉纱价格上涨 750 元/吨，说明产品价格向下游传导不畅，纺织企业经营压力较大。

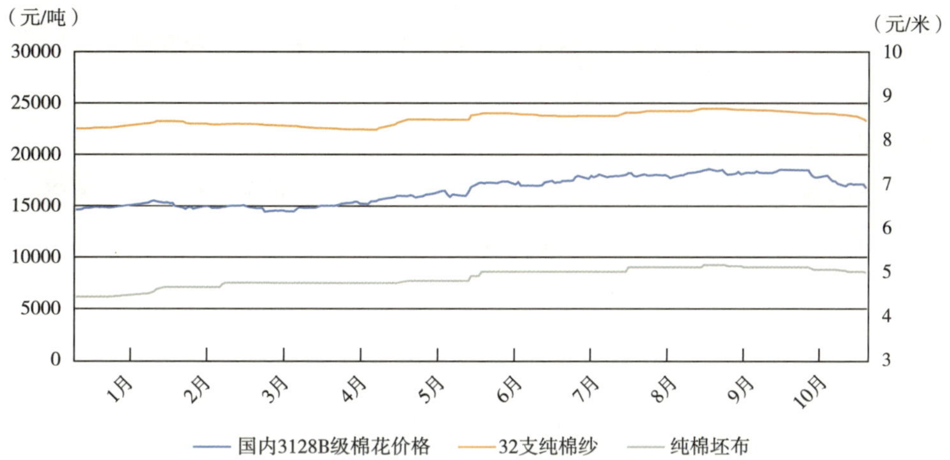

图 3-5　2023 年 1~10 月棉纺织代表产品价格走势

（数据来源：中国棉纺织行业协会）

3. 原料供应情况

（1）储备棉轮出。2023 年以来，我国棉价持续上涨，7 月末，国内 3128B 级棉价涨至 17990 元/吨，较年初上涨 3425 元/吨，纺企用棉成本大幅增加。为了进一步深化棉花产业供给侧改革，同时稳定棉价、满足纺织企业用棉需求，国家有关部门于 7 月 31 日~11 月 14 日组织销售部分中央储备棉。2023 年轮出政策与 2021 年相比有以下变化：一是本次轮出从初始就规定仅限纺企竞拍，二是储备棉投放根据市场形势安排，未明确结束时间及日挂牌量。

储备棉轮出初期，纺企积极参与竞拍，成交量居高不下。随着轮出供应保持平稳而市场需求端支撑偏弱，市场棉花供应量逐步过渡到供需宽松格局，11 月上旬市场棉价回归至 16000 元/吨左右，纺企拍储积极性下降。11 月中旬，综合考虑当前棉花市场形势，中国储备棉管理有限公司发布关于停止 2023 年中央储备棉销售的公告。本次轮出期间，累计挂牌 123.2 万吨，成交量 88.5 万吨，成交率 71.8%；其中新疆棉成交量 26.2 万吨，进口棉成交量 62.2 万吨。

（2）棉花、棉纱进口情况。2023 年，国家除发放棉花进口关税配额 89.4 万吨（进口关税税率保持 1%不变）外，还于当年 7 月向纺织企业下发 75 万吨进口滑准税棉花配额。与去年相比，今年滑准税配额政策未限定贸易方式，纺企使用方式更加灵活。两项棉花进口政策在平稳国内棉价的同时，也满足了纺织企业的用棉需求。

今年以来，国内消费需求持续恢复，纺织服装市场逐步回暖，但受海外宏观经济复苏不及预期，上半年内外棉价倒挂等因素影响，2023 年 1~10 月我国棉花累计进口量同比下降，分月来看，整体呈现先抑后扬的走势（图 3-6）。

根据中国海关总署数据，2023 年 1~10 月，我国累计进口棉花约 138.1 万吨，同比减少 12.7%。从进口国别来看，我国的棉花进口来源较为稳定，

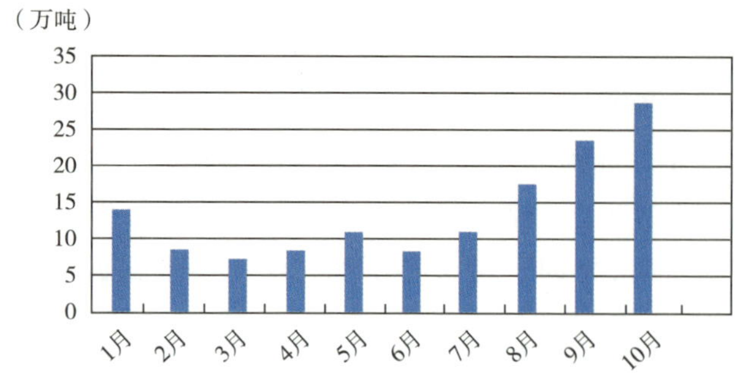

图 3-6　2023 年 1~10 月棉花进口量

（数据来源：中国海关总署）

仍以美国、巴西、澳大利亚为主。2023 年 1~10 月，美国仍为进口棉花最大来源国，进口量为 68 万吨，占比 49.2%，较去年同期进口量明显增加；随后是巴西，进口量为 28.4 万吨，占比 20.6%；澳大利亚排名第三，进口量为 19.2 万吨，占比 13.9%。由于 2022/2023 年度巴西棉上市节奏整体放缓、印度棉产量下滑且棉价偏高，澳棉品质指标和运输期等方面具有优势等多重因素影响，澳棉进口量持续增加。

整体看，2023 年 1~10 月我国棉纱进口量明显高于 2022 年同期（表 3-2）。2023 年 5 月起，国内棉价开始持续高于国际棉价，进口纱价格优势加强，且满足部分外贸订单需求，国内纺企订购纱线开始增加。7 月棉纱陆续到港，棉纱进口量大幅增长，其中印度纱进口量明显增加。从进口来源国来看，市场对越南、印度、巴基斯坦等低棉价产区的纱线产品更加青睐。从产品类别来看，普梳中低支纱仍最受贸易商及纺企青睐，进口量占比超过五成。

表 3-2　2023 年 1~10 月棉纱进口量

国家或地区	1~10 月累计（万吨）	占比（%）	同比（%）
总量	137.9	—	35.2
越南	63.9	46.3	11.1
印度	21.5	15.6	310.7
巴基斯坦	21.2	15.3	59.9
乌兹别克斯坦	10.1	7.3	21.1

（数据来源：中国海关总署）

据中国海关总署数据，2023 年 1~10 月，中国棉纱累计进口量为 137.9 万吨，同比增加 35.2%；其中，越南棉纱累计进口 63.9 万吨，占比 46.3%，同比增加 11.3%；印度棉纱累计进口 21.5 万吨，占比 15.6%，同比增加 310.7%；巴基斯坦棉纱累计进口 21.2 万吨，占比 15.3%，同比增加 59.9%；其余国别棉纱累计进口 31.35 万吨，占比 22.7%。年内棉纱进口量同比涨幅明显，主要是受 2022 年内外棉价大幅倒挂、外纱缺少价格优势影响，进口量较少所致。

二、行业面临的市场形势及 2024 年发展趋势

（一）行业面临的市场形势

1. 经济复苏节奏不及预期，消费需求低迷

当前，世界经济仍处于深度调整期，经济增速放缓，呈现低增长、高通胀特征，各国经济刺激政策空间不断收缩，内生动力不足在疫情后更加凸显，消费能力与信心受到抑制；与此同时，地缘政治冲突引发市场避险情绪加深，多重因素叠加使得我国纺织服装供应链乃至全球纺织服装供应链都面临需求低迷、订单不足的现实问题。

2. 国际贸易壁垒有所加深，出口竞争更加激烈

近年来，部分国家采取贸易保护措施，限制或减少了从中国进口的商品和服务。棉制纺织品及棉制服装历来是我国出口创汇的主要产品之一，在国际市场占有重要地位，然而所谓“涉疆法案”罔顾事实打击新疆棉及其制品，企图引导市场减少对中国纺织品的依赖，严重破坏国际贸易秩序，也使我国棉纺织行业出口承受较大压力。

3. 成本高位运行，行业经营压力不减

由于棉纺织行业“重资产”的特点，从原材料采购到生产都需要大量资金支持。2023 年，棉花价格波动上行叠加市场竞争激烈，企业采购成本及资金流转压力较大。同时，用工成本、物流成本、环保成本、研发成本不断增加，在营业收入、利润

双双下滑的背景下，企业经营倍感压力。

（二）2024年发展趋势

展望2024年，国际经济环境不稳定不确定因素依然较多，国内需求仍有较大挖掘空间，经济回升向好基础仍需巩固。海外需求端随着库存周转边际改善，预计补库有望回暖，但国际经济面临逆全球化思潮抬头、债务风险加深、地缘政治摩擦等多重不确定因素影响，贸易结构将更加复杂，我国棉纺织品出口竞争仍然激烈。国内方面，我国经济顶住了国外风险挑战和国内多重因素交织叠加带来的下行压力，消费市场持续恢复。2023年以来，我国经济社会全面恢复常态化运行，外出和线下消费意愿增强，为满足居民消费的新需求，全国各级政府部门根据当前经济形势相继出台一系列有针对性的促进消费政策效果持续显现，后续促消费政策有望继续加码，不断释放内需潜力。

在中国式现代化进程中，棉纺织行业是基础性、支撑型行业，是引领性、战略型力量，在全球纺织产业链中具有明显的规模优势和发展优势。面对复杂多变的市场形势，我国棉纺织行业已进入转型升级的关键节点，须从多个维度锻造自身的核心竞争力，与历史进步保持一致。

为推动中国纺织行业实现高端化、智能化、绿色化、融合化发展，全面建成具有完整性、先进性、安全性的纺织现代化产业体系，中国纺织工业联合会于2023年8月正式发布《建设纺织现代化产业体系行动纲要（2022—2035年）》（以下简称《行动纲要》）。《行动纲要》明确了纺织现代化产业体系是以新发展理念为引领，发挥市场配置资源的决定性作用，棉纺织产业实现高质量发展路径需以《行动纲要》为指引，从各个层面的工作推进纺织现代化体系建设迈上新台阶。

一是重视数字技术应用，将数字技术链接生产各个环节，通过工业机器人，工业物联网、智能管控系统等新技术的有机结合，从自动化、数字化制造向智能化制造迈进，实现高质量发展。

二是重视技能人才培养。随着棉纺织装备水平提升、研发驱动加强，纺织企业对技能人才也有了新的要求，即更加注重个体综合素质、专业技能及继续学习能力。企业可通过在职培训、继续教育等方式提升技能人才专业水平，也可通过企校合作培养定向人才。

三是继续加强新型纤维的融合应用。合理应用新型纤维在提升产品功能性和差异性、缓解棉花供需缺口、稳定出口方面都有积极作用，有利于规避风险，形成长效、安全的原料保障机制。

四是重视产业链协同创新，巩固和加强国际产业链供应链合作，拓展海外“朋友圈”，提高发展韧性。国际货币基金组织（IMF）2023年10月发布消息，预计2024年全球经济增速将放缓至2.9%，外贸竞争将更加激烈。推进产业链供应链全球布局，有利于加强与伙伴国家和地区间的合作共赢，也有利于我国棉纺织企业更深更广融入全球纺织产业链。

本文图表，因四舍五入，分项数据相加或与总计数据略有出入。

国家统计局、中国海关总署可能会对历史数据作调整，本文根据2023年10月相关数据与历史留存数据计算同比环比数据。

2023~2024年中国纤维流行趋势发布报告

中国化学纤维工业协会

化纤工业是我国具有国际竞争优势的产业，是纺织工业整体竞争力提升的重要支柱产业，也是战略性新兴产业的重要组成部分。为了打造“中国纤维”品牌，提升“中国纤维”在国际市场的整体形象和竞争力，2012年，由工信部牵头，中国化学纤维工业协会、东华大学、国家纺织化纤产品开发中心共同组织的“中国纤维流行趋势”活动拉开序幕。历经十年的培育和发酵，对纤维流行元素及应用进行了系统调研分析，深刻阐释中国纤维的发展内涵，逐渐形成了具有中国特色的纤维品牌建设推进体系。时至今日，中国纤维流行趋势已然成为化纤行业发展的风向标，引领着中国纤维产业在科技创新、绿色发展、匠心精神等诸多方面实现全方位提升，使产业链整体竞争能力不断增强。

中国纤维流行趋势2022/2023的主题是“和合与共生”，围绕该主题，发布了纤·绿意、纤·舒馨、纤·无限、纤·破壁四个篇章及入选入围纤维。本文重点解读中国纤维流行趋势2023/2024发布的主题篇章及发布产品（表3-3 、表3-4）。

表3-3 中国纤维流行趋势2023/2024入选产品

篇章	分类	产品名称
纤·绿意	生物基化学纤维	菌草基再生纤维素纤维
		水溶再生纤维素醚短纤维
		毛纺专用聚乳酸纤维
		吸湿速干生物基聚酰胺56纤维
	原液着色化学纤维	高品质原液着色聚酰胺6纤维
		可追溯原液着色再生纤维素纤维
		双组分并列复合有色聚丙烯纤维
	舒感纤维	微孔聚酯纤维
		细旦异形聚酰胺66纤维
		胶原蛋白改性再生纤维素纤维
纤·舒馨	抑菌纤维	消臭氨纶
		稀土抑菌光蓄热聚酯纤维
		抑菌消臭再生纤维素纤维
	温敏纤维	光谱发热阳离子聚酯纤维
		异形截面凉感聚酰胺6纤维
		微胶囊相变莱赛尔纤维
纤·无限	仿真纤维	消光异形仿兔毛聚酯纤维
		仿真丝生物基聚酰胺510纤维
		细旦羊绒感聚酯纤维
		仿毛聚酯弹性纤维
		棉感再生纤维素纤维

续表

篇章	分类	产品名称
纤・无限	易打理纤维	抗污聚酰胺 6 纤维
		常压深染抗起球聚酯纤维
		超低温定型聚烯烃弹性纤维
纤・破壁	安全防护纤维	共聚改性阻燃聚酯纤维
		化学法循环再利用阻燃聚酯纤维
		阻燃竹材再生纤维素纤维
		高强聚酰胺 66 纤维
		柔性发光纤维
	高性能碳纤维	50K 大丝束碳纤维

表 3-4　中国纤维流行趋势 2023/2024 入围产品

分类	产品名称	分类	产品名称
生物基化学纤维	可染色纺织专用海藻纤维	仿真纤维	仿毛聚酯纤维
循环再利用化学纤维	原液着色异形截面循环再利用聚酯纤维		弹性仿棉双组分复合聚酯纤维
原液着色化学纤维	原液着色吸湿排汗聚酯纤维		仿羊羔绒专用三叶型截面聚酯纤维
健康防护纤维	稀土抗紫外抑菌再生纤维素纤维		仿超绒面料专用聚酯纤维
	矿物粉体改性聚酯纤维	抑菌纤维	凉感抑菌聚酯纤维
舒感纤维	改性 PBT 复合弹性纤维		海藻酸钠改性再生纤维素纤维
	牛奶丝面料专用聚酯弹性纤维		高弹性抑菌氨纶
	乳木果添加改性再生纤维素纤维		石墨烯改性聚酯混纤
	羽毛蛋白改性再生纤维素纤维	产业用纤维	高耐候原液着色聚酯纤维
轻柔纤维	超细旦轻柔高密聚酯纤维		抗芯吸拒水聚酯工业丝
	超细旦聚酯纤维		抑菌防霉高强聚酯工业丝

一、趋势主题：和合与共生

和合共生，与时偕行。当今世界，和而不同，共享发展；文化理念，你中有我，我中有你；产经融合，相互联系、相互依存。中国化纤人致力于“大道之行，天下为公”的美好愿景，在求同存异中发展，为推动破解发展难题，提供中国方案；为实现世界各国人民对美好生活的向往，贡献中国智慧。

（一）和合

1. 世界和合：和而不同，美美与合

万物并育而不相害，大道并行而不相悖。中国作为世界第一大化纤生产国已深度融入全球纺织供应链和价值链，与全球化纤纺织产业互联互通、休戚与共。中国作为世界第一大化纤出口国和消费国，解决了全世界二分之一人口的穿衣问题。中国化纤架起一座纤韧的彩虹桥，跨越亚非欧的苍穹，勾勒出一道道山海相连的弧度，纤起一个个遥远的

国度，用丝织就经济繁荣。化纤人共同面对环境问题，合力解决产业难题，打造群体与社会和谐。纤连世界，和合共生。

2. 人体和合：亲和舒适，自然和谐

我们不断面临着消费者的考题。什么是亲和舒适关系？化纤人的回答是：一拥抱、就感觉舒适；一习惯、就难以离开。不带来身体束缚、自由自在；不带来思想负担、轻松自如。若即若离、不远不近，一切恰到好处。什么是自然和谐关系？化纤人的回答是：纤维颜色，可游走黑白之间，也可炫彩夺目；纤维形状，可圆可方、可直可卷、能屈能伸；纤维触摸，可轻轻微凉、轻盈呼吸；纤维味道，可鲜活清新、沁人心脾；纤维性能，可导湿透汗、降温、保暖；纤维功能，可抵抗病毒入侵、屏蔽紫外线、亦可阻燃消臭；纤维于人体，可亲可疏、可远可近，一切出于自然。

（二）共生

1. 自然共生：和谐发展，共生共荣

群体与社会、人与自然，和谐共生，是我们追求的永恒目标。我们从未停止对自然万物的追问，也被自然拷问，我们正面临着一场“零碳”的考试，考试出题人是地球。我们需要在每一个流程、每一道工序上演算，在每一种产品里勾选，纤维人交出了自己的答案。为了降低地球负荷、保护地球“内核”，用可再生原料缩减石油消耗，为了净化自由呼吸的空气、减少能耗、物耗和有害物质的排放，为了保护人类蓝色海洋，我们对微塑料发起挑战。为了明天走得更远，我们取材大自然，开发绿色环保，寿命终结后回归大自然的产品。为了呵护地球上的生命，以“人造仿”代替天然真，“0”分是我们追求的满分。和谐发展，共生共荣，是我们对地球的回答。

2. 科技共生：科技赋能，创新共生

科技是我们的内核，科技开辟绿色催化，点燃了“无锑”纤维的畅想。拉近“高冷”元素与百姓距离，实现消费升级、美美与共。感受“微元素”的能量，让冬天不再寒冷、夏天不再酷热。为纤维注入“金刚不坏”的灵魂，筑起同心抗疫的钢铁长城。打造形状各异、千变万化的横截面，营造仿棉、仿毛、仿真的百变效果。催生纳米科技、生物工程在化纤领域开花结果，享受科技带来的丰硕果实。实现高端封锁产品从“0 到 1”历史跨越，奏响新时代发展的交响乐。纤维的维度从平实的路面延伸到遥远的太空，从百姓的生活家到农民的农田梗，从贴身呵护到“直抵人心”。科技创新从未如此与我们贴近，日新月异，创新不止。

二、发布篇章及发布纤维

（一）发布篇章之“纤·绿意”

城市繁华渐渐淹没自然的绿意，“复得返自然”成为理想。中国纤维建立一套完善丰富、多维度的绿色低碳制造体系。农林、植物、动物等副产物的低碳开发及功能性品种拓展，引领绿色制造，收获一片绿意；原液着色技术的升级迭代，赋予纤维五彩斑斓的外衣，勾画彩色纤维的绿色属性，播种美丽梦想。

1. 发布品种：生物基化学纤维

生物基化学纤维，自原材料开始精算低碳效应。可再生原料替代不可再生石油原料，速生、耐旱、生命力顽强的菌草替代经济价值高的木材，实现低成本开发；100%源于天然植物，结合生物酶技术的纤维素醚短纤维，常温水溶性优异、遇水成凝胶态的特性适用于医疗卫材领域。国产化聚乳酸纤维更上一层楼，专业化与差异化定制为毛纺领域提供多元绿色选择；生物基聚酰胺 56 纤维，蕴含吸湿速干属性，演绎环保锦纶的别样风采。

推荐品种	品牌
菌草基再生纤维素纤维	白鹭（Bailu）
水溶再生纤维素醚短纤维	隆腾纤维（LONGRISING）
毛纺专用聚乳酸纤维	福泰来丝（FUTAILAISI）
吸湿速干生物基聚酰胺 56 纤维	伊纶（EYLON）

（1）菌草基再生纤维素纤维。

推荐理由：纤维原料为速生草，增加植物原料的多样性，资源易再生；再生纤维素纤维长丝，本质抑菌，可满足高端产品的需求。

①制备技术：采用碱法提取草本植物菌草秸秆中的纤维素成分，经过次氯酸钠或其他成分的漂白、制浆等一系列工艺制备菌草浆粕，再经湿法纺丝制备菌草纤维素纤维。

②主要规格：短长丝（图 3-7），82.5～330dtex/24～60F。

图 3-7　菌草纤维示意图

③性能及制品特点：

- 生物基材质，低碳环保。
- 可降解。
- 抑菌效果好，抑菌率大于 99%。

④应用领域：休闲服、家居服、西装等服装领域，床上寝具、窗帘等家用纺织品，医用纺织品、卫生纺织品等产业用纺织品（图 3-8）。

图 3-8　菌草基再生纤维素纤维应用领域

（2）水溶再生纤维素醚短纤维。

推荐理由：纤维素纤维品种再创新，提升了产品的附加值，拓展了产品的应用领域。纤维可水溶、可降解、安全无害。

①制备技术：以纤维素为原料，采用生物酶技术，通过纤维素 C3、C6 的羟丙基、羧甲基改性生产纤维素醚，经湿法纺丝工艺制备水溶再生纤维素醚短纤维。

②主要规格：短纤维（图 3-9），1.1～3.0dtex×20～62mm。

③性能及制品特点：

- 100%源于天然植物，绿色环保。
- 常温水溶，遇水成凝胶态，质感微滑柔顺。
- 亲水性能优异，具有瞬间吸水、高吸水特点。
- 可降解，90 天相对降解率 87.5%，安全无毒，可做医疗卫材专用。

④应用领域：围巾、高端成衣、水溶花边等服装领域，毛巾、玩具等家用纺织品，医用纺织品、卫生纺织品等产业用纺织品（图 3-9、图 3-10）。

图 3-9　后道产品图

图 3-10　水溶再生纤维素醚短纤维应用领域

（3）毛纺专用聚乳酸纤维。

推荐理由：聚乳酸纤维品种拓展与升级。毛纺型聚乳酸降低了毛纺制品的成本，赋予了毛纺成品抑菌抗螨亲肤的特点，避免了存放期间虫蛀的问题。

①制备技术：将玉米、木薯、红薯、甜高粱等农作物分解提取出淀粉，再利用酶转化成葡萄糖；或将秸秆分解提取出纤维素和半纤维素，再通过物理和化学方法转化成五碳糖、六碳糖。糖经过发酵生成乳酸，乳酸通过浓缩制得丙交酯，再经开环聚合生成聚乳酸，经熔融纺丝工艺制得聚乳酸纤维（图3-11）。

图3-11 生态循环示意图

②主要规格：短纤维，2.22dtex×88mm、3.33dtex×88mm。

③性能及制品特点：

- 生物基材料、绿色环保、可生物降解。
- 难燃、难烧、无黑烟。
- 亲肤透气，本质抑菌、抗螨、防过敏。
- 抗紫外线。

④应用领域：休闲服、家居服、婴儿服、贴身内衣、衬衣等服装领域，床上寝具、窗帘等家用纺织品（图3-12）。

图3-12 毛纺专用聚乳酸纤维应用领域

（4）吸湿速干生物基聚酰胺56纤维。

推荐理由：相比传统石油基聚酰胺材料，吸湿速干生物基聚酰胺56纤维可降低约50%的不可再生资源消耗，同时更加柔软、吸湿速干、耐温、易染并具有凉感，兼具环保和功能性，竞争优势明显。

①制备技术：可再生的植物原料经生物发酵制成赖氨酸，通过赖氨酸脱羧酶制成戊二胺，戊二胺与己二酸缩聚形成聚酰胺56盐，后经纺丝制备形成长丝和短纤产品（图3-13）。

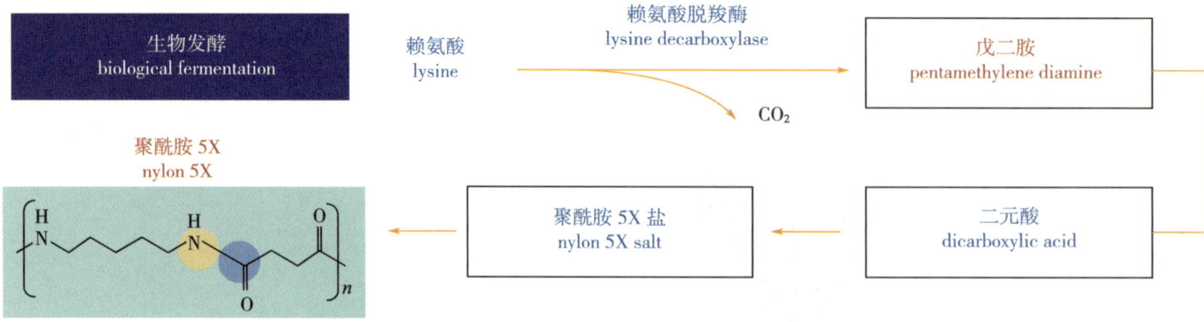

图3-13 吸湿速干生物基聚酰胺56纤维制备技术

②主要规格：短纤维，1.55dtex×38mm、2.75dtex×51mm；长丝，22～77dtex/24～68F（FDY/DTY，SD/FD）；毛条，2.22dtex×88mm。

③性能及制品特点：

- 植物来源材料绿色环保。
- 具有很好的吸湿排汗性能，接触凉感。
- 可在常压下低温染色，上染温度低、速度快、色牢度高、不易褪色。
- 本质阻燃，纤维及织物的极限氧指数（LOI）超过30%。
- 优良的弹性、弹性持久、回复率高。

④应用领域：休闲服、牛仔、贴身内衣、袜子等服装领域，地毯等家用纺织品，户外用品、织带等产业用纺织品（图3-14）。

图3-14　吸湿速干生物基聚酰胺56纤维应用领域

2. 发布品种：原液着色化学纤维

色彩，万物最本真的存在。原液着色纤维，在每一个流程、每一道工序中精算低碳公式。原位聚合工艺，将染料分子与大分子链牢牢相连，少一分色彩差异，多一分灵动耐久之美。色浆在线添加工序，与可追溯的示踪剂相结合，随纤维素纤维变幻多姿，仍可精确识别；双组分并列复合与色母粒在线添加，创造聚丙烯纤维自然活力的色彩美学。原液着色绚烂美好，最美底色皆为绿色。

推荐品种	品牌
高品质原液着色聚酰胺6纤维	申丽纶（Eco Colors）
可追溯原液着色再生纤维素纤维	唐丝（TangCell）
双组分并列复合有色聚丙烯纤维	蒙泰（MODERN）

（1）高品质原液着色聚酰胺6纤维。

推荐理由：采用原位聚合原液着色技术，纤维色泽更均匀、色牢度高，颜料分子粒径更小，分散均匀，减少织针磨损。品质升级满足高档产品的市场需求。

①制备技术：在聚酰胺聚合过程中添加颜料单体，颜料分子与聚酰胺6以共价键或氢键结合，制得有色聚酰胺6切片，再将切片经熔融、挤出、喷丝、冷却、上油和卷绕成型，制备原位聚合原液着色聚酰胺6纤维。

②主要规格：长丝（图3-15），22dtex/24F、33dtex/68F、44dtex/72F、77dtex/96F（FDY）；92dtex/24F（POY），155dtex/48F（DTY），44dtex/12F（HOY）。

图3-15　高品质原液着色聚酰胺6纤维示意图

③性能及制品特点：

- 采用原位聚合原液着色技术，纤维染色深、色泽均匀。
- 下游加工无须染整工艺、低碳环保。
- 耐摩擦、耐皂洗、耐光、耐汗复合色牢度高。

④应用领域：袜子、箱包等服饰领域，渔网、户外用品、织带等产业用领域（图3-16）。

图3-16　高品质原液着色聚酰胺6纤维应用领域

（2）可追溯原液着色再生纤维素纤维。

推荐理由：生产过程中加入色浆和追踪剂，实现了再生纤维素纤维原液着色的同时，保证纤维到终端制品整体产业链的透明和可追溯。

①制备技术：筛选适用于纺前注入工艺的追踪剂，将其制备成追踪剂浆料；将追踪剂和色浆共混后加入纺丝液中，经湿法纺丝工艺制成可追溯原液着色再生纤维素纤维。

②主要规格：短纤维（图3-17），1.33dtex×38mm。

图3-17　可追溯原液着色再生纤维素纤维示意图

③性能及制品特点：

• 采用分子追踪技术，即使通过纺织品加工后，仍可在终端应用中识别原料来源。

• 采用原液着色技术，省去传统的染色步骤，节能降耗，绿色环保。

• 色牢度好，颜色丰富，可实现24种颜色制备。

• 织物手感柔软，悬垂性好，穿着舒适亲肤。

④应用领域：休闲服、运动服、西装、牛仔等服装领域，地毯、沙发布等家纺用品，织带等产业用纺织品（图3-18）。

图3-18　可追溯原液着色再生纤维素纤维应用领域

（3）双组分并列复合有色聚丙烯纤维。

推荐理由：双组分复合纺丝及原液着色技术赋予聚丙烯纤维优异的卷曲性、回弹性及色彩丰富性，拓宽了聚丙烯纤维的用途。

①制备技术：不同融指聚丙烯经干燥后按比例添加色母粒进入各自螺杆，经加热熔融挤出进入复合纺丝箱体，由喷丝板喷出侧吹风冷却后，集束上油，通过甬道经预网络、拉伸、定型后进行收卷。

②主要规格：长丝（图3-19），55~110dtex/24~48F（DTY）。

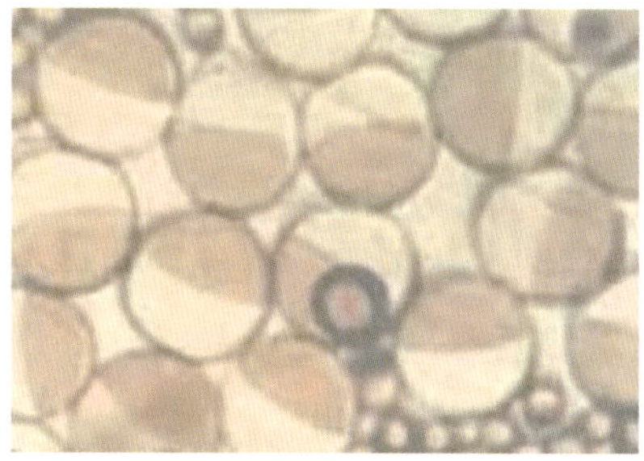

图3-19　双组分并列复合有色聚丙烯纤维示意图

③性能及制品特点：

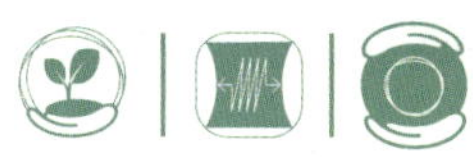

• 采用原液着色技术，省去传统的染色步骤，节能降耗，绿色环保。

• 具有永久性螺旋状的立体卷曲，弹性和抗皱回弹性好，持久弹性。

• 织物轻量化，手感柔软丰满，穿着舒适。

④应用领域：运动服等服装领域（图3-20）。

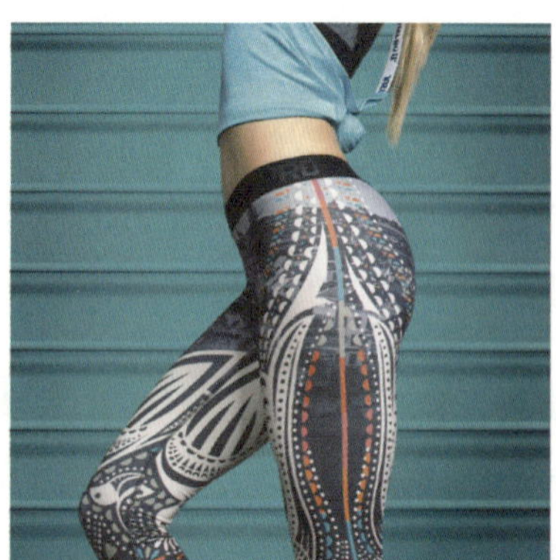

图3-20　双组分并列复合有色聚丙烯纤维应用领域

3. 发布品种：舒感纤维

舒感纤维，纵享柔美生活。创新开发水溶性聚酯成孔技术，织物优异的滴水扩散性与透气透湿速干性，开启自由跃动的无限可能；细旦搭档十字截面，亲肤柔滑，轻若无物，为消费者带来极致的舒适体验；将牛皮边角料变废为宝，18 种有益氨基酸贴身呵护皮肤健康，绽放美丽芳华。

推荐品种	品牌
微孔聚酯纤维	凯泰特纤（CTA）
细旦异形聚酰胺 66 纤维	嘉华尼龙（PRUTAC）
胶原蛋白改性再生纤维素纤维	安文思（ANWENS）

（1）微孔聚酯纤维。

推荐理由：该复合纤维的 PET 组分来源于废旧聚酯瓶片，PTT 组分源于生物基原料，具有绿色具有均匀度高的多微孔结构，增加了蒸发面积，提高了织物的透气性和吸湿速干性，带来舒适的穿着体验。

①主要规格：长丝（图 3-21），83dtex/48F、55dtex/48F（DTY）。

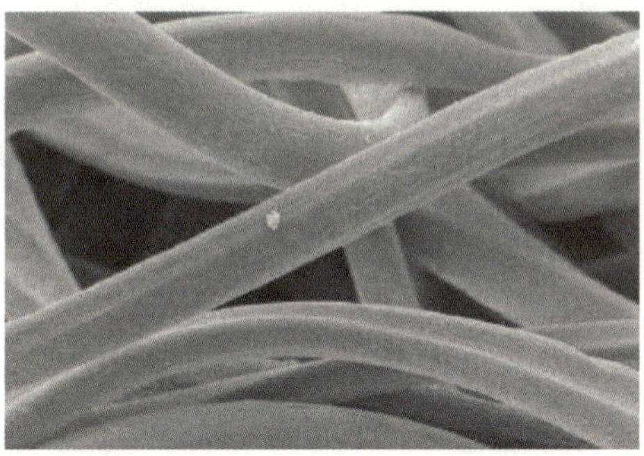

图 3-21 微孔聚酯纤维示意图

②性能及制品特点：

• 具有微孔结构，比表面积为常规涤纶的 7 倍，面料的洗后吸水率为 211%，吸湿速干性优良。

• 具有天然纤维自然的触感，优良的抗起球性能、保暖性。

③应用领域：休闲服、运动服等服装用纺织品。

（2）细旦异形聚酰胺 66 纤维。

推荐理由：解决了聚酰胺 66 长丝细旦化和异形化，实现吸湿排汗及凉感功能，品质稳定。

①制备技术：精准调控优化生产工艺，自主设计和优化喷丝板构造，通过专用的“+”型喷丝板，经熔融纺丝工艺制备具有吸湿排汗及凉感功能的细旦异形聚酰胺 66 纤维。

②主要规格：44.4dtex/51F（DTY），细旦轻质；44.4dtex/34F（DTY），十字截面（图 3-22）。

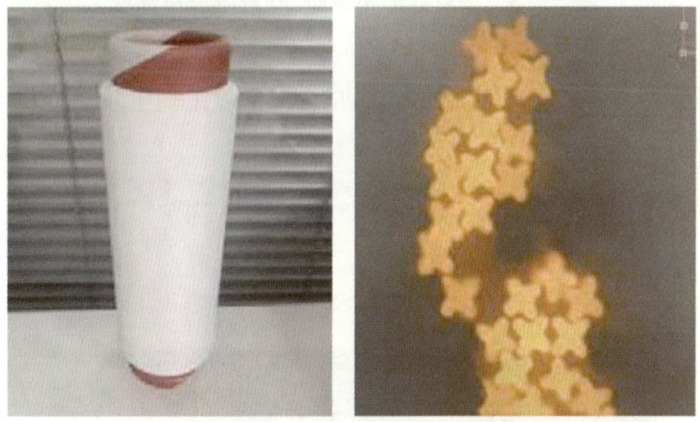

图 3-22 细旦异形聚酰胺 66 纤维示意图

③性能及制品特点：

• 单丝纤度低、异形截面、品质稳定。

• 44.4dtex/51F，旦数小于 1，织物轻薄、超柔亲肤，丝滑触感。

• 44.4dtex/34F，十字截面，吸湿排汗、凉感、亲肤。

④应用领域：休闲服、运动服、贴身内衣等服装用纺织品（图 3-23）。

（3）胶原蛋白改性再生纤维素纤维。

推荐理由：采用牛皮边角料作为原料，废弃资源回收再利用，并且保留了胶原蛋白的特性，具有亲肤、抑菌防螨、防污防油等多种功能，实现高值化开发。

①制备技术：蓝牛皮原料使用 NMMO 溶剂溶解，经过滤、脱泡等工序获取纺丝原液，再通过卧

图 3-23　细旦异形聚酰胺 66 纤维应用领域

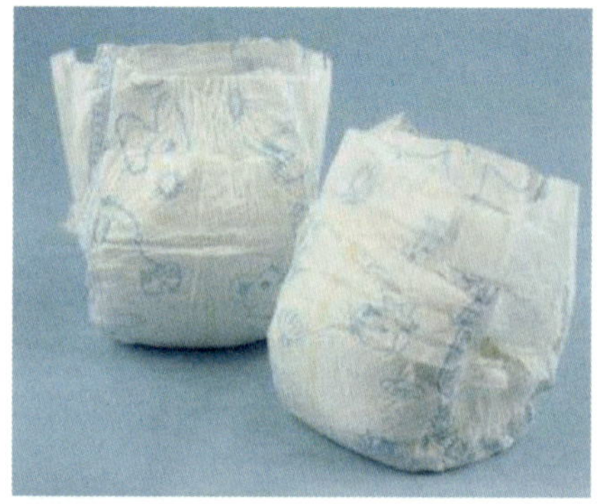

图 3-25　胶原蛋白改性再生纤维素纤维应用领域

式湿法纺丝工艺制备胶原蛋白改性再生纤维素纤维。

②主要规格：短纤维（图 3-24），1.55dtex×38mm。

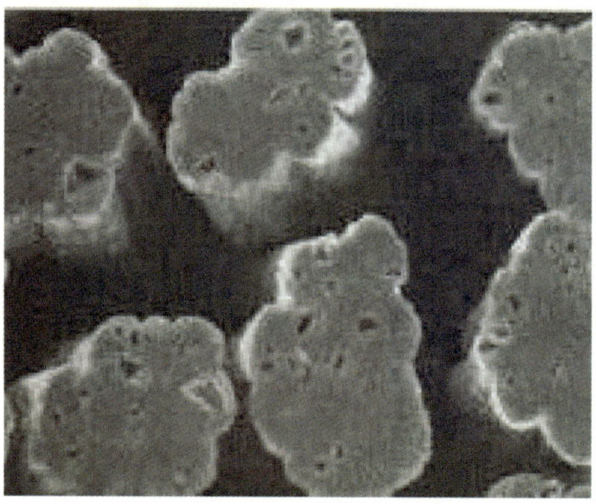

图 3-24　胶原蛋白改性再生纤维素纤维示意图

③性能及制品特点：

- 抑菌防螨防霉。
- 含有多种氨基酸、总含量达 80.8%。
- 织物质轻、手感柔软、蚕丝一样的柔和光泽。
- 结晶度高、尺寸稳定性好易加工。

④应用领域：家居服、贴身内衣等服用纺织品，窗帘、沙发布等家用纺织品，医用纺织品、卫生用品等产业用纺织品（图 3-25）。

（二）发布篇章之“纤·舒馨”

挑战刻板印象，追求舒适自我。中国纤维一直走在迭代升级的路上，“创新”成就舒馨。中国纤维可以轻盈保暖，驱散冬天的寒冷，带来最贴心的温暖；可抵挡酷暑，为夏天带来丝丝清凉；可吸湿排汗、柔软亲肤、弹力无限，让身体随心所欲，轻松舒畅；可抑菌、防螨、消臭，让呵护伴随身边，无处不在。

1. 发布品种：抑菌纤维

抑菌纤维，以柔韧之姿守护家人健康。功能元素创造纤维之魂，创新技术雕琢纤维之劲。原位聚合工艺，低比例高效添加，消臭效果更加持久、出色；非溶出稀土原料，在抑菌和远红外的双重加持下，身体分子活力被强力激发，尽展科学保健之道；抑菌剂与纤维素分子浑然一体，从源头反应消臭，由身及心，维护消费者的健康。

推荐品种	品牌
消臭氨纶	奥神（AOSHEN）
稀土抑菌光蓄热聚酯纤维	锎光丝（catchwarm）
抑菌消臭再生纤维素纤维	植物原（Naturefi）

（1）消臭氨纶。

推荐理由：在保持氨纶优异性能的同时实现低添加消臭功能，性能持久耐用，对人体安全无刺激。

①制备技术：设计合成聚氨酯用消臭功能体，并引入聚氨酯溶液中，通过干法纺制备得到消臭氨纶，赋予氨纶减少臭味的功能（图 3-26）。

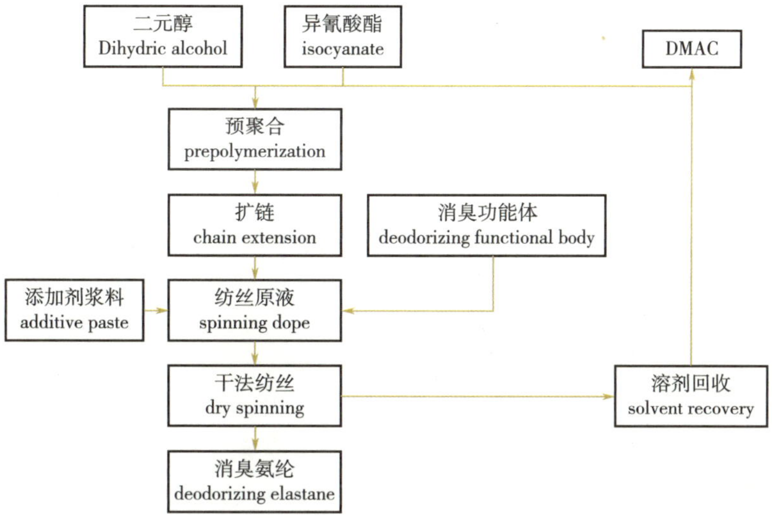

图 3-26　消臭氨纶制备技术

②主要规格：长丝（图 3-27），20~140D。

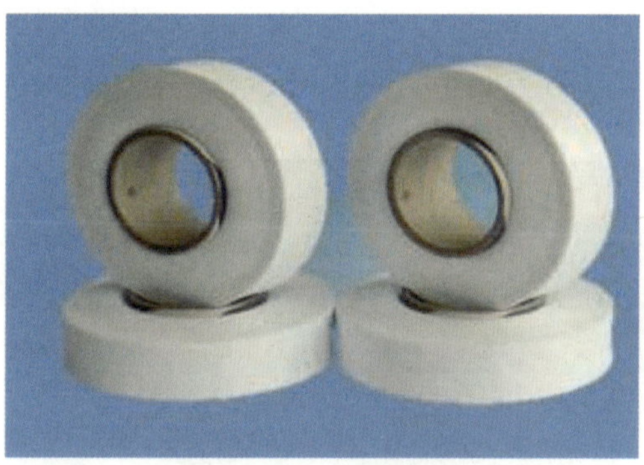

图 3-27　消臭氨纶示意图

③性能及制品特点：

• 持久的消臭功能，有效应对汗味、体味、排泄物味等异味的主要成分氨气、醋酸等。

• 优异的耐水洗性能，水洗 50 次后消臭保持率达到 90%以上，对人体无刺激。

④应用领域：运动服、家居服、贴身内衣等服装用纺织品，医用纺织品等家用纺织品（图 3-28）。

图 3-28　消臭氨纶应用领域

（2）稀土抑菌光蓄热聚酯纤维。

推荐理由：稀土基元素的添加改性，赋予纤维非溶出型高效抑菌及光蓄热保暖功能。

①制备技术：先将稀土功能粉体、分散剂、分散介质等按比例混合均匀，再与聚合物粉体进行共混，制备稀土功能聚合物粉体专用料。然后，通过复配不同比例的母粒助剂，制备稀土复合功能母粒。最后，通过熔融纺丝技术制备稀土光蓄热抑菌聚酯纤维（图 3-29）。

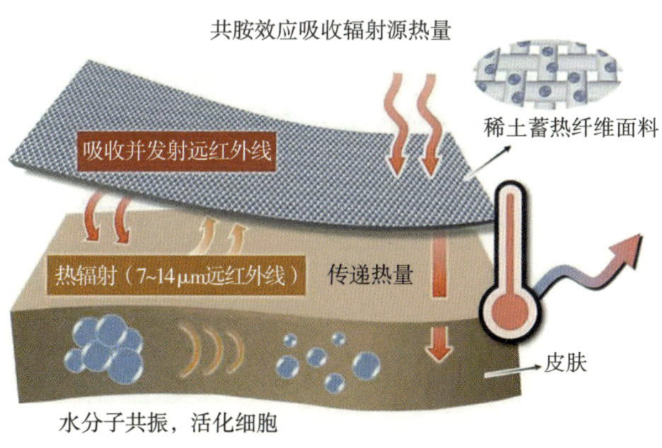

图 3-29　稀土抑菌光蓄热聚酯纤维制备技术

②主要规格：长丝，82.5dtex/48～72F（DTY）。

③性能及制品特点：

• 稀土原料添加改性具有零溶出、抑菌叠加保暖功能。

• 高效持久抑菌，对金黄色葡萄球菌、大肠杆菌以及白色念珠菌的抑菌率大于97%，对人体安全友好。

• 光蓄热较好，远红外发射0.93、远红外辐射温升为2.4℃。

④应用领域：休闲服、运动服、家居服等服装用纺织品，床上寝具、窗帘等家用纺织品，户外用品等产业用纺织品（图3-30）。

图3-30　稀土抑菌光蓄热聚酯纤维应用领域

（3）抑菌消臭再生纤维素纤维。

推荐理由：采用天然植物及矿物元素，降低或切断异味气体产生的途径，并快速清除氨气、醋酸等异味，达到抑菌除臭双重功能。

①制备技术：将天然植物类、天然矿石类提取物与再生纤维素纤维纺丝液共混，通过湿法纺丝工艺制备抑菌消臭再生纤维素纤维。

②主要规格：短纤维（图3-31），1.56dtex×38mm、5.56dtex×51mm。

③性能及制品特点：

• 具有优良的抑菌功能，能够防止异味气体再次产生，对三种常见菌种的抑菌率可达到90%以上（AAA级）。

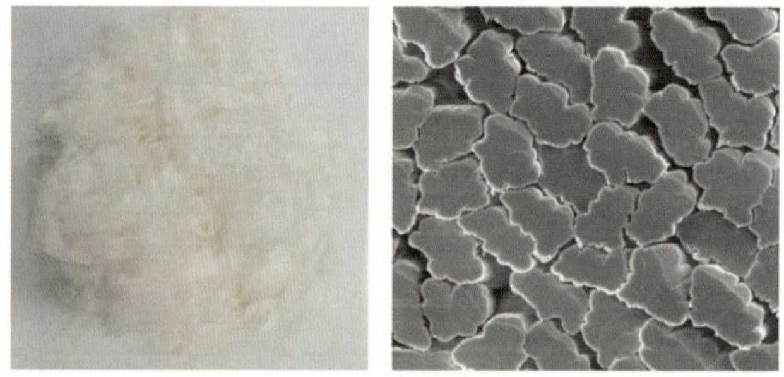

图3-31　抑菌消臭再生纤维素纤维示意图

• 高效抑菌除臭，对氨气、醋酸的清除效果好。

• 织物亲肤舒适，手感柔软。

④应用领域：运动服、家居服、婴儿服等服装用纺织品，填充物等家用纺织品，医用纺织品等产业用纺织品（图3-32）。

图3-32　抑菌消臭再生纤维素纤维应用领域

2. 发布品种：温敏纤维

科技传递温暖，季节、温度变化给身体机能带来影响，保暖纤维帮助消费者应对季节变迁、寒暑交替。采用高效远红外母粒、4C中空异形设计，纤维吸收阳光与人体辐射并保存热量，平衡人体与外界的温差，在寒冷的冬天，让消费者感受温暖如春的舒适体验，减少空调依赖，践行减碳责任。

推荐品种	品牌
光谱发热阳离子聚酯纤维	桐昆（TONGKUN）
异形截面凉感聚酰胺6纤维	华鼎锦纶（Huading）
微胶囊相变莱赛尔纤维	里奥（LYO）

（1）光谱发热阳离子聚酯纤维。

推荐理由：主动吸收太阳辐射中的可见光、红外线以及人体的散发热，起到蓄热保暖效果。叠加阳离子可染特性，纤维具有较强的应用潜能和市场竞争力。

①制备技术：以阳离子聚酯切片为原料，添加光谱发热功能母粒，通过熔融纺丝和加弹工艺，制备出光谱发热阳离子聚酯纤维。

②主要规格：长丝（图 3-33），83~242dtex/36~144F（DTY）。

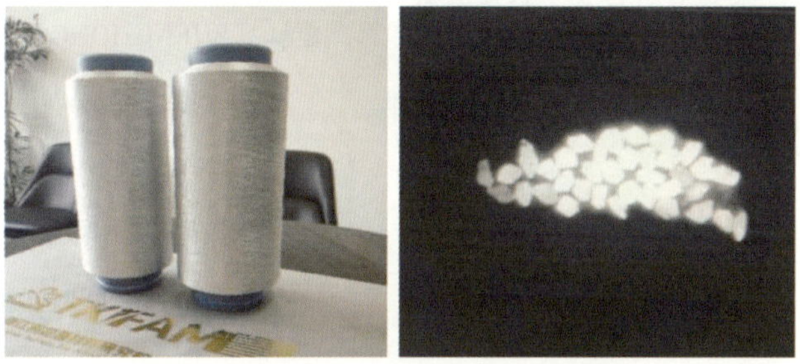

图 3-33　光谱发热阳离子聚酯纤维示意图

③性能及制品特点：

- 全光谱吸热、光温响应。
- 蓄热保暖。
- 低温易染、色彩艳丽。

④应用领域：运动服、围巾、羽绒服等服装用纺织品（图 3-34）。

图 3-34　光谱发热阳离子聚酯纤维应用领域

（2）异形截面凉感聚酰胺 6 纤维。

推荐理由：通过异形截面设计，使纤维表面形成扁形沟槽，产生毛细芯吸效应，提升汗液导出速度。结合高导热母粒，加速热量扩散，持久保持凉感与舒适。

①制备技术：以相对黏度稳定的切片为原料，超凉感母粒作为添加物进行高温熔融共混，通过独特的异形截面设计，配合先进的纺丝工艺生产出异形凉感聚酰胺 6 纤维。

②主要规格：长丝（图 3-35），44~78dtex/12~68F（FDY）。

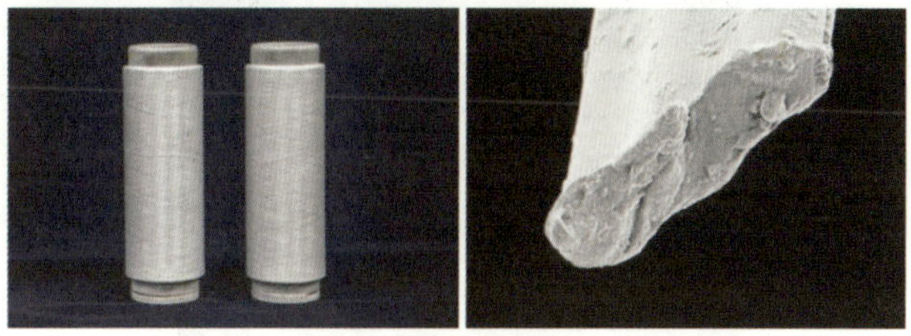

图 3-35　异形截面凉感聚酰胺 6 纤维示意图

③性能及制品特点：

- 具有高导热性、接触瞬间凉感。
- 独特的纤维横截面、吸湿排汗、功能持久。
- 织物轻薄柔软，亲肤透气、穿着舒适。

④应用领域：运动服、贴身内衣、衬衣、瑜伽服等服装用纺织品（图 3-36）。

图 3-36　异形截面凉感聚酰胺 6 纤维应用领域

（3）微胶囊相变莱赛尔纤维。

推荐理由：微胶囊相变材料与莱赛尔纤维制造

技术相结合，产品热焓值高、双向温度调节，可无限次可逆循环，提升莱赛尔纤维差异化水平，满足高端品牌需求。

①制备技术：浆粕溶解于 NMMO 过程中加入一定比例的微胶囊，经湿法纺丝制得微胶囊相变莱赛尔纤维。

②主要规格：短纤维（图 3-37），6.7dtex×60mm。

图 3-37　微胶囊相变莱赛尔纤维示意图

③性能及制品特点：

- 生物质，生产过程绿色环保、废弃后可回归自然。
- 干、湿强度高、吸湿透气、亲和舒适。
- 可染性好、染色后色泽鲜艳、色牢度优良。
- 自动吸热和放热、无限次可逆循环，具有良好的温度缓冲，使人体处于舒适的状态。

④应用领域：运动服、人体护理服等服装用纺织品，床上寝具、填充物等服家用纺织品。

（三）发布篇章之“纤·无限”

铸造辉煌，挑战无限。精益求精的匠心理念、精湛的纤维技术是化纤人的不懈追求。挑战仿真极限，再细一点、再柔一点、再轻一点、再“真”一点，一点一点，“不设限”方能无极限。挑战节能极限，温度低一点、流程短一点、能耗低一点、寿命久一点、维护少一点，一点一点，即是极限。

1. 发布品种：仿真纤维

小改进，大“变身”，从结构设计到截面设计，让纤维多角度无限接近兔毛、真丝，在性能上超越天然纤维，以仿超真。细旦轻柔与羊绒感兼具，双组分弹性复合混纤打造弹性和仿毛触感融合，从微末细节释放自然美感；梅花瓣状截面、光泽柔和饱满的棉感纤维，从丰盈触感延续温柔暖意。

推荐品种	品牌
消光异形仿兔毛聚酯纤维	桐昆（TONGKUN）/盛虹（SHENGHONG）
仿真丝生物基聚酰胺 510 纤维	泰纶（TERRYL）
细旦羊毛感聚酯纤维	羊绒迭代®涤纶（ESMERE）
仿毛聚酯弹性纤维	永盛高纤（SKY）
棉感再生纤维素纤维	雅赛棉（gracell cotton）

（1）消光异形仿兔毛聚酯纤维。

推荐理由：该纤维具有超仿真效果，手感细腻、丰满、直立性好、保暖效果优异。纤维可以直接上机织造，降低下游使用成本。

①制备技术：采用原位聚合法，在聚合低聚物管道上，利用注射设备在线添加二氧化钛/EG 悬浮液实现全消光聚酯熔体的制备，再通过熔体直纺法制得消光异形仿兔毛聚酯纤维。

②主要规格：长丝（图 3-38），55dtex/12F、83dtex/36F、111dtex/48F（桐昆），82.5～286dtex/36～60F（盛虹）。

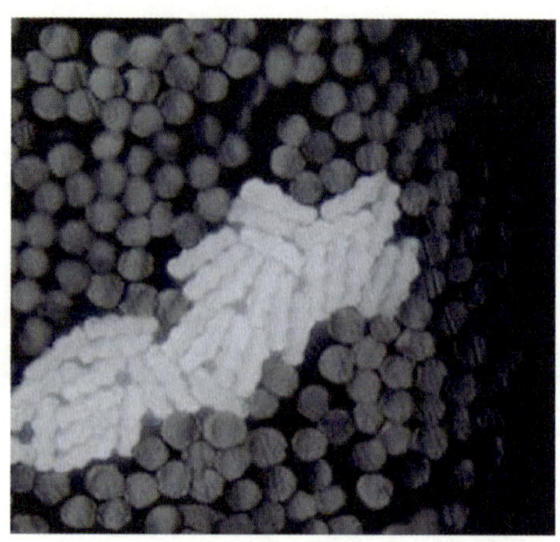

图 3-38　消光异形仿兔毛聚酯纤维示意图

③性能及制品特点：

- 超仿真、仿兔毛效果好、毛感挺立；消光效果好，光泽度比普通消光产品更柔和。
- 蓬松性好、手感柔软。
- 深染性好，具有耐光性、抗紫外、防霉性性能。

④应用领域：毛衣、围巾、外套等服装用纺织品（图 3-39），地毯等服装用纺织品。

图 3-39　消光异形仿兔毛聚酯纤维应用领域

（2）仿真丝生物基聚酰胺 510 纤维。

推荐理由：生物基聚酰胺纤维新品种，可规模化生产，拥有完整的知识产权和制造技术。仿真丝品种，拓展了生物基聚酰胺纤维的应用领域，在性能和风格上优于真丝。

①制备技术：仿照天然蚕丝分子结构、利用合成生物学开发生物基新型单体，再经成盐—聚合—切粒—干燥—熔融纺丝，构造仿真丝生物基聚酰胺纤维（图 3-40）。

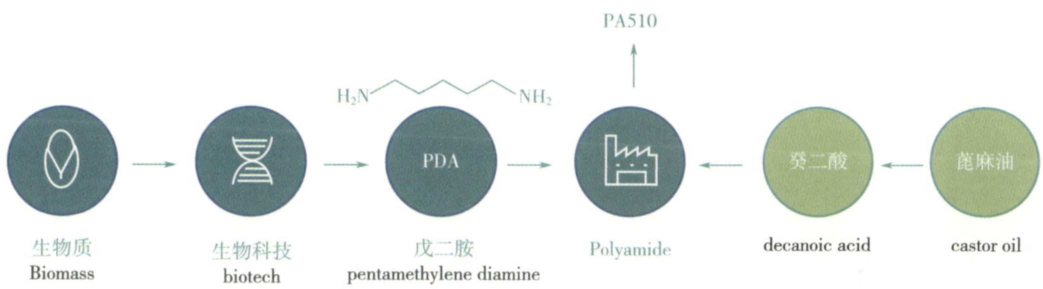

图 3-40　仿真丝生物基聚酰胺 510 纤维制备技术

②主要规格：短纤维，1.65dtex×38mm；长丝，22dtex/24F、44dtex/36F、70dtex/68F（FDY 和 DTY）。

③性能及制品特点：

- 生物质原料，100%生物基（戊二胺、癸二酸）。
- 仿真丝，手感柔软亲肤。
- 密度小，更轻盈。
- 强度高，耐磨优异。
- 抗皱、易打理。
- 染色后色泽鲜艳、色牢度优良。

④应用领域：休闲服、运动服、贴身内衣等服装用纺织品（图 3-41），床上寝具等家用纺织品。

图 3-41　仿真丝生物基聚酰胺 510 纤维应用领域

（3）细旦羊绒感聚酯纤维。

推荐理由：聚酯纤维品种再创新，兼具羊绒手感与聚酯纤维的优势，作为羊绒的迭代品，解决羊绒难打理、尺寸稳定差等问题。

①制备技术：以聚酯为主要材料，加入适量间苯二甲酸、醚进行共聚得到聚醚酯，形成亲水柔软的聚酯基材，经熔融纺丝和特殊柔软工艺制得富有弹性和羊绒手感的纤维。

②主要规格：短纤维，0.99dtex×38mm。

③性能及制品特点：

- 羊绒般触感、细腻滑糯。
- 强度是羊毛的 4 倍、强度高，不易皱、不变形、易打理。
- 亲肤舒适、吸湿透气。

④应用领域：运动服、贴身内衣、鞋材等服装用纺织品（图 3-42）。

图 3-42　细旦羊绒感聚酯纤维应用领域

（4）仿毛聚酯弹性纤维。

推荐理由：采用异黏双组分并列纺丝+混纤加弹工艺，制备具有多元复合聚酯弹性纤维。该纤维弹性卷曲优异，抗皱性能突出，织物蓬松毛感，实现进口替代。

①制备技术：采用高低黏度的两种聚酯切片经复合纺丝制备双组分弹性聚酯复合纤维，然后以双组分弹性复合纤维长丝为芯层、聚酯仿毛纤维长丝作为外层，经复合混纤、热收缩加工整理，制备仿毛聚酯弹性纤维。

②主要规格：长丝（图 3-43），110dtex/96F、132dtex/84F、154dtex/48F。

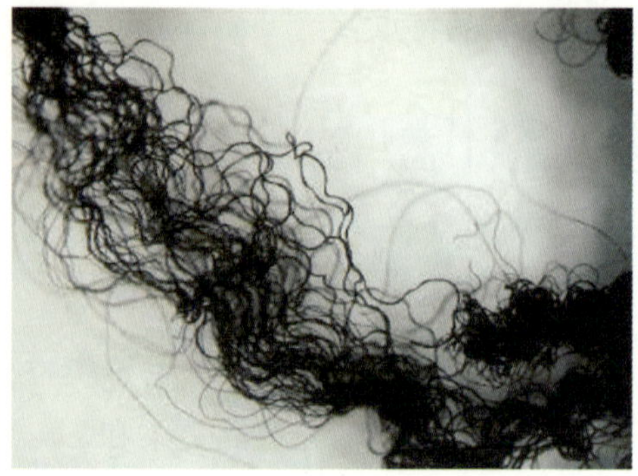

图 3-43　仿毛聚酯弹性纤维示意图

③性能及制品特点：

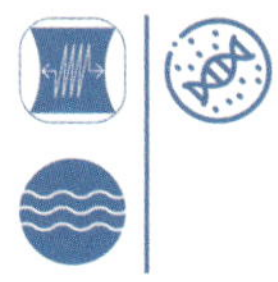

- 多元复合弹性，优异的弹性卷，抗皱回复性好。
- 机械仿真，仿毛的手感。

④应用领域：休闲服、家居服、西装、毛衣、高端成衣等服装用纺织品（图 3-44），窗帘等家用纺织品。

图 3-44　仿毛聚酯弹性纤维应用领域

（5）棉感再生纤维素纤维。

推荐理由：纤维原料来源于树木天然环保，纤维具有棉的手感以及抗紫外线功能。其面料亲肤舒适、保形性好、光泽柔和饱满，在服装领域运用广泛。

①制备技术：采取低锌、高盐、高纺速、多段牵伸成型技术，实现产品高湿模量，通过纺前共混湿法纺丝技术制备具有防紫外功能性能的棉感再生纤维素纤维。

②主要规格：短纤维，1.22dtex×38mm。

③性能及制品特点：

- 100%木浆，可自然降解。
- 纤维截面呈梅花瓣状结构，增加了纤维比表面积，面料吸湿透气性好。
- 上染率高，色泽如棉般柔和饱满。
- 棉感柔软、舒适透气。
- 永久防紫外、抗起毛球、保形强韧。

④应用领域：休闲服、家居服、衬衣等服装用纺织品（图3-45），窗帘等家用纺织品。

图3-45　棉感再生纤维素纤维应用领域

2. 发布品种：易打理纤维

抗污聚酰胺6纤维挑战耐污极限，9级抗污，如神来之笔，轻松搞定服装、家居的打理养护问题，干净整洁不失质感；常压深染抗起球聚酯纤维具有染色温度低、起球少、热稳定强，加工更低碳、色彩更绚烂等优势特点，如积蓄在春日里的力量，焕发着无限活力，纵横风雨，历久弥新。超低温定型聚烯烃弹性纤维，95～100℃即可定型，如净水无波，不为境转，传承产品优势，助力节能减排，为凉爽夏日增添科技力量。

推荐品种	品牌
抗污聚酰胺6纤维	恒逸（HENGYI）
常压深染抗起球聚酯纤维	博尔（Porel）
超低温定型聚烯烃弹性纤维	梦丝（MENS）

（1）抗污聚酰胺6纤维。

推荐理由：打破高端抗污聚酰胺产品被国外垄断的局面，纤维具有强度高、弹性好、耐磨性好、抗污持久等优点，在窗帘、地毯、汽车内饰等清洁频次低的应用场景中，优势显著。

①制备技术：在己内酰胺中添加抗污功能改性单体经熔融共聚制备抗污聚酰胺6切片，再经熔融纺丝制得抗污聚酰胺6纤维；将牵伸后的纱线再通过变形器进行膨化变形。冷却后进行网络集束，收卷后制得抗污聚酰胺6 BCF纤维。

②主要规格：长丝（图3－46），44dtex/24F（FDY）、750dtex/36F（BCF）、928dtex/42F（BCF）。

图3-46　抗污聚酰胺6纤维示意图

③性能及制品特点：

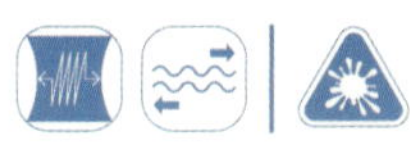

- 强度高、弹性好、耐磨性好。
- 相关纤维及织物制品抗污持久，不易沾染生活污渍，抗污等级达到9级（常规聚酰胺6抗污等级为2级）。

④应用领域：休闲服、运动服、羽绒服等服装用纺织品，地毯、窗帘等家用纺织品（图3-47），航空航天、汽车内饰及配件等产业用纺织品。

图3-47　抗污聚酰胺6纤维应用领域

（2）常压深染抗起球聚酯纤维。

推荐理由：解决普通聚酯纤维深染需要高温高压的问题，纤维具备常压易染、深染、抗起球等特点，实现纤维制备及后道染整工序的节能降耗。

①制备技术：对聚酯大分子链进行重新设计，在熔体直纺工艺中，聚酯合成过程中增加第三单体、第四单体，降低聚酯大分子链段的柔顺性，达到常压易染改性，制得常压深染、抗起球聚酯纤维（图3-48）。

图3-48　常压深染抗起球聚酯纤维制备技术

②主要规格：短纤维，1.33～1.56dtex×38mm；中空短纤维，1.56dtex×38mm。

③性能及制品特点：

• 节能降碳，采用熔体直纺工艺改性，染整工序的低温深染。

• 色彩鲜艳、上染率高、色牢度好，品质提升。

• 模量较常规涤短低30%，织物抗起球性能优异。

• 具有良好的耐温性、亲水性、面料手感柔软。

④应用领域：休闲服、运动服、贴身内衣等服装用纺织品（图3-49），床上寝具、沙发布等家用纺织用品，户外用品等产业用纺织品。

（3）超低温定型聚烯烃弹性纤维。

推荐理由：采用自主研发和技改创新的纤维制备装备。可实现95～100℃超低温定型，满足了（含）聚乙烯纤维系列的面料定型、保型、舒适、尺寸稳定性的要求，难以取代。

图3-49　常压深染抗起球聚酯纤维应用领域

①制备技术：以聚烯烃热塑性弹性体为原料，加入消光剂、抗氧化剂等助剂共混造粒，再通过熔融纺丝制备超低温定性聚烯烃弹性纤维。

②主要规格：短纤维，1.33～1.56dtex×38mm；

中空短纤维，1.56dtex×38mm（图 3-50）。

图 3-50　超低温定型聚烯烃弹性纤维示意图

③性能及制品特点：

• 节能降碳，采用熔体直纺工艺改性，染整工序的低温深染。

• 色彩鲜艳、上染率高、色牢度好，品质提升。

• 模量较常规涤短低 30%，织物抗起球性能优异。

• 具有良好的耐温性、亲水性、面料手感柔软。

④应用领域：休闲服、运动服、贴身内衣等服装用纺织品（图 3-51），床上寝具、沙发布等家用纺织用品，户外用品等产业用纺织品。

图 3-51　超低温定型聚烯烃弹性纤维应用领域

（四）发布篇章之“纤·破壁”

打破壁垒，涌现活力。中国纤维突破壁垒，联通上下游的应用和技术门槛，阻燃聚酯、阻燃再生纤维素纤维，高强聚酰胺 66、柔性发光纤维等实现跨界应用，大放异彩。中国碳纤维深耕十年，厚积薄发，一步法、两步法大丝束碳纤维成功开发，突破国外技术壁垒，开创国产碳纤维高品质发展之路。

1. 发布品种：全防护纤维

突破环保磷系阻燃剂与聚酯、循环再利用聚酯原位聚合技术，使阻燃更高效、功能更持久，实现产品高值化开发。磷氮系阻燃元素与再生纤维素纤维碰撞，使纤维柔软爽滑、吸湿透气、低烟无熔滴，满足终端品牌对可持续发展的迫切需求。高强聚酰胺 66 纤维集优异的强度、耐磨、耐低温、亲肤吸湿等优点于一体，跨界军民两用，赋予冲锋衣、军服新维度和舒适度。完美结合柔性发光技术的高性能纤维，为汽车工业、信息电子、智能鞋服提供时尚设计新方案。

推荐品种	品牌
共聚改性阻燃聚酯纤维	凤鸣（fengming）
化学法循环再利用阻燃聚酯纤维	佳人（GREEN CIRCLE）
阻燃竹材再生纤维素纤维	天竹（ECOBAMBOO）
高强聚酰胺 66 纤维	神马（shenma）
柔性发光纤维	莱特美（LITME）

（1）共聚改性阻燃聚酯纤维。

推荐理由：采用环保磷系阻燃剂及原位聚合技术，使阻燃剂分散均匀，有效含量高。纤维具有高效阻燃、阻燃性持久等特点，产品竞争力强。

①制备技术：将磷系阻燃剂以原位聚合的方式在聚合反应釜共聚，使其均匀混入聚酯熔体中制得阻燃聚酯熔体，经熔体直纺工艺和卷绕技术制得共聚改性阻燃聚酯纤维。

②主要规格：长丝，83dtex/72F、178dtex/96F（POY）。

③性能及制品特点：

- 极限氧指数≥32%、阻燃效果优异。
- 阻燃剂在使用中无磷析出，对生态环境没有影响。
- 织物挺括、悬垂，具有良好的染色性和手感。

④应用领域：窗帘等家用纺织品（图 3-52），汽车内饰及配件等产业用纺织品。

图 3-52　共聚改性阻燃聚酯纤维应用领域

（2）化学法循环再利用阻燃聚酯纤维。

推荐理由：化学法循环再利用技术升级，融合磷系阻燃聚合改性技术，创新了循环再利用聚酯纤维的阻燃功能，实现产品高值化开发。

①制备技术：采用先进的 DMT 化学法循环再生技术与工艺装备，结合阻燃聚合改性切片生产技术，制备再生阻燃聚酯切片，经熔融纺丝制备纤维（图 3-53）。

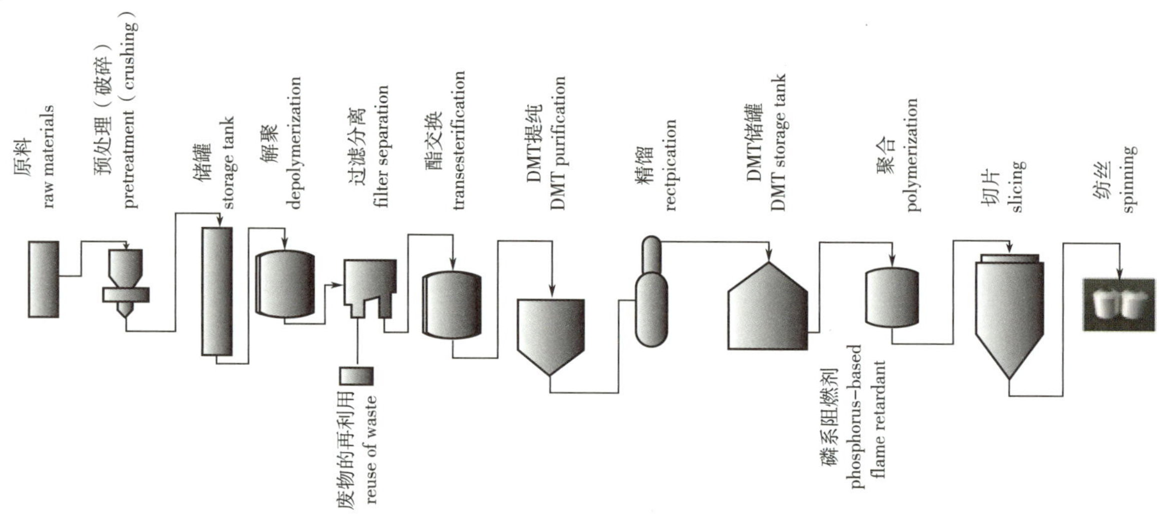

图 3-53　化学法循环再利用阻燃聚酯纤维制备技术

②主要规格：长丝（图 3-54），22～330dtex/12～288F（FDY）。

图 3-54　化学法循环再利用阻燃聚酯纤维示意图

③性能及制品特点：

- 化学法再生、实现资源再利用。
- 磷系阻燃、低烟无毒，极限氧指数达 32%。

④应用领域：运动服、床上寝具、窗帘等（图 3-55）。

（3）阻燃竹浆再生纤维素纤维。

推荐理由：以竹材为原料，生态环保，可生物降解。纤维柔软爽滑、吸湿透气、磷氮阻燃、低烟无熔滴，功能性和绿色属性相联合，满足终端品牌

图 3-55　化学法循环再利用阻燃聚酯纤维应用领域

对可持续发展的需要。

①制备技术：以竹子为原料，通过预水解硫酸盐工艺处理，把竹子内纤维素提取出来，再经碱化、黄化制备成纤维素磺酸酯，将磷氮系阻燃剂通过高效分散技术与之混合均匀，经纺丝、多级牵伸等工序制造而成。

②主要规格：短纤维，1. 56dtex×38mm。

③性能及制品特点：

- 生物基来源，采用新原料（慈竹、黄竹、毛竹），以竹代木，绿色环保。
- 织物柔软爽滑、亲肤细腻，吸湿性和透气性良好。
- 可降解。
- 磷氮系阻燃，低烟无毒、极限氧指数达到 28%。

④应用领域：休闲服、安全防护服、家居服、婴儿服等服装用纺织品（图 3-56），户外用品、清洁用品等产业用纺织品。

图 3-56　阻燃竹浆再生纤维素纤维应用领域

（4）高强聚酰胺 66 纤维。

推荐理由：强度高、耐高温、耐疲劳，综合性能优异。细旦纤维可用于高速缝纫线、降落伞伞绳、帐篷等产业用领域，拓展了纤维的应用范围。

①制备技术：通过对盐液精制、高温浓缩、高压反应、负压脱水制备成高黏聚合物，在线添加耐热剂、纺丝顺滑剂等添加剂，并直接纺丝，通过冷却定型、多级牵伸松弛定型，使纤维具有更高的强度和尺寸稳定性（图 3-57）。

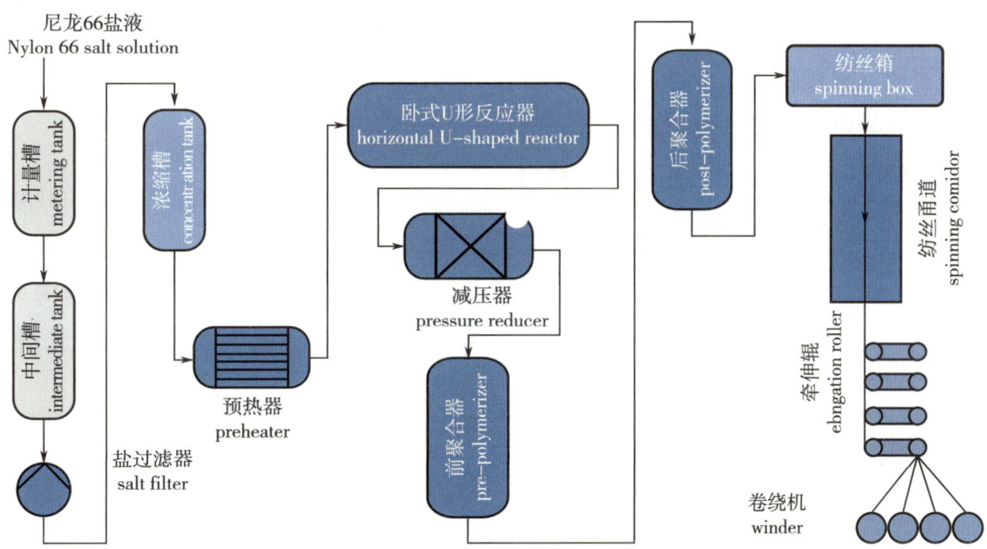

图 3-57　高强聚酰胺 66 纤维制备技术

②主要规格：长丝，110～278dtex/36F、312dtex/54F、470dtex/72F、700dtex/108F（FDY）。

③性能及制品特点：

- 强度高、耐高温、耐疲劳、抗冲击性好。
- 色牢度稳定、易加工、耐低温。
- 干热收缩小，品质均匀稳定，制成品变形少。

④应用领域：汽车内饰及配件等产业用纺织品（图3-58）。

图3-58　高强聚酰胺66纤维应用领域

（5）柔性发光纤维。

推荐理由：将高性能纤维的高强耐磨、可编织性和柔性与电子器件的智能化完美融合，为汽车工业、信息电子、智能鞋服提供时尚设计新方案。

①制备技术：以导电性和柔性良好的高分子导电纤维为基底，透明高分子材料和发光活性材料为复合活性层，通过平行或缠绕方式制备柔性发光纤维。

②主要规格：纤维直径0.2~0.5mm（图3-59）。

③性能及制品特点：

图3-59　柔性发光纤维示意图

- 电驱动可控性好，发光均匀、长时间发光不会发热。
- 直径细，在0.2~0.5mm范围精确调控。
- 柔性好可拉伸，能任意弯折打结，可塑性强。
- 耐洗耐磨。

④应用领域：运动服、安全防护服、鞋材、帽子等服装用纺织品（图3-60），窗帘、玩具等家用纺织品。

图3-60　柔性发光纤维应用领域

2. 发布品种：高性能碳纤维

呼之欲出的大丝束碳纤维将50000根纤维集于一束，突破制造成本瓶颈，开创高性能碳纤维平民化道路，支撑复合材料轻量化，走向风电叶片、轨道交通、航空航天主战场，助力先进制造业低碳发展。

推荐品种	品牌
50K大丝束碳纤维	吉林碳谷（Jilin Tanggu）/恒神（HENGSHEN）

50K 大丝束碳纤维。

推荐理由：大丝束碳纤维的成本为小丝束碳纤维的 50%~60%，其大规模应用将实现碳纤维复合材料由“贵族”材料走向“平民化”。“双碳”背景下，风电叶片等需求爆发，大丝束碳纤维市场空间广阔。

①制备技术：采用丙烯腈连续聚合，湿法纺丝工艺，使用 50K 单喷板纺丝，制备聚丙烯腈纤维原丝，经预氧化预处理、均质预氧化、低温—高温碳化、深度均质表面处理等工序制备 50K 大丝束碳纤维。

②主要规格：长丝，50K（图 3-61）。

图 3-61　50K 大丝束碳纤维示意图

③性能及制品特点：

- 具有高强度，高模量等优异的力学性能。
- 具有耐高温、耐烧蚀等优异的物理化学特性。
- 比重轻，低成本。

④应用领域：汽车轻量化、轨道交通、风电叶片等家用纺织品（图 3-62）。

图 3-62　50K 大丝束碳纤维应用领域

研究编著：杨涛　靳高岭　王永生　窦娟　王祺

2023~2024 年中国纺织面料流行趋势报告

中国纺织信息中心　国家纺织产品开发中心

2023 年，身处构建中国纺织现代化产业体系的关键之年，行业上下都在“科技、时尚、绿色”产业愿景下，积极探索高质量发展的有效路径。面对消费市场的不确定性变动，以及数字科技、娱乐效应和运动风尚等潮流的深度影响，纺织品再度以鲜活生动但内涵丰富的崭新风格和形态各异但美美与共的创新理念有效回应市场需求和行业期待。

基于以上背景，中国纺织信息中心、国家纺织产品开发中心组织专业力量，历经系统化研究后编著了本报告。报告以流行趋势为导向，通过对生活方式、科技工艺、材质外观和风格设计等关键维度的深入洞察，结合中国文化特色和产业发展实际，力求全面提升中国纺织产业的趋势引领力和设计创新力。报告内容具体分为两大部分，分别针对 2024 春夏和 2024/2025 秋冬两季，于中国纺织面料流行趋势的核心理念、分主题概念、流行色彩、面料风格等内容进行了全方位的专业解读。此外，报告还与中国国际面料设计大赛入围产品相结合，充分展示中国纺织产业创新发展的丰硕成果，更对未来春夏、秋冬两季纺织品在材料创新、工艺创新、设计创新、功能创新等多个维度的系统化发展做出有效指引。

一、2024 年春夏中国纺织面料流行趋势解读

核心概念——通达

我们正处于一个充满着流动性的社会进程当中，恒定的价值体系逐步消解，人们的意识与行为随时保持着灵活性与开放性，而流动性的本质是延续也是变化，“变则通，通则达”，中华文化的求同存异和兼收并蓄令我们坚定地迈向瞬息万变的未来，让文化复兴与信息革命同生共存。

2024 年仿年佛一场盛大的邀约，深度探索可持续性的主旨，在熟悉而又陌生的美妙体验中，感受生机勃勃的创造力。传统工艺与现代设计并不冲突，精简主义人群更注重品质，自由与热烈的表达既颂扬对立美学也饱含时代性。功能性、情感性、装饰性、智能性及可持续性特质共存的产品以动态化的美感重新调整，心随境转，积极向前（图 3-63）。

图 3-63　2024 春夏中国纺织面料流行趋势

（一）主题一：盎然

关键词：乐活玩趣/实验性运动风/能量年轻态/正装新释

1. 概念

新世代的自由先锋对创意不断探索，鼓励自我身份的认同与无畏的自由表达，在这个向往中更加开阔且富有生机的季节里，开启大胆而无拘无束的恣意视界，是玩味和洒脱，也是真实与日常。运动时尚市场仍具消费潜力，多样化的娱乐需求被广泛激活，数字化的加持巧妙营造感官冲击，年轻态风格未定义不设限。在内敛含蓄与热烈鲜活的碰撞中挑战审美标准，表达出极具张弛感的现代力量（图 3-64）。

图 3-64　盎然

2. 色彩

自带强烈感官愉悦的明艳色彩组合开启大胆创意、夸张而打破常规的审美风潮，致敬童年时期的趣味表达。由气泡橙、秋海棠粉、甘蓝绿等组成的夏日果味色调，如阳光下的动人花卉，打造轻快的日常氛围。明亮多巴胺色彩展现积极的正向能量感，果绿色与明艳红，湖水蓝与亮黄色，为核心基础造型奠定热烈奔放、前卫自我的欢乐基调（图3-65）。

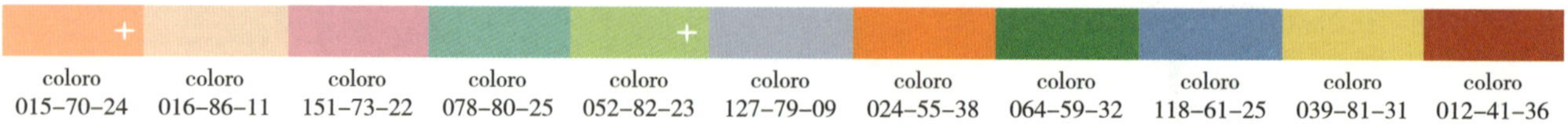

图3-65 盎然色彩

3. 面料

（1）能量年轻态。鲜活而有力的年轻态能量带来更多创意性启发，轻盈的果味色调仿佛在憧憬梦幻的童年时期。质地细腻的轻量化面料以棉、涤纶、黏胶、真丝的纯纺或混纺面料叠加绉缩肌理、近色提花与印花。半透视效果值得关注，触感丝滑但有骨感的薄纱、图案化纹理组织的钩编针织、粉蜡色调的轻质尼龙等，彩色金属纱线的提花针织透露不经意间的微妙光泽，创设轻盈而浪漫的夏日休闲造型（图3-66）。

（2）乐活玩趣。多样化的娱乐需求被广泛激活，数字化的加持巧妙营造感官冲击，年轻态风格未定义不设限。彩撞色类图案将设计元素如字母及花卉或扭曲放大，或拆分重构，如视错效果的格纹、插画图案等，可用花式纱或粗纺纱呈现更丰富的视觉效果，珠片绣花、提花等叠加工艺设计增强适度趣味；高饱和度的亮色系打造张力更强的斑斓外观，条纹针织、动感科技尼龙或泡皱纹理设计丰富表面效果，同时赋予单品生动质感（图3-67）。

图3-66 能量年轻态

①—绍兴秀芭纺织品有限公司 ②—福建恒州纺织科技有限公司 ③—无锡夏利达漂染有限公司 ④—佛山市南海众悦顺提花织造实业有限公司 ⑤—吴江广宇纺织有限公司 ⑥—吴江明斯克贸易有限公司 ⑦—苏州炎贸纺织贸易有限公司 ⑧—绍兴聚尚纺织品有限公司 ⑨—厦门乔丹科技有限公司

图3-67 乐活玩趣

①—绍兴明晗绣品有限公司 ②—苏州茂泰纺织有限公司 ③—浙江国诚麻纺织有限公司 ④—吴江市恒信织造有限责任公司 ⑤—华纺股份有限公司 ⑥—苏州科美曼纺织科技有限公司 ⑦—太极石股份有限公司 ⑧—江苏聚杰微纤科技集团股份有限公司 ⑨—浙江兴茂致尚科技有限公司

（二）主题二：智性

关键词：松弛之美/柔性浪漫/宁静自然/雅致都市

1. 概念

“新理性主义”逐渐成为人们通往安稳生活的必经之路，迎合悦已消费下的内在舒适感，将非刻意的精致与松弛化融入日常，既简约又感性，既流动肆意又独有浪漫气息，仿若生命永恒律动的象征。轻松而跳跃的呼吸节奏包裹着身体与心灵，我们用谦逊和美丽借喻与世间万物的沟通和联结，产生一种全新视角下克制且自由的形式（图 3-68）。

图 3-68 智性

2. 色彩

极具包容性的中性化色盘适用于打造基础、实用及百搭的日常简约风格，并兼顾舒适与浪漫。无限遐想的冷调灰白色组精致间透着自由与洒脱，优雅的青灰绿带来高质化都市感，而云母灰则有效调和冰蓝色及影青色的冷峻感，质感黑白结合创意设计革新经典造型。香芋粉紫、麦黄色及青石绿组成的粉质化色调柔美而富有诗意，星夜蓝的点缀诠释适度的功能性外观（图 3-69）。

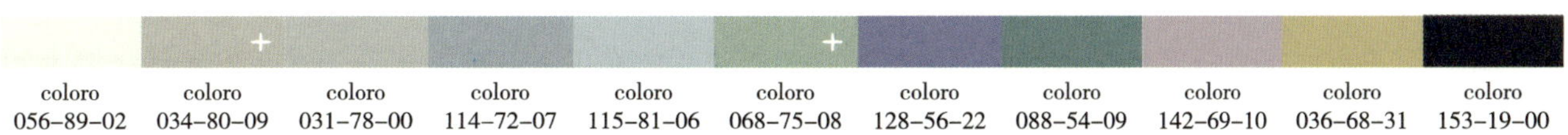

图 3-69 智性色彩

3. 面料

（1）宁静自然。非刻意的精致与松弛化逐步融入生活日常，既简约又感性，如自然生命力一般仿若生命永恒律动的象征。高品质天然材质如轻质羊毛、有机棉、可溯源亚麻、认证黏胶等，以精细化外观及柔和色调打造跨季节、跨场景的高品质简约造型，可关注未染原色、植物和微生物染色。不刻意的触感纹理，如细微的竹节或瑕疵效果、氧化感外观、斑驳感的起皱肌理等，不规则的细节处理营造舒缓的自然氛围（图3-70）。

图3-70　宁静自然

①—江苏华艺服饰有限公司　②—上海盈艺纺织科技发展有限公司　③—江阴市恒亮纺织有限公司　④—江苏阳光集团　⑤—德州华源生态科技有限公司　⑥—浙江巴贝纺织有限公司　⑦—绍兴柯桥景翊纺织有限公司　⑧—广东兆天纺织科技有限公司　⑨—常州市武进城南纺织品有限公司

（2）雅致都市。“新理性主义”带来全新的简约外观设计，迎合悦已消费下的内在舒适感，粉质化色调打造柔美而富有诗意的都市风格。雅致的性能锦纶面料升级基础日常款，飘逸的粉质化色彩更新细腻的丝质外观，防风、透气、防水等功能性兼顾实用及美观，可考虑再生及生物基尼龙。致密的棉质感面料与真丝或天丝混纺呈现雅致的微光泽效果，打造灵活的多用品类。经典格纹采用多样化设计，亮色嵌线、斜纹与格纹的组合应用、金属亮丝等细节，浪漫气息提升（图3-71）。

图3-71　雅致都市

①—山东南山智尚科技股份有限公司　②—南京万泰纺织有限公司　③—常州市克劳得布业有限公司　④—无锡夏利达漂染有限公司　⑤—浙江神盾纺织有限公司　⑥—江苏联发纺织股份有限公司　⑦—山东如意毛纺服装集团股份有限公司　⑧—常州旭荣纺织印染有限公司

（三）主题三：共寻

关键词：原生自然艺术/多功能日常/太阳朋克/科技美感

1. 概念

自然万物与人类深度交融，在原始空间与未来都市之间架起一座联结的桥梁，找寻和谐共生的根本之道。山川与森林、湖泊与大地，科技与技术提供了与生态世界共存的媒介，探索更多样化的未知空间。户外热情的高涨带动日常化产品设计的变革，多功能性、可持续理念、科技美感已成为日常化设计的一部分。栖身于苍穹的广阔之下，一个充满生命力的有机群体正在发生着更深层次的能量互换（图 3-72）。

图 3-72　共寻

2. 色彩

原生自然的蓬勃生命力带来有机的视觉感受及对无垠与广阔的向往。一组由泥土和苔藓借鉴下的茶褐色、深红棕色，搭配极具神秘科技感的无尽蓝和艳紫色，将原始空间、太空、元宇宙等时空融合交叠，数字植物艺术风格跃然眼前。细叶黄、无花果绿、炙红色仿若置身于缤纷的夏日丛林，淡牛仔蓝的点缀如海浪般波动内心的感性与纯粹（图 3-73）。

coloro 045-50-17	coloro 015-27-13	coloro 065-42-21	coloro 139-38-28	coloro 121-30-30	coloro 010-46-20	coloro 046-75-28	coloro 038-42-18	coloro 062-32-08	coloro 058-55-18	coloro 115-57-09

图 3-73　共寻色彩

3. 面料

（1）科技美感。科技美感已成为日常化设计的一部分，面料产品应更多着眼于多功能性、可持续理念及时尚化设计。技术感锦纶、挺括的丝质面料、涂层针织等，外观精致滑爽，珠光、虹彩、水润效果呈现的光泽和亮度凸显时尚化气息。迷彩、花卉、生态植物元素以彩绘和抽象化失真效果表现数字化的艺术感视觉，可关注环保底布及染料。具神秘科技感艳紫色的搭配使用，令数字植物艺术风格跃然眼前（图 3-74）。

（2）原生日常。自然万物与人类深度交融，山川与森林、湖泊与大地……自然万物为产品设计提供丰富的灵感，在原始空间与未来都市之间架起一座连结的桥梁。有着基础防护感的棉、棉/涤类材

图 3-74 科技美感

①—丹东优耐特纺织品有限公司 ②—苏州琛帛纺织科技有限公司 ③—福建省蔚来纺织科技有限公司 ④—佛山达昱纺织有限公司 ⑤—广东兆天纺织科技有限公司 ⑥—全顺集团有限公司 ⑦—苏州炎贸纺织贸易有限公司 ⑧—苏州新曼丰新材料科技有限公司

图 3-75 原生日常

①—无锡恒诺纺织科技有限公司 ②—北江智联纺织股份有限公司 ③⑦—吴江德伊时装面料有限公司 ④—浙江凤凰庄供应链管理有限公司 ⑤—全顺集团有限公司 ⑥—广东建业纺织集团有限公司 ⑧—浙江省华孚色纺有限公司

质加入折痕、不规则皱纹等设计元素，模拟纸张的原始质感，升级都市自然风格。不规则的扎染图案叠加泡皱肌理，展现精致与粗犷的对比效果。壁毯风格的植物提花面料有着优雅的植物外观。不同条粗的灯芯绒类产品有着适度的光泽，精简的肌理适用于更新基础款式应用（图 3-75）。

（四）主题四：隽永

关键词：多元复古/艺术之美/古典文化/暗夜华丽/考究民俗风

1. 概念

不同人文背景下的人们从不同时代的经典风格中汲取灵感，展现出故事性极佳的怀旧感与熟悉感，同时将承载我们的事物从过去连接到未来。新生力量与历史沉淀的碰撞，艺术与生活之间界限的消解，多元文化的强包容性鼓励大众接受各式之美，正如中式文化讲究“君子和而不同”，而文化的传承也逐渐成为一种社会责任的体现。日落即日升，在光影交织的璀璨世界里修复、重塑、焕发新生（图 3-76）。

2. 色彩

多元文化的呈现令复古风格的表现形式在古朴与华丽间反复碰撞，逐步消退的记忆漫步而来。经典红色系色调为基础色彩，红莓色、木槿花紫、胭脂红，典雅而又充满活力气息，搭配栀子黄与日照橙色，将运动与街头风格表现的极具故事性。朱殷红与钴蓝色诠释复古经典基调，蜜褐棕及古金色的点缀令神秘莫测的古着文化以现代视角焕发新生（图 3-77）。

3. 面料

（1）艺术之美。我们从过去汲取灵感，产品设计展示着故事性极佳的怀旧感与熟悉感，新生力量与历史沉淀不断碰撞，将艺术逐步融入人们的生活之中。民俗元素的应用多聚焦于工艺化的呈现，如

图 3-76　隽永

coloro	coloro	coloro	coloro	coloro	coloro	coloro	coloro	coloro	coloro	coloro
003-29-24	143-43-26	003-49-27	017-65-17	031-76-33	024-56-31	010-35-35	013-27-08	124-43-27	022-41-19	036-61-15

图 3-77　隽永色彩

通过印花、提花、刺绣、针刺等叠加装饰图案效果。微妙的细腻光泽有着感性的迷人效果，而使用撞色的珠片刺绣大胆诠释了艺术不受限的美感。日落色调宣达新古典主义风格。同色的泡皱提花表达了适度的内涵之美。灯芯绒、麂皮绒、天鹅绒等微绒质地焕现怀旧风格（图 3-78）。

（2）多元复古。多元文化的呈现令复古风格的表现形式在古朴与华丽间反复碰撞，逐步消退的记忆漫步而来。轻薄而舒适亲肤的日常光泽面料，如锦缎、醋酸、天鹅绒等，多采用素色或近色纹理，同时关注天丝、认证黏胶等生态纤维，打造居家与外出皆适宜的产品。紧身弹力针织或尝试大胆印花，或呈现光泽感外观；金属光感表现多样化，反光涂层、烫金、金银丝提花、流动的光泽技术皮革、局部的亮片装饰等，打造精致华丽风格（图 3-79）。

图 3-78　艺术之美

①—绍兴明晗绣品有限公司　②⑥—山东如意毛纺服装集团股份有限公司　③—达利丝绸（浙江）有限公司　④—绍兴旭延纺织有限公司　⑤—全顺集团有限公司　⑦—绍兴纺都植绒有限公司　⑧—东莞德永佳纺织制衣有限公司

图 3-79　多元复古

①—浙江台华新材料股份有限公司　②⑧—绍兴明晗绣品有限公司　③—绍兴市杨世纺织品有限公司　④—吴江市恒信织造有限责任公司　⑤—绍兴亿河纺织科技有限公司　⑥—魏桥纺织股份有限公司　⑦—弘裕纺织（浙江）有限公司

二、2024/2025 年秋冬中国纺织面料流行趋势解读

核心概念——启序

启序即开启、建立时代新的秩序。

历经重重挑战后，不确定性已经内化成一种常态，人们更迫切地希望回归对生活的掌控并拥有持续感知幸福的能力。传统固化的规则在逐渐消退，新的更灵活的秩序被加速重构，“起、承、转、合”的新章法开启时代的新秩序。

“起”是探索与开始。以向内感知的方式开启与世界的对话，发掘关怀之美，通过高质量发展响应多重消费需求，用更开放和包容的姿态开启新实用哲学。

“承”是传递与延续。与远古启示相连，深度探索可持续理念，从物化的世界中寻找制衡的力量，以共生共享的视野推动自然的永续循环。

“转”是调节与平衡。在急速多变的外在环境中，放慢内在心灵的节奏，以更为舒放的心态感知现实与想象的边界，撷取生活灵感并幻化为时尚妙趣。

“合”是融汇与升华。以试验性精神触摸未来世界，融合幻想与科学的创造力，汇聚多世代创意，书写隽永华丽的无限神话。

起要平稳；承要舂容；转要变化；合要渊永（图 3-80）。

图 3-80　2024/2025 年秋冬中国纺织面料流行趋势

（一）主题一：迭起——强调新秩序和感知力

关键词：关怀之美/实用生活哲学/纯粹练达/感性秩序/模糊界限

1. 概念

“理性消费”时代，人们选择遵循本心，感性地生活。简洁、实用的生活哲学造就简而不凡的都市印象。时尚表达渗入实穿主张，糅合实用主义和精致细节，随时间更替，风格迭新；身心对于舒适的渴求，主导服装演变为“关怀之美、体验之美、现实之美”合一的外化呈现；“松弛感 · 精致感 · 日常感 · 氛围感 · 社交感”五感被不断放大并融入时尚语义，营造沉浸、细腻、多元、极致的风格导向。外看世界，内观自我，在对内沉淀与感性回归的过程中寻找真我，以纯然心绪迎接盎然惬意，并以不断更新的内在感知力创造永恒之美（图 3-81）。

图 3-81　迭起

2. 色彩

经典色调隽永常新，微妙变化的中性色与低调的有彩灰色系体现了谦逊的奢华感、实用性和可持续性。柔肤色、米灰色、棉白色为基底，缀以月影灰和云水蓝，一切都归于柔和、温暖与轻盈。自然律动在织物上留下印记，青玉灰、砂砾色与旷野灰彼此交叠，丰富层次自然而成。柔和色调在冷暖交汇中愈显丰盈，彼此相映成趣，折射自然心境的同时，释放出内在的优雅与力量（图 3-82）。

图 3-82 迭起色彩

3. 面料

（1）静享自然。人们在理性消费时代下遵循本心，更感性地生活，向往实用、舒适但精致化的产品以迎合内心的松弛感。专注于切实、可触碰的内在品质，羊毛、羊绒、桑蚕丝等材质带来奢华体验和持久价值。蓬松舒适的轻柔暖绒、轻量保暖的拉毛或缩绒毛呢以经典驼色调诠释精致百搭的松弛风格。3D 雕刻结构、手工感蕾丝饰面、抽象化的优雅动植物图案隐匿于基础斜纹或人字纹底布等低调材质，流露出由内而外的艺术韵调（图 3-83）。

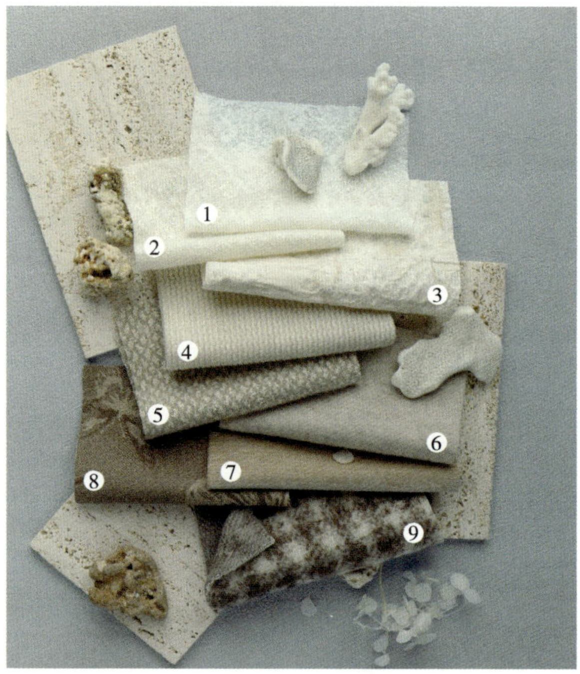

图 3-83 静享自然

①—阿尔法纺织科技（苏州）有限公司 ②—浙江三德纺织服饰有限公司 ③—绍兴庐纹纺织品有限公司 ④—绍兴亿河纺织科技有限公司 ⑤—江苏阳光集团 ⑥—佛山柿蒂坊纺织有限公司 ⑦—绍兴旭延纺织有限公司 ⑧—嵊州雅戈尔毛纺织有限公司 ⑨—江阴笛科隆毛纺有限公司

（2）优雅力量。日常时尚的表达趋于优雅的都市力量感，精简的外观糅合实用主义和精致细节，随时间更替而历久弥新。中等克重的毛型材质重塑经典质感，高级哑光及虚化朦胧的表面更新细节，跨季性是为产品增值的关键。简约的毛、棉或麻与涤纶混纺面料，具有粉刷墙壁般的自然微肌理或编织颗粒感，诠释无季耐用的高级休闲风。硬质棉、涤、锦等科技考究材质具有微皱、纸感、光泽、磨砂等多重表现，附加机械弹、易打理及防风雨等性能，是重要的高适应性现代科技通勤品类（图 3-84）。

（二）主题二：承续——强调人本自然和可持续力

关键词：敬畏之心/野性力量/神秘自然主义/在地文化

1. 概念

在深度探索可持续时尚的进程中，以敬畏之心感知自然的神秘与力量。“天地有大美而不言”，自然展现出强大的凝聚力与治愈力，如荒漠中涌动的坚韧蓬勃，尽释无畏肆意风姿；根植于大地的古老文明带来启示与力量，指引我们重新思考生命的价值，构建全新舒适的生活方式；户外灵感触动都市脉搏，于匠心之下交融理性、浪漫与个性。沿承追本溯源、自然寻踪的人文理念，让我们学会尊重

图 3-84　优雅力量

①—忻景邦（苏州）纺织科技有限公司　②—波司登羽绒服装有限公司/上海盈艺纺织科技发展有限公司　③—厦门恒康贸易有限公司　④—吴江集盛纺织有限公司　⑤—探路者控股集团股份有限公司　⑥—昆山华阳新材料股份有限公司　⑦—吴江市尚誉纺织有限公司　⑧—波司登羽绒服装有限公司/苏州橄榄枝纺织品有限公司　⑨—浙江金晟纺织有限公司

季节变化，感受时间流动，并以此为支点去畅想环保、可持续、多元化的新生态未来（图 3-85）。

2. 色彩

冬日浮光，掩映出无尽的自然魅力，广袤无垠的大地风貌充盈硬朗与柔美的澎湃能量。炽热的红与棕交织温柔的合欢红，金盏花黄耀眼绽放，与冬日温暖的阳光交相呼应，律动色彩演绎温暖变奏。深邃色调代表深海中未知的色彩，深黛绿更新冬日暗色，潮汐深绿碰撞杨桃青黄与橡树棕，释放大地深处的恢宏之力。自然赋色浓郁丰盈，温暖蔓生，以激昂之态饰写天然巧趣（图 3-86）。

3. 面料

（1）自然寻踪。人们在深度探索可持续进程中，以敬畏之心感知自然的神秘与力量。新自然风格蕴藏着野性之美与可持续力量，外观富有意趣与视觉张力。泥土、根系、岩石灵感启发下，面料呈现出不规则划痕、褪色视觉和有机干燥肌理，结合大地色系，展现出隐身于自然的质朴怀旧风格。模仿金属锈斑打造抽象艺术化图案，扎染、植绒、提花等传承工艺的加持，烘托浪漫的自然主义氛围。有地域特色的古典纹样、本土元素和手工技艺结合现代表达，彰显在地文化的魅力（图 3-87）。

图 3-85　承续

图 3-86　承续色彩

图 3-87　自然寻踪

①—江苏阳光集团　②—浙江三德纺织服饰有限公司　③—广东素色纺织有限公司　④—仁和纺织有限公司　⑤—湖州鸿艺丝绸科技有限公司　⑥—江苏丹毛纺织股份有限公司　⑦—安徽华茂纺织股份有限公司　⑧—上海布咖纺织科技有限公司　⑨—山东天翔毛纺织有限公司

图 3-88　生态都市

①—吴江锦晟源纺织有限公司　②—临猗县鑫得利纺织印染有限公司　③—浙江美欣达纺织印染科技有限公司　④—吴江福华织造有限公司　⑤—诺华（杭州）纺织有限公司　⑥—绍兴慕拓纺织科技有限公司　⑦—南京万泰纺织有限公司

（2）生态都市。户外灵感触动都市脉搏，于匠心之下交融理性、浪漫与个性。升级户外质感依然重要，运动羊毛、功能性羊毛环保天然且带有防风雨、抗皱、机可洗等功能，演绎温暖奢华的都市户外风。实用的密实斜纹布、尼龙布、帆布等基础防护材质聚焦可持续升级，环保的原料和染色工艺、植物基功能整理是突破关键。细腻纹理的贴身针织以斑点化抽象肌理、干爽网纹、密织平纹，结合生物自然色调打造活泼的冬日功能感造型（图 3-88）。

（三）主题三：流转——强调回归日常和重塑力

关键词：重塑日常美好/乐享自我/情绪修复/浪漫意趣/柔和未来感

1. 概念

回归日常美好，身体和内心的感受在岁月云卷云舒中重启。以物质为本的消费喜好转向追求视觉、精神和趣味等的多重满足。平衡外界期待与自我理想的冲突，乐于精神悦己，忠于自我表达，共情与自洽的底层诉求派生出独一无二的身份坐标；数字设计与浪漫主义渗透生活美学，链接当下与未来，以梦幻轻盈的滤镜效果呵护柔软心绪；坚韧的心性帮助我们诗意且细腻地表达乐观前进的期望。我们向往明日世界，又感念当下美好瞬间，以无拘率性之姿拥抱融融暖意，重振美好生活的复兴（图 3-89）。

图 3-89　流转

2. 色彩

从日常生活中提取的鲜活色彩将服饰变得灵动可爱，缤纷彩色以梦幻的形式绽放，成为快乐的催化剂。元气粉、柔和亮黄与青薄荷色打破冬日印象，带来让人眼前一亮的惊喜，描绘出活力生机的多彩意象。樱草紫、薰衣草色穿插品月蓝和银河灰，折射未来绮光，触发奇幻美学体验。色彩起伏间的流动遐想，带来浪漫与张力的多视角碰撞。清新色系为造型注入明媚姿态，配合利落黑色，唤醒秋冬穿搭新灵感（图 3-90）。

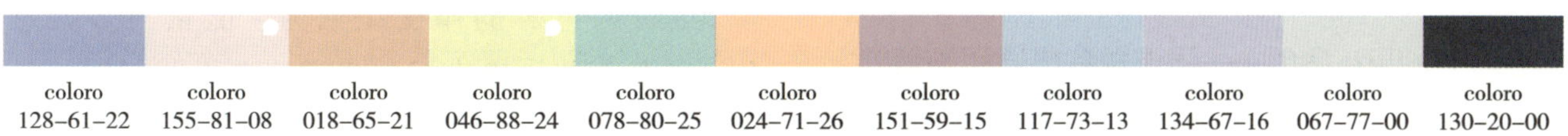

图 3-90　流转色彩

3. 面料

（1）多元美好。回归日常美好，以物质为本的消费喜好转向追求视觉、精神和趣味等的多重满足。多彩的喷绘渐变，奢华的提花、印花和刺绣装饰，简约皱感纹理等唯美的线迹化图案在顺滑利落的底布上一一呈现，或醒目治愈，或前卫华丽，是材质强可塑性的有力体现。从日常生活中提取的鲜活色彩将服饰变得灵动可爱，材质多为轻或中等克重的单色或微混色平滑质地面料，应季流行色犹如神来之笔，成为快乐的催化剂（图 3-91）。

（2）柔和科技。数字设计与浪漫主义渗透生活美学，链接当下与未来。桑蚕丝、天丝、醋酸、尼龙等打造的光泽感材质或丝滑垂坠，或微皱挺括，或以同色系提花低调装饰，结合日常化造型

图 3-91 多元美好

①—大和布业开发有限公司 ②—绍兴禄旺纺织品有限公司 ③—江阴市恒亮纺织有限公司 ④—绍兴柯桥丹迪纺织品有限公司 ⑤—昆山华阳新材料股份有限公司 ⑥—广东素色纺织有限公司 ⑦—浙江华晨纺织科技有限公司 ⑧—苏州市蜻蜓纺织有限公司 ⑨—佛山市一道布业有限公司

图 3-92 柔和科技

①—吴江市蓝城纺织有限公司 ②—昆山俊邦纺织科技有限公司 ③—吴江市佳美纺织品有限公司 ④—吴江锦晟源纺织有限公司 ⑤—广州市谊兴纺纺织有限公司 ⑥—苏州金尚豪纺织有限公司 ⑦—无锡恒诺纺织科技有限公司 ⑧—苏州橄榄枝纺织品有限公司

将华丽质感融入休闲生活，水润的珠光、虹彩效果升级浪漫。具有防风雨、保暖、调温、透气等性能的哑光或光泽涤纶、尼龙、胶质面料，关注环保属性和动感色彩，打造活力都市、休闲、户外皆宜的跨场景品类（图 3-92）。

（四）主题四：合创——强调融会贯通和创新力

关键词：混合创新/主角能量/多世代创意/重释文化意境/真实奢华

1. 概念

聚焦新世代审美，融合实验精神、创造力与主角能量的时代浪潮汹涌而来。“各美其美，美美与共”，时尚先锋书写年轻无畏的自由情绪，生动展现美无定式的风格张力；多世代创意贯穿过去与未来，跨越风格界限，表达充满创新力、思想力以及艺术力的多元意境；转换全新视角，从复兴潮流和科技进步出发，新时装混合了真实的奢华与超凡的感官视觉，打破想象的边界……拥抱开阔纷繁的视角，我们重新思考美的标准，在传承与创新中，重释着关于美的新式涵义（图 3-93）。

2. 色彩

缤纷的色彩韵律交织活力、能量与多元魅力。青金石蓝、极光绿与光谱橙色大胆鲜明，给简洁外观带来非凡风采。乌梅子酱色、翡翠深绿、暗樱桃红汇聚于印花、图腾以及色块，极具张扬姿态。复古金属色捕获焦点，风格随色阶渐变愈加鲜明。热烈张扬和深邃内敛的冲突感出人意料却又顺理成章，明暗节奏在时空之中跳跃起伏，大胆打破无限次元，带来超现实的绮丽遐想（图 3-94）。

图 3-93　合创

图 3-94　合创色彩

3. 面料

（1）混合创新。时尚先锋书写年轻无畏的自由情绪，跨越风格界限，表达充满创新力、思想力以及运动力的多元意境。源于数字灵感的雾感植物花纹、数字几何、干扰渐变等纹样在滤镜效果的加持下，彰显个性前卫的未来氛围；格纹、拼图色块、像素语言以及童趣图案搭配明亮色彩的有序点缀，青春、活力而奇幻，亦是追忆童年的设计载体。实验性极佳的搭配组合诠释具有能量感和神秘感的多元街头风格（图 3-95）。

（2）真实奢华。从复兴潮流和科技进步出发，新时装混合了真实的奢华与超凡的感官视觉，打破想象的边界。致密的深调底色丝质感材质或以桑蚕丝、莱赛尔为原料，结合隐约迷幻的光泽对比和层次丰富的 3D 浮雕肌理，展现复古华丽的古典韵味。趣味的丝绒材质可用提花、色块装饰，亦可以烂花、破损赋能，奢华而耐人寻味；钉珠、亮片、金属亮丝以及金属质感涂层等是展现华丽与独特的不二法宝，适宜打造昼夜皆宜的靓丽单品（图 3-96）。

图 3-95 混合创新

①—三福（中国）集团 ②—福建跃发光新材料股份有限公司 ③—江苏联发纺织股份有限公司 ④—吴江市海龙达印花厂 ⑤—佛山市智布互联纺织有限公司 ⑥—东莞合信针织有限公司 ⑦—绍兴虎凤蝶纺织品有限公司 ⑧—浙江汇明提花织造有限公司

图 3-96 真实奢华

①—江苏华佳控股集团有限公司 ②—福建跃发光新材料股份有限公司 ③—江阴市恒亮纺织有限公司 ④—山东南山智尚科技股份有限公司 ⑤—山东如意毛纺服装集团股份有限公司 ⑥—浙江巴瑞面料有限公司 ⑦—嵊州市津津布业有限公司 ⑧—吴江德伊时装面料有限公司 ⑨—绍兴晶远创意设计有限公司

研究编著：齐梅 李晓菲 姜蕊 彭丽桦 王玢 渠梦玮 高宇菲

2023~2024 年中国服装印花行业发展报告

中国印染行业协会　黄国光

服装是人们消费品的重要组成部分，是我国经济的传统支柱产业、重要民生产业和国际优势产业，服装印花业在美化人民生活、文化传播和提高服装附加值等方面发挥重要作用。

2023 年是经济恢复发展的一年，我国服装印花业深入贯彻落实党的二十大精神，新发展理念、高质量发展、扩大市场需求与深化供给侧结构性改革有机结合，服装印花业体系建设取得实质进展，规模以上印花企业发展质量、效益保持良好水平，国际优势地位进一步巩固提升，服装印花产量占印染总产量的 20%，服装印花产能占全球的 9.6%左右。创新能力不断增强，研发经费投入增强，设备器材智能制造加快推进，印花加工数字化网络化水平提高，产业结构更加优化，高性能设备材料、高端印花工艺技术自给率完全满足需求。

服装印花业面临的国内外形势更加复杂严峻。世界经济下行压力增大，外需总体收缩，国内总需求不足仍是当前经济运行的主要矛盾，人们消费信心尚待提振。印花生产形势保持基本平稳，上半年产量实现小幅增长，但下半年增速较上半年有所回落。主要经济指标延续恢复向好态势，降幅持续收窄，企业经营压力有所缓解。增强创新引领发展能力，推进行业向高端化、智能化、绿色化、融合化发展，印花企业发展预期及信心稳步改善，为推动服装内需消费与经济恢复发挥重要作用。

一、AI 印花图案设计降本增效显著

印花不仅能满足消费者对服装外观多元化、个性化的需求，又能传播文化艺术和提高附加值，图案设计成为印花的原点。每幅新款原创图案的设计一般需要 1~2 周，由于创意和灵感的限制，传统设计也难以保证图案的丰富多样和个性化，效率和创新能力还有待提高。随着生成式 AI（Generative AI）逐渐成熟，国外一些大型快时尚与奢侈品牌已开始应用 AI 生成设计，使其能更快地推出多个季节风格、多样的个性化图案，在全球形成了很大的竞争优势，这也给我国服装行业带来了一定的竞争压力，图案设计亟待进行数字化转型，提高核心竞争力。预计 2026 年超 80%企业将使用 AI，未来 3~5 年 AI 可为服装、时尚及奢侈品行业增加利润 1500 亿~2750 亿美元。

生成式 AI 是一种利用学习模型和深度学习技术，通过分析研究历史数据和学习到的数据模式进行生成自主构建全新内容的人工智能技术。例如，中国纺织信息中心与上海如途合作研发的生成式 AI 服装印花图案设计专用软件，相比上一代的分析型 AI 无需人工提取数据特征和构建明确生成规则。它通过端到端的数据网络架构，直接从数据中生成丰富多样、新颖独特的作品，自动完成连续纹样、适合纹样和单独纹样图案的安全性设计，功能性强大。绍兴一家印花企业应用该 AI 软件建设的服装印花图案设计平台于 2023 年 7 月 15 日建成，在学习使用过程中设计的 300 多幅成熟图案作品推向市场，被法国、意大利客商一次选中 32 幅设计稿并下订单，对花型图案的色彩、构图和设计风格非常满意。发挥的优势：图案创作速度极快，生成时间只需十几秒；高度的创作多样性和灵活性，学习和理解图案样本的设计规律后能够自主生成类似风格的图案；智能化的图案推荐和优化，使每一幅图案都能够完美呈现在产品上；为印花业带来了革命性的变化，加快了产品开发周期，提高了设计质量，满足了客户多样化的需求。

随着技术的不断进步和创新，功能性扩展和设计质量快速迭代将为服装印花行业带来了许多独特的优势，发挥越来越重要的作用，并为行业带来更多的创新和发展机会（图 3-97）。

图 3-97　AI 印花图案设计应用效果

二、数字化直接制网版（CTS）技术提高印花精细度

服装印花产量中网版印花约占 70%，印花精度是评价印花外观质量的重要指标，印花精度主要取决于网版漏空花纹线条、网点的分辨率和边缘的顺滑流畅程度。CTS 技术制作的印花网版精度高、速度快、流程短、成本低、操作简单等优势已被国内外纺织印花业认可，国内一些大中型服装印花企业也在应用。

数字化直接制网版（CTS）采用紫外激光直接曝光成像技术，将设计的图案由计算机处理后，通过紫外激光和光路数字模块将花纹图案在膜版上扫描曝光，感光胶膜发生光化反应而硬化，水显影将没曝光硬化的感光胶膜层溶解形成漏空的花纹图案。由于激光制版原理不同，在制作高精度花纹图案网版质量上会有很大区别，直接影响着印制花型图案的精细度。

目前，国际上比较常用的 CTS 技术有两种，一种是由紫外激光投影到数字微镜（DMD）上，通过 DMD 数字微镜的反射直接成像（DLP 技术），另一种是由数字调制解调器直接控制紫外激光管密排的亮暗直接成像，CTS 两种技术各有优缺点，数字化直接制网版设备的制版精度还有较大差距。例如，江苏友迪在对比这两种技术后，将数字光学处理（DLP）技术引入网版成像领域，研制了 DLP 技术的数字化直接制网版曝光机（CTS），采用世界领先的紫激光技术和 DMD 核心元件和高功率 UV405nm 激光模块，以及高精度的直线电机运动系统和稳定的水冷系统，在膜版表面直接高精度扫描曝光。自主研发的方形像素 DPB 控制卡和 TSD（Tilt Scan Technology）倾斜扫描算法，能够实现 12700dpi 的数据精度，将边缘锐利的极限提高到 2μm，完美实现了线条边缘的顺滑。传统的真空吸气感光制版分辨率是 600dpi 或 720dpi，而友迪数字化激光制网版可达到1270dpi，甚至更高的2540dpi，线条宽度可达0.1~0.2mm，网点印花可满足133~250线/英寸需求，印花精细度提高了2~3.4倍（图3-98~图3-100）。

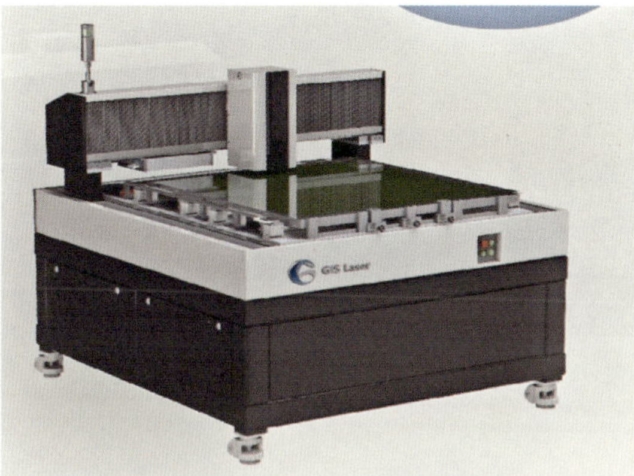

图3-98　CTS数字化激光制网版机

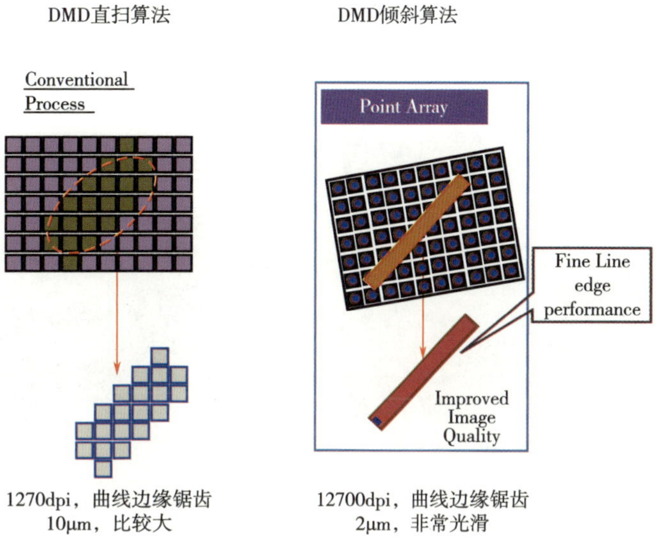

图3-99　倾斜扫描技术花纹边缘清晰流畅对比图

图3-100　CTS数字化激光制网版花纹边缘清晰放大效果

三、网版印花生产实现印花机械自动化

椭圆形多工位自动平网印花机（以下称椭圆机）主要用于服装裁片涂料印花，往往与数码喷墨印花机嫁接形成一台网版数码喷墨印花机，约占针织服装印花产量的80%，已成为全球服装裁片及成衣印花的主流设备，我国已普遍应用。

为了保持印花质量稳定性和降低人工成本椭圆机周自动化辅助设备逐渐完善，印花台板吹尘、铺裁片、裁片吸线头布毛、刮印、印花疵点视别、揭取裁片并转送烘干、烘干裁片揭取和码放等完全实现了印花流程自动化，可节省操作人员50%。例如，中山天启研制的台板吹尘机（图3-101）、裁片吸布毛机（图3-102）、铺片机（图3-103），广州诚鼎研制的印花疵点自动识别检验仪（图3-104），东莞云际智汇研制的台板清洗机（图3-105）、揭取裁片机械手臂（图3-106）、烘干裁片码放计数机（图3-107、图3-108）等。

图 3-101　台板吹尘机

图 3-102　吸布毛机

图 3-103　铺片机

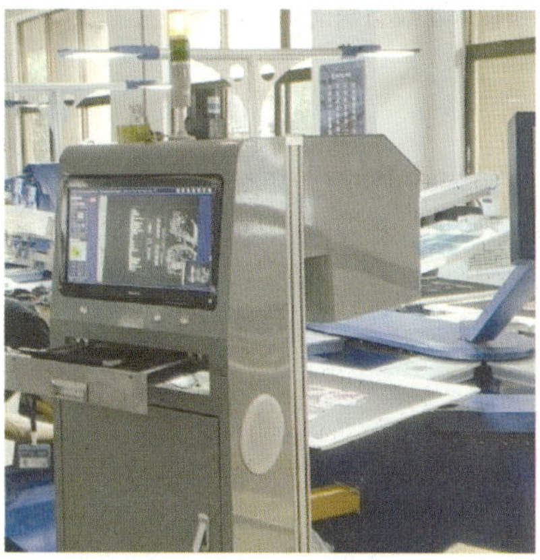

图 3-104　印花疵点检验仪

图 3-105　台板清洗机

图 3-106　揭片机械手臂

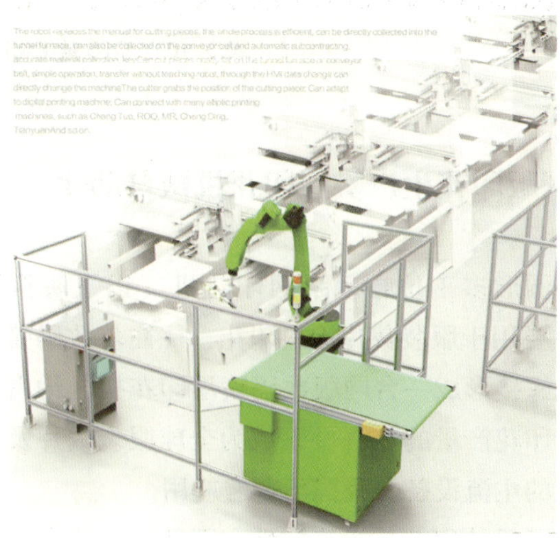

图 3-107　裁片码放机

图 3-108　裁片印花自动化生产线

采用入布、上浆、套印、出布、导带清洗等自动装置，触摸屏、大数据操作只需 2 人。

与其他印花工艺相比的优势：与平网印花相比，线条或网点更精细、边缘更清晰，层次更丰富（可达 250～300 线/英寸），可节省印花浆料 50%；与圆网印花相比，攻克了圆网印花精细度不高、印花浆料过厚等问题，而且可节省印花浆料 60%～70%；与数码喷墨印花相比，印花效果能与数码喷墨印花媲美，避免了数码喷墨印花机堵、清洗、更换喷墨头的弊端（图 3-109、图 3-110）。

四、新型滚筒印花创造高精细图案大产量的新高度

刻有凹陷花纹的金属辊筒在色浆盘内转动沾上色浆后刮刀将未刻花纹部分的色浆刮除，花筒压印织物时凹陷花纹内色浆转移到织物表面的过程称为滚筒印花。每只花筒印一种颜色色浆，经机械连续转动多只花筒，就可连续印制轮廓清晰、层次分明的花型图案，这种对匹布连续化印花工艺因辊筒外包覆着一定厚度的铜层又称铜辊印花，至今有近 240 年历史。织物的弹性和遇色浆易收缩等原因，在多色印花时套印精度很难控制，我国在 20 世纪 80 年代中期以前的机织物多色印花一直在应用，针织物只用于 1～2 套色印花，自 20 世纪 80 年代中期以后大量引进套印精准的全自动平网或圆网印机后，滚筒印花淘汰。2010 年以后，有多家企业研制新型滚筒印花机，较成功的如 2019 年晋江创鑫研制的新型多色滚筒印花机，它是将高精细花纹图案滚筒凹版与精准输送匹布的橡胶导带、显示屏触摸数字化调控相结合，为高精细图案高产量快速交货大行其道。

图 3-109　新型多色滚筒印花机

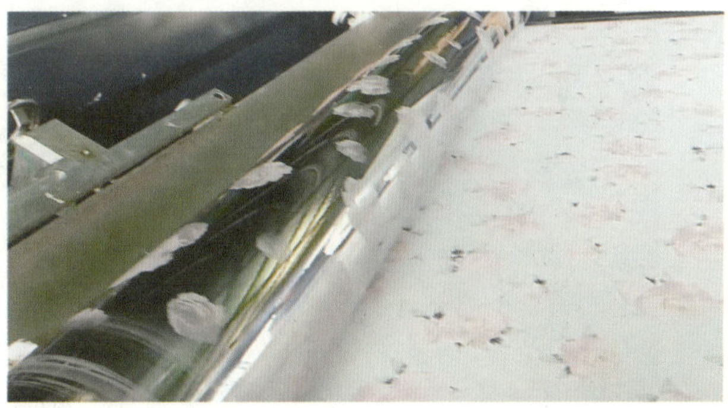

图 3-110　滚筒凹版印花

新型多色滚筒印花机的主要优势：一是高精度，花纹精细，套印精准，彩色阶调网点印花效果能达到数码喷墨印花；二是高速度，印花速度 30～50m/min，最高可达 60m/min，日产能高达 4 万～7 万米；三是用途广，适用染料或涂料、机织或针织各种纤维连续匹布印花；四是智能化，操作简单，

五、数码喷墨印花消费转型工艺技术向绿色低碳发展

如今，服装市场消费理念已经发生重大变革，多款式、多花色、个性化、时尚化、短周期、注重文化创意与环保的服装消费需求与日俱增，数码喷墨印花契合了小批量、多品种的消费趋势，符合高

品质、个性化、柔性化的印花服装发展方向，在一定程度上代表了创新型、生态型的印染升级方向，具有广阔的发展空间。中国印染行业协会预计2025年全球数码印花渗透率可达27%，中国数码印花渗透率将增至29%。

终端消费理念变化加快了向数码印花转型，其中，数码喷墨印花绿色低碳新工艺研发成果显著。墨水是决定印花效果、生产流程、节能减排和成本的核心，新型数码喷墨印花工艺技术研发速度加快，更符合绿色低碳的发展方向。杭州景华研发的涤纶织物高温分散染料免上浆免汽蒸免水洗印花工艺（图3-111），锦纶织物酸性染料免上浆免水洗印花工艺（图3-112），基于染料上染率达96%又无合成浆料的原理。优势在于提高染料利用率，碳排放大幅度减少，减少污水的COD数值和处理成本，生产周期缩短，提高资源使用效率，投资和生产成本降低，品质符合国家纺织产品基本安全技术规范等。珠海美路得研发的涤纶织物免织物预处理剂低温固色涂料印花工艺（图3-113），优势在于印花流程缩短，印后加热固色产生的废气明显降低，与活性染料相比能够节水67%以上，成本降低，品质符合国家纺织产品基本安全技术规范等。

图3-111　涤纶织物高温分散染料免上浆免汽蒸免水洗印花及印花布样

在意大利米兰第十九届纺织机械展览会（ITMA2023）上涂料墨水和相应的数码喷印设备占据了数码印花展品的 80%，成为展会的焦点，涂料正在慢慢侵蚀染料的份额。数码喷墨涂料印花技术是国际上重点开发的绿色印染项目之一，越来越多的技术难点被突破。

图 3-112　锦纶织物酸性染料免上浆免水洗印花及印花布样

图 3-113　涤纶织物免织物预处理剂低温固色涂料印花布样

六、T 恤成衣数码喷墨印花装备需求迅速增长

由于全球运动和休闲生活方式的需求，T 恤市场消费将显著增长。据 Global Textile Info（全球纺织信息）报道，2023~2025 年 T 恤将主导全球服装市场，棉 T 恤衫的复合年增长率预计为 6.55%，2025 年达到 2207.5 亿美元，占全球服装消费量的 14%；涤纶运动 T 恤的复合年增长率预计为 6.78%，2025 年达到 3117.8 亿美元，占全球服装消费量的 20%。据不完全统计，中国对 T 恤的消费量每年为 28 亿件，2025 年为 33.86 亿件，2030 年达到 46.45 亿件。印花的文化 T 恤 2025 年消费为 30.47 亿件、2030 年达到 41.81 亿件。

随着我国经济的迅速发展，人们对文化和时尚产品的需求迅猛增加，文化 T 恤已成为最流行的文化创意时尚化大众时装，倍受人们青睐。T 恤成衣数码喷墨印花才能实现快时尚、个性化、柔性化生产、小单快反或一件起订，复合年增长率预计为 10%。T 恤成衣数码喷墨印花机、涂料墨水等装备有巨大的市场潜力。广州盛世昆仑研制的单工位、双工位的 T 恤成衣数码喷墨印花机在外观和稳定性上及配套的耗材处于先进水平，国内外销量遥遥领先（图 3-114、图 3-115）。

图 3-114　T 恤数码喷墨印花机

图 3-115　数码喷墨印花 T 恤

七、涂料印花色浆调色实现数字化智能化

服装裁片或成衣的网版印花主要应用涂料印花工艺，白色织物上印花的水浆、有色织物上印花的胶浆在印花前都需调配成印花色浆。人工方式进行印花色浆的调色，完全凭经验、目测来判断与标准色样颜色的差异，经反复修正调配而成。存在调色速度慢、浪费多，小批量调色成本高，调色工具清洗产生有色废水等问题。21 世纪初英国 INOVEX 公司制造了适合服装印花企业的涂料自动调色机，国外虽有应用，由于设备昂贵、系统封闭、需进口昂贵的 21 个基本色浆等原因，进入中国市场出现了“叫好不叫座”的现象。

图 3-116　涂料印花色浆数字智能调色机

目前，我国绝大多数服装涂料印花企业仍然在使用传统人工调色方式，在小单快反、个性化色彩形势下，调色及调制印花色浆向数字化智能化转型尤其重要。深圳君之道研制的涂料印花色浆数字智能调色系统，将颜料色浆、水浆、胶浆等基础材料配套，与调色和搅拌设备、软件数据库、分光配色仪、专业色卡体系、应用技术为一体，形成调色技术、生产管理、成本和质量控制平台，实现调色数字化智能化、调色和印花色浆配方数字化传递。涂料印花色浆数字智能调色系统的优势：适用性强，配备了涂料印花水浆、胶浆两套调色系统；色彩数据强大，具有 PANTONE 色卡的 2740 个标准数及上万个涂料印花色浆调色数据；调色质量稳定，重现性好，避免了“同色异谱”现象；调色快捷，缩短生产周期短，调一个颜色只需 7~15 分钟；按订单自动计算调色量，减少浪费，降低成本；调色环境实现清洁化生产，无任何污染；颜色的色彩数据值规范，实现数据标准化快速传递等（图 3-116~图 3-118）。

图 3-117　色卡

数字化智能化调色系统是服装涂料印花企业必然的发展方向，快速高效的色彩管理在小单快反时代将会起到至关重要的作用。将数字色彩引入色彩营销中，应用在企业发展中，才会保持在行业的领先地位，高质量可持续发展。

图 3-118　分光配色仪

由于全球经济处在下行周期，疫情“疤痕”还没有全面消退，服装印花业经济稳定恢复的基础不够牢固。目前，行业仍处在恢复和升级的关键期，结构性问题、周期性矛盾交织，内生动力不足的情况依然存在。化解现实压力，需要立足全局、面向长远发展。中国经济韧性强、潜力足，长期向好的基本面没有变，这是行业发展的底气与根基。我们要坚定信心、保持定力，从实际出发，务实推动新型服装印花业向数字智能、绿色低碳发展。

2023~2024年中国缝制机械行业经济运行报告

中国缝制机械协会　吴吉灵　卢芳

2023年，全球经济增长放缓，制造业景气较为低迷，通胀高企货币紧缩，发达国家鞋服库存高企，进口需求大幅收缩，对鞋服及缝制机械行业带来明显冲击。我国缝制机械行业面临内需低迷、外需下行的双向挑战，经济效益明显下滑，企业经营压力较大，行业经济整体回落至近年来较为低迷的水平。虽然行业形势总体严峻，但是产、销降幅较2022年明显收窄，呈现出积极的触底回暖势头。行业企业坚定信心，去库存、调结构，加大技术创新，加快智能转型，深挖用户需求，开拓新兴市场，为行业企稳复苏积蓄动能。

一、2023年行业经济发展概况

（一）生产整体收缩，季末止跌回升

2023年行业生产整体呈现紧缩态势，但降幅较上半年有所收窄，百家骨干整机生产企业产量季末止跌回升。根据协会统计数据显示，1~10月行业百家骨干整机生产企业工业总产值157亿元，同比下降6.83%，降幅较上半年收窄近6个百分点；缝制设备产量510万台，同比下降7.23%，其中工业缝纫机产量356万台，同比下降4.59%，降幅较上半年收窄10个百分点，除部分刺绣机、电控平缝机、自动缝制设备稍有增长外，其他产品生产维持负增长。10月末百家企业从业人员数同比下降9.15%（图3-119、图3-120）。

从行业月度工业缝纫机生产情况来看，根据协会统计数据显示，年初行业生产较2022年明显下滑，1月行业骨干百家整机生产企业工业缝纫机产量不到20万台，同比下降58.78%，刷新近年来行业最低值。2月随着疫情防控平稳转换，稳经济政策效果显现，行业百家企业工业缝纫机产量34万台，同比增长3.15%，环比增长23.29%。3月，

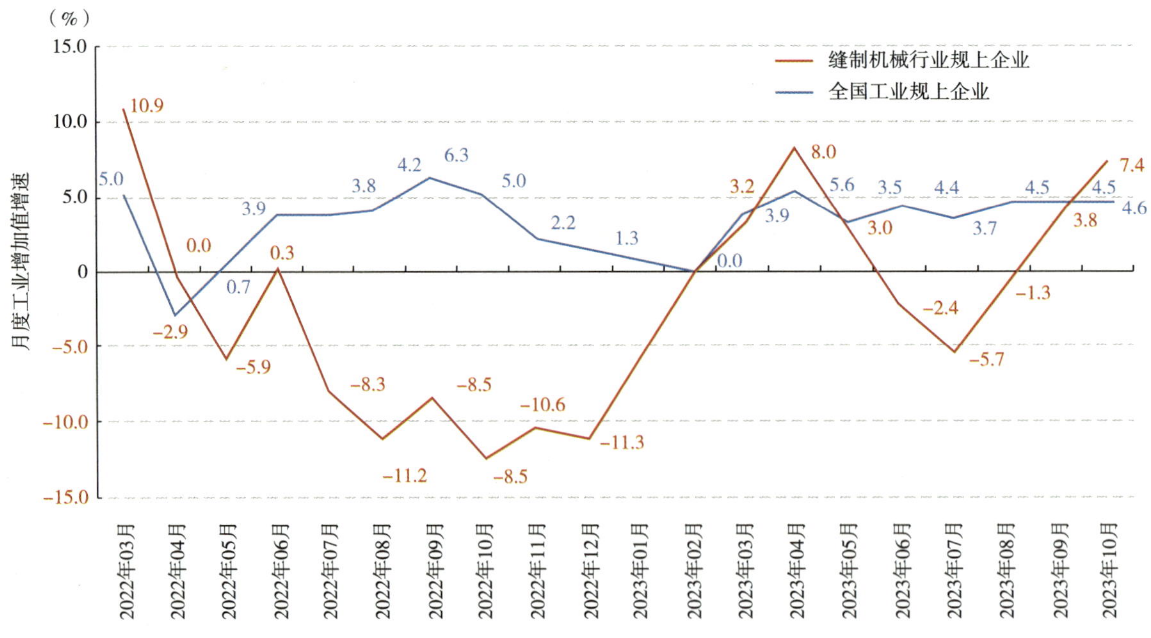

图3-119　2022年3月至2023年10月行业规上企业累计增加值增速变化情况

（数据来源：国家统计局）

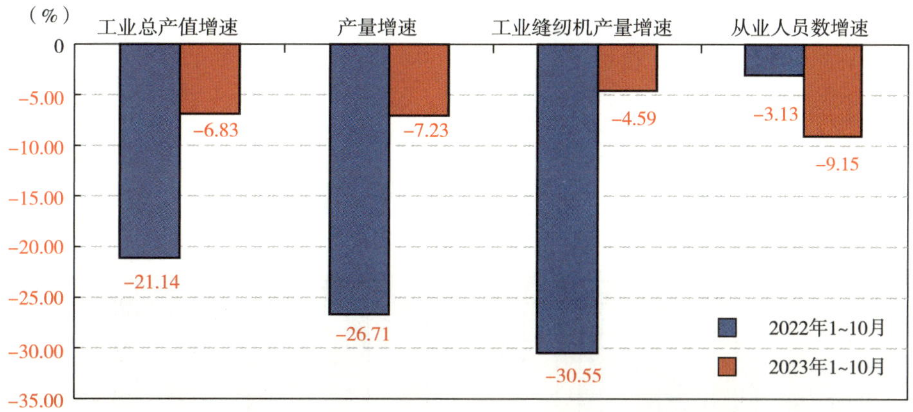

图 3-120　2023 年行业百家整机生产企业主要生产指标增速情况

（数据来源：中国缝制机械协会）

随着企业全面复工复产、积累订单需求释放和局部区域内外贸市场的逐渐回暖，行业产量继续回升，3 月行业百家企业工业缝纫机产量恢复至 42 万台。4~7 月，行业市场内外需疲软，企业生产步入低迷，百家企业工业缝纫机月产量均不到 40 万台。至 8~10 月，受骨干企业生产回升和补库等拉动行业生产较二季度明显增长，在上年同期低基数基础上，行业百家企业工业缝纫机月产量同比止跌回升（图 3-121）。

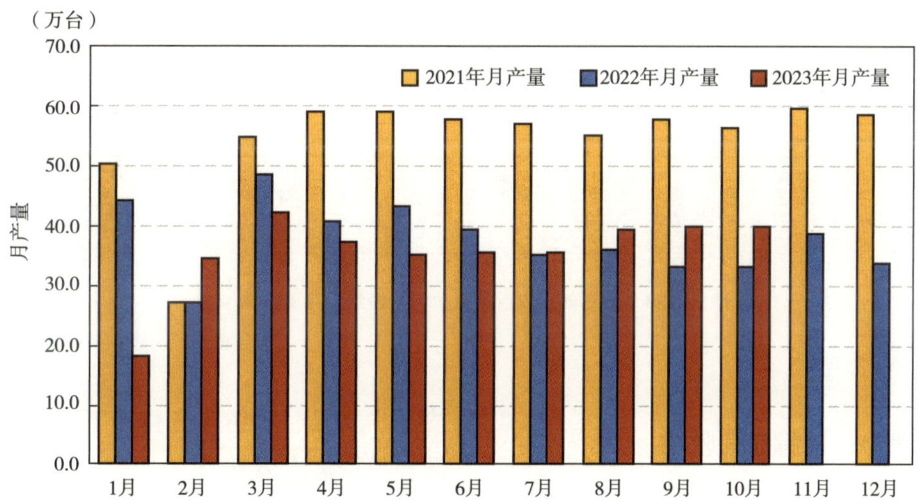

图 3-121　近三年行业百家整机生产企业工业缝纫机月产量情况

（数据来源：中国缝制机械协会）

（二）销大于产，行业减库效果显著

受内外需求不振和清库存影响，2023 年我国缝制机械行业市场呈现出“销大于产”显著的特征。根据协会统计数据显示，前 10 月行业百家骨干整机生产企业缝制设备累计销量 535 万台，其中工业缝纫机销量 384 万台，工业缝制设备销量高于行业相应设备产量约 7%。年内行业百家企业月度工业缝纫机产销率除 4 月、10 月外，均在 100%以上（图 3-122）。

从行业库存情况来看，2023 年前 10 月减库效果显著。行业 288 家规上企业产成品存货同比下降 13.25%，行业百家整机生产企业总库存约 77.6 万台，同比下降 37.40%。其中，工业缝纫机库存量连续 15 个月同比负增长，从 2022 年 9 月上百万台库存陆续降至 10 月末的 53 万台，同比下降 47.84%（图 3-123）。

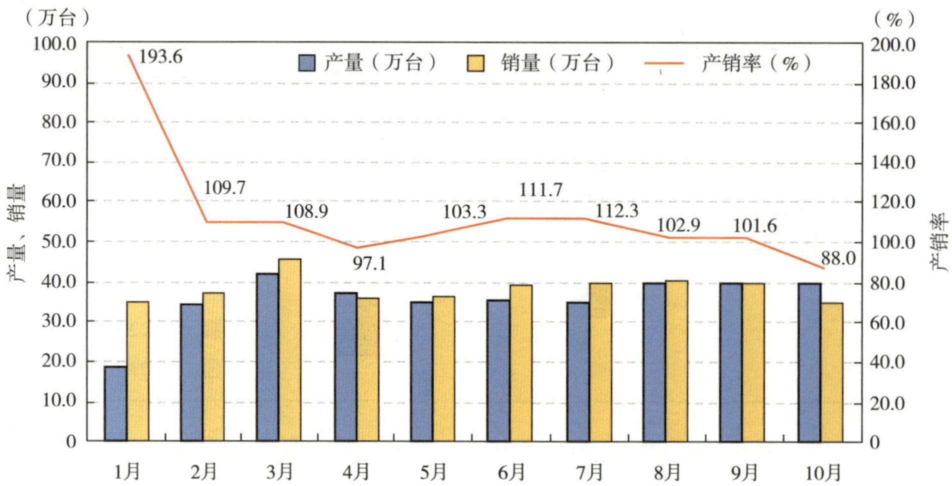

图 3-122　2023 年前 10 月行业百家企业工业缝纫机月度产销情况

（数据来源：中国缝制机械协会）

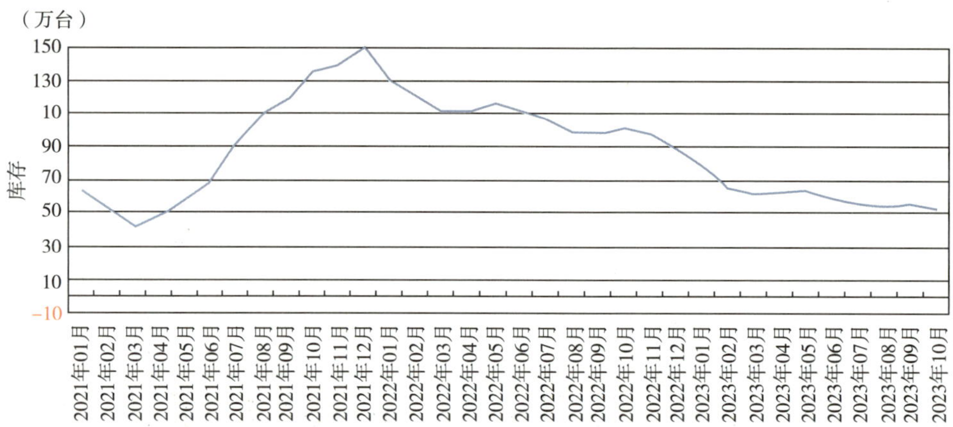

图 3-123　近三年行业百家企业工业缝纫机月库存量情况

（数据来源：中国缝制机械协会）

（三）内需持续疲软，降幅明显收窄

受经济复苏不达预期、消费能力和下游订单不足、外部环境严峻等影响，我国纺织服装、鞋帽等下游行业产销、出口依然疲软，投资信心普遍不足，缝制设备内销市场总体仍保持低迷和下行态势。但是国内监狱系统、部分区域及专业市场等，在疫情结束后呈现出明显的好转和复苏趋势，有效减缓了行业内销下行深度。

据国家统计局和海关数据显示：2023 年前 10 月我国规上企业服装产量同比下降 10.08%，比上半年加深 2.24 个百分点；全国服装及衣着附件出口同比下降 8.7%，降幅比上半年加深 4.6 个百分点，服装行业固定资产投资完成额同比下降 4.3%，皮革、家具、家纺等各相关下游行业营收也普遍下滑，投资需求紧缩。

受此影响，2023 年前 10 月我国缝制设备市场内需持续疲软。据初步统计和各地调研显示，前 10 月我国缝制设备内销同比普遍下降约 25%，相比上年末降幅收窄约 12 个百分点，内销持续回落至 2016 年行业最为低迷的水平。

另据中国海关总署最新数据显示，前 10 月我国缝制机械产品累计进口额 8.32 亿美元，同比增长 15.68%，其增长主要源自于对拉布、熨烫等缝前缝后设备需求的增长（图 3-124）。其中，缝前缝后设备进口量 2.9 万台，进口额 7.02 亿美元，同比分别增长 4.39% 和 24.33%；工业缝纫机进口量 3.1 万台，进口额 6433 万美元，同比下降

16.67%和19.83%。

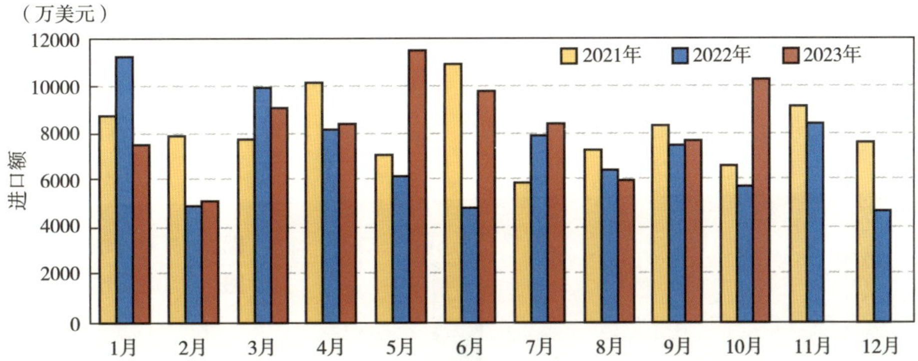

图 3-124　2021~2023 年行业进口缝制机械产品金额情况

（数据来源：中国海关总署）

(四) 出口整体下滑，市场两极分化

2023 年前 10 月，全球经济增长放缓，欧美等发达市场服装鞋帽等消费和进口需求全面下滑，导致越南、柬埔寨等东盟、南亚主要鞋服生产地订单锐减，对缝制设备需求大幅收缩，致使行业出口额高位回落。

据中国海关总署数据统计显示，前 10 月我国缝制机械产品累计出口额 23.88 亿美元，同比下降 18.19%，月均出口额从 2022 年同期的 2.96 亿美元跌至不到 2.4 亿美元，回落至 2021 年初水平。

从月度出口数据来看，自 2022 年 11 月起我国缝制机械行业出口额同比持续呈现负增长态势。2023 年 2 月，受春节假期以及疫情等因素影响，行业出口额大幅下滑，月出口额仅 1.47 亿美元，同比下降 22.83%，为行业近年来出口最低值。3 月、4 月，受印度、土耳其、俄罗斯、巴西以及中亚、西亚等局域市场需求回暖拉动，行业出口明显提升，月出口额回升至 2.7 亿美元以上。至二三季度，海外鞋服需求持续萎缩，对缝机采购需求大幅下滑，行业月出口额再度下滑至 2.5 亿美元以下 10 月出口额更低至 2.03 亿美元，同比下降 21.05%（图 3-125）。

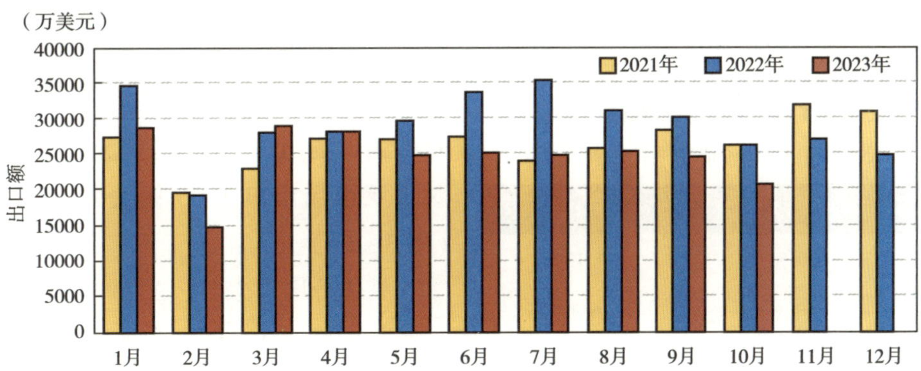

图 3-125　2021~2023 年行业出口缝制机械产品金额情况

（数据来源：中国海关总署）

从出口产品来看，2023 年前 10 月我国缝制机械行业除家用缝纫机出口量值同比增长外，其他各类产品出口额均呈现不同幅度下滑态势。其中，工业缝纫机出口量 369 万台，出口额 11 亿美元，同比分别下降 13.36% 和 27.90%；刺绣机出口量 10.7 万台，同比增长 117.91%，出口额 3.97 亿美

元，同比下降6.40%（其中均价2000美元以上刺绣机出口量4.3万台，同比增长17.76%，出口额3.93亿美元，同比下降6.68%）；家用缝纫机出口量696万台，出口额2.14万美元，同比分别增长15.06%和6.87%（其中均价22美元以上家用缝纫机出口量302万台，出口额1.77亿美元，同比分别增长9.59%和1.95%）；缝前缝后设备出口量132万台，同比增长19.11%，出口额3.48亿美元，同比下降6.49%；零部件出口额3.30亿美元，同比下降17.14%（图3-126）。

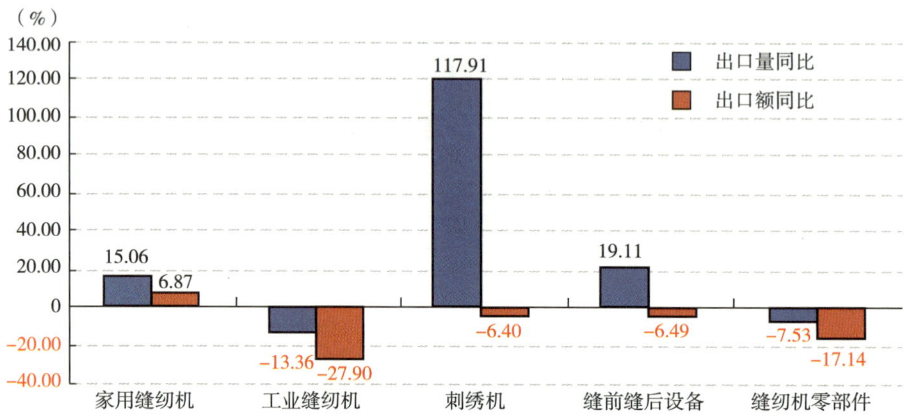

图3-126　2023年1~10月我国缝制机械产品分类出口情况

（数据来源：中国海关总署）

从出口价格来看，2023年前10月我国各类缝制机械产品出口价格均同比下滑。其中，工业缝纫机出口价格均价297.8美元/台，同比下降16.77%（表3-5）。在各大出口市场中，我国对越南、乌兹别克斯坦、缅甸、斯里兰卡等市场工业缝纫机出口价格同比两位数以上增长；而对印度、土耳其、巴西、印度尼西亚、阿联酋、孟加拉国、柬埔寨、墨西哥、马来西亚、美国、巴基斯坦等市场工业缝纫机出口价格同比则呈现负增长态势。

表3-5　2023年1~10月我国缝制机械大类产品出口均价情况

产品分类	出口均价（美元/台）	同比
家用缝纫机	30.8	-7.12%
工业缝纫机	297.8	-16.77%
刺绣机	3719.2	-57.05%
缝前缝后设备	263.8	-21.49%

（数据来源：中国海关总署）

从出口重点区域市场来看，2023年前10月我国对亚洲、拉丁美洲、北美洲、大洋洲四大市场出口同比均呈现下滑态势，仅对非洲、欧洲市场出口同比呈现增长态势。各区域市场中，我国对“一带一路”市场出口额15.48亿美元，同比下降21.34%，占行业出口额比重64.80%，比重较2022年同期下降2.59个百分点；对RCEP市场出口额5.95亿美元，同比下降38.81%，占行业出口额比重24.91%，比重较上年同期下降8.39个百分点；对南亚市场出口5.13亿美元，同比下降23.33%；对东盟市场出口4.75亿美元，同比下降41.79%；对西亚市场出口2.39亿美元，同比下降10.15%；对欧盟市场出口1.41亿美元，同比下降6.47%；对中亚市场出口1.30亿美元，同比增长75.31%；对东亚市场出口1.06亿美元，同比下降25.44%（图3-127）。

具体分国别来看，2023年前10月我国缝制机械产品出口199个国家和地区中，四成以上市场出口额同比负增长，行业前四大出口市场（印度、越南、美国、土耳其）出口额同比均呈现负增长。前20大出口市场中，14个市场出口额同比负增长，其中出口额同比降幅达两位数以上的市场达11个，仅6个市场出口额呈现同比增长态势。

印度依然是我国当前最大的缝制设备出口市

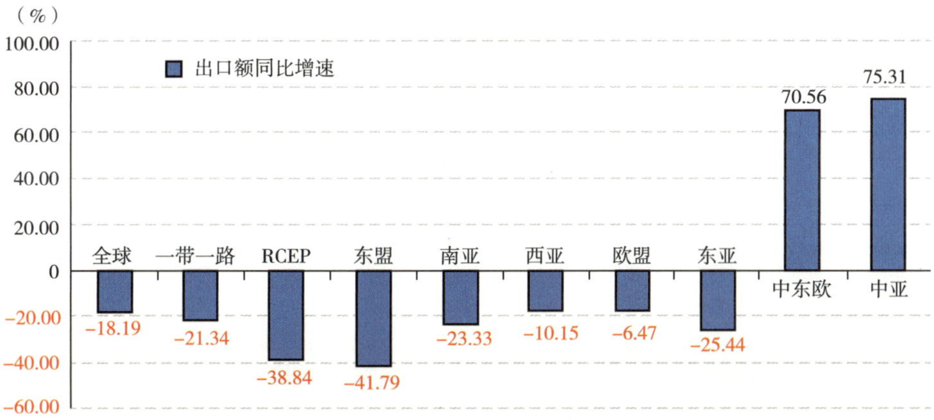

图 3-127 2023 年前 10 月我国缝制机械产品出口主要地区情况

（数据来源：中国海关总署）

场。2023 年 1～10 月我国对印度累计出口缝制机械产品 3. 47 亿美元，同比下降 12. 70%，占我国行业出口额比重的 14. 53%；对越南出口额 1. 76 亿美元，同比下降 48. 63%，占我国行业出口额比重的 7. 37%；对美国出口额 1. 22 亿美元，同比下降 17. 30%，占我国行业出口额比重的 5. 09%。此外，我国对俄罗斯，乌兹别克斯坦、吉尔吉斯斯坦等中亚市场，以及巴西、墨西哥等部分拉美市场，阿尔及利亚、摩洛哥等部分非洲市场缝制机械产品出口额同比呈现增长态势，其中对中亚的乌兹别克斯坦、吉尔吉斯斯坦等市场，以及非洲的阿尔及利亚市场出口额同比增幅均超过 60%。而对印度、孟加拉国、巴基斯坦等南亚市场，越南、柬埔寨、马来西亚等东盟市场，以及美国、日本、新加坡等转口市场缝制机械产品出口额同比则呈现大幅下滑态势，行业区域市场出口两极分化明显（表 3-6、图 3-128）。

表 3-6 2023 年 1～10 月我国缝制机械产品出口国别与地区情况

国家和地区	金额（美元）	同比（%）	比重（%）	比重增减（%）
印度	346965804	-12. 70	14. 53	0. 91
越南	175925040	-48. 63	7. 37	-4. 36
美国	121525930	-17. 30	5. 09	0. 05
俄罗斯联邦	100974811	49. 69	4. 23	1. 92
土耳其	98593238	-9. 53	4. 13	0. 40
孟加拉国	92085281	-36. 22	3. 86	-1. 09
巴西	83210602	2. 89	3. 48	0. 71
日本	80001230	-19. 58	3. 35	-0. 06
印度尼西亚	76541424	-23. 71	3. 20	-0. 23
乌兹别克斯坦	67579975	68. 40	2. 83	1. 45
阿联酋	56667613	-6. 07	2. 37	0. 31
巴基斯坦	53047043	-49. 86	2. 22	-1. 40
柬埔寨	50262080	-30. 12	2. 10	-0. 36
墨西哥	48667486	10. 15	2. 04	0. 52

续表

国家和地区	金额（美元）	同比（%）	比重（%）	比重增减（%）
马来西亚	46900878	-42.80	1.96	-0.84
新加坡	45729488	-58.28	1.91	-1.84
吉尔吉斯斯坦	42884604	129.14	1.80	1.15
阿尔及利亚	37388459	151.30	1.57	1.06
泰国	32230765	-16.60	1.35	0.03
尼日利亚	30788355	-7.73	1.29	0.15
伊朗	30322923	-18.86	1.27	-0.01
埃及	28678530	2.56	1.20	0.24
德国	26422279	-29.82	1.11	-0.18
波兰	25409267	22.89	1.06	0.36
摩洛哥	25086246	25.74	1.05	0.37
韩国	24646903	-41.21	1.03	-0.40

（数据来源：中国海关总署）

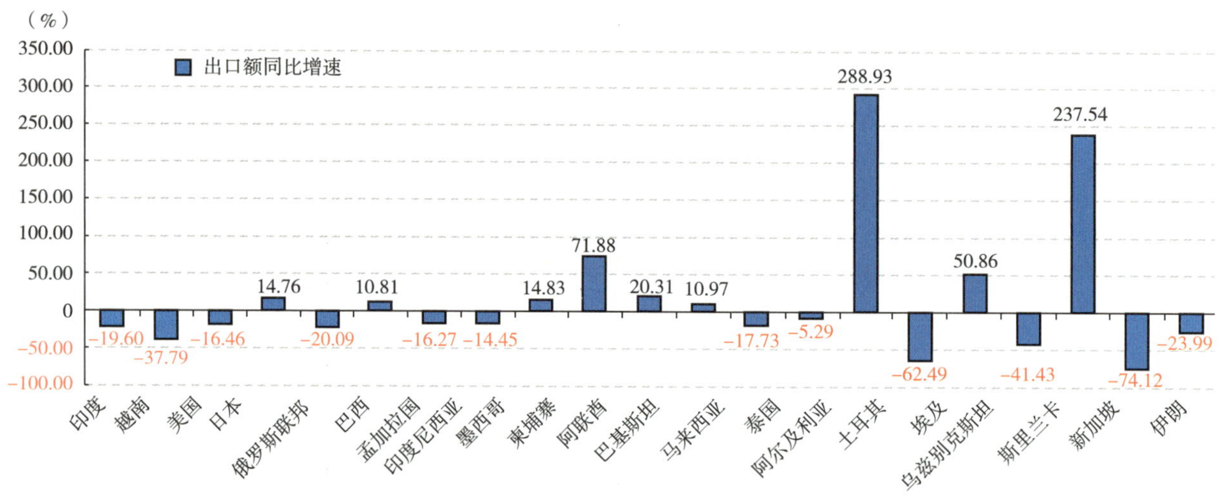

图 3-128　2023 年 1~10 月我国缝制机械产品出口主要市场金额增长情况

（数据来源：中国海关总署）

（五）利润大幅下滑，企业效益亟待提升

2023 年前 10 月，受内外市场疲软，产销规模下降，综合管理及制造成本上升等因素影响，企业运营压力持续增长，效益同比下滑，行业经济运行严重承压。

据国家统计局数据显示，前 10 月行业 288 家规模以上缝机生产企业实现营业收入 233 亿元，同比下降 15.50%；实现利润总额 8.8 亿元，同比下降 42.05%；营业收入利润率 3.76%，同比下降 31.42%，低于同期全国规上工业企业 5.67% 的均值，也是近年来同期行业利润率最低值。规上企业产成品周转率和总资产周转率同比分别下降 2.57% 和 14.75%；应收账款额 75 亿元，同比增长 7.64%，应收账款占资产比重 18.86%，高于同期全国规上工业企业 14.60% 的均值。截至 10 月底，行业规上企业亏损面达 30.21%，较 2022 年同期增长 47.46%；亏损额同比增长 14.10%，亏损深度

23.4%，企业效益严重承压（图 3-129）。

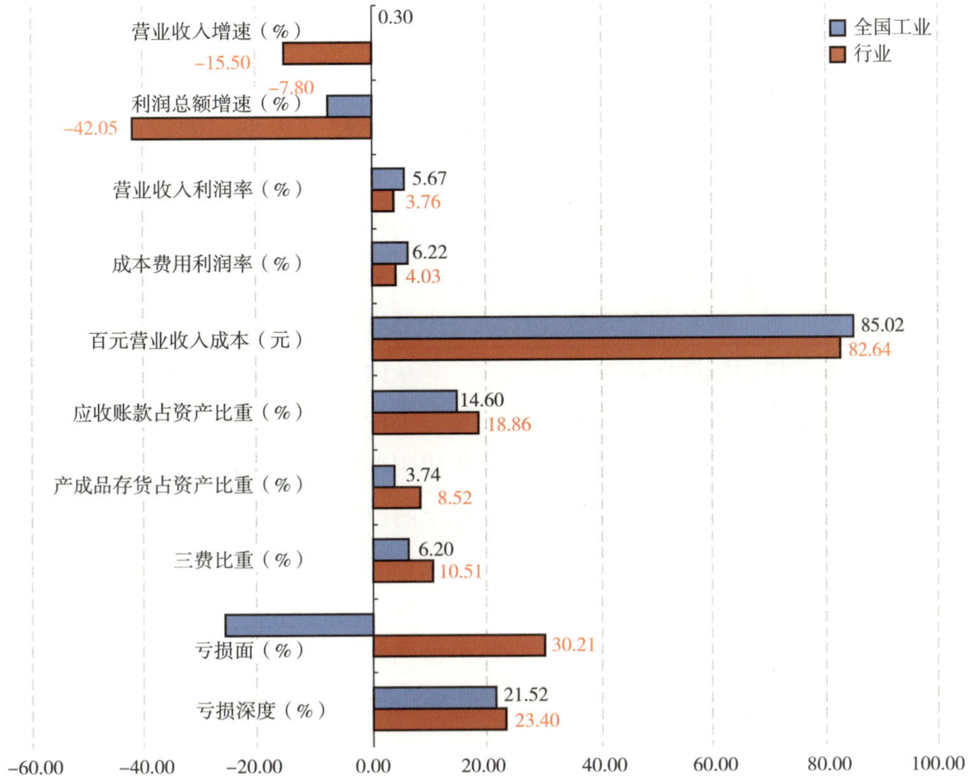

图 3-129　2023 年 1～10 月行业规上企业企业经营情况

（数据来源：国家统计局）

综合来看，在外需回落、内需低迷的双向压力下，2023 年前 10 月行业经济延续上年末下滑态势，产销持续下滑触底徘徊，企业普遍承受低需求、高成本、低利润等压力和考验。可喜的是，三季度以来行业生产等部分指标逐步呈现降幅收窄、单月回升的企稳向好态势，为明年行业走出低谷，迈入恢复性增长带来了曙光。

面对依然复杂的内外形势与挑战，缝机企业要坚定信心，稳中求进，加快科技创新，推进结构调整，积极开拓内外市场，努力拓展新兴领域，不断积蓄增长动能，于行业低谷中把握发展新机遇，为行业稳定复苏和高质量发展筑牢坚实基础。

二、2024 年行业经济运行展望

2024 年，全球经济持续复苏，通胀影响逐步减弱，货币环境由紧转松，国际贸易有望回升，海外因外汇缺乏等被压抑的进口需求有望得到释放。短期来看，我国缝制机械行业面临的挑战大于机遇，长期来看，面临的机遇有望不断超越挑战，行业经济有望迎来“前低、中稳、后高”的企稳回升过程。

（一）面临机遇挑战

1. 全球经济增长依然乏力

持续的通胀和不断扩大的地缘政治冲突将继续困扰全球经济复苏。国际货币基金组织最新预测全球经济增速将从 2022 年的 3.5%放缓至 2023 年的 3.0%和 2024 年的 2.9%，低于 3.8%的历史平均水平。经合组织预测世界经济增速将从 2022 年的 3.3%放缓至 2023 年的 3.0%和 2024 年的 2.7%。

2. 加息通胀影响依然存在

经过多次加息欧美基准利率已经飙升至 4.5%～5.5%的高位，货币紧缩引发的经济收缩影响仍在蔓延，较高的利率水平预计还将维持一段时间；虽然欧美高通胀明显缓解，但是核心通胀率依然偏高。国际货币基金组织预计，全球通胀率将从2022年的8.7%降至2023年的6.9%和2024年的5.8%。总体来看，2024年全球相对较高的利率和通胀水平，对经济和消费仍将产生一定抑制作用。

3. 下游需求短期依然疲软

从主要消费国来看，2023年前10月欧美等发达国家服装进口普遍呈现两位数下滑，对服装需求依然低迷。中国经济复苏平缓，服装消费等恢复缓慢；从纺织服装产业来看，根据国际纺联9月中旬的调查报告显示，全球纺织业正面临成本上升和需求疲软等多重挑战，制造商对未来的发展形势持谨慎态度；从下游重点市场来看，东南亚等地的主要服装出口国成衣出口和面料进口均呈两位数下滑，未来几个月依然缺乏充足的订单，预计这种困难将持续到2024年。

4. 欧美鞋服补库动力有望释放

最新数据显示，2023年9月亚洲发往美国的海上集装箱运输量同比增长5.2%，时隔14个月转为正增长，欧美三季度服装进口降幅有所收窄，显示欧美终端需求逐渐回暖，美国鞋服零售库销比接近、趋于正常水平，有望进入补库周期。多家海外头部运动品牌季度财报显示出超预期去化幅度，零售库销比及库存逐渐趋于正常化。另外，海外下游市场服务于圣诞节和新年的短期订单已经开始释放，部分国际服装、制鞋龙头代工企业预计在四季度末或明年初国际品牌的补库需求有望释放，2024年企业产销有望持续改善并逐步回归成长。

5. 中美经济企稳利于稳定内外销

2023年前10月中国多项经济指标呈现出修复向好态势，随着增发1万亿元特别国债、降息降准等系列宽松财政货币政策持续落地，制造业生产和消费支出将进一步复苏，预计2024年我国经济将继续保持修复式增长；美国三季度GDP增速超预期回升，个人实际可支配收入仍维持较高增长。在居民收入增速仍高、家庭资产增值明显、超额储蓄仍有一定余量的情况下，美国消费潜力短期依然具有韧性，这一趋势预计将持续到明年上半年。

（二）发展趋势

1. 经济弱势回升，迈入恢复性增长

从2023年预估的行业全年经济数据来看，结合行业的经济周期、库存周期的发展规律，经过2022年、2023年连续两年的经济增长放缓、下行和结构性调整，行业经济当前已经触底，继续深度下行的可能性不大，预计行业在2024年即将开启一个触底回升和恢复性增长的5年新周期。

从内销来看，在国家经济持续复苏和下游消费、生产等形势持续好转的大环境下，预计2024年我国缝制设备内销将有望触底回升，呈现个位数甚至两位数的中低速增长趋势；从外贸来看，随着欧美鞋服消费及补库需求逐步释放，我国缝制设备的出口环境将持续改善，预计2024年上半年行业出口仍将维持负增长，降幅有望不断收窄，下半年行业出口有望止跌企稳，逐步呈现正增长。

综合研判，预计在内外消费需求回升、上下游补库潜力释放的双向拉动下，我国缝制机械行业产销有望在上半年止跌企稳，在下半年逐步回升，在上年低基数基础上，全年经济有望实现低速正增长，迈入恢复性增长的新周期。

2. 自动化、数字化需求加快提升

从鞋服行业格局来看，下游企业两极分化趋势加快，服装大厂订单相对稳定，对数字化、智能化关注度越来越高。中小服装企业面临招工难，对机器换人的自动化需求也较为迫切；从服装制造模式来看，小单快反模式已经逐步成为发展主流，需要自动化、数字化设备和技术来支撑；从国内外下游行业比较优势来看，美西方推进纺织服装产业链“去中国化”，我国服装必须要不断提升供应链反应速度和价值链整合能力，增加产品附加值，加快企业自动化、数字化转型。加之孟加拉国等海外服装主要出口国面临停工、罢工等要求涨薪的压力越来越大，势必将不断加快自动化、智能化设备引进以抵消持续上涨的成本压力。因此，预计明年不论是内销还是出口，行业自动化、数字化发展将迎来新一轮增长机遇。

2024年全国纺织行业
“富怡杯”服装制版师职业技能竞赛

“全国十佳服装制版师大赛”是中国服装协会举办的专业赛事，首届始于2013年，每年举办一次。2017年全国十佳服装制版师竞赛已升级为国家级技能竞赛“全国纺织行业‘富怡杯’服装制版师职业技能竞赛”，“国赛”每两年举办一次，“国赛”间隔年度继续以“全国十佳服装制版师大赛”名称举办该项赛事，即两年为一届，同样在全国服装行业具有广泛影响力。2024年将举办国家级技能竞赛“2024年全国纺织行‘富怡杯’服装制版师职业技能竞赛”。敬请关注和参与。

主办单位：中国纺织工业联合会、中国就业培训技术指导中心、中国财贸轻纺烟草工会
承办单位：中国服装协会、波司登羽绒服装有限公司、常熟理工学院
冠名单位：上工富怡智能制造（天津）有限公司
协办单位：全国各省、自治区、直辖市服装行业协（商）会

CNGA 中国服装协会 CHINA NATIONAL GARMENT ASSOCIATION

CHINA NATIONAL FASHION PATTERN MAKER LEAGUE 版 -2021- 中国服装版师大联盟

中国服装版师大联盟

中国服装版师大联盟（以下简称 联盟）是中国服装协会面向全国服装制版领域从事相关技术、科研、应用的企业和高等院校等专业人士，以推动中国服装制版行业发展而构建的工作机制。联盟坚持以围绕服务行业为宗旨，通过开展专业培训、举办专业赛事、组织国内外行业考察交流与合作等活动，不断选拔和培育更多优秀的、具有国际视野和水平的技术人才，增进服装技术人员、企业、院校及政府间的交流合作，推动我国服装技术人员技能和综合素质的提升，促进我国服装行业的转型升级和产业健康可持续发展。

联系人：王延、赵雅彬　　联系电话：010-85229689/85229009
电子邮箱：fzshijiazhibanshi@126.com　网址：www.cnga.org.cn

中国服装智能制造
技术创新战略联盟
CHINA GARMENT INTELLIGENT MANUFACTURING TECHNOLOGY INNOVATION STRATEGIC ALLIANCE
中国服装科创研究院
优化资源配置
OPTIMIZE
推动协同创新
PROMOTE
加速成果应用
ACCELERATE
成员单位 72 家
中国服装智能制造
技术创新战略联盟
联盟宗旨
·引导创新资源配置
·推动产业技术创新
·全面推进我国服装智能制造领域的自主创新能力和核心竞争力
CHINA GARMENT INTELLIGENT MANUF ACTURING TECHNOLOGY INNOVATION STRATEGIC ALLIANCE
CHINA NATIONAL APPAREL TECHNOLOGY & INNOVATION INSTITUTE
中国服装科创研究院是中国服装协会直属
专注于服装科技创新研发的权威机构
设有三大服务平台、十大研发中心。
履行行业科研服务职能的窗口，提供行业前沿科技信息服务以及全球最新科技研发成果，从而推动提高中国服装行业的核心竞争力和竞争优势。
★ 建设开放共享、服务产业、可持续发展的创新型研发机构，致力于服装科创领域的成果研发
★ 开展推动成果扩散应用的资源优化配置、信息交流传递、实践教育培训等服务
★ 建立推动科技成果快速市场转化的科技创新发展基金，逐步实现具备自我盈利能力的产、学、研一体化行业技术研发和服务机构
★ 构建国家级服装研究开发和公共服务平台，成为全球服装领域最具影响力的科技创新研发中心、公益性产业互联网研发服务平台
开放 | 创新 | 共建 | 共享 | 可持续 | 发展共赢
OPENING, INNOVATION, CO-CONSTRUCTION,SHARING,SUSTAINABLE AND WIN-WIN DEVELOPMENT
>> 联盟工作办公室 >>>
联系人：韩 婧　电 话：010-85229020　传 真：010-85229449　邮 箱：hj@cnga.org.cn　fuzhuang_im@126.com
地 址：北京市朝阳区朝阳门北大街18号中国人保寿险大厦502 (100025)　网 址：http://www.cnga.org.cn/zhuanti/znlm/index.html

第四部分　专题篇

坚定信心、开拓奋进，书写新型工业化的锦绣篇章

中国纺织工业联合会会长　孙瑞哲

"昔贤整顿乾坤，缔造都从江汉起；今日交通文轨，登临不觉亚欧遥。"武汉是近代中国纺织工业化的重要开端，也是新时期推进中国式现代化的经济重镇。今天我们相聚这里探讨纺织未来发展具有重要意义。

中国式现代化是最大的政治，实现新型工业化是关键任务。纺织行业推进新型工业化，需要兼顾短期之"形"和长期之"势"，在产业现实、时代潮流、国家战略的框架下审视现状条件，把握趋势特征，理清规律方向，探索方法路径。

一、纺织新型工业化的现实基础与当前情况

（一）纺织新型工业化的现实基础

中国纺织工业与新中国共成长，是党领导下逐步发展起来的现代工业体系，是中国特色社会主义事业的重要建设力量。在中国式现代化的创新实践中，行业与时代同频，以创新为引，融入人口规模巨大的现代化，构建与之匹配的体量规模和供给体系；融入全体人民共同富裕的现代化，助力弥合城乡差别与区域差距；融入物质文明和精神文明相协调的现代化，持续创造物质财富、树立文化自信；融入人与自然和谐共生的现代化，有序推进绿色低碳循环发展；融入走和平发展道路的现代化，增进人类福祉、推动合作共赢；加速由中国制造向中国创造、中国速度向中国质量、中国产品向中国品牌转变。制造强国建设走在前列。

1. 稳字当头，纺织行业是国民经济与社会发展的支柱产业

中国纺织制造产业能力与贸易规模稳居世界首位。2013~2022 年，中国纤维加工总量从 4850 万吨提升到超过 6000 万吨，占世界纤维加工总量 50%以上。纤维生产品种覆盖面最广，高性能纤维总产能占世界比重超过三分之一。2020~2022 年，纺织服装出口总额连续三年保持在 3000 亿美元以上，对世界纺织品服装出口总额的增长贡献率超过 50%。产业规模优势、体系优势不断强化，在稳定经济发展等方面发挥重要作用。

2. 实处见效，纺织行业是解决民生与美化生活的基础产业

衣食住行，以衣为先。纺织行业深刻影响人民的生活质量、生命质量，影响消费升级、产业升级。在人均国内生产总值 1 万美元时，我国人均纤维消费数量和结构已达到中等发达国家人均国内生产总值 2~3 万美元时的水平。行业中小微企业占比达到 99.8%，对于提供就业机遇、创业机遇意义重大。行业直接就业人口超过 2000 万，发展直接惠及"三农"，是兴边富民产业。

3. 高端引领，纺织行业是国际合作与融合发展的优势产业

从产品、产能走出去到品牌、资本走出去，行业积极融入"一带一路"建设，高水平发展开放型经济。据统计，过去十年中国纺织业对共建"一带一路"国家直接投资金额达 60 亿美元，约占行业对全球投资比重的 50%。2000~2021 年，全世界人均纺织产品消费量从 9.2 千克增加到 15.2 千克，中国对增量的供给贡献率为 83%。生产、生活、生态联动，行业在集约发展、融合创新中实现着要素升级、流程再造、场景延展、价值重构。

聚焦"科技、时尚、绿色"，产业内涵更加丰富。

一是创新能力不断提升。中国纺织进入到"跟跑、并跑、领跑"并存阶段，创新体系不断完善。纺织行业研发投入强度从 2012 年的 0.46%提升到 2022 年的 1.02%。2022 年纺织行业规上企业研究与

试验发展（R&D）经费535.1亿元，增长3.82%，在29个制造业中位居第13位；国家企业技术中心达102家，占总数的5.6%。截至2022年底，我国纺织行业有效专利总量达30.4万件，12项中国纺织工业联合会金奖专利近二年累计新增利润7.8亿元。行业关键技术与前沿技术取得新突破，高端装备关键基础件的国产化率已超50%。

二是产业体系持续完善。数字技术与先进制造深度融合。2022年纺织行业智能制造就绪率达14.6%，高于全国13.1%的平均水平；智能制造装备市场满足率超过50%。纺织行业生产设备数字化率、数字化设备联网率分别达到53.6%和46.1%，高于全国制造业平均水平2.8和1.9个百分点。网络协同制造、大规模个性化定制、小单快反柔性制造等新业态、新模式快速发展。行业在低碳转型、污染防治、资源综合利用、绿色制造体系建设等方面成效明显。万元产值综合能耗、万元产值取水量、废水排放量、主要污染物排放量等关键指标持续下降。2022年，废旧纺织品资源化利用水平进一步提高。

三是产业组织更加集约。目前，中国纺联在全国试点的纺织产业集群有210个，覆盖企业总户数超过20万户，其中规模以上企业1.6万户。形成了柯桥、盛泽、常熟、虎门、海宁等具有世界影响力的千亿级产业集群。品牌国际化、集约化步伐不断加快。在2023年《财富》世界500强中，有6家涉纺企业入选。世界品牌实验室2023年度《世界品牌500强》排行榜有4家纺织企业入选。行业"专精特新"小巨人企业、隐形冠军企业大量涌现。

总体看，纺织产业进入高质量发展阶段，推进新型工业化具有现实基础。

（二）纺织行业当前运行情况

2023年是三年新冠疫情防控转段后经济恢复发展的一年。在以习近平同志为核心的党中央领导下，行业顶住现实压力，围绕扩大内需、优化结构、提振信心、防范化解风险，扎实推进高质量发展，在复杂的外部环境中保持回升向好态势。现代化产业体系建设取得重要进展，新型工业化建设迈出坚实步伐。

行业经济运行稳中有进、进中提质。纺织企业发展预期及信心稳步改善，行业综合景气位于扩张区间。根据中国纺织工业联合会调查测算，2023年三季度纺织行业综合景气指数达到55.9%，为2022年以来的较高水平。2023年前三季度，纺织业、化纤业产能利用率分别为76.4%和83.8%，均高于同期工业水平。2023年1~10月，全国规上纺织企业营业收入利润率为3.2%。2023年1~11月，纺织业增加值同比下降0.8%，降幅较一季度、上半年、三季度均有收窄；全国限额以上单位服装、鞋帽、针纺织品类零售额达12595亿元，累计同比增长11.5%，增长率在16类商品中排第2位。2023年1~10月，网上穿类商品零售额同比增长7.6%，增速较上年同期加快2.3个百分点。行业在推动内需消费与经济恢复中发挥重要作用。

但同时，产业经济稳定恢复的基础尚不牢固。一方面，地缘政治深刻影响，外部环境的复杂性显著上升。世界经济进入BANI的时代——Brittle（脆弱）、Anxious（焦虑）、Nonlinear（非线性）、Incomprehensible（费解）。全球经济处在下行周期，疫情"疤痕效应"的全面消退仍需时间。经合组织报告预测，2023年全球国内生产总值增长率为2.9%，2024年将放缓至2.7%。未来的不确定性正在削弱全球消费能力与消费信心。2023年1~11月，我国纺织品服装出口总额为2685.6亿美元，同比减少8.9%。其中，纺织品出口金额为1233.6亿美元，同比减少9.2%；服装出口金额为1452.3亿美元，同比减少8.6%。另一方面，行业正处在产业恢复和产业升级的关键期，结构性问题、周期性矛盾交织，内生动力不足的情况依然存在。2023年1~10月，规模以上纺织企业营业收入同比减少2.5%，利润总额同比减少5.5%。2023年1~11月，纺织业固定资产投资完成额同比减少0.9%。直播电商等渠道内卷加剧，一些为流量刻意压低价格的行为，对行业健康发展形成压力。

化解现实压力，需要立足全局、面向长远看问题。2023年中国经济增速在全球主要经济体中保持领先，对全球经济增长的贡献将达到三分之一。多家国际金融机构持续加大投资。下一个“中国”，还是中国。中国经济韧性强、潜力足，长期向好的基本面没有变。这是我们行业发展的底气与根基，空间与势能。风物长宜放眼量。我们要坚定信心、保持定力，从实际出发，务实推动新型工业化发展。

二、纺织新型工业化的时代特征与中国特色

（一）纺织新型工业化的时代特征

纺织行业推进新型工业化，要融入时代大势，全球竞合，适应新的条件约束，构建新的产业联系。

1. 融入全球经济，新型工业化是全球发展的工业化

所有国家和民族已被卷入世界发展体系中，全球化是历史大势。据全球贸易观察（Global Trade Flow）数据测算，2010~2022年，全球中间品出口额增长83.8%，占全球出口比重从50.9%升至57.5%。全球产业分工不断深化，产业链的依存度不断提升。《2023年全球价值链发展报告》发现，自2000年以来，潜在瓶颈产品（极少数经济体出口的产品）的出口额和份额快速增长，从占贸易总额的9%增加到19%。国际分工颗粒度从产业间分工、产业内分工转变为产品内分工、要素分工。全球价值链合作成为纺织行业的主要形式和必然选择。行业的新型工业化是在互融互通、共创共享中的工业化，整合全球资源，开展全球合作，解决全球问题，实现全球发展。

当前，全球化正在开始新的故事。国家地区间力量对比的改变，技术革命、产业革命的影响，赋予行业新型工业化新的内容。

一是地缘政治下的工业化。地缘政治加速变革，一些国家推行所谓“去风险”，筑墙设垒，脱钩断链，导致全球生产体系割裂和技术对峙加剧。2022年，全球货物贸易、服务贸易和跨境投资的限制措施同比增长14%。从美国《通胀削减法案》到欧盟《欧洲经济安全战略》，聚焦材料供给、科技创新等领域的产业政策密集出台，引发全球产业链结构急剧调整。安全因素和信任机制嵌入新型工业化进程。受“涉疆法案”影响，2010~2022年，中国棉制服装产品在美国进口市场份额占比从33.9%降至12.9%。行业新型工业化面临新的安全形势。

二是格局调整下的工业化。国际制造格局加速调整，发达经济体制造回归。美国制造业投资迎来所谓“超级周期”，从2022年底的1332亿美元增长到2023年5月的1943亿美元。另外，全球纺织产业链呈分散化、多元化布局趋向。2018~2022年，中国纺织品服装在美国市场进口份额占比由36.6%急剧下降到24.7%，在欧盟市场进口份额占比由33.2%下降到32.3%，在日本市场进口份额占比从57.8%下降到55.4%。同时，越南纺织品服装在美国市场进口份额占比由11.7%上升到14.9%；孟加拉国纺织品服装在欧盟市场进口份额占比由14.3%上升到15.9%。行业新型工业化面临新的竞争格局。

三是价值共创下的工业化。世界贸易市场呈现多元化、区域化发展态势。墨西哥首次成为美国最大进口来源国。截至2023年8月，世界贸易组织累计收到595份关于区域贸易协定（RTA）的通报，361个RTA正在生效。以“一带一路”倡议、区域全面经济伙伴关系（RCEP）为代表的区域布局为全球包容性增长构筑新空间。到2030年，共建“一带一路”将使全球贸易增长1.7%~6.2%。国际货币基金组织（IMF）《亚太地区经济展望报告》显示，区域产业链供应链合作联系紧密，有望对世界经济增长作出约三分之二的贡献。行业新型工业化面临新的市场环境。

2. 融入知识经济，新型工业化是创新驱动的工业化

当前，新技术革命呼啸而来，全球知识体系、创新生态发生重大变革。世界知识产权组织表示，技术创新在21世纪前20年间年增长率达到13%，

2020年专利占前20年专利总和的12%。科技创新引发动力动能转换，带来领域赛道创新，是新型工业化发展的根本支撑。

首先，在跨界融合中，科技创新塑造新的产业边界。当今全球较为成熟的5500多个学科领域中，接近半数具有交叉融合性质。大跨度、大纵深的创新融合加快产业边界消失和应用场景延展。线上与线下一体推进、制造与服务深度融合、科技与时尚高度集成、国际与国内协同发展的产业形态正在形成。材料技术、产业用纺织品的发展，使得万物可织的趋势更加明显。2022年，碳纤维在全球体育休闲、风电叶片领域的用量分别达到2.4万吨和3.47万吨。以可穿戴智能纺织品、卫生医用纺织品为代表，行业与大健康产业、数字经济、生物经济、绿色经济、航空航天等领域加速融合。

其次，在前瞻布局中，科技创新构筑新的时空体系。未来产业具有科技与产业的双重属性，是新型工业化的重要组成。连接现实发展与未来愿景，是新型工业化与传统工业化的显著区别。当前，世界主要国家和地区都在加强对未来产业的谋划布局。国内北京、上海、深圳、浙江、江苏等省市地区围绕元宇宙、量子技术、人形机器人、通用智能、生物制造、新型储能等内容，陆续出台专门政策推进未来产业发展。新的发展轨道和产业形态正在形成。比如基因编辑、生物育种、生物基材料等技术重塑着从原料到产品、从制造到回收的产业全生命周期；全柔性织物显示系统、柔性神经接口等技术延展着产业发展空间、应用前景。

新型工业化是技术—市场—产业三维框架中的工业化，提升现实生产力，培育新质生产力，需要形成产业知识体系与实践体系的正反馈。

第一，要知识强基，基础创新引领未来发展。基础理论是衍生产业创新和积累竞争优势的源头。我国已进入创新型国家行列，2023年全球创新指数（Global Innovation Index，GII）排名第12位，2022年专利申请量占到全球的47%。但与发达国家的差距依旧明显，特别是传统产业、底层技术存在明显短板与弱项。从中科院技术结构图谱2022的两方专利主题覆盖度看，日本份额最高的领域为纺织和造纸机，达到33.8%；我国的优势重点集中在数字通信领域，机械工程、材料、生物科学、纺织等领域的技术焦点所占份额很少。中国纺织发展进入无人区，把握新科技革命的机遇，抢占前沿制高点、赢得未来主动权，强化基础研究和原始创新是必然要求。

第二，要资本赋能，科技金融激活创新资源。资本是创新的血液。2023年10月中央金融工作会议将“科技金融”置于金融支持的“五篇大文章”首位。2022年我国全社会研发经费投入首次突破3万亿元，稳居世界第2。截至2023年9月末，科技型中小企业贷款余额同比增长22.6%，远高于一般贷款增速。科技、产业、金融开始深度协同。但与需求相比，我国创新资金来源单一、投入不足问题突出。以基础研究为例，我国总体投入强度为6.3%，远低于英美15%的水平。纺织行业创新资本不足的情况更为严重。推进新型工业化要发挥新型举国体制优势，形成“科技—产业—金融”良性循环。

第三，要市场驱动，成果转化实现价值创造。创新的价值在于应用转化。目前我国创新资源存在“孤岛”现象，专利价值没有充分发挥。有研究表明，中国科研成果转化率在30%左右，其中高校发明专利实施率为16.9%，产业化率仅为3.9%。而美国、日本、德国的科技成果转化效率达到80%。我国印发《专利转化运用专项行动方案（2023—2025年）》，引导挖掘专利价值，推动专利转化运用。推进新型工业化，要跨越科技创新“最后一公里”，实现科技创新、产业创新、市场创新有效联动、深度融合。

3. 融入数字经济，新型工业化是实数融合的工业化

数字经济已成为主要经济形态。2022年，中国数字经济规模增长到50.2万亿元，占GDP比重上升至41.5%。算力、工业互联网等数字基础设施建设加速推进，夯实数字底座。我国工业互联网产业规模已超1.2万亿元。以数字化转型为方向，数实融合成为新型工业化最鲜明的时代特征。

特别在“大数据+大算力+强算法”加持下，生成式 AI 正向着全民化、通用化、纵深化发展，以前所未有的速度、规模与范围改变创新创造范式，构筑新的生产力和生产关系。积累 1 亿用户，Instagram 用了两年半，Facebook 用了四年半，ChatGPT 只用了两个月。Gartner 预测 2026 年超 8 成企业将使用生成式 AI。到 2023 年 7 月底我国累计已有 130 个大模型问世；预计 2023 年我国生成式人工智能 AIGC 市场规模约 170 亿元。多模态、跨模态 AI 为提升生产力带来全新机遇。Github Copilot（AI 编程工具）将开发人员的效率提升 55%；波士顿咨询公司（BCG）顾问使用 AI 后工作质量提高 40%。根据方舟投资（ARK）研究，2030 年生成式 AI 将使知识工作者的生产力提高 4 倍以上。AI 正在推动时尚领域设计研发、市场运营、电子商务导购、客户服务、供应链管理等环节提质增效，展现出一定的替代效应。麦肯锡预测生成式 AI 在未来 3～5 年内可为时尚行业增加 1500 亿～2750 亿美元的营业利润。AI 大模型正成为新型工业化的重要方法工具、操作系统和基础设施。与美国相比，国产大模型在能力上存在两年以上的差距。据凯捷统计，美欧日制造企业 AI 应用普及率达到 28%～30%，而中国仅为 11%。要把握时间窗口，加快形成大模型技术的中国方案，在行业场景的应用融合中不断重塑产业优势和未来竞争力。

我们要把握数字经济发展趋势，推动新型工业化发展。

第一，要发掘数据价值。2022 年全球数据量暴增到 80ZB；麦肯锡预计 2025 年数据跨境流动对全球 GDP 的贡献将达到 11 万亿美元。生成式 AI 的发展，规模效应与网络效应的统一，使得数据要素在新型工业化中价值更加凸显。数据的价值不仅取决于数据数量的多少，更取决于数据质量的高低，不只取决于数据范围的广度，更取决于数据使用的深度。数据市场蓬勃发展，数据资产化进程开始加快。2023 年 8 月我国财政部发布《企业数据资源相关会计处理暂行规定》，明确数据资源将作为无形资产或存货被纳入财务报表的“资产”项。地方数据知识产权工作积极推进。截至 2023 年 11 月底，各试点地方数据知识产权已登记数量超过 3000 件，质押登记融资金额达到 17 亿元。我们要做好数据资源积累，提升管理能力，充分挖掘与发挥数据价值。

第二，要关注规则变化。数字创新正在催生数据安全、虚假信息、算法偏见、平台垄断等新挑战，形成商业伦理、数据权属、使用限度、知识产权保护等新问题。数字经济关系产业安全，网络空间体现国家主权。2019 年，联合国《数字相互依存的时代》报告开启了全球数字治理之路。全球规则深度博弈，各国政策密集出台。截至 2022 年 7 月底，全球包含数字贸易的全面协定已达 120 个，涉及约 70%的 WTO 成员。人工智能治理在全球成为热点。2023 年 7 月，国家网信办等七部门联合公布《生成式人工智能服务管理暂行办法》；10 月，美国白宫发布《安全、稳定、可信的人工智能》行政令；11 月，首届全球人工智能安全峰会上 28 个与会国达成首个全球性 AI 声明《布莱切利宣言》；12 月 8 日，欧盟就全球首部涉及人工智能监管的法案《人工智能法案》达成临时协议。规则塑造未来。新型工业化需要坚持规范发展，需要开放健康安全的数字生态。

4. 融入绿色经济，新型工业化是责任导向的工业化

绿色发展是全球共识、时代要求，体现着社会演进、产业变革的趋势与方向。全球范围内要素资源、政策资源、创新资源、市场资源都在向绿色发展聚集。欧盟委员会 2023 年 10 月 24 日发布促进清洁技术投资的政策举措，预计 2021～2027 年欧盟总预算的 32.6%将用于应对气候变化支出，计划推动欧洲在 2050 年成为全球第一个实现碳中和的大陆。2023 年 10 月 18 日，法国议会通过《绿色产业法案》，促进生态转型，加快实现法国的再工业化。全球消费者开始从社会责任、环境保护等维度审视价值，做出决策。德勤调研显示，超过 60%的消费者愿意为绿色产品支付溢价。年轻群体对于绿色消费意识觉醒程度更高。

一是化解资源约束，循环经济成为重要模式。以资源综合利用为重点，从绿色设计、清洁生产到回收再利用，资源循环型产业体系与商业模式正在形成。据测算，到2030年全球循环经济的发展将会带来4.5万亿美元的额外经济产出。中国2018~2021年，包括废旧纺织品在内的十大再生资源回收规模逐年增长，2022年回收规模达到37067.7万吨，相比2018年回收规模增加4909万吨。循环成为刚性约束。2023年6月欧洲议会提出《关于欧盟可持续和循环纺织品战略的决议》，引入数字产品护照，计划2030年进入欧盟市场的纺织品都要耐用且可回收，7月提出“废弃物框架指令”修正案，要求引入纺织品生产者责任延伸制。生物经济正在改变从原料到产品，从制造到回收的供应链环节。世界经合组织（OECD）报告预测，2030年，OECD国家在生物制造方面的经济和环境效益在生物经济中的贡献率将达到39%。以1，3—丙二醇的生物制造为例，与石油路线相比，原料成本下降37%，二氧化碳减排63%，能耗减少30%。二手时尚平台提供安全、便捷、高效的交易服务，推动二手闲置经济发展。温州苍南县汇集全国半数以上纺织工业布角料，打造再生棉回收和加工基地。

二是应对气候变化，低碳经济成为必然选择。截至2023年9月，已有150多个国家作出碳中和承诺，覆盖全球80%以上的二氧化碳排放量、GDP和人口。以环境产品为代表的绿色贸易在国际贸易发展中发挥重要作用。《世界开放报告2023》显示，2022年世界绿色进出口总额达8.84万亿美元，全球绿色贸易总额在过去十年的年均增长率为0.85%，绿色贸易规模占比稳定在20%~23%，绿色贸易正在加速全球向低碳经济转型。安全经济、绿色低碳、智慧高效、多元协调的新型能源体系也为产业的低碳发展提供重要支撑。但低碳发展的形势依然严峻。联合国环境规划署发布的《2023年排放差距报告》指出，2021~2022年全球温室气体排放量增长1.2%，使得全球温室气体年度排放量创下574亿吨二氧化碳当量的新纪录。刚刚结束的《联合国气候变化框架公约》第二十八次缔约方大会（COP28）就《巴黎协定》首次全球盘点、减缓、适应、资金、损失与损害等多项议题达成“阿联酋共识”。“摆脱”化石燃料达成“历史性协议”写进文本。2023年11月13日，国家发展改革委等部门发布《关于加快建立产品碳足迹管理体系的意见》，推动完善重点产品碳足迹核算方法规则和标准体系和产品碳标识认证制度建设。这将进一步推动产业绿色低碳转型。

（二）纺织新型工业化的中国特色

我国社会主要矛盾已经转化为人民日益增长的美好生活需要和不平衡不充分的发展之间的矛盾。制造业是发展的主战场、创新的根据地，推动新型工业化是化解社会主要矛盾的基础力量、关键所在。作为重要的制造部门，纺织行业处于向更高级的形态和结构跃迁的关键时期。行业推进新型工业化需要立足中国国情和产业实际，面向人民意愿和战略需求，适应中国和时代发展进步要求。

1. 以人为本是纺织新型工业化的价值航标

习近平总书记指出：“只有坚持以人民为中心的发展思想，坚持发展为了人民、发展依靠人民、发展成果由人民共享，才会有正确的发展观、现代化观。”行业的新型工业化建设需要将以人为本作为出发点和落脚点。中国人口规模超过现有发达国家的总和，这样的基本国情决定了我们不能完全照搬西方“去制造”“偏科化”的现代化模式，走传统的工业化道路。对于一个拥有14多亿人口的大国来说，不可能完全依靠外部供给来满足居民的衣着消费需求；从医疗卫生、环境保护、基础设施到安全防护、交通工具、航空航天，万物可织，纺织行业融入生产、生活、生态的各个角落。推动中国这样一个大国的全面现代化、满足多样化的人民美好生活需求，需要有充足稳定的纤维供应。这意味着中国纺织的新型工业化，首先要具有规模优势与体系优势的制造能力。在满足人口规模巨大的“条件约束”的同时，新型工业化还要满足实现人全面发展的“目标函数”。发展过程需要体现包容性，使工业化成果更多、更公平地惠及全体人民，防止两极分化，实现人的全面发展与新型工业化进程有机结合。疫情以来，受超预期因素影响，国内外就业压力明显加大。国际劳工组织预测，2023 年全球就业仅增长 1%，不到 2022 年水平的一半。在国内，2022 届高职毕业生工作半年后工作与专业相关度只有 63%，远低于本科毕业生的 74%。纺织行业是重要的就业载体，全球每 8 名劳动者就有 1 名从事纺织相关工作。中国纺织更是带动了全社会 2000 多万的直接就业人口，对于提供就业机遇、创业机遇意义重大。行业推进新型工业化的过程也是创造更多层次、更大规模、更有价值工作的过程，是推动人全面发展的过程。

2. 区域联动是纺织新型工业化的空间优势

2023 年我国工业百强县（市）中东部地区入围的县（市）数量达到 68 个；2022 年城镇居民人均可支配收入是农村的 2.45 倍。由于历史、自然条件、区位优势差异等原因，我国区域城乡间的发展差距明显。纺织行业产业链长、关联度高，具有易切入、潜力大的属性，是弥合宽领域、多层次发展势差的有效途径。区域联动发展是行业新型工业化的特色和优势所在。

首先是东西平衡联动。CEIC 数据显示，2018 年以来，中西部 15 个省份承接的东部产业转移超过了东南亚地区。截至 2023 年 8 月的前 12 个月里，中西部 15 个省份的出口总额达到 6300 亿美元，远高于同期印度的 4250 亿美元、墨西哥的 5900 亿美元。特别是新疆依托资源与区位优势，成为纺织重要的制造基地与向西开放前沿。2023 年上半年，新疆纺织品服装出口同比增长 60.8%。随着新疆揭牌我国西北沿边地区首个自由贸易试验区，纺织服装产业的发展空间将进一步打开。

其次是流域协同联动。大江大河是我国经济发展的主要空间载体，上下游经济互联、文化相通、生态相关。国家正以长江经济带战略、黄河流域生态保护和高质量发展战略等区域重大战略为重点，加快推动沿江、沿河省市的协同发展、错位发展、联动发展。在新的政策框架下，流域经济上下游地区的纺织行业在资源禀赋、产业结构上具有极强的互补性，有助于形成发展的协同效应。

最后是城乡融合联动。全面建设社会主义现代化国家，最艰巨最繁重的任务仍然在农村。县城位于“城尾乡头”，是实现城乡要素跨界配置、产业协同发展的关键。统筹推进新型城镇化和乡村全面振兴，浙江“千万工程”经验实现推广应用，优质要素资源向县域农村加速汇聚。纺织产业集群多集中于县城和乡镇，对于形成城乡融合发展新格局具有关键作用。

围绕主体功能区战略进行产业合理布局将是行业推动新型工业化的鲜明特征。

3. 文化自信是纺织新型工业化的精神支柱

文化是美学价值、体验价值、情感价值、品牌价值的重要源泉。快公司发布的“2023 全球最佳创新公司 50 强”榜单中的绝大多数企业均具有文化创意属性，其中 4 家与纺织服装相关。例如，以古怪大胆为特色的潮牌 MSCHF，凭借“出圈”的服饰营销实现快速发展，年初推出的大红靴（The Red Boot）成为引爆网络的现象级时尚单品，一条搭配靴子的视频在 TikTok 上仅用 24 小时就实现了 2000 多万浏览量，50 多万点赞。

中华文明具有突出的连续性、创新性、统一性、包容性、和平性，是中国纺织发生发展的重要土壤，构筑着产业崛起的强大力量。习近平总书记指出，“如果没有中华五千年文明，哪里有什么中国特色？”我们的新型工业化是植根于中华文明的工业化，是实现文化价值的工业化。

价值创造来自对中华优秀传统文化的深度挖掘。湖北的荆楚文化、浙江的宋韵文化、甘肃的敦煌文化，无论从历史的长度、地域的广度，还是从工艺的复杂度、民族的独有性来说，中华文明都形成了百家争鸣、百花齐放的人类文化大观。随着国人文化自信与文化自觉的树立，以传统文化为核心的产品创新、业态融合快速发展。《2022 非物质文化遗产消费创新报告》显示，非遗商品消费者规模已达亿级。在广阔的时空维度下深挖中华优秀传统文化，以文化赋能设计、创造体验、塑造品牌是行业实现新型工业化的重要方向。

价值创造来自对中国当代文化的发展转化。随着全球文化与本土文化的交汇、生活方式与创意形态的变迁，网络文学、影视动漫、电子竞技等中国当代文创产业蓬勃发展，构筑起以 IP 为核心的新的文化价值生态。社交平台高效引流，内容电商快速兴起。抖音用两年时间实现了 2022 年的 1.2 万亿元商品交易额。把握新经济、新平台的发展机遇，以内容与产品的统一强化文化的经济价值转化力，是行业推动新型工业化的重要途径。

4. 要素流动是纺织新型工业化的活力源泉

生产要素是产业发展的基本构成，是影响生产力发展的底层性、根本性规定。在全球市场、网络互联的语境下，要素的自由流动和有效配置是新型工业化的鲜明特征。我国始终坚持“两个毫不动摇”，持续完善社会主义市场经济体制，为行业新型工业化建设创造了有利条件。

一方面，以市场化为方向，加快破除阻碍要素循环、产业循环、市场循环的体制机制障碍，打造高效规范、公平竞争、充分开放的全国统一大市场。围绕数据、金融、知识产权保护等领域的规范管理不断强化。2023 年以来，相继发布《中共中央 国务院关于促进民营经济发展壮大的意见》《关于实施促进民营经济发展近期若干举措的通知》等政策，加快营造稳定公平透明可预期的发展环境，激发市场主体生机活力。作为市场竞争充分的行业，民营企业是纺织行业的主体，贡献了 65%的专利、75%以上的技术创新、80%以上的新产品开发。遵循市场规律，推进资源协同、产业协同，是行业实现新型工业化的必然要求。

另一方面，以全球化为方向，以共建“一带一路”为实践平台，加快构建新发展格局。聚焦推进高水平的制度型开放，2023 年出台《关于建设更高水平开放型经济新体制促进构建新发展格局的意见》《关于加快内外贸一体化发展的若干措施》等政策文件、发布高质量共建“一带一路”的八项行动、全面取消制造业领域外资准入限制措施等。大范围、宽领域、深层次的对外开放格局加速形成。作为开放合作的全球产业，纺织行业与世界经济深度关联。整合全球资源、开展全球合作、服务全球发展是行业推动新型工业化的应有格局。

三、纺织新型工业化的发展趋势与探索实践

（一）以价值高端和发展高效为核心的体系调整

融入新产业变革，行业聚焦产业链关键环节，以高端化、融合化、智能化为方向持续推进结构体系升级和关键创新。2022 年纺织行业研发投入强度提升到 1.02%；规上企业科学研究与试验发展（R&D）经费增长到 535.1 亿元，在 29 个制造业中位居第 13 位。

材料创新。纤维材料正在加快向高性能、多功能、轻量化、柔性化方向发展。碳纤维、芳纶、超高分子量聚乙烯纤维等高性能纤维实现国产化，性能质量稳步提升；阻燃、保温、导电、光导、抗菌、变色、防辐射等多功能纤维快速发展；聚乳酸、海藻纤维、壳聚糖纤维等生物基化学纤维的研发、制造、应用水平持续提升；智能纤维、纳米纤维宏量制备、3D 打印材料等前沿领域深入探索。

制造创新。从线、带、绳、缆等一维加工技术，织、染、印花、涂层等二维加工技术，到复合材料三维编织、纤维 3D 打印等三维加工技术，加工工艺以高速度、高效率、高精度为方向快速迭代、持续升级。制造体系深刻变革。智能制造加速生产高效化、柔性化。行业智能制造装备市场满足率超过 50%，有 3 家企业成为国家级智能制造标杆企业。大杨集团服装大规模定制可 4 天完成交付；赢家智能车间的一条生产线可同时生产十几种女装产品；宁波慈星运用工业机器人将生产效率提升到 20~30 倍。3D 打印在复杂设计、材料融合等领域展现出广阔前景。博理科技超高速 3D 打印机可 1 小时内完成鞋子生产。生物制造带来生产方式的变革。合成生物公司缙绣生物正以蚕产蛛丝突破生产成本瓶颈；凯赛生物以生物法制备长链二元酸，拓展低成本、绿色化的原料来源。

产品创新。材料、工艺、装备的系统性创新推动着产品的科技感、体验感、价值性、功能性持续提升。可变色服装、功能性服装等大量涌现。迪尚集团联合宁波尚烯科技推出集抗紫外、抑菌等功能于一体的石墨烯改性产品；爱慕利用新型海藻纤维，开发抗菌防螨、可降解产品。技术集成、场景延展开拓新领域新赛道。行业广泛应用于医疗卫生、航空航天、安全防护、交通运输、国防军工、新能源等领域。微米级材料编织的可置换人体主动脉人造血管、废旧蚕丝资源制备抗菌型手术缝合线、人造皮肤等高端医用纺织品持续涌现。复合材料应用在火箭、导弹、卫星、大飞机、汽车的结构制造上，推动轻量化高速化发展。在新能源领域，聚苯硫醚隔膜在绿氢产业发展中发挥着重要作用。在深蓝领域，全预警缓弹系泊缆绳、大规格超长深水系泊聚酯缆、轻质高强耐腐蚀深海定位用海工缆等绳网产品加速实现国产替代。

平台创新。5G+工业互联网平台重构制造生态。凯邦锦纶、波司登、海澜等10家纺织企业，6家纺织服装、服饰企业上榜《2023年5G工厂名录》。数字平台泛在连接打通数据流，赋能中小企业。柯桥“织造印染产业大脑”服务超过100家印染企业，使得企业设备利用率平均提高11.2%。红豆工业互联网平台目前已接入设备20万台（套），纳入生态企业600家。AI平台引领研发设计范式转变。截至2022年底，全国工业企业数字化研发设计工具普及率达78.3%，生成式AI正在高速渗透。中国纺织信息中心的DPI SPACE基于人工智能实现创意数字化、设计智慧化。凌迪Style 3D提供了从设计到生产全链路的3D研发解决方案。凯赛将AI技术引入生物制造研发体系。营销渠道加速融合。2022年，常熟服装城市场线上交易规模超1000亿元。星图数据显示，2023年“双十一”全网销售额达11386亿元，其中服装1370亿元占14%。跨境电商、直播电商、兴趣电商崛起。2022年希音（Shein）营收实现227亿美元，同比增长54%。虚拟现实和元宇宙重塑着商业场景和消费体验。

（二）以区域协同和集群发展为内容的空间布局

首先，表现为基于要素创新的产业布局调整。

当前，生产要素的内涵、特征正在发生深刻变化。算力、绿色能源、科技等新要素的应用重塑行业生产力分布。

2022年，我国算力核心产业规模达到1.8万亿元，中西部算力设施占到全国39%；在工信部发布的国家新型工业化产业示范基地中，西部地区大数据基地占其总体基地数的4.9%，是全国水平的1.8倍以上。纺织产业与大数据、人工智能等的融合，是提升全要素生产率的重要途径。东数西算的政策支持，算力枢纽、数据中心的快速发展正形成西部产业“弯道超车”的重要机遇。

能源在产业发展中的地位日渐凸显。西部地区油气资源富集，成为承接产业转移的重要优势。例如，恒力在贵阳投资220亿建设产业园。在双碳战略引导下，产业加快能源结构调整，绿色能源前景广阔，西部在太阳能、风能等领域具有更大的价值空间。截至2022年，青海省清洁能源装机4075万千瓦，占全省电力装机的91.2%，连续6次刷新全清洁能源供电世界纪录。能源资源成为西部产业后发优势的重要构成。

科技创新是更大变量。例如，科技赋能棉业，使湖北实现“一钵一苗”到“一播全苗”的突破，很大幅度提升长江流域发展棉纺产业的潜力；巴贝集团以人工饲料代替桑叶，实现工厂化养蚕，突破空间结构对产业发展的制约。浙江绿宇纺织、溢达集团、即发集团等企业多路径探索非水介质染色技术，为印染产业布局探索着新可能。人工智能的应用，弥合区域人才差距。

其次，表现为梯度发展的先进制造业集群。

今年5月召开的国务院常务会议明确提出，要把发展先进制造业集群摆到更加突出位置，在专业化、差异化、特色化上下功夫。以城市群和都市圈经济为重点，纺织先进制造业集群由集聚到集约加快发展。在长三角城市群，形成了上海、杭州、南京等时尚高地和当前唯一的国家级先进制造业集群——苏锡通高端纺织集群；在粤港澳大湾区，广东加快发展总部经济、创意设计、服贸会展等内容，深圳数字时尚蓬勃发展；在成渝都市圈，成都全力打造国际时尚之都、消费之都，重庆将轻纺产业作为6个千亿级现代制造业集群培育。

赛迪研究院选出7家“蓝鲸集群”，代表着全球制造产业集群发展的最高水平，产业辐射170多个国家及地区，创新成果占全球的1/4，合计经济体量超4万亿美元。中国纺织有条件打造时尚的“蓝鲸集群”。

一方面，充分发挥中心城市的引领力。英国《2023自然指数科研城市》显示，进入全球科创中心前20强的中国城市有10个，绝大部分为纺织集群的中心城市。“2023中国科技创新中心100强”榜单中，96个城市分布于大城市群地区。“数字百强市”榜单中，山东、江苏、广东三大纺织强省占总榜单的39%。以中心城市为支撑，集群正在形成“从0到1”的原始创新，“从1到*N*”的成果转化，“从*N*到无穷”的商业模式验证的发展生态。上海、宁波、重庆等地重点打造设计之都、时尚之都，围绕“大师、大牌、大事”构筑时尚话语权。首店经济、特色经济、数字经济、流量经济蓬勃发展。中心城市正在成为承载新经济、新产业、新生活的复合科创空间，成为先进制造业集群的资源磁场与发展引擎。

另一方面，提升周边特色集群的支撑力。集群经济和小镇经济是纺织产业最鲜明的特征，是产业发展的底座和基石。2022年54个“千亿县”，绝大多数以纺织服装为主导产业，9个新增的县域中有6个将纺织服装作为主导产业。集群产业特色突出。全球每5件毛衣有一件出自大朗，每4件泳衣有一件来自葫芦岛，每3双袜子就有一双产自诸暨大唐。围绕做精、做实、做深制造，集群加快高端化、智能化、绿色化转型。

空间布局持续优化。在完善产业平面分布的同时，越来越多的集群开始推进工业上楼、立体发展。盛泽产业园已经开始“织机上楼”、智能厂房改造。“工业上楼”在提升土地效率的同时，为装备升级、产能置换、业态创新带来新的空间机遇。上下楼成为上下游，产业园就是产业链。层次分明、错落有致、成本集约的立体格局正在形成。环境的改善、效率的提升，也为集群招商引智创造优越条件。

（三）以产品提质和品类创新为重点的市场创新

随着共同富裕的稳步推进，超大规模、多元化市场加快形成。中产阶层的增加，下沉市场的崛起，构筑着中国的增量市场。新生活观、文化观转化为新时尚观、消费观。行业市场创新与品牌实践深入发展。

一是制造优势转化为品牌优势。从“不是A买不起，而是B更有性价比”的万能金句，到拼多多在美股的市值超越阿里巴巴，从全球奢侈品消费放缓到天猫把“全网最低价”定为核心KPI，都反映出今年消费更加理性谨慎的现实。其中固然有短期经济环境的影响，但背后也蕴含着“平替”的市场趋势。从供给端看，随着中国纺织制造能力的提升，申洲、鲁泰等一大批优秀制造企业涌现，纤维品牌、制造品牌、供应链品牌、区域品牌协同并进、快速崛起。从消费端看，社交平台和内容电商的发展，推动了生产者与消费者直连，通过市场教育，消费者开始更多关注材料、工艺等信息。康赛妮、鄂尔多斯羊绒等已成为抖音电商上优质产品的标签。今年“双十一”淘宝天猫首次增加的店铺人气榜单中有大量白牌。1688严选主打大牌代工厂和产地源头产品，南通家纺、织里童装成为热销品类；抖音电商新设部门专职服务产业集群商家；淘宝天猫“千星计划”、京东“春晓计划”均扶持具有供应链能力的集群新品牌。优质制造、专业集群正在得到市场更多关注，形成品牌优势。衬衫老罗等一批新兴品牌崛起。

二是观念创新推动品类创新。不同时代的消费者，有不同的群体记忆、兴趣偏好，构成了当前多元的社会认知与组织。数字游民、搭子社交为代表的新社会关系，城市考古、山野主义为代表的新生活方式。这些都推动着品类创新。

近郊户外、城市露营等带动下，冲锋衣、工装裤、马丁靴、渔夫帽等集时尚与功能性于一体的穿搭成为流行。天猫“双十一”期间，自行车整车、骑行服饰、骑行装备“骑行三大件”在“双十一”销售涨幅均超100%。安踏儿童围绕艺术体操、舞蹈、形体训练等细分场景开发产品；“HOTSUIT”用3年做到暴汗服领域世界第一。从夏天的防晒衣到冬天的“光腿神器”、鲨鱼裤，围绕生活细节功能与颜值并举的产品成为新宠。圈层和亚文化是新消费群体的典型特征。环保理念、复古情怀等多元价值影响着消费决策。中国青年对“使用循环可再生材料”的关注度高达61%。受新复古（New Vintage）风影响，太空镜、喇叭裤等“土味”复古元素再次流行。

三是文化自信孕育时尚自信。中华优秀传统文化的创造性转化与创新性发展正在成为时尚创新的重要来源。2023年新中式服饰的市场规模达10亿级，近三年来相关产品GMV增速超过100%。中国设计开始走向时尚舞台中央。波司登推动中国原创设计与国际接轨，产品已在8个欧洲国家400多家品牌集合店销售。继“中国·女书”之后，“HUI”品牌在米兰时装周发布“木兰辞”系列。凯喜雅与“孔曰文化”联合故宫文创推出香云纱服饰，打造高端丝绸品牌“锦绣岁贡”。文学、影视、动漫、游戏等文化元素不断融入发展，体验经济、元宇宙等持续拓展着产业空间。国货国潮崛起。《2023国潮品牌年轻消费洞察报告》显示，高达78.5%的消费者更青睐国产品牌。安踏、李宁、海澜之家、森马等入选“2023国潮品牌上市公司百强榜”。鸭鸭、雪中飞、雅鹿等国产羽绒服老品牌再次受到年轻人喜爱。唯品会数据显示，“双十一”期间，雪中飞销量同比增长206%，鸭鸭销量同比增长77%。泉州推动“国潮泉州”优品出海“1+5”专项行动，打造外经贸一站式服务平台。

（四）以绿色发展和人权保障为落点的价值实践

《毕马威：2023年全球CEO调查》显示，69%的全球CEO将ESG作为创造价值的一种手段，将全面融入业务，确保企业的业务具有弹性，并能够实现长期增长。中国纺织行业企业关注理念与规则的变化，正在探索形成具有中国特色、产业特色的ESG体系，责任实践获得市场的认可。行业责任价值化正在形成，义与利的双螺旋进程加快推进。

可持续创新实践。纺织行业推进全生命周期、全产业链“降碳、减污、扩绿、增长”一体发展。在材料领域，2022年，我国循环再利用化纤产量超过500万吨。江南布衣计划到2025年，可持续原材料占原材料采购总重量比率达到30%以上。在生产环节，魏桥纺织智能化升级推动能耗降低35%以上，宏华深耕数码印花装备有效减少染化料使用和污水排放。以绿色能源为内容的动力创新正在纳入制造体系。申洲国际、鲁泰等一批企业采取绿电供能。浙江佳人新材料、福建华峰不断延伸废旧涤纶纺织品再生聚酯的产业应用。中国纺联发布LCA plus数字化纺织品全生命周期绿色评价平台，帮助披露产品环境信息，优化产品流程。行业坚持以人为本，服务南南合作、南北合作，助力实现联合国可持续发展目标（SDGs）。河南“巧媳妇”工程已成功整合培训70余万“三无”农村留守妇女，带动20万贫困家庭脱贫。行业面向残疾人、老年人等特殊人群需要，以舒适便捷、安全防护功能为重点，开发无障碍服装等产品。纺织行业与国际组织在性别平等、保障人权、消除鸿沟等方面开展深入合作。构建和谐劳动关系，推动保障职工各项权益。

绿色资产化。中国纺织行业正在提升将碳排放权、用能权、用水权、排污权等转变为绿色资产的能力，全力塑造新的竞争优势。一方面，纺织行业正在积极推进产品碳足迹管理与碳交易市场。湖北是全国首批碳交易试点省份，也是最早将纺织服装企业纳入碳交易名单的地区之一。经过多年实践，湖北碳市场已累计实现成交量3.8亿吨、成交额92.9亿元，分别占全国试点市场的42.6%、42.4%。《湖北省2022年度碳排放权配额分配方案》确定343家纳入湖北2022年度碳排放配额管理范围的企业，涉及钢铁、水泥、化工、纺织等16

个行业，其中包括武汉裕大华、湖北美尔雅、湖北孝棉、际华三五四二、稳健医疗（黄冈）等多家纺织企业。另一方面，行业在提升应用绿色金融工具的能力。节能减排、低碳发展是绿色金融的热点方向。盛泽镇政府与苏州农商银行建立"碳信融"工作实施方案，创建"碳信融"企业白名单库，以金融创新助推纺织行业低碳转型方面；湖州推出转型金融支持目录，覆盖纺织、化纤等9大重点行业。

四、纺织新型工业化的基本规律与主要原则

纺织新型工业化既遵循工业化的一般趋势，也体现产业新的内涵。我们不能简单地用过去的经验看现在，也不能简单地用国外的发展看中国。行业需要在普遍性与特殊性、历史性与时代性的统一中，把握新型工业化的基本规律原则。

（一）坚持发展实体经济，防止脱实向虚

习近平总书记强调："任何时候中国都不能缺少制造业"。制造业决定着中国式现代化的物质技术基础，是整个经济的基本面、外贸出口的主力军、劳动力就业的主阵地，是创新活动最活跃、创新场景最丰富、创新影响最广泛的领域。即便在美国，制造业占GDP的比重不足20%，但70%的技术创新与之相关。14多亿人口的生计决定了中国纺织只看微笑曲线两端不可取，"去制造化"的道路走不通。国际上一些国家的发展弯路也警醒我们，制造业如果失去规模优势和体系优势，就会丧失持续发展的动力和能力。推进新型工业化，必须坚持制造的基础地位不动摇。

（二）推动三产融合发展，不能贪大求洋

资源的稀缺性决定了产业间存在竞争关系。一些地方"贪大求洋""喜新厌旧"，背离发展实际将传统制造当成"低端产业"简单退出，这某种程度上是一种形式主义、形象工程。"经济时代的区别，不在于生产什么，而在于怎样生产"。三次产业间是有机整体，不存在高低之分。从全球看，产业已进入生态体系和价值网络的竞争阶段。没有高度发达的制造很难产生高度发达的服务。希音（Shein）、泰穆（Temu）在全球范围的成功根本上得益于产品的高性价比，得益于国内制造的有力支撑。要坚持三次产业融合发展，从生态系统的角度理解产业间的共生关系，避免割裂对立，切实推动纺织新型工业化与信息化、城镇化、农业现代化协同演进。

（三）适应极化分布特征，兼顾效率公平

未来已来，但分布并不均衡。新一轮产业革命的演进，在多个维度上拉大差距、形成鸿沟。科技创新资源和成果呈现高度极化的特征，先发优势、马太效应明显。数据显示，全球创新百强机构贡献了世界上四分之一的技术创新，其中三分之二的公司来自美国和日本。在数字经济领域，平台经济与网络效应，使得一家独大、赢者通吃成为常态。市场份额第一的机构，往往超过第二、第三名份额的总和。数字能力相对弱势的一方存在价值链低端锁定的风险。从资金、数据、信息基础设施等维度看，人工智能的机会将更多属于大型科技公司。我们既要把握关键点，集中力量办大事，根据极化的特征分配资源，也要关注公平找到弥合差距包容发展的方法路径。

（四）推动开源开放发展，不能闭门造车

全球化、开放性是新型工业化的重要特征，产业已成为复杂系统。传统的认知观念和理论框架不断被突破，新的认知与未知加速形成。发展呈现非对称和无规则性、多样化与不确定性。单纯依靠行业知识解决行业问题可能不再是最优解，更多要以跨界视野、开源创新实现突破。研究显示，开放性平台能比封闭式平台创造高1000倍的价值。成立于2016年的AI开源社区Hugging Face，实现涌现式发展，估值达到45亿美元。要在新型工业化的建设过程中把握新机遇，需要开源开放，整合全球资源，开展跨界合作。

（五）适应知识生态调整，把握传播规律

当前产业所处的信息环境已经发生深刻变化。知识膨胀、资讯涌流，多模态信息以指数级的增长冲击着我们的知识体系、挑战着我们的认知能力。信息过载已成为客观现实，真相的认知过程变得更为崎岖。特别是人工智能的发展，使得信息茧房、算法偏见等问题日渐突出，AI 幻觉、合成信息等现象更加普遍。有研究发现，推特（Twitter）上超过五分之一与中国相关的推文疑似由机器人发布。在算法深度融入媒体的时代，产业需要在日渐增多的“噪声”中发掘有价值的市场信息，需要在注意力经济的语境下获得更多关注，形成有效链接。以信息支持决策，以内容创造价值，行业既要掌握市场变化、洞悉人心所向，也要掌握传播规律，了解算法逻辑。

（六）发掘产业文化属性，推动价值实现

新型工业化是制造与文化融合的产业形态，既遵循工业发展规律，也遵循文化演进规律。不同于以往片面追求利润和效率的发展模式，新型工业化更有温度，更讲体验。文化的融入能将工业品变为工艺品，延长产品周期，提升价值含量。因此我们要从文化视角推动产业发展，要充分把握文化的生态属性。IP 能衍生出众多产品组合和产业场景。2023 年全球顶级授权商排行榜中，排名前五的时尚品牌的授权商品总收入达到 420 亿美元。要充分把握文化的意识形态属性。文化蕴含着价值判断，影响着消费决策和未来发展。可持续和负责任已经覆盖原料、生产、产品、营销、品牌等整个价值链。近期国家对于短视频和直播电商的整治也体现了这一特征。推进新型工业化，实力与魅力要统一，颜值与价值要统一、利益与意义要统一。

五、坚定信心、脚踏实地，推进纺织新型工业化实践

刚刚结束的中央经济工作会议，聚焦当前更面向未来，就如何开展 2024 年经济工作作出系统部署。会议将“以科技创新引领现代化产业体系建设”列为 2024 年九项重点工作任务之首，为行业下一阶段发展提供了根本遵循。2023 年 12 月 5 日，工业和信息化部、国家发展改革委、商务部、市场监管总局四部门印发《纺织工业提质升级实施方案（2023—2025 年）》，为行业发展提供方向指引。我们要深刻领会和把握党中央对新时代做好经济工作的规律性认识，深刻领会和把握党中央对当前形势的科学判断，准确理解政策取向，将行业的认识和行动统一到中央经济工作会议确定的总体部署和各项工作要求上。坚持稳中求进、以进促稳、先立后破，以科学有效的方法，奋发有为的状态，推进行业新型工业化实践。

（一）固本兴新，完善产业体系

1. 夯实基础，提升现实生产力

制造环节是产业的价值中枢、创新基石。发展先进制造能力，强化产业的规模优势、配套优势和部分领域先发优势。锻长板、补短板，持续完善从纤维材料生产、纺织染整加工到终端产品制造的全产业链制造体系。推动制造环节高端化、智能化、绿色化升级，加强质量支撑和标准引领，推动产业链高质量发展。完善工业互联网、大数据中心等行业新型基础设施，推进智能制造；打造绿色工厂，探索绿色制造新模式。增品种、提品质、创品牌，推进工业设计发展，提升产品创新能力。推进流行趋势研究与发布，完善创新设计生态。

2. 锚定创新，培育新质生产力

以科技创新推动产业创新。强化基础研究和原始创新，探索以新型举国体制解决卡脖子技术难题。充分发挥创新平台和联盟的作用，推动产学研协作。将颠覆性技术和前沿技术置于战略高度，培育催生新产业、新模式、新动能，前瞻布局未来产业，形成新质生产力。发展数字经济，加快推动生成式人工智能在行业的发展应用。找到行业与生物制造、商业航天、低空经济等战略性新兴产业的结合点。以高性能纤维材料、产业用纺织品为重点，

推动万物可织、产业融合，强化与国防建设、大健康、生物经济、生态环保等领域的创新应用。打造“科技—产业—金融”良性循环，推动行业创业投资、股权投资。

（二）提质增效，拓展市场消费

1. 着力扩大国内需求

要激发有潜能的消费，扩大有效益的投资，形成消费和投资相互促进的良性循环。培育壮大消费，大力发展数字消费、绿色消费、健康消费，积极培育纺织行业在智能家居、文娱旅游、体育运动、国货“潮品”等领域的新消费增长点。推动产业与市场对接。持续完善展会生态、提升展会能级，扩大影响。顺应消费升级大势，以高效优质的产品供给满足个性化、多元化消费需求。借助平台经济，打造消费新场景，丰富消费体验；深耕下沉市场，激活县乡消费活力。充分利用政府在关键核心技术攻关、新型基础设施、节能减排降碳等领域的支持政策，以有效投资带动产业转型升级。

2. 扩大高水平对外开放

要加快培育外贸新动能，拓展行业中间品贸易、服务贸易。持续建设国际营销网络、创新贸易业态，发展跨境电商，培育新的外贸增长点。要巩固好美欧、日韩等传统市场，积极拓展中亚、东盟、非洲等新兴市场，打造多元化出口格局。把握支持高质量共建“一带一路”行动的重大机遇，打造行业“走出去”的标志性工程和“小而美”项目。用好国际展会等平台，组织企业走向国际。持续深化产业的国际交流与合作，扩大朋友圈；不断增进与跨国公司、外国商协会的常态化联系，稳定外资企业的信心与预期，推动“投资中国”在纺织行业落地落实。积极应对国际环境与地缘政治的变化，做好风险监测和预警。

（三）内通外达，优化空间格局

1. 在城乡融合中推动产业集群建设

统筹新型城镇化和乡村全面振兴，做强集群经济，推动“纺织产业集群现代化建设示范区”。把发展先进制造业集群摆到更加突出位置，在专业化、差异化、特色化上下工夫。借助行业活动、论坛等平台，引导各类要素向集群合理流动和高效集聚。与创新要素分布、新兴业态发展相耦合，培养选树新材料、数字经济、大健康等具有更高附加值和引领力的新型纺织产业集群。找到产业与“三农”工作结合点，学习运用“千万工程”经验，向一、二、三产业融合发展要效益，补链条、兴业态、树品牌。以产业发展带动乡村建设水平和治理水平提升，服务乡村全面振兴。

2. 在区域协调中，引导产业有序转移

坚持全国一盘棋，充分把握各省市重视产业发展的政策东风，加强产业转移承接与区域发展战略联动，加快构建各具特色、有序竞争、差异化发展的空间格局。按照主体功能定位，东部地区围绕优质制造、科技创新、时尚品牌，不断提升引领力、贡献力；中西部地区将区域优势、政策优势、资源优势转化为产业优势。充分挖掘贵州、广西、新疆等边疆民族地区的民族和非遗资源，因地制宜发展特色产业。融入和服务构建新发展格局，平衡好本土发展和国际转移关系，在充分参与全球产业分工与合作的同时，增强优质产业链的根植性和完整性，加强国家战略腹地建设。

（四）德业竞进，涵养内生动力

1. 推动责任发展

企业要在市场化、全球化进程中，将企业社会责任纳入生产体系、价值体系、创新体系，不断提升治理能力。坚持就业优先导向，确保就业稳定。进一步改善工作环境，保障劳动权益，让劳动者实现体面劳动、安全生产、全面发展。推进诚信体系建设，提升契约精神，维护公平竞争的市场环境，使企业更要敢闯、敢干、敢担风险，推动形成大中小融合、产业链协同的产业生态。培育专精特新“小巨人”企业和对产业链节点有控制力的“单项冠军”企业。

2. 加快低碳转型

积极稳妥推进碳达峰碳中和，加快打造绿色低

碳供应链。加快优化新型用能体系，加强资源节约集约循环高效利用。强化绿色创新，打造绿色供应链，推动形成绿色低碳的生活方式。加快构建废旧纺织品服装资源循环利用体系，发展循环经济。进一步优化行业绿色发展服务平台，丰富绿色发展的工具和方法。打造集碳足迹核算、信息披露、认证、碳标签等服务为一体的行业碳达峰碳中和服务平台。推动纺织绿色低碳产业标准和认证体系建设完善。建立并持续完善行业 ESG 信息披露体系、ESG 绩效评估体系和 ESG 能力提升支持体系。

（五）光前裕后，推进认知工程

“人类用隐喻思考，通过故事学习。”在市场与行业的衍变中，如何在故事中找到未来，在常识中找到依归，是行业发展的重要课题。面对外部环境的风吹雨打，面对自我更新的痛苦挣扎，行业应该以改善预期和树立信心为切入点，加强产业宣传和舆论引导，讲好行业故事，以行业站位唱响中国经济光明论。

1. 强化研究能力，厘清形势方向

面对千头万绪，要将行业调研和统计分析作为基本工作方法和重要决策依据。针对行业当前面临的共性问题、基础问题、关键问题，要常态化、多样化开展企业、集群和市场调研行动。增强对市场变化、科技趋势与全球形势发展的系统性研究、针对性剖析。统筹当前形势与长远发展，面向未来开展战略研究。通过生动具体的行业叙事，引导人们看到认识一个真实的纺织，未来的纺织，推动行业走出困局，实现变革。

2. 强化宣传能力，营造产业氛围

在多形式展现行业应对外部挑战的创新实践的同时，要多渠道展现行业新时代新征程上的价值贡献。做好行业宣传工作，推动社会对纺织、世界对中国纺织的认知重启。讲好行业故事，形成一批现象级的科技、时尚、绿色产品和实践，打造一批全球影响的大师、大牌、大事，以创新的高度来重新建立行业社会认知的高度、社会影响的高度。要正视高性能纤维、产业用纺织品等行业发展成就被划归到其他领域的现实问题，要强化全产业链流行趋势研究与发布对产业发展、社会认知、商业和时尚话语权的推动作用。实事求是、认真梳理，重新定义我们的行业内容和价值。引导预期、构建信任、提振信心、坚定信念，树立信仰，营造更加健康的产业环境，为行业更高质量发展蓄势、鼓劲。

大道之行，壮阔无垠；大道如砥，行者无疆。在中华民族伟大复兴的历史大势中，在中国式现代化的伟大实践中，我们的事业前景开阔，无限光明。来而不可失者时也，蹈而不可失者机也。让我们努力抓住一切有利时机，利用一切有利条件，看准了就抓紧干，能多干就多干一些。厚积薄发，集腋成裘，携手共创行业新型工业化的锦绣未来。

中国与“一带一路”服装产业链合作报告

中国纺织工业联合会产业经济研究院　赵明霞

“一带一路”倡议是我国实施对外开放战略的重要举措，是在全新历史条件下我国开展国际合作、推动构建人类命运共同体的全新实践。自2013年首次提出至今，“一带一路”倡议已经走过十年历程，实现了从外交理念到务实国际合作平台的转变。纺织行业是我国市场化改革与国际化发展的先行产业，服装行业则是整个纺织产业链上最早完成市场化改革和实行对外开放的分行业，因此必然是“一带一路”倡议的坚定践行者和引领者。“一带一路”倡议的提出恰逢我国纺织行业发展周期转换，特别是服装行业，在制造成本提升、国际竞争加剧的情况下，转型阵痛尤为突出。推进共建“一带一路”为服装行业稳外贸稳增长、顺利度过转型升级“阵痛期”创造了重要市场动力和有利外部环境，也为服装行业在新形势下开拓多元国际市场、高水平参与国际产业合作提供重要契机。

“一带一路”倡议提出十年来，我国与沿线国家贸易往来与投资合作便利性提升，双、多边自由贸易合作范围扩大，基础设施互联互通增强，人民币国际化稳步推进，整体贸易投资合作环境不断优化。在此背景下，我国服装行业与“一带一路”国家间的贸易与投资合作均逐步走向深化，贸易与投资相互促进则进一步推动了产业链供应链融合，助力我国服装行业在制造成本高企、贸易环境严峻的形势下实现了综合运转效率和国际竞争力的稳步提升，“一带一路”合作伙伴国也依托服装加工业步入了工业化发展的快车道。纺织行业是“一带一路”共建合作的标志性示范行业，服装行业则基于就业吸纳能力强、投资门槛适宜、经济社会带动面广等行业特点，成为示范中的典范。

“一带一路”倡议提出十年来，我国与“一带一路”国家间的服装产业链贸易与投资合作主要呈现以下特点。

一、服装出口竞争力保持稳定

我国是全世界纺织终端产品品类最为齐全的生产制造国，服装、家纺、产业用纺织品三大终端行业坚持自主创新，不仅带动自身产业升级，也丰富了全球终端市场供给。服装在我国纺织行业纤维加工量和出口总额中的占比至今仍达到50%左右，是我国纺织产业链参与国际竞争与合作最重要的产品。“一带一路”国家拥有数十亿人口的大规模消费市场，也为我国服装行业发挥先进、优质、高效制造优势提供了较为广阔的市场空间。

（一）出口额规模稳中有升

我国服装出口额自1994年起一直位居世界首位，但由于国内综合制造成本持续提升，国际贸易环境趋于复杂，服装出口规模在2014年达到1878.2亿美元的峰值后逐渐回落。我国对“一带一路”国家服装出口额近十年来有所波动，但整体保持高位，为活跃当地消费市场、促进民生改善提供重要物质支撑，同时也体现出“一带一路”国家的市场消费潜力稳步释放。2022年，我国对“一带一路”国家服装的出口额[1]达到490.7亿美元，比2013年略增加4亿美元；

[1] 为了更客观、准确反映我国纺织服装行业与“一带一路”国家贸易发展成果及变化趋向，本文所有纺织品服装及纺织产业链配套产品贸易数据范围为2017年底以前与我国签订合作备忘录的64个国家数据。64个国家为：蒙古、老挝、孟加拉国、哈萨克斯坦、阿联酋、俄罗斯、泰国、印度、吉尔吉斯斯坦、巴勒斯坦、波兰、新加坡、巴基斯坦、土库曼斯坦、土耳其、捷克、印度尼西亚、阿富汗、乌兹别克斯坦、格鲁吉亚、爱沙尼亚、越南、斯里兰卡、塔吉克斯坦、叙利亚、立陶宛、马来西亚、马尔代夫、以色列、罗马尼亚、缅甸、尼泊尔、也门、白俄罗斯、柬埔寨、不丹、黎巴嫩、波黑、文莱、巴林、克罗地亚、菲律宾、埃及、拉脱维亚、东帝汶、阿曼、摩尔多瓦、阿塞拜疆、斯洛文尼亚、沙特阿拉伯、阿尔巴尼亚、卡塔尔、保加利亚、科威特、塞尔维亚、亚美尼亚、黑山、伊拉克、斯洛伐克、伊朗、匈牙利、约旦、乌克兰、北马其顿。

"一带一路"国家在我国服装出口总额中占比为26.6%，已经成为我国服装行业重要的海外销售市场。2023年，我国对"一带一路"国家服装出口额为486.7亿美元，在我国服装出口总额中的占比提高到了29.1%（图4-1）。

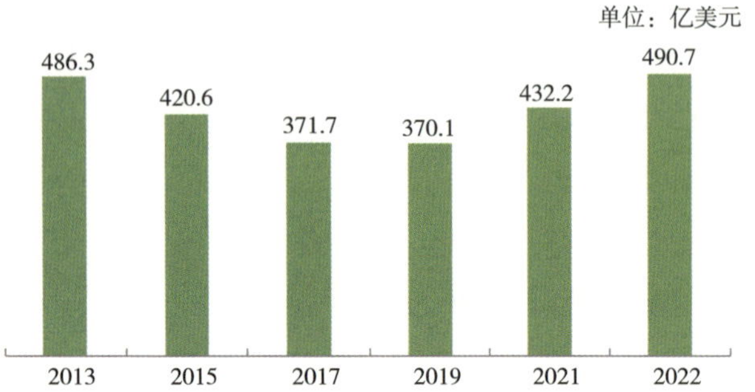

图4-1　我国对"一带一路"国家服装出口额

（数据来源：中国海关总署）

（二）机织服装竞争力保持稳定

产品结构方面，机织服装是我国服装产业链的优势产品，在"一带一路"市场中竞争优势得到充分发挥。2022年，我国对"一带一路"国家的机织服装出口额为210亿美元，比2013年增长60.2%。具体产品中，男女大衣、男长裤2022年出口额均超过20亿美元，与2013年出口额相比较均实现了30%以上的增长；女士上衣、裙装、长裤、胸罩等品类2022年出口额超过15亿美元，且比2013年出口额实现了超过100%的较快增长。

由于国内制造成本提升，且针织服装本身是很多新兴和发展中经济体服装行业的核心构成，近年来，我国针织服装出口规模总体缩减，对"一带一路"国家的出口额也有所下降。2022年，我国对"一带一路"国家针织服装出口额为231.3亿美元，较2013年下降了25.3%。具体产品中，2022年出口额超过10亿美元的品类包括T恤衫、套头衫、女士套装、上衣、裙子、长裤等，但仅有T恤衫、套头衫出口额较2013年实现增长，其他均有所减少（图4-2）。

图4-2　我国对"一带一路"国家针织、机织服装出口额

（数据来源：中国海关总署）

（三）对中亚、东南亚等市场出口增长良好

主要出口市场中，吉尔吉斯斯坦近年来已成为中亚地区最重要的服装商品集散地，2022年在我国对"一带一路"国家服装出口额中位居第一位，出口额达到73.8亿美元，比2013年增加了3.2倍，是所有主要出口市场中增长最快的，也是当年我国对全世界服装出口第四大市场。我国对马来西亚服装出口额2022年位居"一带一路"国家第二位，比2013年的排位提高2位，出口额达43.9亿美元，比2013年增加了24.7%。我国对俄罗斯的服装出口额2013年位居"一带一路"国家首位，达到92.8亿美元，但受到俄罗斯经济形势低迷影响，我国对其服装出口整体呈下降态势，2015~2019年出口额均在70亿美元左右；受到俄乌战争影响，2022年我国出口额仅为41.8亿美元，比2013年减少了55%，在出口市场中排位也已下调至第三位。我国对越南、哈萨克斯坦2022年服装出口额均超过30亿美元，分别位居第四位和第五位（表4-1）。

表4-1　我国对"一带一路"国家服装出口额前五强　　单位：亿美元

2022年			2013年		
排序	国家	出口额	排序	国家	出口额
1	吉尔吉斯斯坦	73.8	1	俄罗斯	92.8
2	马来西亚	43.9	2	越南	56.6

续表

2022 年			2013 年		
排序	国家	出口额	排序	国家	出口额
3	俄罗斯	41.8	3	阿联酋	47.3
4	越南	38.0	4	马来西亚	35.2
5	哈萨克斯坦	35.4	5	哈萨克斯坦	32.5

（数据来源：中国海关总署）

二、服装进口规模显著扩大

21 世纪以来，随着国民经济持续发展，我国纺织品服装内需消费水平不断提升，自“一带一路”倡议提出至今，我国内需纤维消费量从 2600 多万吨增加到约 3800 万吨，城乡居民衣着消费支出从 1.4 万亿元增加到约 2 万亿元。为响应“一带一路”倡议，我国积极扩大市场开放，与有关国家分享我国超大规模内需市场消费升级机遇，通过降低部分消费品关税、简化进口通关手续等多种措施拓宽终端消费品进口渠道，以市场为链接促进与“一带一路”各国经济融合。作为重要的终端消费品，近年来我国自“一带一路”国家的服装进口实现平稳增长，为合作伙伴国纺织产业的升级发展以及强化与我国的纺织供应链合作提供重要市场机遇。

（一）进口需求稳步增加

“一带一路”倡议提出以来，我国服装进口实现较快增长，成为满足内需消费升级的重要补充，“一带一路”沿线相关国家在服装加工领域的良好竞争力也得到充分释放。2022 年，我国从“一带一路”国家共进口服装 50.3 亿美元，比 2013 年增长 1.6 倍，年均增速达 11.2%，高于同期我国服装进口总额年均增速 3.7 个百分点，是我国自“一带一路”进口纺织品服装当中增长最快的大类产品，“一带一路”国家占我国服装进口总额的比重也从 2013 年 33.4%提高到 2022 年 45%。2023 年，我国自“一带一路”国家进口服装 45.7 亿美元，占我国服装进口额的比重为 43.7%（图 4-3）。

图 4-3　我国自“一带一路”国家服装进口额

（数据来源：中国海关总署）

（二）进口产品种类日益丰富

在我国自“一带一路”国家的服装进口中，机织服装 2022 年进口额为 24.2 亿美元，与 2013 年相比增加 60.2%。机织服装中，进口金额较大且增速较快的品类包括大衣、羽绒服、男士长裤等。针织服装进口额从 2013 年 7.3 亿美元增加到 2022 年 20.5 亿美元，累计增加 1.8 倍，增速是机织服装的近 3 倍，增长较快原因主要是部分“一带一路”国家近年来在针织服装加工方面发展较快，客观上也适应现阶段短流程制造、舒适性消费的产业发展趋势。针织服装中，进口金额较大且增速较快的品类包括长裤、衬衫、T 恤衫、套头衫等（图 4-4）。

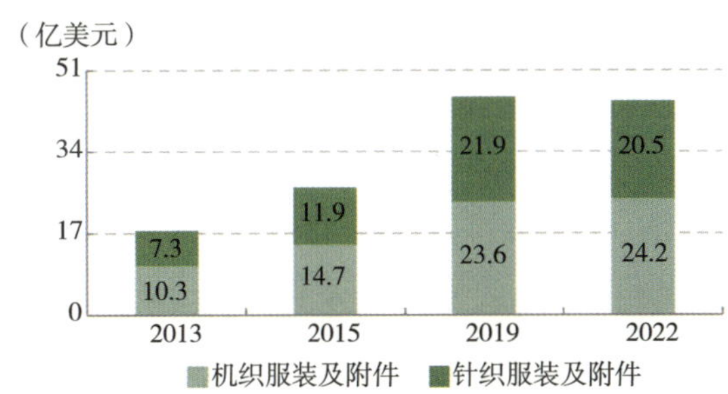

图 4-4　我国自“一带一路”国家针织、机织服装进口额

（数据来源：中国海关总署）

（三）自东南亚、南亚进口实现快速增长

越南是我国在“一带一路”国家中最大的服装进口来源国，2022 年我国自越南的服装进口额达到 17.9 亿美元，比 2013 年增长 3.4 倍，年均增速高达 17.9%。越南在我国自全世界的服装进口总额中所占比重达到 16.1%，已经由 2013 年位居我国自全世界服装进口的第四大来源国跃居 2022 年第二位。我国自孟加拉国、印度尼西亚、柬埔寨、罗马尼亚服装进口额均超过 3 亿美元，其中自柬埔寨服装进口额比 2013 年增长了 67.6%，其他三国进口额九年累计增速均超过 100%（表 4-2）。

表 4-2　我国自“一带一路”国家服装进口额前五强　　单位：亿美元

2022 年			2013 年		
排序	国家	进口额	排序	国家	进口额
1	越南	17.9	1	越南	4.1
2	孟加拉国	3.9	2	土耳其	2.6
3	印度尼西亚	3.7	3	孟加拉国	2.3
4	柬埔寨	3.5	4	印度尼西亚	1.6
5	罗马尼亚	3.3	5	罗马尼亚	1.5

（数据来源：中国海关总署）

三、服装产业链配套产品贸易更加活跃

近年来，“一带一路”部分国家成为国际服装产业分工布局重点区域，在生产和贸易领域重要性提升。但大部分新承接服装产业转移的国家纺织产业链不完整，中上游纺织中间产品及专用装备对进口依赖程度较高，我国纺织行业则依托先进制造基础与不断提升的自主创新能力，为广大新兴和发展中经济体承接发展纺织工业提供了充足、适宜的产业链配套支持。与此同时，在贸易畅通水平不断提升的背景下，“一带一路”国家也充分发挥自身产业及资源优势，成为我国纺织服装产业链的重要合作方。

（一）产业链中间产品出口稳步增加

近年来，新兴与发展中经济体服装加工业实现较好发展，对面辅料的进口需求增加，带动纺织面料（织物）成为我国纺织全产业链的出口新增长点。由于“一带一路”沿线的东南亚、南亚等地区是近年来承接发展纺织产业的重点区域，我国对“一带一路”国家的纺织织物出口增长尤为突出，出口额从 2013 年 270.8 亿美元增加到 2022 年 460.3 亿美元，累计增长 70%，年均增长 6.1%。“一带一路”国家占我国织物出口额的比重从 2013 年 61.2%的高位增长到 2022 年 68.6%。主要出口目的国包括越南、孟加拉国、印度尼西亚、柬埔寨、缅甸等。

随着新兴和发展中经济体以服装加工为中心延伸发展纺织产业链，其对上游纺织配套产品的需求也有所增多，我国纱线出口稳步增长，化学纤维出口潜力逐步显现。2022 年，我国对“一带一路”国家共出口纱线 39.4 亿美元，比 2013 年增加了 39.9%，占我国纱线出口额的比重为 68%。出口的纱线产品中，55%为化纤短纤纱，26.7%为棉纱，孟加拉国、越南、印度分别位居我国对“一带一路”国家纱线出口目的国前三位。2022 年，我国对“一带一路”国家共出口化学纤维 73 亿美元，占我国当年化纤出口额的 63.4%，与 2013 年相比较增加了 1.2 倍，年均增长 9%。产品中，78.4%为化纤长丝，其余为短纤，越南、印度、土耳其位居我国对“一带一路”国家化纤出口目的国前三位（图 4-5）。

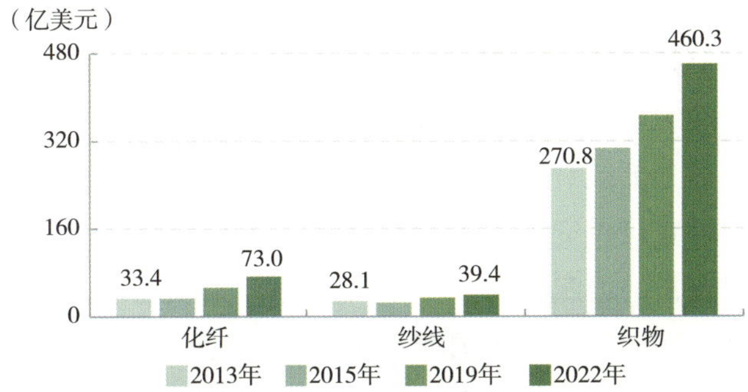

图 4-5　我国对“一带一路”国家出口纺织产业链中间产品情况

（数据来源：中国海关总署）

（二）积极促进原辅料及配套产品进口

“一带一路”国家充分发挥资源与产业优势，为我国服装产业链提供了对应需求的多种原辅料产品，成为我国服装产业链的重要合作方。2022 年，我国从“一带一路”国家进口化纤、纺织纱线、纺织织物的金额分别为 5.9 亿、36.3 亿和 4.9 亿美元，其中，化纤进口额比 2013 年增加 11.3%，纱线和织物进口额分别比 2013 年减少 34.1% 和 39.5%。越南、泰国、巴基斯坦、土耳其、马来西亚、乌兹别克斯坦等国均是主要进口来源。

此外，作为服装产品的间接原料，“一带一路”国家在各类天然纤维及部分化纤原料方面的供给也为我国提供了重要资源补充。2022 年，我国共自“一带一路”国家进口各类天然纤维原料 82.9 万吨，共计 10.1 亿美元；其中 41.5% 为棉纤维，33.1%为毛纤维，20.6%为麻纤维，丝纤维占比较低。主要进口来源国中，蒙古因为提供了较多高价值的羊毛进口额位居首位，印度和埃及则因棉花和麻纤维进口较多分列第二、第三位。

2022 年，我国自“一带一路”国家进口纤维素原料 63.3 亿美元，比 2013 年增加 2 倍；进口额中，99.5%为木浆，主要进口来源国为印度尼西亚、俄罗斯、泰国、老挝、马来西亚等。2022 年，我国自“一带一路”国家共进口合成纤维单体 68.8 亿美元，共计 856.9 万吨，进口量比 2013 年增长了 5.4%。合纤单体中，主要进口产品为对二甲苯和乙二醇，沙特阿拉伯、科威特、伊朗等中东产油国是主要的进口来源国；东南亚国家文莱位居进口来源国第二位，产品主要来自我国纺织企业在该国投建的石化项目，该项目是我国与文莱共建“一带一路”的旗舰项目（图 4-6）。

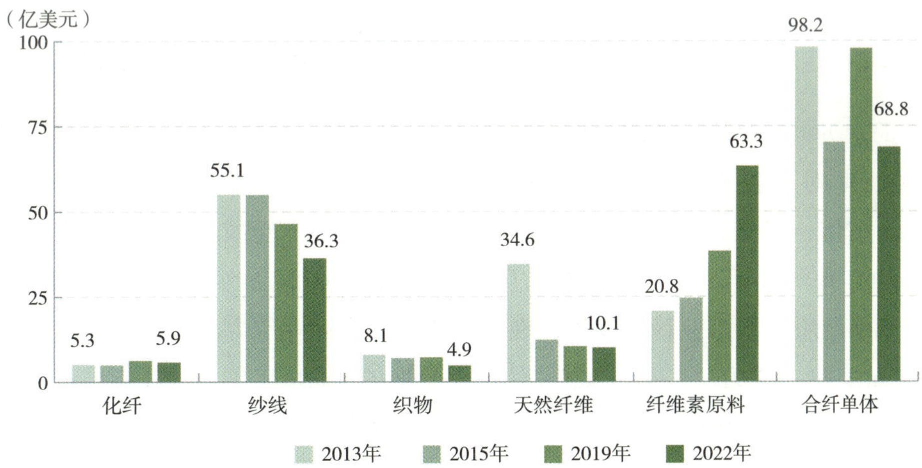

图 4-6　我国自“一带一路”国家进口纺织原辅料及中间产品情况

（数据来源：中国海关总署）

四、对外投资与产业链共建合作稳步推进

近年来，在国际合作形势日趋复杂、自身结构仍待优化等内外因素共同驱动下，我国纺织服装行业积极通过对外直接投资推动国际产能合作与跨国供应链共建，努力化解各类不确定因素，提高产业发展韧性。“一带一路”国家与我国合作关系稳定

良好，投资与贸易便利化程度持续提升，人员往来更加便捷，中欧班列等设施联通条件不断改善，因此成为我国纺织服装企业对外投资与共建供应链的优先选择。

（一）投资规模稳步扩大

“一带一路”倡议提出十年来，我国纺织服装企业对外直接投资额累计达到近120亿美元，其中对“一带一路”国家投资额达到60亿美元。由于具有吸纳就业能力强、便于链接国际市场等优点，发展中国家普遍积极支持发展服装制造业，加上我国制造成本持续提升因素等影响，服装行业成为我国纺织产业链对外直接投资的最重要领域之一。根据商务部统计数据，2013～2022年，我国服装行业对外直接投资额为27.3亿美元，占纺织全行业对外投资额的近四分之一。“一带一路”沿线越南、柬埔寨、缅甸等东南亚国家由于具备与我国地理位置邻近、文化习俗相近等优势，是我国服装行业首要海外投资目的国；埃及、埃塞俄比亚等非洲国家也依托劳动力资源优势，成为重要投资选择（图4-7）。

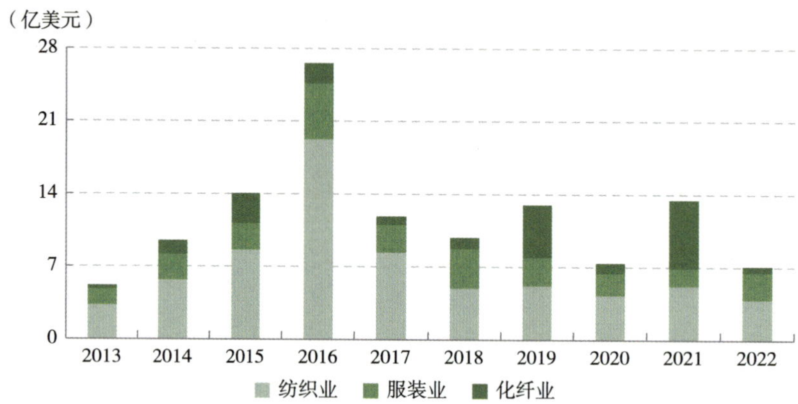

图4-7　我国纺织行业对外直接投资额

（数据来源：中国海关总署）

（二）供应链共建合作走向深化

除了服装加工，纺织产业链前端的棉纺织行业是我国纺织服装行业对外投资的另一重点领域，“一带一路”沿线越南、马来西亚、印度尼西亚、埃塞俄比亚等国均有我国骨干企业投建的棉纺厂。最近几年，随着棉纺及服装加工业稳步发展，在当地实现全产业链加工配套成为“一带一路”沿线承接发展纺织产业的发展中国家的重要需求，面料织造及印染精加工也成为我国纺织服装企业在海外新的投资热点。我国一些在海外投资的骨干服装企业已经结合下游服装加工环节规模，自主配套了印染项目，越南等国家也已经在规划印染产业园区的发展路径。未来，随着投资合作不断走向深化，我国与“一带一路”国家的纺织服装产业合作也在供应链共建的新高度上得到推进。

（三）为促进当地经济社会发展做出积极贡献

我国先进的服装加工技术和管理经验与“一带一路”沿线国家丰富的劳动力资源相结合，在当地发展形成了广受国际品牌采购商青睐的服装加工制造产业，在推动当地加快工业化、扩大出口创汇、吸纳社会就业等方面均发挥了核心作用。中资服装企业在当地培养了大批技能型工人与专业化管理人员，从业人员在企业间流动，产生外溢效应，促进了当地本土企业加快发展提升。有些工业园区内还配置了一站式服务中心，这是我国纺织服装产业集群数十年发展经验的集中体现。与此同时，中资企业为当地居民提供了准入门槛适宜的劳动就业机会、体面良好的就业环境和良好的薪资收入，一些企业免费为员工提供食宿，有效改善了当地居民的生活状况，帮助大量人口脱离贫困，向温饱迈进。

有些企业还开设了免费的夜校，为当地居民提供文化学校机会，帮助当地居民获得了更好的个人发展机会，受到当地社会的广泛欢迎。

“一带一路”倡议的提出丰富了多边主义的内涵和国际经济合作的理念，在当前国际纺织服装产业链、供应链不断发生重大变化的复杂形势下，为我国纺织服装行业深度融入国际产业链、供应链体系提供了更为丰富的路径选择。随着我国与“一带一路”国家间的互联互通继续推进，我国纺织服装行业的对外开放格局也将实现新的拓展，从而打造形成更加具有发展韧性的现代化产业体系，不仅继续为我国全面建成社会主义现代化国家贡献应有之力，也带动“一带一路”合作伙伴一起在产业的时代变革中破局前行。

服装行业数智化转型前沿技术展望

东华大学　中国服装智能制造联盟专家组　闻力生

当前，我国制造业数智化转型是推进新型工业化的需要，也是数字时代制造业生存和发展的需要。数字生产力的飞速发展不仅引发了生产方式的转变，也深刻改变了制造企业的业务体系和价值模式。制造业传统的价值体系是基于技术构筑起来的纵向封闭式体系，数字经济时代的价值体系则是基于科技前沿技术能力共建、共创、共享形成的开放价值生态体系。

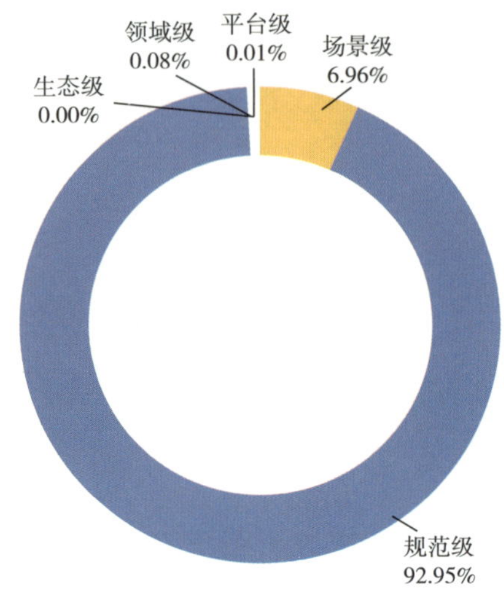

图 4-8　数字化转型发展阶段分布

数智化转型通常分为三个阶段，即数字化、数据化、智能化，只有经过数字化、数据化才能达到智能化。根据我国企业数字化转型成熟度模型来看，中信联发布的《企业数字化转型成熟度发展报告（2022）》表示，截至 2022 年，超过 90%的企业集中在规范级阶段；7.0%的企业达到了场景级阶段；仅有不到 0.1%的企业达到领域级及以上发展阶段（图 4-8）。

由上可见，目前我国企业数字化转型程度还很低，要达到智能化特别是智能化的制造工厂还有很长一段路要走。因为现在基于数智化的智能工厂技术要求严格，它是在制造产品设计、工艺规划、计划控制、制造运营、生产跟踪反馈等基础上进行数字化和数据化集成，最后由智能制造运营管理，其基于数智化的智能工厂总体架构（图 4-9），可见要实现这样的数智化转型目标确实难度很大。

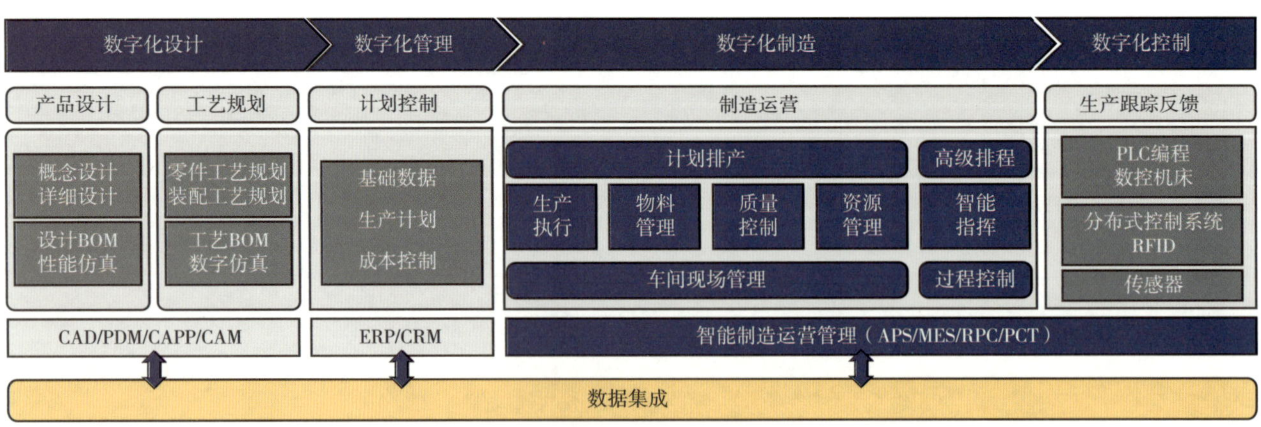

图 4-9　基于数智化的智能工厂架构

当前，我国制造业有 400 多万家，其中服装制造业 17 万家，占整个制造业的 4.25%。服装制造业虽然经过几十年的发展，产业从小到大、从弱到强，从一个传统劳动密集型产业走出了一条科技、时尚、绿色的全新发展之路。但发展至今，我国服装制造业数字化、智能化转型成熟度程度和全国制造业基本同步，超 90%服装企业仍处在数字化规范级阶段。中国纺织工业联合会副会长、中国服装协会会长陈大鹏在 2023 年中国服装大会上谈到新时期的行业发展趋势时指出：在数字经济时代实现转型升级和高质量发展的大趋势不会改变。他表示："科技的快速发展，带来人类社会各领域的巨大变革和颠覆性创新。转型就是产业形态的改变，新技术在产业链各个环节的应用，推动和催生着产业生产范式、组织方式和商业模式正在发生重大变革。企业持续的创新力就是来自科技创新的支撑，来自产业链的现代化。"这就告诉我们，要打造中国服装产业链现代化，保持中国服装产业数智化转型处在世界前列，就要将产业的数智化转型升级作为发展的大趋势，将科技创新作为数智化转型升级的支撑。那么，服装制造业有哪些科技前沿技术来支撑数智化转型呢？

本文综合了全球以及我国知名咨询机构、企业、研究院所、高校，如麦肯锡、高德纳（Gartner）、赛迪顾问、谷歌、中国工程院、百度、腾讯、华为、中科院、清华等发布的今后 5~10 年的科技前沿技术发展趋势，提出了今后支撑我国服装制造业数智化转型的直接相关的八大科技前沿技术。

一、支撑数智化转型的生成式 AI 与多模态大模型技术

进入人工智能时代，人工智能技术将从根本上改变地球上所有人、组织和每个行业的生产力。如今，生成式 AI（又名 GenAI）通过大规模预训练模型正走向普及化，Gartner 预测，到 2026 年，超过 80%的企业将在生产环境中使用 GenAI API 和模型。众所周知，生成式 AI 和大模型拥有三大底层能力，即感知、分析和生成能力，基于三大能力，未来的生成式 AI 将沿着 AIGC（AI 内容生成）、Copilot（智能助手）、Insight（知识洞察）、Agent（数字代理）四个重要的方向发展（图 4-10）。当前，最重要的是 AIGC（AI 内容生成），2022 年 Open AI 发布的 ChatGPT 就是 AIGC 的典型代表，它能够生成创造新的内容取决于大模型及多模态技术，创造内容已包括文本、图像、视频、代码、3D 模型等。

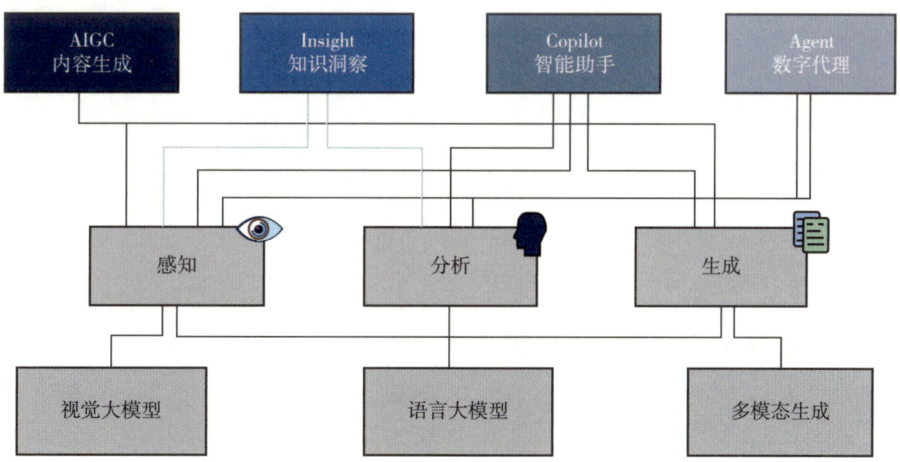

图 4-10　生成式 AI 与大模型

ChatGPT 是一个工作大脑，如果没有实体链接，很多事情则无法做到，所以其一旦和"机器"结合就可以自动地创造内容（数据）。数据是新型工业化的重要投入要素，数据的生产、开发、利用水平直接决定了制造业数智化转型的水平。

随着人工智能生成内容（AIGC）的出现，制造业加快了数据的重新编排过程，也加速了对客户、业务和产品的洞察。AIGC 是制造业数智化转型的一次巨大革命和技术奇点，AIGC 的出现推动了人类进入数字文明时代。在服装制造业，AIGC

技术对数智化转型的支撑可以体现在以下方面：利用 AIGC 技术，设计师可以更加高效地进行创意构思、图形排版和面料搭配等工作，并且可以快速地生成各种样式和款式。此外，AIGC 技术还可以结合虚拟试衣技术，让设计师能够更好展现服装，提升选品的效率和效果。利用 AIGC 技术，可以帮助企业生产过程优化，通过监测生产线上的数据来实时优化生产过程，以提高效率和降低成本；AIGC 技术还可以进行质量控制，通过分析生产过程中的数据来识别和纠正质量问题，帮助企业提高产品质量和客户满意度；AIGC 技术可以帮助企业预测和规划决策，基于历史数据和市场趋势来预测产量、需求和供应链状况，帮助企业做出更准确的决策和规划等。此外，在服装营销方面，AIGC 技术的应用可以实现更加智能和精准的营销策略，同时更好地提高营销效果。

根据赛迪顾问预测：到 2035 年，在生成式 AI 的推动下，制造业数字化率将突破 85%。到 2055 年，中国生成式 AI 技术基本实现对各行业的数字化转型，数字化率将达到 100%（图 4-11）。届时，数字经济时代将会深刻改变人类的生产生活方式，经济效益将进一步释放。

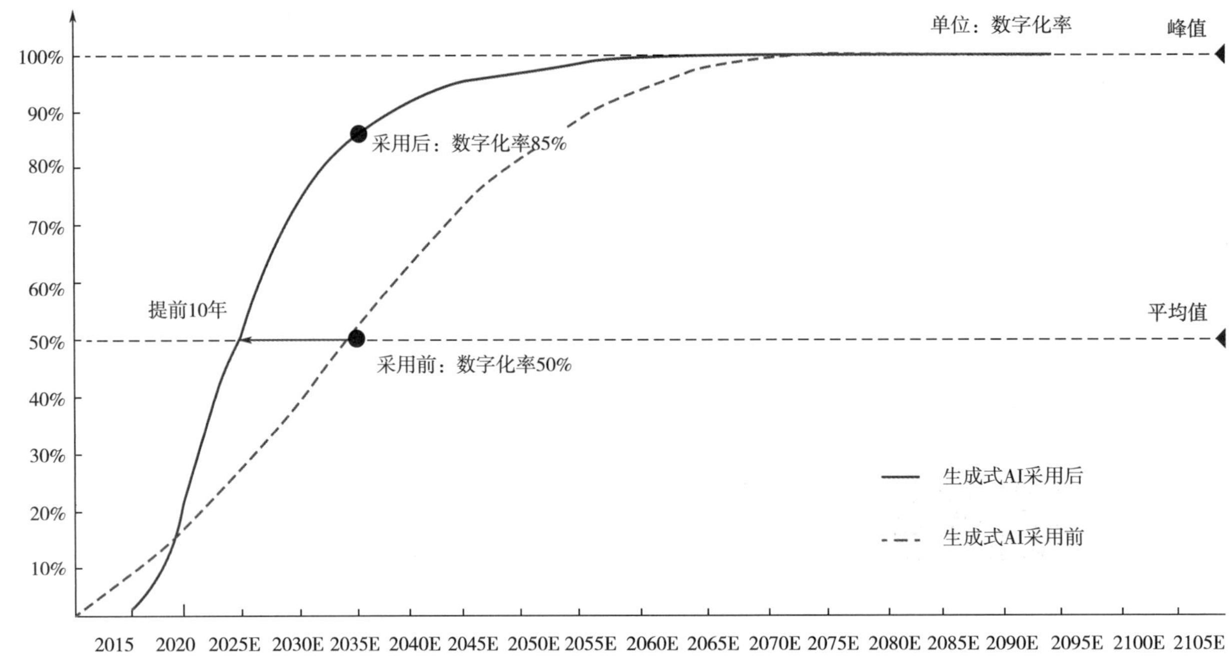

图 4-11　生成式 AI 对中国行业数字化率的影响分析

二、支撑数智化转型的元宇宙和数字孪生技术

2021 年是元宇宙（MetaVerse）元年，发展至今已经 3 岁了。元宇宙是与现实世界并存、由无数个 3D 虚拟世界构成的数字宇宙。通俗地说，元宇宙就是一个平行于现实世界、却又和现实世界相互影响的 3D 虚拟世界，两个世界能够相互映射、相互影响，可以实现虚拟世界和现实世界的交互，可以实现以虚强实。因此，元宇宙技术是一个驱动数字技术创新、赋能实体经济发展的重要途径。

元宇宙世界是由独立且分散的许许多多元宇宙组成，所以它是个“多元宇宙”，作为产业的元宇宙有工业元宇宙、城市元宇宙、商业元宇宙、医疗元宇宙、金融元宇宙、交通元宇宙、会展元宇宙、游戏元宇宙等。工业元宇宙即元宇宙相关技术在工业领域的应用，将现实工业环境中研发设计、生产制造、营销销售、售后服务等环节和场景在虚拟空间实现全面部署，通过打通虚拟空间和现实空间实现工业的改进和优化，形成全新的制造和服务体系，达到降低成本、提高生产效率、高效协同的效果，促进工业高质量发展。

工业元宇宙对于制造业的表达（图 4-12），即通过网络技术、通信技术，利用数字化手段实时、广泛、精准从现实世界的制造业采集数据，再利用智能算法和算力构建虚拟世界，这个虚拟世界是和现实世界一样的数字化制造业，在虚拟世界里通过智能控制现实世界里的制造业，使之达到高效、高质低成本的价值最优。

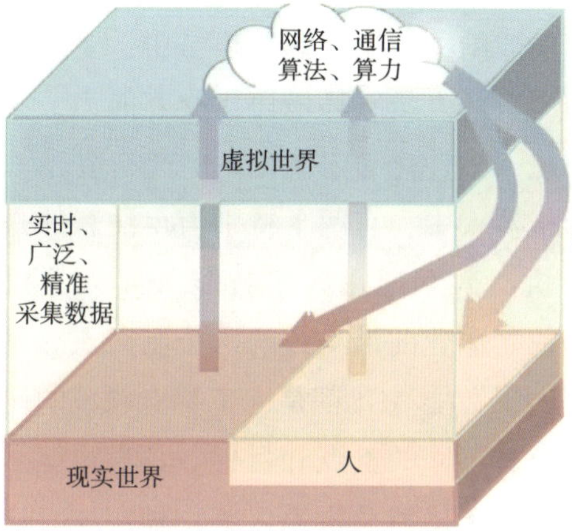

图 4-12 工业元宇宙对于制造业的表达

（图片来源：Wangxiwen44）

赛迪顾问智能制造研究中心认为，元宇宙相关技术在工业领域的应用将赋能工业产品全生命周期的各个场景，能够有效促进工业领域智能化升级。鉴于服装产品既是高科技产品又是时尚产品，因此，我们在发展元宇宙同时应该发展“服装元宇宙”。“服装元宇宙”即元宇宙相关技术在服装工业领域的应用，一定能够赋能服装制造业的转型升级。

2020 年，工业和信息化部牵头发布《数字孪生应用白皮书》，文中指出：数字孪生是以数字化方式创建物理实体的虚拟实体，借助历史数据、实时数据以及算法模型等，模拟、验证、预测、控制物理实体全生命周期过程的技术手段。作为制造业，数字孪生系统架构中的物理与数字相互链接影响（图 4-13），物理对象就是通常所说的现实世界或称物理世界，在此可以理解为是产品、设备、生产线、物料、人等构成的企业物理世界，而数字孪生体系框架部分可以理解为通过建模、仿真、数据分析等技术建成数字孪生的虚拟世界，两个世界由网络连接，进行实时数据的映射和反馈控制，进而达到现实世界企业的优化。

由上可见，工业元宇宙与“数字孪生”有类似的虚实概念，但两者又有区别，数字孪生是现实世界向虚拟世界的 1：1 映射，通过在虚拟世界对生产过程、生产设备的控制来模拟现实世界的工业生产；工业元宇宙所反映的虚拟世界不仅有现实世界的映射，还具有现实世界中尚未实现甚至无法实现

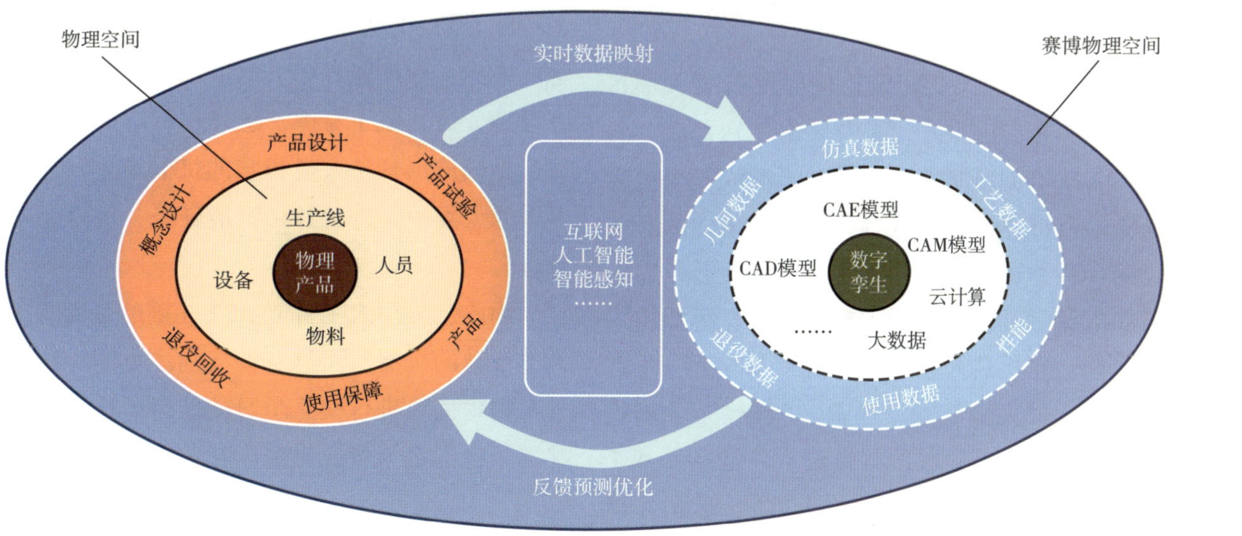

图 4-13 制造业数字孪生架构

（图片来源：先进制造业）

的体验与交互。另外，工业元宇宙更加重视虚拟空间和现实空间的协同联动，从而实现虚拟操作指引调控现实工业。总的来说，数字孪生和元宇宙技术都是利用数字技术推动制造业的数智化转型升级。

三、支撑数智化转型的智能人形机器人技术

人形机器人是一种具备人类外貌和行为特征的机器人，它可以分布在工业机器人、服务机器人和特种机器人各类别当中，可以说它是由多臂工业机器人发展而来，也可以说人形机器人是机器人发展的终极目标（图 4–14）。人形机器人集成人工智能、高端制造、新材料等先进技术，有望成为继计算机、智能手机、新能源汽车后的颠覆性产品，将深刻变革人类生产生活方式。

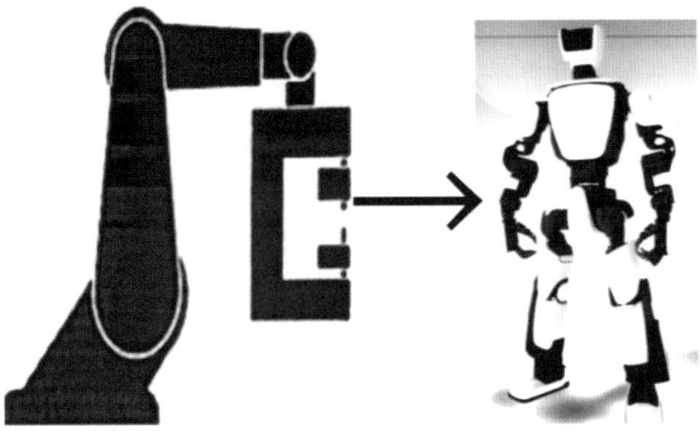

图 4–14　工业机器人由多臂向人形机器人发展

2023 年 10 月，工业和信息化部发布《人形机器人创新发展指导意见》，其中提出，到 2027 年，人形机器人技术创新能力显著提升，形成安全可靠的产业链供应链体系，构建具有国际竞争力的产业生态，综合实力达到世界先进水平。《人形机器人创新发展指导意见》提出以大模型等人工智能技术突破为引领，在机器人已有成熟技术基础上，重点在人形机器人“大脑”和“小脑”“肢体”关键技术、技术创新体系等领域取得突破。一是开发基于人工智能大模型的人形机器人“大脑”，增强环境感知、行为控制、人机交互能力，开发控制人形机器人运动的“小脑”，搭建运动控制算法库，建立网络控制系统架构。二是系统部署“机器肢体”关键技术群，打造仿人机械臂、灵巧手和腿足等“机器体”关键技术攻关，突破轻量化骨骼、高强度本体结构、高精度传感等技术。三是构建完善人形机器人制造业技术创新体系，支持龙头企业牵头联合产学研用组成创新联合体，加快人形机器人与元宇宙、脑机接口等前沿技术融合，探索跨学科、跨领域的创新模式。《人形机器人创新发展指导意见》还提出，面向结构化生产制造环节，推动人形机器人在装配、转运、检测、维护等工序的应用和推广。在面向非结构化生产制造环节中，要加强人形机器人与设备、人员、环境协作交互能力，支撑制造业数智化、柔性化、定制化的生产制造。

在人形机器人中，有两个特别值得注意的是具身智能人形机器人和通用人工智能 AGI 人形机器人，这是当前制造业前沿科技的两个制高点。具身智能和通用人工智能 AGI 都是人工智能领域的研究方向，它们有着不同的重点和目标。具身智能是指将智能算法赋能于机器及机器人等物理实体，让智能体具备与物理世界进行交互学习的能力。具身智能的实现需要的行为要符合物理世界的规律，利用纯文本预训练模式进行模型训练。它的目标是让机器及机器人可以像人类一样感知和理解环境，并且可以适应和应对各种环境变化。通用人工智能 AGI 是指具备一般人类智慧，可以执行人类智力任务的各种能力的 AI 总和，如理解自然语言、机器视觉、学习能力、推理能力等。AGI 的实现需要语言预训练模型，为其赋予身体、感知与行动的能力。它的目标是创造出具备人类智慧的机器及机器人，使其可以像人类一样进行各种智能任务，甚至超越人类智能。

因此，通用人工智能 AGI 注重的是创造出具备人类智慧的机器，而具身智能则注重的是让机器具备与物理世界进行交互学习的能力。这两个方向的共同目标都是为数智化生产制造带来变革。

四、支撑数智化转型的下一代工业软件技术

工业软件是用于支撑制造业业务和应用的软

件，也是制造业生产提高质量、增加效益的重要工具。传统工业软件有以下一些类别，即企业营运管理类软件、生产控制类软件、研发设计类软件、协同集成类软件、嵌入式工业软件（表4-3）。

表4-3 传统工业软件的类别

软件类别	典型软件	软件功能
运营管理类	ERP（企业资源计划）、CRM（客户关系管理）、SCM（供应链管理）、HRM（人力资源管理）、EAM（企业资产管理）	提高管理水平 提高物流效率 提升信息流效率
生产控制类	MES（制造执行系统）、SCADA（数据采集与监控）、HMI（人机界面）	提高设备利用率 提高制造质量 降低制造成本
研发设计类	CAD（辅助设计）、CAE（辅助分析）、CAM（辅助制造）、CAPP（辅助工艺规划）、PDM（产品数据管理）、PLM（产品生命周期管理）	提高开发效率 降低开发成本 缩短开发周期
协同集成类	OA（办公自动化）、IM（即时通信）	解决信息孤岛 提高运作效率 降低集成成本
嵌入式工业软件	嵌入式操作系统、嵌入式支撑软件、嵌入式应用软件	提高智能化水平 提升装备性能 提升装备附加值

（表格来源：IMPC）

下一代新工业软件则有以下几个类别。云计算和边缘计算软件：随着云计算和边缘计算技术的不断发展，工业软件也逐渐向云端和边缘设备迁移，这类软件能够实现更高效的数据存储、处理和分析，提供更灵活、可扩展的解决方案。物联网（IoT）软件：物联网技术的应用在工业领域日益广泛，物联网软件能够实现设备之间的连接、数据采集和远程监控，通过物联网软件，企业可以实现设备的智能化管理和运维优化。人工智能（AI）和机器学习（ML）软件：AI和ML技术在工业领域的应用越来越多，工业软件也开始集成这些技术，这类软件能够通过分析大数据、进行预测和优化，帮助企业提高生产效率、降低成本和改善产品质量。虚拟现实（VR）和增强现实（AR）软件：VR和AR技术在工业领域的应用主要集中在培训、仿真和维修等方面，相关软件可以提供沉浸式的培训环境、虚拟的产品设计和模拟的维修过程，帮助企业提高工作效率和减少误操作。自动化软件：自动化技术在工业领域的应用非常广泛，相关软件能够实现生产线的自动化控制、机器人操作和物流管理等功能，这类软件可以大幅提高生产效率和质量，并降低人工成本。总之，下一代工业软件将更加注重数据分析、智能化和数字化技术的应用，以提升工业生产的效率、质量和可持续发展能力。

在此，要对工业软件和工业APP的异同予以说明。工业软件和工业APP在某种程度上可以说是相似的，因为它们都是用于工业领域的应用程序。然而，它们之间存在一些区别。工业软件是一个大型、复杂的系统，通常用于控制和管理整个工业过程，它们通常运行在工业计算机上，并具有处理大量数据和执行复杂算法的能力，其开发通常需要专业的编程知识和工业领域的专业知识。而工业APP注重于移动设备上的应用程序，如智能手机或平板电脑，工业APP通常针对特定的工业任务或业务流程进行设计，以提供便捷的操作和访问工业数据的方式。此外，工业软件和工业APP在用户界面和功能上也有一些不同之处，工业软件通常具有更复杂和全面的功能，可以提供更多的数据分析、报告和监控功能，而工业 APP 通常更注重用户体验和操作的简洁性，提供更直观和易于使用的界面。

推动制造业领域实现数智化转型升级，新一代工业软件扮演着至关重要的角色。例如，在数字孪生技术中，虚拟空间和物理空间中间要构成一个闭环，在工作中通过传感器等对物理空间的各种数据进行感知，实时监测异常情况，然后提供到虚拟的仿真里，建模后进行分析、处理，得出一个纠正的决策反馈到物理空间里，从而形成了一个循环，整个过程完全靠的是工业控制软件；又如，在制造企业中机器人和工人是协同关系，工人通过操作系统平台，精准控制操作机器人进行作业，而机器人通过精准操作，可以完成不少人工无法完成的工序，二者的协同工作正是在工业软件支持下进行的。

我们需要下一代新工业软件助力制造业的数智化转型升级。

第一，下一代工业软件可以帮助制造企业实现实时数据采集和分析。通过连接设备和传感器，软件可以收集和监测生产过程中的各种数据，如温度、压力、振动等。这些数据可以用于实时监控和预测生产状况，发现潜在问题并进行及时调整和优化。

第二，下一代工业软件可以实现制造过程的自动化和智能化。通过使用机器学习和人工智能技术，软件可以控制各种自动化生产环节，提高生产效率和质量。还可以通过智能调度算法，优化生产计划，确保最佳资源利用和交付时间。

第三，下一代工业软件可以实现设备、工厂和供应链的联网与协同。通过使用物联网技术，软件可以将各种设备和系统连接起来，实现实时数据共享和协同工作。这样可以提高整个供应链的可见性和协调性，减少生产环节的浪费和延误。

第四，下一代工业软件可以帮助制造企业实现全面的质量管理和产品追溯。通过使用数据分析和追溯技术，软件可以监测和分析生产过程中的各种质量指标，识别潜在问题并采取相应措施。同时，软件还可以记录和追溯产品的生产过程和原材料来源，确保产品质量和安全。

第五，下一代工业软件可以帮助制造企业实现智能维护和预测性保养。通过使用大数据分析和机器学习技术，软件可以监测设备运行状态和健康状况，预测潜在故障和维护需求，并提供相应的建议和计划。这样可以减少设备故障和停机时间，提高生产效率和可靠性等。

未来，全世界将有越来越多的制造业开始尝试"软件定义制造系统"的模式，以便更快地设计和生产复杂的产品。这种创新是近年来备受工厂进行数智化革命和人工智能赋能制造业产业的关注。当生产制造由软件而非人类掌控时，产业将发生极大改变。通过软件连接设计方和制造方，能极大提高效率和规模经济。设计师在构想新产品时有了很大把握它是可以被机器精准批量制造的，因为生产线上的各种细枝末节都被编码在了 CAD 软件程序中，这些程序又直接连接着自动化机器或机器人上。因此，只要一项产品设计能在数字模拟中运转，它就可能在生产线上落地。可以肯定地说，软件和机器人的组合必然是先进制造业生产力的标杆，谁能实现与之相关的整合式创新，谁就能把握未来智能化制造的先机。

不过最近关于所谓"软件"，比尔·盖茨预测在今后五年内，这一切将彻底改变，即我们不必再为不同的任务使用不同的应用程序。在不久的将来，任何在线的人都将能够拥有一个由人工智能驱动的个人助理，其能力远远超过今天的软件技术。一个由高度个性化和智能化的人工智能助理将主导未来，它会极大地改变我们过去使用计算机的方式，这也预示着行业将发生一场巨大的变革。

五、支撑数智化转型的智能互联网平台 Web 3.0 技术

众所周知，互联网平台是指建立在互联网基础上的技术平台，它可以提供各种服务和功能，如搜

索引擎、社交媒体、电商平台、在线教育、制造业服务等。因此，随着互联网发展的不同时代，便有了工业互联网 Web 2.0 和 Web 3.0 平台等。目前，制造业所用的工业互联网服务平台主要是指 Web 2.0 平台，其优缺点明显，现在各国均在 Web 2.0 平台基础上奔向 Web 3.0 平台发展（图 4-15）。

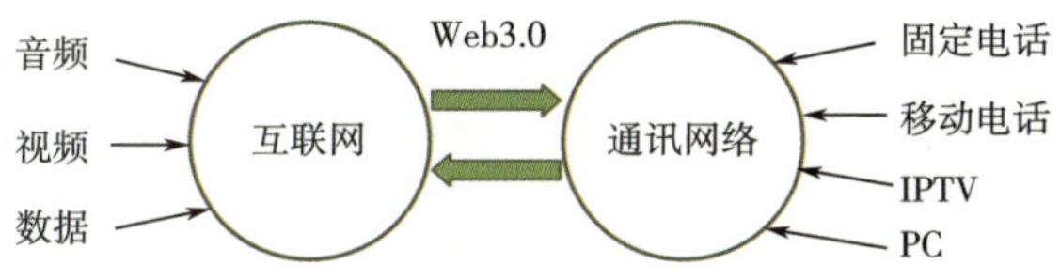

图 4-15　第三代互联网 Web 3.0

工业互联网 Web 2.0 平台不足之处主要有以下方面：一是安全问题，Web 2.0 平台存在安全隐患，如隐私泄露、网络攻击等问题，需要企业加强安全措施；二是质量问题，Web 2.0 平台的内容质量参差不齐，需要企业对用户生成的内容进行筛选和审核；三是竞争激烈，Web 2.0 平台竞争激烈，需要企业花费大量的时间和精力来推广和维护平台；四是网络稳定性，Web 2.0 平台需要保证网络稳定性，避免因为网络故障而影响平台的正常运行；五是 Web2.0 平台服务带有一定的垄断性，而且出租费用高，影响企业用户使用等。正因为这些问题的存在，催生了 Web 3.0 平台的诞生。

Web 3.0 是互联网发展的下一代，有时也被称为“分布式互联网”或“智能互联网”。目前，Web 3.0 仍处于发展初期，但它将依托区块链、人工智能、物联网等技术，实现更加智能化、去中心化的互联网应用，从而让数据更加安全、隐私更加保护，并且为用户提供更加个性化、高效的服务。在 Web 3.0 平台上实施制造业数智化转型和在 Web 2.0 上实施的区别在于：一是去中心化，Web 3.0 平台基于区块链技术，实现了去中心化的特性，这意味着在 Web 3.0 平台上实施制造业数智化转型将更加分散和民主化，没有中心化的控制机构，每个参与者都可以拥有和控制自的数据，而不需要依赖于中心化的平台或机构；二是数据隐私和安全，Web 3.0 平台注重用户数据的隐私和安全，区块链技术提供了加密和去中心化存储的特性，使得用户数据更加安全，制造业数智化转型在 Web 3.0 平台上实施时，可以更好地保护用户的隐私，并防止数据被滥用；三是信任和透明度，Web 3.0 平台通过智能合约等机制实现了更高的信任和透明度，智能合约是一种自动执行的合约，其规则和条件被编码在区块链上，不可篡改。这样，Web 3.0 平台上实施的制造业数智化转型可以更加透明，参与者可以验证和审计系统的操作和交易；四是价值互换，Web 3.0 平台基于区块链技术的代币经济模型，使得价值互换更加方便和高效，在 Web 3.0 平台上实施的制造业数智化转型可以通过代币进行价值交换，实现更灵活的商业模式和合作方式等。总之，Web 3.0 平台上实施的制造业数智化转型相对于 Web 2.0 平台上的实施，更加注重去中心化、数据隐私和安全、信任和透明度，以及价值互换。

Web 3.0 平台和服装制造企业数智化转型密切相关，因为 Web 3.0 的本质是基于人工智能和区块链技术的智能互联网，将会为服装企业数智化转型提供更加智能化、高效化、安全化。

六、支撑数智化转型的云计算及边缘计算技术

云计算和边缘计算都是计算资源和服务的提供方式，云计算在中心化的数据中心能提供大规模弹性计算资源和服务，而边缘计算则将计算能力和数据存储分布到离数据源和终端用户更近的网络边缘。云计算在中国已有十多年的发展，云计算是企业通往数字化转型彼岸的必由之路。随着企业数智化转型，企业应用需求越来越多，业务场景越来越丰富，对云计算的能力和支撑作用也有了更多更高的要求。在这些新的要求下，各路云服务商也使出了浑身解数，努力打造差异化竞争优势。目前，我国云计算市场的主要服务商有以阿里云、腾讯云为代表的互联网巨头，有以华为云等为代表的由传统 IT 解决方案提供商“跨界”而来的云服务商，有以 UCloud、青云 QingCloud 等为代表的云计算创业企业，还有大型电信运营商等。

如今，对于云服务商来说，谁能将云与 AI 的能力合二为一，谁将占据主动。在“云+AI”方面，云服务商不仅要比拼技术、解决方案和服务等层面的创新，更要在支持开发者方面下功夫，为开发者提供强大算力的同时，还要提供人工智能算法和简便、快捷的开发平台和工具，以降低人工智能应用的门槛。在这种情况下，生成式 AI 可以通过利用云计算和边缘计算提供的计算资源和服务来实现更高效的模型训练和推断，从而提高生成式 AI 的性能和效率。

利用云计算和边缘计算的技术服务，可以更好地帮助服装制造企业实现数字化转型升级：云计算和边缘计算可以帮助企业进行实时数据采集和管理，帮助企业更好地掌握生产和销售数据，以便更好地进行决策和管理；云计算和边缘计算可以帮助企业在供应链领域实现数字化转型，建立数字供应链，提供供应链可视性和透明度，从而提高生产效率，降低成本，满足消费者的需求；云计算和边缘计算可以帮助企业实现智能化的生产和质量控制，通过智能传感器和监控技术，可以实时跟踪生产和质量数据，自动进行质量检测和品质控制；云计算和边缘计算可以帮助企业进行高效的数据分析和预测，帮助企业更好地了解市场需求和产品趋势，提高生产效率，提高产品质量，进一步提高企业竞争力；云计算和边缘计算可以帮助企业实现数字化的资源共享和协同工作，促进企业内部和外部协同，提高企业的协同效率和合作效率，进一步提高企业价值等。

七、支撑数智化转型的量子计算技术

数据、算法、算力是人工智能的三要素，如果没有算力支撑就谈不上现代信息技术和人工智能技术。现在算力需求十分广泛，科研机构、公司、企业，就连老百姓也希望能够接触到算力，得到普惠的算力。现在我国正在建设发展超算互联网，用互联网的思维来推动超算服务，支撑数字中国的建设和智慧中国的建设。

量子计算机（Quantum Computer）是一类遵循量子力学规律进行高速数学和逻辑运算、存储及处理量子信息的物理装置。当某个装置处理和计算的是量子信息，运行的是量子算法时，它就是量子计算机。量子计算机的特点主要有运行速度较快、处置信息能力较强、应用范围较广等。与一般计算机比较起来，信息处理量越多，对于量子计算机实施运算也就越加有利，也就更能确保运算具备精准性。

2022 年 6 月，位于加拿大多伦多的量子计算初创公司 Xanadu 推出了全新的设备 Borealis，它是第一台完全可编程的光子量子计算机。Borealis 执行高斯玻色子采样的速度可以超过 2021 年世界上最快的传统超级计算机富岳（Fugaku）的 7.8 万亿倍，称得上是超算力。

目前，美国在量子计算技术的研发和应用方面已经取得了一定进展，包括建设了 10 个量子计算机实验平台，已经实现了几百个量子比特的计算等。我国量子计算还处于发展阶段，2023 年，我国量子计算技术已在软硬件、应用和网络等关键技术方向实现了新一轮突破，多种技术路线的量子芯片性能指标持续提升，云原生量子计算平台将提供更强大、更丰富、更专业、更易用的服务，量子设备将在多个应用场景中展现出优势，在人工智能、材料模拟、金融科技、生物制药等方向诞生更多实际应用价值的量子算法。随着 2024 年的到来，我们将看到在量子算法进一步推动下，人工智能能力会在解决更加复杂的问题上取得巨大的飞跃。

量子计算机未来将在制造业领域具有多种应用价值：量子计算机可以通过模拟材料的物理和化学性质，加速新材料的设计和开发，减少试错成本；量子计算机可以优化生产过程，包括生产线运作、设备调度和维护等，提高工厂生产效率与质量；量子计算机可以提高供应链的可视性和效率，并优化供应商选择和库存管理，减少生产周期和成本；量子计算机可以帮助制造商实时监控生产线上的质量问题，并预测可能发生的故障来减少生产中断和维修时间；量子计算机可以提高工艺设计和改进的速度和质量，从而达到更高的生产效率和降低生产成本。总之，量子计算机在制造业领域中具有广泛的应用价值，可以帮助制造商提高生产效率、降低成本、提高质量，并推动工业制造的数字化和智能化转型。

量子计算机在理论上具有模拟任意自然系统的能力和并行运算的强大能力，这使得它能够快速完成传统计算机无法完成的计算。这种优势在为人工智能技术的发展提供了新的可能性。生成式 AI 技术需要大量的数据和计算资源来进行模型训练和推理，而量子计算机的并行计算和快速数据处理能力可以大大提高训练速度和效率，同时也可以处理更大规模的数据。因此，量子计算机在生成 AI 技术的发展中具有重要的应用前景。但是，因为目前量子计算机还处于初级发展阶段，还需要进一步的技术突破和研究才能实现商业化和在制造业的实际应用。

八、支撑数智化转型的 3D 打印技术

3D 打印技术是一种通过数字化模型快速实现物理对象生成的技术，其本身就是数智化转型的化身，它和元宇宙、数字孪生、3D 仿真、智能可穿戴产品、AR/VR/MR、GenAI 等技术密切相关。根据赛迪顾问预测，我国 3D 打印产业 2025 年规模可以达到 500 亿元（图 4-16）。

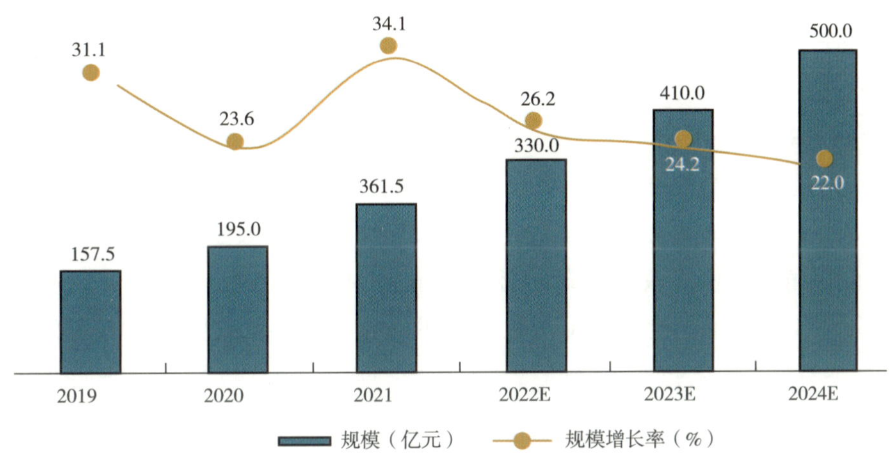

图 4-16　我国 3D 打印产业规模及增长率

3D 打印技术也称增材制造，作为新兴的制造技术具有以下特征：增材制造产业的发展为现代制造业的培育壮大以及传统制造业的转型升级提供了宝贵契机；增材制造技术完全改变了产品的设计制造过程，被视为诸多领域科技创新的助推器、支撑制造业创新发展的关键基础技术；增材制造进一步改变了产品的生产模式，驱动定制化、个性化、分布式制造；增材制造通过与云和大数据技术结合，加快了传统制造的升级，实现了制造的个性化、智能化、社会化；增材制造对制造业起到巨大的推动和颠覆性变革作用，助推制造业技术的突破和跨越式发展。

美国麦肯锡咨询公司认为增材制造是决定 2025 年经济发展的 12 大颠覆技术之一。世界经济论坛等机构认为未来 10 年 3D 打印的工业零部件将大规模用于生产制造。尽管我国制造业对于增材制造应用具有较高的热度，但增材制造技术与产业相比世界先进水平仍有差距：国内多数制造企业还处于接触增材制造技术、开展探索应用阶段，没有达到全面掌握、转化应用和创造增量价值的目标；结合国情开展的增材制造技术规划与产业发展研究也不够深入和充分等。

随着 3D 打印技术的成熟，3D 打印实现了制造方式从等材、减材到增材的重大转变，改变了传统制造的理念和模式，大幅缩减了产品开发周期与成本，也推动了材料革命，具有重大的价值。3D 打

印技术的逐步成熟，使规模化、集中式生产方式不断改进完善的同时，助推了一批“专精特新”小微企业再度崛起，这些小微企业不再是传统意义上的个人单打独斗，而是与外部广泛联系的一个社会化单元，其产品更加个性化、定制化。可以说，3D打印新技术带来了传统生产和组织管理模式的革命性变化。

3D打印数字化技术的发展和工业元宇宙数字孪生技术相融合，不但可利用数字孪生技术高效设计3D打印新产品，而且可以以数字孪生技术驱动的虚实映射和实时同步特性，和以实时3D技术驱动的数据可视化、实时交互、跨平台特性，打造工业元宇宙的实现。

3D数字化技术和人工智能GenAI的融合能够让机器真正具备了感知三维世界的能力，它可以将现实世界的物体进行数字化建模，实现物体重建。在电商行业，无论是AR试妆、AR试衣已不是新鲜概念，但3D数字化技术和人工智能GenAI的融合不仅可让虚拟上妆、试衣等效果更加精准，让消费者能够从更多维的视角查看最终效果，充分消除“不知道是否符合自己”的疑惑，进一步促成购买行为。在工业领域，3D数字化技术和人工智能GenAI的融合还将进一步优化工业生产流程，不断提升生产效率。它可以为机械臂赋予3D感知能力，通过高精准的SLAM（Simultaneous Localization and Mapping，即时定位与地图构建）、物体重建和测量等技术，判断立体物体所处的位置，以及相应的尺寸、形状和质量等信息，从而进行精准的抓取，或是进行自动化的品质检测，实现高标准的质量把控，有力提升工业生产的智能化程度、降本增效等。

3D打印技术还可与3D仿真、AR/VR/MR、智能可穿戴产品等技术密切相关。通过3D打印技术，可以制造出各种不同智能可穿戴产品。3D打印技术可以连接到AR/VR/MR技术中，创造出更加复杂的数字化场景。3D打印技术可以与3D仿真和GenAI等技术相结合，实现制造业工艺的模拟和优化等。

九、结束语

上面所说的八大制造业前沿技术都是和制造业数智化转型直接相关的前沿技术，除了这些之外，还有一些制造业尖端技术，如光刻机、光刻胶、集成电路、可持续绿色制造、光子6G技术、模块化假肢技术、柔性电子技术等，因为它们带有基础性的和不直接相关的，所以没有阐述。

随着人工智能时代的到来，作为企业要考虑数智化转型如何用好人工智能技术，作为个人要考虑如何和GenAI机器和机器人共处。除此之外，为了企业和个人的安全，还要遵循全球和国家所制定的关于如何防范人工智能带来的安全风险政策。例如，我国政府今年出台的《关于加强科技伦理治理的意见》和向联合国提交的《关于加强人工智能伦理治理的立场文件》等，它们就是很好的防范监管措施政策，因为它们积极倡导了“以人为本”“智能向善”的原则，确保了人工智能技术的安全、可靠、可控。

制造业数智化转型的本质是进行两场革命，一场是工具革命，另一场是决策革命。工具革命说的是制造业要从使用能量工具到使用智能工具的革命；决策革命说的是制造业要从使用经验决策到使用“数据+算法”的决策革命。这两场革命的实现，也就是制造业数智化转型的实现，应该在支撑制造业数智化转型的八大科技前沿技术全面落地之时。

2023 年中国纺织服装上市企业 ESG 绩效研究报告

中国纺织工业联合会社会责任办公室　王静　刘卉

当前 ESG（环境、社会和治理）正在成为影响经济发展和社会进步的重要因素和业界关注的热点，ESG 是企业可持续发展战略的操作化和具体化。据有关机构预测，到 2025 年，全球 ESG 资产规模将达到 53 万亿美元，占全球资产管理规模的 1/3。随着全球对可持续发展的共识日益深入，社会对企业在绿色发展、节能减排、社会责任、诚信经营和合规管理等方面的要求也越来越多、越来越严格，推进 ESG 实践已成为企业在新时代的必然选择，特别是上市公司的 ESG 信息披露和 ESG 绩效表现，与企业市值密切相关。

为了深入贯彻党的二十大精神，落实联合国可持续发展目标，推动纺织服装行业高质量发展，提升中国纺织服装企业的品牌价值，扩大企业（特别是上市企业）在全球 ESG 投资领域的影响力。中国纺织工业联合会社会责任办公室启动了行业上市企业 ESG 绩效评估工作，并公布了年度评估结果。本文在其评估结果的基础上，统计和总结了行业上市企业的 ESG 绩效特点，旨在发现企业最佳实践及行业存在的共同挑战，为行业企业 ESG 管理提升提供借鉴，并指明方向。

一、行业上市企业的画像

（一）评估对象

“中国纺织服装企业 ESG 绩效评估”的评估对象为在中国内地及香港上市的纺织服装企业，即 A 股纺织服装板块成分股企业及 H 股纺织服装板块成分股企业。剔除退市企业，参评企业总计 116 家。

（二）上市地点

纺织服装上市企业的上市地点主要集中在深圳、上海、香港三地，仅有一家企业在北京上市。其中深圳证券交易所上市 54 家，占比 48%；40 家企业在上海证券交易所上市，占比 34%；其余 21 家企业（18%）在香港证券交易所上市（图 4-17）。

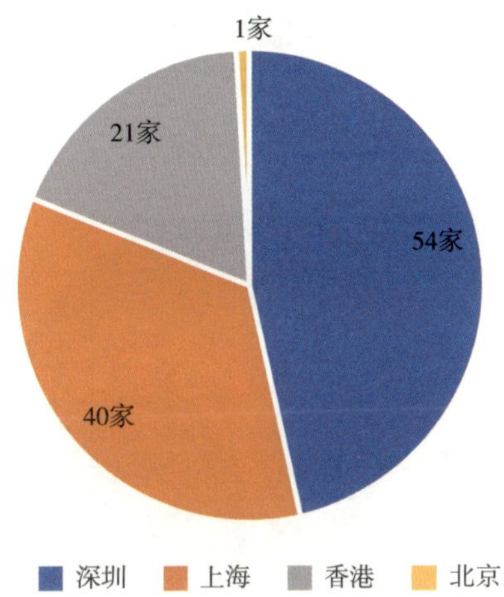

图 4-17　纺织服装上市企业上市地点分布情况

（三）上市年份

据统计，纺织服装上市企业中，最早的上市时间始于 1991 年，随着时间的增长企业上市数量整体呈现递增趋势，2010~2015 年增速明显，上市企业数量在这几年明显增多。值得注意的是 2017 年和 2021 年出现两次峰值（图 4-18）。

（四）业务类型

63 家企业从事服装服饰类业务，占比 54%；纺织制造企业[1]以 25% 的比例居于第二，共计 29

[1] 纺织制造企业指主营业务收入主要源于产业链中间环节的企业，如主要从事纺纱、织造、印染等业务的企业。

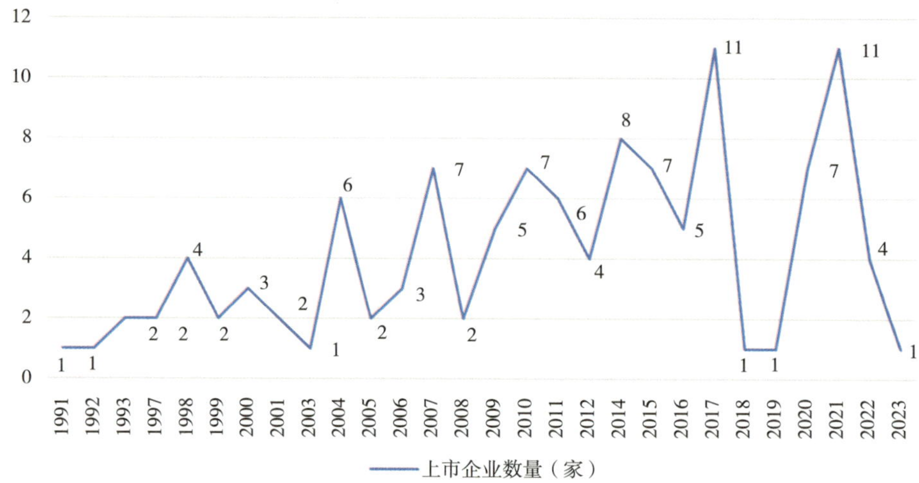

图 4-18　纺织服装上市企业上市年份统计情况

家；其余少数企业的业务类型分别为产业用纺织品（9 家）、家用纺织品（8 家）和其他[1]（7 家）三类，共计占比 20.5%（图 4-19）。

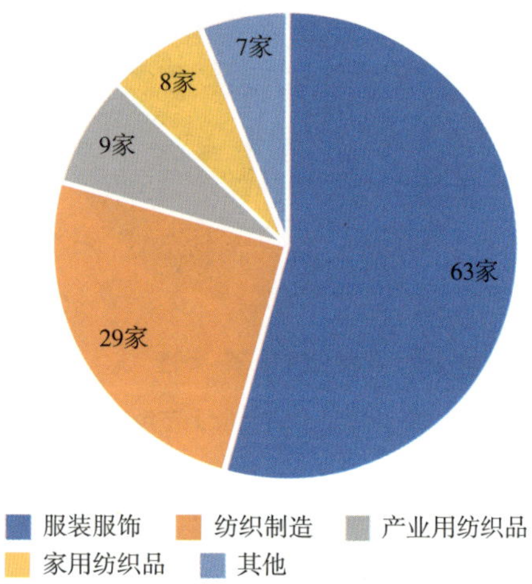

图 4-19　纺织服装上市企业业务类型统计情况

（五）注册所在地

超过八成的纺织服装上市企业在国内注册。国内注册所在地主要集中在浙江、江苏、广东等地，而国外注册所在地绝大多数在开曼群岛，仅有三家企业注册地在百慕大（图 4-20）。

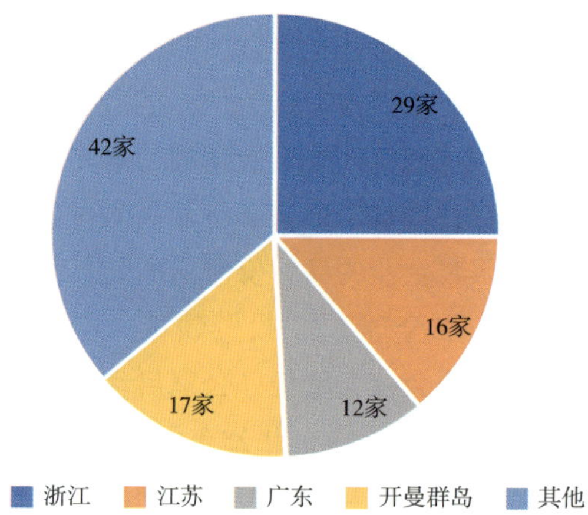

图 4-20　纺织服装上市企业注册地统计情况

（六）主要绩效指标

据统计，116 家纺织服装上市企业的主营业务收入均值为 45.73 亿元人民币，其中最高主营业务收入为 536.51 亿元人民币，最低为 1.14 亿元人民币，极差为 535.37 亿元人民币。有 27 家企业高于平均水平。

每股收益均值为 0.32 元/股；有 34 家企业为负值，1 家企业每股收益为 0 元，剩余 81 家企业均为零上水平。其中，每股收益最高为 4.76 元/股，最低为-1.97 元/股，极差为 6.73 元。有 49 家企业高于行业平均水平。

总资产均值为 70.37 亿元人民币，总资产数最高值为 777.77 亿元人民币，最低值为 2.96 亿元人民币，极差为 774.81 亿元人民币。有 25 家企业高

[1] 其他业务包括皮革、制鞋、箱包、辅料等。

于行业平均水平。

净资产收益率均值为 1.38%，有 32 家企业为负值，84 家企业为正值。其中净资产收益率最高值为 42.78%，最低值为 - 130.90%，极差为 173.68%。有 81 家企业高于行业平均水平。

二、环境维度相关议题绩效表现

（一）环境维度整体评估结果

纺织服装上市企业在环境维度的平均得分为 25，极差为 63，标准差为 16，变异系数为 0.63，数据离散程度高，即上市企业在环境维度的信息披露差异性较大，两极分化情况明显。按级别划分，达到 AAA 级的企业仅有一家，AA 级 4 家，A 级 6 家，BBB 级 11 家，BB 级 14 家，B 级 26 家，C 级 54 家；C 级企业数量最多，占比接近半数（图 4-21）。

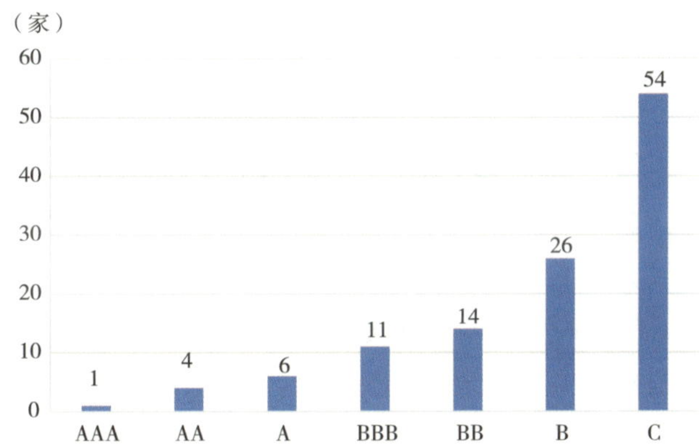

图 4-21　上市企业环境维度评估得分分布情况

环境维度共涵盖 5 项二级指标，分别为环境管理、污染物排放、企业碳管理、资源利用与节约及绿色设计（表 4-4）。详细来看，企业环境信息披露主要集中在环境管理板块，特别是在环保合规方面，鲜有企业出现不合规情况，因此拉高了上市企业在该板块的得分；然而，在环境管理体系认证、污染物及化学品管理制度等方面，透明度仍有较大提升空间；在具体的环境管理措施及定量指标的信息披露方面，大部分企业持保守态度，在绝大多数定量指标上，均有超过半数的上市企业未披露或以“不适用”为由回避披露相关数据。若仅考虑已披露相关信息的企业，则上市企业在污染物排放、企业碳管理、资源利用与节约、绿色设计等四个板块的平均得分均有大幅提升（图 4-22 ~ 图 4-24、表 4-5）。

表 4-4　上市企业环境维度各板块得分情况

二级指标	平均分	标准差	变异系数
环境管理	66	18	0.28
污染物排放	18	19	1.06
企业碳管理	19	23	1.19
资源利用与节约	12	17	1.43
绿色设计	17	30	1.80

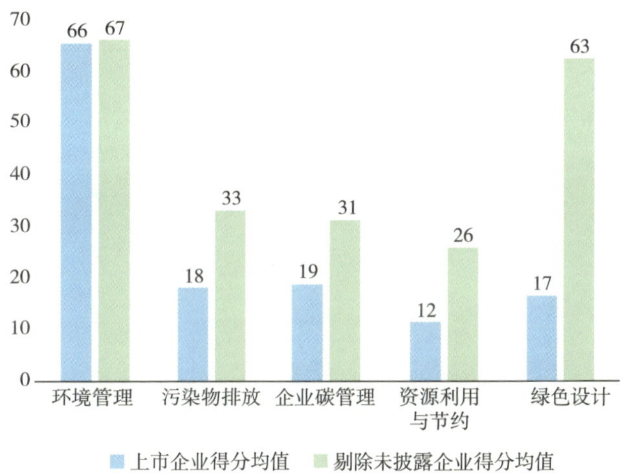

图 4-22　环境维度二级指标得分对比

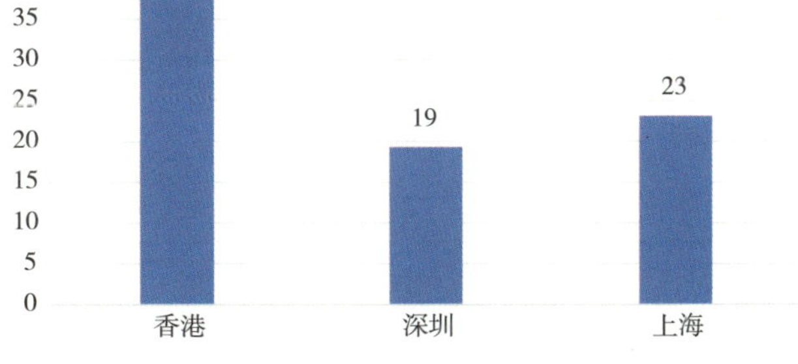

图 4-23　按上市地点划分的企业环境维度平均分

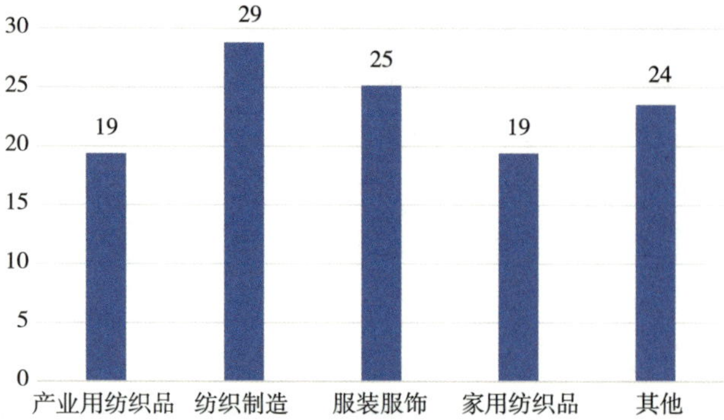

图 4-24 按行业类型划分的企业环境维度平均分

表 4-5 上市企业环境绩效评估结果前 20 名

公司	上市地点	评级结果
天虹国际集团	香港	AAA
361 度	香港	AA
慕尚集团	香港	AA
晶苑国际	香港	AA
维珍妮	香港	AA
新澳股份	上海	A
思捷环球	香港	A
华孚时尚	深圳	A
安踏体育	香港	A
开润股份	深圳	A
中国动向	香港	A
嘉麟杰	深圳	BBB
鲁泰 A	深圳	BBB
朗姿股份	深圳	BBB
中国利郎	香港	BBB
波司登	香港	BBB
佐丹奴	香港	BBB
申洲国际	香港	BBB
水星家纺	上海	BBB
百隆东方	上海	BBB

（二）环境管理

环境管理共涵盖 7 项三级指标，分别为环境管理体系认证、主要污染物识别、化学品管理、突发环境事件应急预案、环境处罚次数、环境问题整改措施、环境争议事件。

“环境管理体系认证”评分的平均得分约 32 分，其中有 47%的企业进行披露，其中分数较高的企业占 41%，均通过 ISO 14001 认证，而分数较低的企业则仅有较少的其他环境认证。

“主要污染物识别”评分平均得分 41 分，披露的上市企业有 48 家，占全行业的 41%，可以看出大部分企业未能披露污染物的排放核算方法。“化学品管理”评分平均得分 31 分，其中，披露的上市企业仅有 36 家，在按照清单对化学品开展全流程管控方面，还有 69%的上市企业有更大的进步空间。“环境处罚次数”“环境问题整改措施”及“环境争议事件”平均得分分别为 94 分、98 分和 99 分，评分中存在较高比例企业得分，分别有 94%的上市企业未受到环境处罚，97%的企业无环境问题或环境整改措施明确、有效，99%的企业未发生环境争议事件。

（三）污染物排放

污染物排放共涵盖 4 个三级指标，关注废水排放、废气排放、危险废物排放和一般工业废物排放。

纺织行业地理分布分散，纺织工业企业或生产设施建设项目及纺织工业集聚区中污水处理设施工艺多样，排放水体不同，所在区域环境承载力不同，特别排放限值的地域范围、时间不同（由国务院环境保护行政主管部门或省级人民政府规定执行），包括纺织染整工业水、城镇污水、缫丝工业水、毛纺工业水等水污染物排放国家标准不同，根据废水水质特点选择相应的处理技术，处理后水质应满足国家及地方污染物排放标准、排污许可证、环评文件及其审批意见，统一废水排放标准并进行评级十分复杂。因此，本报告参考多项国家标准，根据中华人民共和国生态环境部发布的《纺织工业污染防治可行技术指南》（HJ 1177—2021）及纺织染整工业水污染物排放标准（GB 4287—2012），值得关注的指标包括 pH 值、化学需氧量（COD）、五日生化需氧量、悬浮物、色度、氨氮、总氮、总磷、氧化氯、可吸附有机卤素（AOX）、硫化物、苯胺类、六价铬等。

案例：污染物的评价方法——以化学需氧量为例
污染物排放强度（营收）均以平均值加减方差并设置区间评分的方式进行评价，化学需氧量 COD 排放强度（营收）平均得分为 23 分，有 37%的企业得分较高，其中 COD 排放较高的大部分是以生产为主的上市企业，而更多的以服饰品牌为主的上市企业则 COD 排放均较低。

根据中华人民共和国生态环境部发布的《中华人民共和国环境保护法》以及《纺织工业污染防治可行技术指南》（HJ 1177—2021），纺织工业废气排放应满足 HJ 861、GB 14554、GB 16297 和 GB 37822，推荐值得关注的指标如下：以千克计的氮氧化物、硫氧化物、持续性有机物、挥发性有机化合物、颗粒物的大气污染物排放量。

案例：全行业纺织工业废气排放的指标结果——以二氧化硫、氮氧化物为例
二氧化硫 SO_2 排放强度（营收）企业平均得分为 21 分，评分为 0 分的企业 72 家，即未披露企业达到 72 家，约占全行业的 62%；氮氧化物 NO_x 排放强度（营收）企业平均得分为 22 分，评分为 0 分的企业 71 家，约有 61%的企业未披露。

纺织行业的危险废弃物主要包括染料和涂料废物、废酸、废碱、废矿物油和含矿物油；废物、废有机溶剂与含有机溶剂废物、沾染染料和有机溶剂等危险废物的废弃包装物、容器、烟气及 VOCs；处理废活性炭等以及被鉴定为危险废物的固体废物。一般工业废物则是指纺织边角料以及废茎秆、泥沙、废油脂、纤维粉尘等。

“危险废弃物”和“一般工业废物”排放企业平均得分较低，分别为 13 分和 12 分，主要是因为此两项未披露企业较多，未披露企业数量分别高达 94 家和 91 家，占比 81%和 78%。

（四）企业碳管理

企业碳管理共涵盖 9 个三级指标，关注温室气体排放情况、碳捕捉措施、生产工艺改进项目、清洁能源使用、碳减排管理目标和产品碳足迹评估等方面。

设立科学的碳减排管理目标（The Science Based Targets initiative，SBTi），是企业迈向零碳未来的关键一步，帮助企业减少能源消耗、应对气候变化、提升品牌形象并最终带来诸项收益。在碳减排管理目标板块，未披露企业 103 家，披露企业中评分为 50 分的企业 3 家，75 分企业 1 家，100 分企业 9 家，只有 10%的上市企业对碳减排管理目标进行公布。

依据国家发展和改革委员会发布的《中华人民共和国国民经济和社会发展第十四个五年规划和 2035 年远景目标纲要》，对“十四五”时期（2021~2025 年）结束时二氧化碳排放提出的要求是降低 18%。作为温室气体最主要的排放源，也是采取控制温室气体排放行动的主体，企业应积极开展活动，主动提升气候的透明度，及时、准确、全面地披露碳排放信息。纺织服装上市企业在碳减排措施方面得分较低，“使用清洁能源”“碳捕捉措施”和“生产工艺改进项目”中分别得分为 28 分、28 分和 32 分。未披露企业分别达到了 83 家、84 家和 78 家。就“温室气体排放（范畴一）”“温室气体排放（范畴二）”“温室气体排放（范畴三）”，仅分别有 22%、18%和 9%的企业披露相关数据。

（五）资源利用与节约

资源节约与利用共涵盖 9 个三级指标，关注水资源、能源、包材及原材料的利用与节约。

在过去的 40 年中，全球用水量以每年约 1%的速度增长，人口增长、社会经济快速发展导致的水资源污染、水资源匮乏等问题，使得水危机日益深重，被列为全球五大风险之一，平均有10%的人口生活在高度或严重缺水的国家。做好水资源管理从经济的角度来看，节水会获得经济效益，同时政府增强对环保的执行力度，因用水相关的问题导致停工、停产以及罚款等问题，企业违法成本增加，因此企业都应采取积极措施提高水资源管理水平。在“水资源管理目标”“水资源消耗密度（营收）”“应用节水工艺项目”和“水资源管理绩效”四个指标上，未披露的企业数量分别达到了105家、88家、81家和104家，分别占据了全行业的91%、76%、70%和90%。

“十四五”规划和2035年远景目标纲要提出要求：2025年结束时中国单位国内生产总值能源消耗降低13.5%；国家能源局《2023年能源工作指导意见》提到重点推进工业等领域清洁低碳转型；国家发展改革委等部门联合印发《工业重点领域能效标杆水平和基准水平（2023年版）》设定了棉印染精加工、化纤织物染整精加工等重点领域的能效基准水平和标杆水平，从产业政策层面进一步明确能效标准。纺织企业应切实加强生产和工艺技术的管理，提高节能意识、重视节能计量管理并完善能源管理体系建设，从而进一步推动行业全方位开展节能降碳工作。对“能源消耗密度（营收）”此项指标未披露的企业达到了78%，但与此同时，有21家企业此项信息的透明度较高。对原材料及生产工艺管理导致的“次品率”指标，未披露企业高达113家，占全行业的97%。

“包装废弃物治理”作为重点ESG评级指标在越来越多的行业中被关注，而在国际评级机构MSCI与S&P Global的评级指标中，包装相关议题在纺织行业中被提及。企业需要根据自身包装材料的使用情况，参考相关的管理标准与认证，联合行业协会协同转型，推动包装材料的可持续治理。中国上市纺织企业在“包装材料管理目标”“包装材料非强制回收利用”“包装材料管理绩效”三项指标中的透明度较低，未披露企业分别达到了95%、91%和86%。

（六）绿色设计

绿色设计关注绿色原材料和绿色产品。对工业设计而言，绿色设计的核心是“3R”（即Reduce，Recycle，Reuse），旨在维持人与自然的生态平衡，探索工业设计与人类可持续发展的关系；而对于纺织企业来说，无论是原材料的选择、工艺结构还是包装设计，要提高对绿色设计的重要性，就要在产品生命周期的第一个环节——设计的过程中充分考虑环境效益。原材料和绿色产品全部未披露企业85家，仅披露二者其中之一的企业23家，仅有8家企业全部披露。

三、社会维度相关议题绩效表现

（一）社会维度整体评估结果

纺织服装上市企业在社会维度的平均得分为34，极差为61，标准差为13，数据离散程度较环境维度有所降低，但仍然处于较高水平。按级别划分，达到AAA级的有1家，AA级7家，A级8家，BBB级16家，BB级28家，B级46家，C级10家。评为B级的企业最多，占比达到40%（图4-25）。

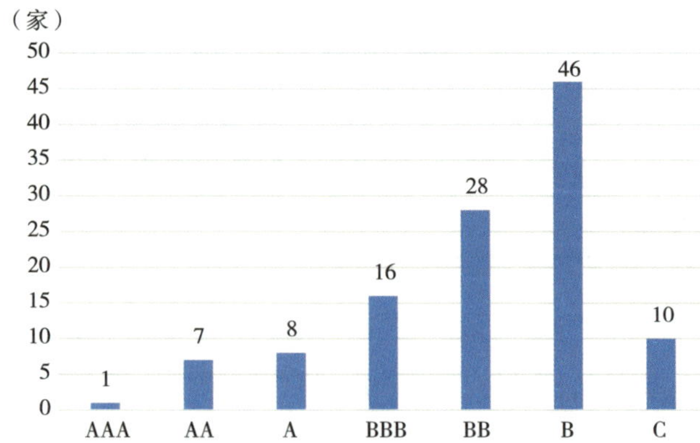

图4-25　上市企业社会维度评估得分分布情况

社会维度共涵盖5项二级指标，分别为人力资本、职业健康与安全、产品与服务责任、社区责任和创新成效。详细来看，上市企业在社会维度的信息披露，与环境维度截然不同。一是，少有企业拒绝披露社会维度的信息，不同企业的差距更多体现在信息披露的质量上。二是，企业在职业健康与安全、社区责任及创新方面的信息披露水平差距较小，而在人力资本、产品与服务责任两方面差异巨大，这也体现出上市企业在不同的社会议题板块，呈现出不同的认知水平和行业共识（表 4-6）。

表 4-6 上市企业社会维度各板块得分情况

二级指标	平均分	标准差	变异系数
人力资本	16	18	1.09
职业健康与安全	48	16	0.34
产品与服务责任	21	21	1.01
社区责任	54	20	0.37
创新	43	16	0.37

不同上市地点和业务类型的公司的社会指标得分有所不同。香港上市公司平均得分最高，为 52 分；上海和深圳上市公司平均得分接近，分别为 39 分和 37 分。二级指标中，香港上市公司和沪深上市公司得分差别最大的是“产品与服务责任”指标。在该指标中，香港上市公司平均得分 74 分，沪深上市公司平均得分 34 分。香港上市公司和沪深上市公司得分最相近的是“社区责任”指标。在该指标中，沪深上市公司得分较高，平均得分 54 分，香港上市公司平均得分 51 分。而在“创新”指标中，沪深上市公司得分远超香港上市公司，前者平均得分 47 分，后者则是 23 分，约为前者的二分之一（图 4-26）。

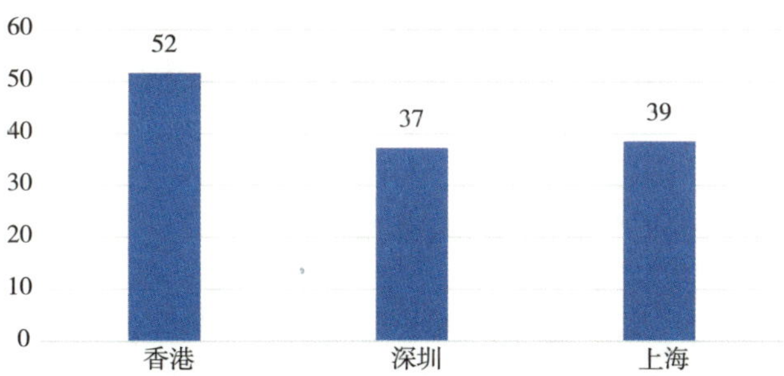

图 4-26 按上市地点划分的企业社会维度评估平均分

在不同业务类型公司中，产业用公司得分最低，为 28 分。服装服饰、家纺类、纺织制造公司得分接近，平均得分分别为 43 分、41 分、40 分（图 4-27）。

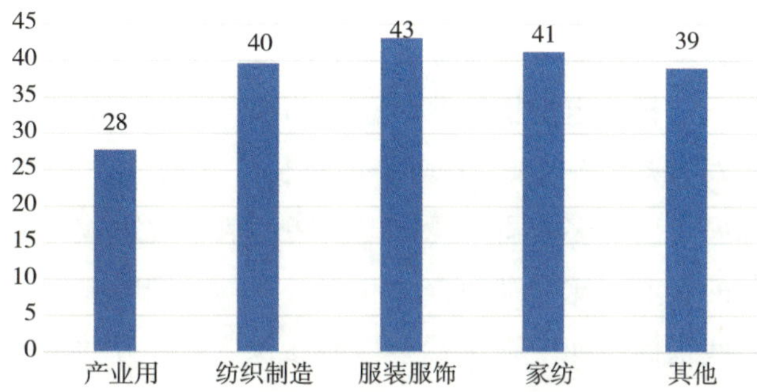

图 4-27 按行业类型划分的企业社会维度评估平均分

上市企业社会绩效评估结果前 20 名见表 4-7。

表 4-7 上市企业社会绩效评估结果前 20 名

公司	上市地点	评级结果
安踏体育	香港	AAA
新澳股份	上海	AAA
太湖雪	北京	AAA
海澜之家	上海	AAA
九牧王	上海	AAA
雅戈尔	上海	AA
朗姿股份	深圳	AA
申洲国际	香港	AA
鲁泰 A	深圳	AA
际华集团	上海	AA
罗莱生活	深圳	AA
李宁	香港	AA
开润股份	深圳	AA
报喜鸟	深圳	AA
特步国际	香港	AA
361 度	香港	AA
迎丰股份	上海	AA
互太纺织	香港	A
中国利郎	香港	A
波司登	香港	A

（二）人力资本

人力资本共涵盖 13 项三级指标，关注员工管理政策透明度、劳动合同、工资和劳动保障、用工稳定性、多元化、职业发展规划等方面。统计发现，多数企业能够对尊重员工合法权益做出公开承诺，但相关定量指标披露存在两极分化。“员工职业发展规划”和“人均培训时长（小时）”等指标展示出较多公司重视员工发展，信息披露较为完备的企业占比分别约 35%和 21%。与此同时，其他一些指标，如“职工社会保险参保率”“劳动合同签订率”“员工离职率”和“员工满意度测评”，则存在极高比例的企业未披露相关信息，分别占 93%、89%、77%、74%。

案例：员工满意度测评
鲁泰公司人力资源部定期开展员工满意度调查工作，范围覆盖公司全体员工，调查小组结合员工群体特点制订了不同的问卷，从整体认同、工作环境、团队协作、直接主管、学习成长、薪酬福利等六个大项进行多元化调查，根据最终调查结果形成《员工满意度调查报告》和《员工满意度调查问题整改报告》。对于调查中发现的相关问题，公司人力资源部负责对公司整体性问题进行整改，各职能部门负责对部门职责相关的针对性问题整改。

（三）职业健康与安全

职业健康与安全共涵盖 5 项三级指标，关注职业健康安全管理体系和安全事件。统计发现，超过三成的纺织服装上市企业通过了诸如 ISO 45001 等职业健康安全管理体系认证，且全年发生安全事件的情况极为罕见。总体来看，大多数企业在职业健康与安全方面不存在重大风险，但相关定量数据，如工伤误工工时等指标的披露情况较差。从透明度的角度来看，行业企业尚需加强信息披露意识，加强对关键指标，特别是定量指标的披露。

（四）产品与服务责任

产品与服务责任共涵盖 5 项三级指标，关注质量管理体系、产品质量、消费者信息保护、售后及客户满意度。统计发现，过半纺织服装上市企业通过了诸如 ISO 9001 等质量管理体系认证，且在“售后信息反馈与改进”指标中的表现稍好，近两成企业能够较为完整的披露相关信息。而就“客户满意度”“产品检测合格率”等定量指标，分别约有 96%、95%的企业未进行相关披露。

（五）社区责任

社区责任共涵盖 2 项三级指标，关注公益慈善参与和社区关系。统计发现，有相当比例的纺织服装上市企业积极参与公益慈善事业，得分为 70～100 的公司占比高达 57%，且超过七成的企业披露了对外捐赠金额占主营业务收入的比重，这反映了企业对社区责任的高度承诺和实际行动。而在社区关系方面，少有企业披露相关申诉机制及成效，对营销伦理的关注也极为罕见。

（六）创新

创新成效共涵盖 5 项三级指标，关注研发投入和知识产权。统计发现，就研发投入占营收比重而言，近四分之三公司的得分集中在 40～80，这反映了公司对持续创新的追求。在当年新增发明专利授权数和成长率方面，大多数公司的得分集中在 40～60。约 81%的公司在期末持有发明专利上的得分位于 60～100。这表明了公司在技术积累和知识产权保护方面的投入。

四、公司治理维度相关议题绩效表现

（一）公司治理整体评估结果

纺织服装上市企业在公司治理维度的平均分为 66 分，标准差变异系数为 0.15，说明数据离散程度较小。随着投资者和消费者对企业治理的关注日益增加，透明的决策过程、高标准的道德规范以及有效的风险管理变得至关重要。中国纺织服装企业正在努力提高管理水平，以符合国际市场的期望。治理评级中，达到AAA级的有41家，AA级50家，A级17家，BBB级8家，BB级、B级及C级均为0家，评为AA级的企业最多，占比达43%（图4-28）。

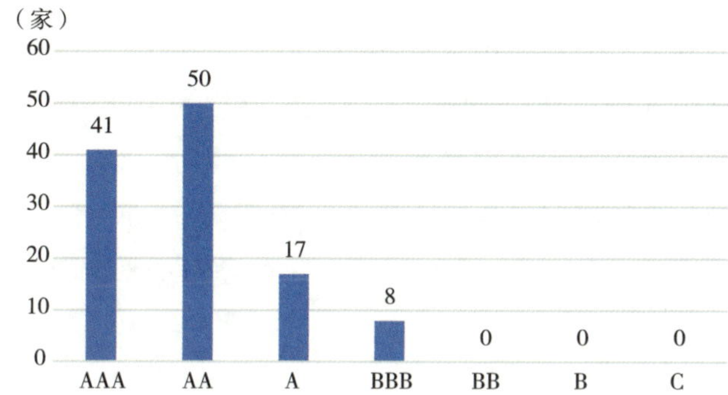

图4-28 上市企业治理维度评估得分分布情况

公司治理维度共涉及7项二级指标，分别为治理结构、内部控制、股东、合规、审计、信息披露、ESG融入。除“ESG融入”板块平均分较低、变异性较大外，其余板块企业得分的均值都在较高水平，企业变异程度较小。中国证券监督管理委员会公告〔2018〕29号《上市公司治理准则》提出“上市公司治理应当健全、有效、透明”，并作出了详细的要求和说明，对沪深两市上市企业的公司治理具有明确的指导意义。另据港交所《企业管治报告》，企业在公司治理维度需满足强制披露、半强制披露及自愿披露三个层次的披露要求。总之，不同于环境和社会维度，上市企业在公司治理维度的信息披露要求清晰明确，因而，企业的信息披露成效也更加理想（表4-8）。

表4-8 上市企业治理维度各板块得分情况

二级指标	平均分	标准差	变异系数
治理结构	70	13	0.18
内部控制	78	11	0.14
股东	74	16	0.22
合规	96	10	0.11
审计	98	7	0.07
信息披露	81	24	0.30
ESG融入	25	29	1.14

在上海和深圳上市企业“治理”指标平均得分均为约64分，而在港股上市公司“治理”指标平均得分约为76分。在“治理结构”“内部控制”和“股东”项下，沪深上市公司得分高于港股公司。“治理结构”中，沪、深、港三地上市公司平均得分分别约为71、76和55分。“内部控制”中，三者平均得分分别约为82、79和68分。“股东”中，三者平均得分则分别约为78、78、55分；在“合规”和“审计”项下，三者平均得分接近。但是，在“信息披露”和“ESG融入”中，港股上市公司得分明显较高。在“信息披露”中，沪、深、港三地上市公司平均得分分别约为74、79、100分。在“ESG融入”中，三者平均得分为19、14、67分，香港上市企业的相关绩效高于沪深上市企业（图4-29）。

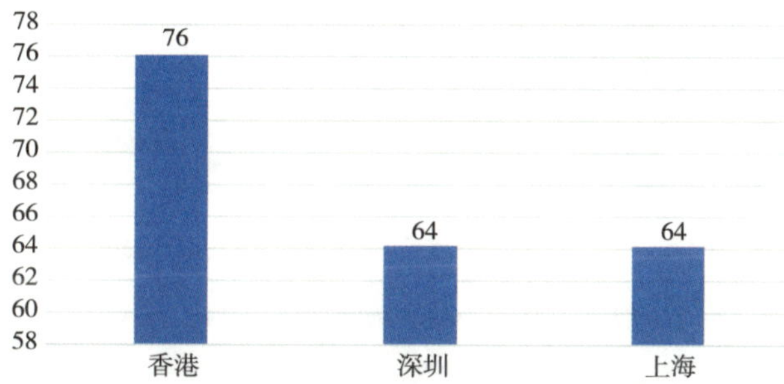

图4-29 按上市地点划分的企业治理维度评估平均分

从业务方面来看，纺织制造、服装服饰和家纺这三类企业在公司治理维度的平均得分均位于66~68分。但产业用企业平均得分仅为约58分（图4-30）。

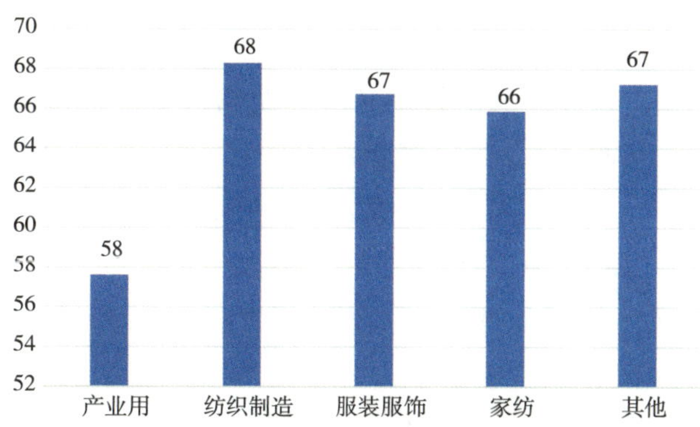

图4-30 按业务类型划分的企业治理维度评估平均分

上市企业治理绩效评估结果前20名见表4-9。

表 4-9 上市企业治理绩效评估结果前 20 名

公司	上市地点	评级
新澳股份	上海	AAA
中国利郎	香港	AAA
安踏体育	香港	AAA
申洲国际	香港	AAA
江南布衣	香港	AAA
鲁泰 A	深圳	AAA
华孚时尚	深圳	AAA
中国动向	香港	AAA
天虹国际集团	香港	AAA
百隆东方	上海	AAA
晶苑国际	香港	AAA
互太纺织	香港	AAA
李宁	香港	AAA
特步国际	香港	AAA
罗莱生活	深圳	AAA
富春染织	上海	AAA
361°	香港	AAA
际华集团	上海	AAA
波司登	香港	AAA
安正时尚	上海	AAA

（二）治理结构

“治理结构”共涵盖 9 项三级指标，关注持股结构、董事会独立性、董事会及高级管理层多元性、二职合一、高级管理层稳定性、高级管理层薪酬等。总体而言，纺织服装上市企业在独立董事占比、CEO 薪酬两方面的信息披露较为完备，评分均值分别为 99 分和 96 分；而在高管女性占比方面平均分数最低，为 46 分。一个值得关注的情况是，除 2 家企业未披露 2022 财年高管离职情况外，近 4 成企业存在高管离职的情况，平均离职率超过 33%。虽然多数企业对高管离职做出“个人原因”的解释，但也侧面反映出行业经营压力。

（三）内部控制

“内部控制”共涵盖 5 项三级指标，分别为是否设立审计委员会、是否设立薪酬委员会、是否设立战略委员会、是否设立风险管理委员会和是否设立提名委员会。在赋分上，“是”为 100 分，“否”为 0 分。公司得分平均分约 78 分。所有公司在设立审计委员会和薪酬委员会上得分均为 100 分。约 96% 的公司在“提名委员会”项下得分 100 分。约 79% 的公司在“战略委员会”项下得分 100 分。但仅有约 15% 的公司在“风险管理委员会”项下得分 100 分。

（四）股东

“股东”共涵盖 7 项三级指标，分别为股权集中度、股权集中度变化率、股东增持次数、股东减持次数、股东累计增持数量占总股本比重、股东累计减持数量占总股本比重和股利支付率。公司得分平均分约 74 分。公司在股东累计减持数量占总股本比重和股东累计增持数量占总股本比重两个指标中的平均得分最高，分别约为 96 分和 92 分。股利支付率的平均得分最低，约为 22 分。

（五）合规

“合规”共涵盖 9 项三级指标，分别为涉诉次数、被动参与诉讼次数、合同及往来款纠纷诉讼次数、交易所处罚次数、行业监管处罚次数、重大行业监管处罚次数、反腐监管次数、重大反腐监管次数和报告期内企业是否开展合规性的评价。公司得分平均分约 96 分。仅有“交易所处罚次数”指标的公司平均得分低于 90 分，为约 89 分，其他指标的公司平均得分均超过 90 分，并且，在“重大行业监管处罚次数”“反腐监管次数”和“重大反腐监管次数”这三项指标中，所有公司均获 100 分。

（六）审计

“审计”共涵盖 5 项三级指标，分别为财报审计—意见类别、财报审计—会计师事务所变更次数、内控审计—是否存在非财务报告内部控制重大缺陷、内控审计—意见类别和内控审计—会计师事务所变更次数。公司得分平均分约 98 分。

（七）信息披露

“信息披露”2 项三级指标，即定期公告预约披露时间更改次数和信息披露等级。公司得分平均分约 81 分。“定期公告预约披露时间更改次数”指标中，企业平均得分约 79 分。约 79%的公司得分 100 分，但仍有约 21%的公司得分为 0。在“信息披露等级”指标中，公司平均得分约 83 分。多数公司得分为 80 分（48%）或 100 分（37%）。

（八）ESG 融入

“ESG 融入”分为 7 项三级指标，关注 ESG 向董事会、高级管理层、组织架构、管理制度、绩效考核及供应链管理的融入情况。统计发现，116 家纺织服装上市企业中，59 家企业发布了独立的 ESG 报告（或社会责任报告），占比 51%；其中，A 股上市的纺织服装企业发布独立报告的占比 37%。仅 13%的上市企业在董事会下设了 ESG 委员会，22%的企业成立了 ESG 专职部门或指定了兼职部门，23%的企业设置了 ESG 制度保障和流程体系，而能够开始执行供应链 ESG 尽责管理的企业仅不足两成。虽然半数企业表示 ESG 工作已经融入董事会层面，但绝大多数企业未将 ESG 绩效与董事或高级管理层绩效考核挂钩。

五、结论

ESG 不仅是企业承担对环境、社会和治理方面的责任，更是发展战略的核心组成部分，它代表了一种全新的商业伦理观念。企业之所以要重视 ESG，是因为它不仅符合法规要求，还有助于吸引投资、降低风险、提升品牌价值，增强竞争力，实现可持续发展目标。中国纺织服装上市企业正在加大 ESG 的合规要求，通过提高资源效率、加强社会责任和提升治理水平，ESG 绩效呈现出不断优化的态势，ESG 治理体系也在日益完善，并形成对社会和环境责任的内生动力，推动企业的社会价值和商业价值同步提升，成为中国纺织服装行业培育新质生产力的助推器。

2023年中国少女发育内衣行业发展白皮书

中国服装协会　爱慕股份　艾瑞咨询

近年来，伴随新一代父母成为市场消费主力并表现出对青少年胸部发育的高度重视，中国内衣市场焕发新生机，少女发育内衣行业乘风而上，蓬勃发展。

中国少女发育内衣行业不断发展和壮大，是中国服装产业加强供给侧结构性改革，满足人们美好生活需要的一次生动实践。随着中国服装行业以"科技、时尚、绿色"新定位开启时尚强国新征程，中国少女发育内衣行业的发展，必将成为时尚强国建设的重要组成部分，为中国服装产业高质量发展做出了积极贡献。

此次，中国服装协会、爱慕股份和艾瑞咨询共同发布《2023年中国少女发育内衣行业发展报告》，本报告以周密调研和系统研究为基础，主要分析了少女发育内衣行业发展历程、市场现状；消费者需求变化、品类认知和决策路径；少女发育内衣行业竞争状况，以及行业的未来发展趋势。

本报告深入挖掘行业背后的驱动力，基于消费需求和场景下的行业发展机遇，以期为行业发展提供有益的参考，共同探索中国少女发育内衣行业的未来之路。

一、少女发育内衣行业现状

内衣作为女性的贴身衣物，在其两千多年的发展历程中，经历了无数次的变革与创新。近年来，受到政策端、社会端、消费端和市场端的共同驱动，少女内衣行业兴起，催生了五花八门的细分产品和更加严谨的行业标准。

（一）少女发育内衣品类界定和划分

发育内衣是针对8~16岁的青春期女生，与其发育阶段和生理特点相符的内衣。发育内衣和非发育内衣的区别主要在于是否适合发育期女生穿着。

发育内衣普遍应用之前，市面上只有非发育内衣可以选择。对于发育初期的女孩而言，其可选内衣以普通的背心样式为主，胸前不加垫片或只加普通的垫片（类似成人背心），适用面料为亲肤性弱的纯棉面料或不做特殊要求的面料，而胸部已经明显发育的女生则大多会直接使用成人内衣。这种内衣虽然具备包裹性和防凸点作用，但无法兼顾少女不同阶段的发育需求。并且，这类文胸不具备发育内衣的透气性，其聚拢等功能并不适合发育期少女，文胸钢圈也会束缚少女胸型的发育。

发育内衣可以照顾到发育期少女的不同阶段发育需求，面料具备舒适性和透气性，针对不同发育阶段有不同的保护功能。目前，市场上流行的少女发育内衣主要可以划分为三大品类：U型含衬垫短文胸、无衬垫背心和一片式无缝文胸。其中，U型含衬垫短文胸是短背心/文胸款式，含有固定或可拆卸的胸垫，肩带为U型肩带设计；一片式无缝文胸款式和U型含衬垫短文胸较为相似，为短背心/文胸款式，且含有固定或可拆卸的胸垫，但一片式无缝文胸的缝制方式是一片式/无缝工艺；无衬垫背心不含胸垫，设计则更为多样化，长度（长/中/短）和肩带类型（工字/U型/V型）都有较多的选择（图4-31）。

（二）发育内衣品类行业标准

随着社会和家庭对发育关注度的提升，各方的需求推动了少女文胸行业（发育内衣行业）标准的形成。

2022年，由爱慕股份有限公司、浙江森马服饰股份有限公司等单位共同起草的FZ/T 73069《少女文胸》行业标准（以下简称"少女文胸标准"）正式出台。

图 4-31　少女发育内衣主要品类划分

少女文胸标准以发育期女性（9~16 岁）为受众群体，参照 GB 31701 B 类规定，在 GB 18401 规定的基础上，增加了外观质量、耐唾液色牢度、邻苯、物理性能等其他安全技术要求，重点突出品类透气率（≥180mm/s）、底围拉伸倍数（≥1.6）、无钢托等差异特性（表 4-10）。

随着该标准的实施、贯彻与推广，少女文胸行业将迎来更加标准化、规范化的发展。

表 4-10　《少女文胸》与普通文胸行业标准对比

项目	《少女文胸》行业标准	普通文胸行业标准
序号	FZ/T 73069—2022	FZ/T 73012、FZ/T 73046、FZ/T 74002、FZ/T 81020
受众群体	发育期女性（9~16 岁）	不做限制
透气率	≥180mm/s	无要求或≥75
底围拉伸倍数	≥1.6	无要求
文胸托	不应使用钢托	可以使用钢托
甲醛含量、pH 值、异味、可分解致癌芳香胺染料	按 GB 31701 B 类规定执行，甲醛含量、pH 值和异味的考核对象应包括文胸罩杯的填充物	按 GB 18401 规定执行，甲醛含量、pH 值和异味的考核对象应包括文胸罩杯的填充物，但乳胶、有机硅胶、矿物油不考核

（资料来源：艾瑞研究院根据公开信息梳理）

（三）发育内衣行业驱动因素——政策端

我国性教育指导相关政策的不断完善，从政策端助推发育内衣行业的产生与发展。

近年来，多部门颁布了多项性教育指导的相关政策或倡议。2016 年 10 月，中共中央、国务院颁布《“健康中国 2030”规划纲要》，总体上明确了健康中国建设的行动纲领。2020 年 10 月，第十三届全国人民代表大会常务委员会第二十二次会议第二次修订《中华人民共和国未成年人保护法》，对青少年健康发展予以高度重视。随后，《未成年人学校保护规定》《中国儿童发展纲要（2021—2030

年）》以及《全面加强和改进新时代学生心理健康工作专项行动计划（2023—2025 年）》等规定的出台，从家庭教育、学校教育、法律保护等方面出发，全方位、多层次完善我国青少年性教育指导规划，也为发育内衣行业的发展奠定政策基础。

（四）发育内衣行业驱动因素——社会端

随着经济社会快速发展，社会公众对儿童青少年的生理和心理成长关注度显著提升，各类研究机构、保护组织和教育机构纷纷为青少年性教育的普及提供资金和传播支持。

2009 年，联合国教科文组织首次发布《国际性教育技术指导纲要》，针对青少年的性教育计划归纳出 8 个关键概念："关系""价值观、权利、文化和性""理解性别""暴力和保持安全""获得健康和福祉的技能""人体发育""性和性行为"以及"性和生殖健康"，对全球范围内的青少年性教育推广提出要求。

2021 年，国务院印发《中国儿童发展纲要（2021—2030 年）》，将"性教育"纳入基础教育体系。

在性教育课程传播方面，教育机构和研究机构也发挥着重要作用。2009 年，四川省性社会学与性教育研究中心与中华慈善总会合作在成都大学建立全国首个"青爱基地"；2011 年，首都师范大学教育学院性教育研究中心在北京市的几所小学开展试点教学，编写《成长的脚步》；2022 年，中国大学 MOOC（慕课）国家精品课程在线学习平台上线"儿童性发展与性教育""全面性教育"在线课程。

（五）发育内衣行业驱动因素——消费端

资料显示，1860 年女孩进入青春期的平均年龄为 16.6 岁，1920 年为 14.6 岁，1950 年为 13.1 岁，1980 年为 12.5 岁，2010 年为 10.5 岁，呈逐年下降趋势。目前，女孩进入青春期的平均年龄已经低至 8 岁，而 8 岁之前发育则可定义为性早熟。这说明了女孩进入青春期的年龄在逐渐降低，这也意味着少女需要穿内衣的年龄进一步提前。

从家长需求的角度来说，社会的发展使得家长的性教育意识逐渐成熟，"80 后""90"后的家长对孩子的发育情况也更为关注。现在已经有不少家长开始使用医学手段延缓孩子迎来初潮的年龄，避免早熟的发生。家长对孩子服饰投入意愿的增加也提升了家长对发育内衣的消费意识，更早地开始关注孩子需要穿"里面的小衣服"。值得一提的是，在内衣的选择上，家长往往会沿用妈妈的消费经验，妈妈用得好、用得舒适的品牌更可能买给子女穿。并且随着孩子运动量的提升，家长对内衣的需求更加多元，不仅要舒适，也需要适合运动。

（六）发育内衣行业驱动因素——市场端

近两年，少女发育内衣品类迎来爆发式增长，品类整体发展历程可分为三个阶段：概念生成阶段、稳步发展阶段和爆发式增长阶段。

2005 年前后，用户对发育期内衣的重视度逐渐上升，品牌商开始着力发育内衣品类，品类整体发展步入概念生成阶段：2005 年，可娃衣品牌创立，致力于青春发育期少女健康内衣研发、生产与销售。2009 年，爱慕集团推出爱慕 kids（"爱慕儿童"品牌），针对发育中的儿童人群开发内衣产品，次年推出爱慕少女产品线（Aimer Junior），含发育内衣、内裤、家居服饰等。

随后，各大成熟内衣品牌开始布局少女内衣市场，推出专供发育期少女的内衣产品，如黛安芬 beedee 少女内衣系列、曼妮芬等。部分新消费品牌也开始关注发育内衣赛道，如 2018 年，内外首次推出针对发育期少女的内衣产品；2019 年，专为 8~18 岁女孩设计发育期内衣的品牌酥一一创立；2021 年，ubras 推出发育期少女内衣品牌 likeuu，以文胸产品为主。品类进入稳步发展阶段。

2022 年之后，天猫少女发育内衣品类规模翻倍，市场入局者进一步增加，包含婴童品牌、服饰品牌、各类新消费品类纷纷布局少女内衣赛道。与此同时，线上种草加科普，线下开店加铺货，连续的市场推广动作，共同提升了品类的渗透，进一步引发品类销量的爆发性增长。2022 年 11 月，陌飞未来成立，研发推出了发育期微笑轻柔引导系列；爱慕、likeuu、全棉时代也进一步扩充产品线；其他服饰品牌也开始关注少女发育内衣市场，推出相应产品，品类进入爆发式增长阶段。

二、少女不同发育期对内衣需求的变化

青春期女孩的发育会带来身体由内而外的一系列变化，随着女孩的身体发育，其心理状态也会有所改变，尤其对于早熟少女来说，身体的过早发育会带来一些心理困扰。

（一）少女发育带来的身体变化

女生青春期主要经历乳房、身高、力量、月经等多方面的变化，在大多数女孩中，乳房发育是青春期最早出现的信号，紧接着便进入生长暴发期，出现阴毛。月经初潮大约出现在乳房开始发育 2 年后，此时生长已达到高峰，身高增长变缓。初潮的年龄从 10.5 岁到 14 岁，个体差异很大，但平均年龄在 12.5 岁（表 4-11）。

（二）性早熟少女容易引发的心理困扰

青春期少女在性特征逐渐成熟的过程中，尚未完全建立自我认知意识与性意识的少女对身体变化的过度反应尤其普遍和突出。早熟的女孩们更容易觉得自己是“特别”的存在，从而影响到少女的情绪、兴趣、能力与社会交往。

表 4-11 女孩青春期的主要变化

平均年龄	年龄范围	主要身体变化
10	8~13	乳房开始发育
10	8~13	身高突增开始
10.5	8~14	阴毛出现
11.6	9.5~14	力量突增达到顶峰
11.7	10~13.5	身高突增达到顶峰
12.5	10.5~14	初潮（首次月经）出现
12.7	10~14	体重突增达到顶峰
13	10~16	形成成人的身材
14	10~16	乳房发育完成
14.5	14~15	阴毛生长结束

（资料来源：《儿童发展》，桑标，华东师范大学出版社，出版时间 2014 年 10 月）

早熟的少女的心理困扰具体可分为四类：自卑感、社交障碍、情绪波动和性认知困扰。自卑感源自于性早熟少女与同龄孩子的差异，她们害怕自己因生理上的变化（如乳房发育、月经初潮等）被同龄孩子嘲笑和孤立；由此，性早熟少女也可能会在社交互动中遇到困难，如难以与同龄孩子建立友谊、难以融入团体等，形成社交障碍，这可能导致她们在学校中遭受挫折，影响心理健康；另外，由发育伴随的焦虑、抑郁、愤怒等情绪波动问题还可能影响性早熟少女在学习过程中的表现和学习成绩；并且，对性产生较早的关注和认知，也会导致她们在性方面产生困扰，如对自己的性取向、性行为等产生疑问，从而影响心理健康。

陈燕惠
福建医科大学附属协和医院儿科科主任

青春发育期的身体变化，会直接导致心理变化。一方面青春期的少女来月经之后，随着激素和黄体酮的含量的变化，孩子会有更强烈的情绪体验，如抑郁，焦虑、烦躁、自尊心下降等；另一方面，青春期的少女体型处在关键的变化期，这些身体变化对于青少年的影响取决于他们对于这些变化意义及重要性的解释，从而改变一个人的情绪、兴趣、能力和社会交往。早熟的女孩会经历许多社会困难，她们往往显得比较退缩且缺乏自信，心理也比较压抑。

（三）不同发育期少女内衣需求差异

性发育过程中家长如果能提前关注、适度引导，可有效降低孩子的焦虑感，让孩子开心无忧地度过青春期。在不同的发育阶段，少女胸部发育特征不同，因此内衣需求也有很大差异，具体可根据发育初期、中期和成熟期三个阶段对内衣需求进行划分。

发育初期（参考年龄 8~12 岁），乳头开始发育且敏感，可能伴有发痒或轻微胀痛，需要亲肤、轻薄，有一定遮挡效果的内衣，避免乳头摩擦和避免凸点。这一阶段的发育内衣多采用少女背心款，短背心为主，中、长背心为辅；配色简约，多为浅色；内含薄垫片，解决凸点问题，主要起到保护作用，包裹性和承托性相对较弱，面料尤其注重柔软亲肤、防摩擦，同时也起到培养穿内衣习惯的作用。

发育中期（参考年龄 12~14 岁），乳房继续发育，发育的过程中可能伴有胀痛或胸部敏感，需要预留发育空间，同时有一定的承托和定型作用。这一阶段的内衣虽然还是以背心款式为主，但是开始有一定定型和承托作用，相对发育初期的内衣具备更好的包裹性，杯型预留发育空间，同时注重透气、防震、防滑以应对更多运动场景。

发育成熟期（参考年龄 14~16 岁），乳房逐渐发育成熟，需要良好的承托性，适应多场景内衣使用需求。这一阶段的内衣开始接近文胸款式，内衣的造型和胸垫的承托具备更好的支撑性和包裹性，可稳定胸部结构，兼具透气性、防震、防滑等运动场景需要的功能。

李静远

浙江大学医学博士
曾就任于美中宜和妇儿医院、浙江大学医学院附属儿童医院

8岁左右女孩子哪怕胸部没有发育，也需要内衣。这个年龄可能有少部分孩子觉得乳房不舒服，甚至会有一点疼痛的感觉，这个阶段不需要文胸，但是需要薄薄的内衣，起到保护的作用，同时家长也要关注到这个时期的性教育知识的启蒙。

11岁、12岁之后慢慢开始发育，乳房体积上变得更大，乳晕也继续变化，这个阶段需要增加薄薄的胸垫，起到定型作用，同时不能太紧，要给到胸部发育空间。

14岁以后，这个时候传统文胸可能就起到比较好的定型、防护作用和包裹作用，在运动时，能更好地承托和保护，减少如运动时胸部晃动等社交尴尬事件。

三、少女内衣家长认知和选购现状

（一）家长首次购买少女内衣时孩子的发育状况

11%的家长在孩子尚未发育就开始购买少女内衣了，69%的家长在孩子发育初期购买少女内衣（表 4-12）。

（二）家长首次购买少女内衣契机

主动发现并给孩子选择了内衣产品的家长高达 73%，其中 25%的家长主动观察到孩子乳房隆起，15%的家长会提前给孩子准备发育内衣（表 4-13）。

表 4-12　首次购买少女内衣时对应的发育状况

发育期	发育特点	消费者占比
尚未发育	未发育	11%
发育初期	乳头、乳房刚开始有些隆起，触摸时有小硬结（乳核）	69%
发育中期	乳头、乳房隆起明显，初见雏形	17%
发育后期	乳房基本发育成熟，成半球状态	3%

注　样本：发育内衣消费者 $N=1550$。

题目：请问您给女儿首次买少女内衣（背心或文胸）的时候，您女儿的发育状况如何？（单选）

表 4-13 首次购买少女内衣原因

发现契机	消费者占比	发现情况
主动观察到孩子乳房隆起	25%	主动发现
提前给孩子准备	15%	主动发现
担心夏季衣服薄容易凸点	13%	主动发现
发现同龄孩子已经使用	10%	主动发现
孩子来月经之后发现开始发育	9%	主动发现
体检时发现需要买内衣了	8%	被动发现
孩子反馈乳房不舒服	7%	被动发现
被商场导购推荐购买	6%	被动发现
被其他家长/亲戚推荐购买	6%	被动发现
其他	1%	其他

注 样本：发育内衣消费者 N=1550。

题目：请问您给女儿首次买少女内衣（背心或文胸）的时候，您女儿的发育状况如何？（单选）

（三）家长首次购买少女内衣时选择的类型

32%的家长选择了无衬垫短背心款式作为孩子的首款内衣，无衬垫短背心款式孩子接受度更高，松紧适中，尤其是下围不易产生勒的问题（表 4-14）。

表 4-14 首次购买内衣类型

内衣类型	消费者占比
无衬垫短背心	32%
无衬垫长背心	15%
一片式/无缝文胸（无痕裁切一片式）	12%
含衬垫中长背心	10%
含衬垫短文胸	10%
含衬垫长背心	8%
黏合背心（面料拼接侧边黏合）	6%
运动型内衣	5%
其他	2%

注 样本：发育内衣消费者 N=1550。

题目：请问您给女儿首次买少女内衣（背心或文胸）的时候，您女儿的发育状况如何？（单选）

（四）不同发育阶段少女内衣选购特征变化

在不同的发育阶段，少女本身和家长对内衣选购特征也会出现变化。

初发育状态（8~12 岁）孩子处于内衣穿着适应的阶段，家长往往主导产品品牌和类型的选择，关注的内衣特征是亲肤和舒适，而孩子可以参与部分环节，如颜色、款式的选择。

在快速发育状态（12~14 岁）孩子开始有自己的表达，但家长仍为主要决策人，主要负责品牌的选择，孩子可以选择产品颜色、款式等，参与度相比一阶段有所增高，此阶段最关注的内衣特征是舒适和穿脱方便。

到了成熟发育状态（14~16 岁）孩子对于内衣的个性化诉求逐渐增加，家长和孩子对于产品设计偏好开始产生分歧，但最终决策者仍为家长，此时关注的内衣特征是好穿和好看。

四、少女内衣穿着场景和选购偏好

（一）家长购买少女内衣关注因素

购买少女内衣的家长最关注的是面料和款式，如面料是否易摩擦皮肤，款式方面孩子是否能接受等，其次是品牌，对价格的关注度最低（表 4-15）。

表 4-15 购买少女内衣（背心或文胸）时主要关注因素

关注因素	消费者整体
面料	39%
款式	26%
品牌	12%
面料剪裁	10%
科技功能卖点	10%
尺码	9%
肩带	7%
生产标准	6%
技术专利	6%
价格	5%

注 样本：发育内衣消费者整体 N=1550。

题目：请问您在给女儿买少女内衣（背心或文胸）时，主要关注哪些因素，请选出您最关注的前三项。（多选）

（二）少女穿着内衣的场景及场景穿衣需求

对于所有年龄段的少女，核心穿着内衣的场景都是日常、运动、出游三大类。从不同年龄阶段来看，12~14 岁少女各类运动场景需求明显增加，出游需求明显减少，15~16 岁少女更关注日常体育课穿着场景（表 4-16）。

表 4-16 消费者为女儿购买特殊款式/功能内衣场景分布情况

发育内衣购买场景	整体人群（%）	8~11 岁（%）	12~14 岁（%）	15~16 岁（%）
普通/日常款	33	33	32	32
体育课	31	30	29	34
剧烈运动（跑步等）	30	27	36	29
外出逛街	24	27	24	18
户外露营	22	23	22	19
睡眠期间	22	20	27	21
跳舞	20	19	22	21
度假旅行	18	18	19	17
月经期间	17	16	19	19
亲子瑜伽	15	14	14	16
Cosplay	7	9	4	8

注 样本：发育内衣消费者 $N=1550$，8~11 岁 $N=810$，12~14 岁 $N=370$，15~16 岁 $N=370$。于 2023 年 12 月通过在线问卷形式调研获得。题目：基于以下哪些场景，您会考虑为女儿购置特殊款式/功能的内衣？（多选）

经艾瑞咨询用户访谈得知，少女的日常活动场景中包括了校内日常内衣使用和体育课、慢跑等轻运动场景。对于日常活动场景，家长更倾向于选择能同时满足多场景的、面料柔软亲肤、透气、更易穿脱的普通内衣，而非专业运动内衣。

运动场景中，除普遍关注的面料高弹、高透气性，高承托力之外，针对跳舞场景，需要更符合特定服装的内衣款式，如中国舞纱质服装需要抹胸式内衣，现代舞需要无痕肩带等。

出游场景包括逛街、度假、Cosplay 等。逛街场景对舒适感要求更高，面料柔软、高透气性，美观度也不能落后，如搭配吊带服饰不易外露的细肩带款内衣；度假场景对于面料透气性和速干性要求更高；Cosplay 等场景更加重视美观度，胸型管理诉求带来的美观感在此场景更加突出。

（三）家长购买少女内衣喜欢的创新设计

家长最容易被面料方面的创新升级吸引，其次才是内衣本身的设计感，其中 8~11 岁的家长对所有维度的关注度都更高，12~14 岁女孩家长最关注内衣的设计感，15~16 岁的家长对特别的面料、内衣上的附件等具像化的设计元素更感兴趣（表 4-17）。

表 4-17 家长喜欢的创新设计

维度	消费者整体	8~11 岁家长	12~14 岁家长	15~16 岁家长
特别的面料	43%	40%	45%	46%
内衣本身的设计感	41%	37%	49%	41%

续表

维度	消费者整体	8～11 岁家长	12～14 岁家长	15～16 岁家长
特别的颜色	35%	33%	35%	37%
肩带有设计感	32%	32%	35%	29%
好看的图案	28%	30%	25%	28%
内衣上的附件	25%	24%	23%	28%
IP 联名	9%	9%	5%	11%
以上都不需要	16%	17%	16%	15%

注　样本：整体用户 $N=1550$，8～11 岁家长 $N=810$，12～14 岁家长 $N=370$，15～16 岁家长 $N=370$。
题目：以下设计方向如果出现在少女内衣款式上，哪些会吸引您？（多选）

五、少女发育内衣品类核心品牌

从品牌格局来看，我国内衣市场上发展较为成熟、拥有一定规模的内衣品牌近 400 家。发育内衣作为内衣赛道里的蓝海品类，正吸引包括成熟内衣品牌、新消费品牌、婴童品牌等众多玩家入场，本部分将选取其中三个代表性品牌展开分析。

（一）少女发育内衣市场主要市场品牌

目前活跃在市场上的品牌种类主要可分为：成熟、新消费、传统服饰以及婴童品牌等。

在成熟内衣品牌中，母品牌为专业内衣品牌，研发能力较强，少女内衣款式更丰富、新品更关注专业力的创新，消费者对少女内衣品牌接受度较高，但购买少女内衣意愿和消费者对母品牌认知和体验强相关。新消费品牌则采取“舒适爆款”和“精准种草”的策略，短时间迅速走红，销量直线上升。传统服饰品牌主打运动、休闲的款式，以母品牌吸引消费者，主要为品类丰富，没有建立少女内衣独立品牌。与此同时，婴童品牌主打面料、款式、性价比，利用现有消费者，定位品类拓宽，但没有建立少女内衣独立品牌。

（二）成熟内衣品牌少女发育内衣代表：爱慕少女

品牌历史悠久、主品牌为成熟内衣品牌的爱慕少女，获有 5 项国家专利，注重产品专业性研发宣传（如行业标准与面料研发方面）。青春期胸部发育形态特征变化明显，且在不同阶段内需要的保护是不同的，因此爱慕少女倡导“科学分阶，陪伴成长”，提供匹配发育身形和匹配更多使用场景的舒适内衣，打造更适合亚洲发育女性身体发育特征的内衣产品。

此外，爱慕少女的产品设计款式多样，采取多种新型面料，以天然纤维为主。主要价位在 200～400 元/件，线上线下渠道双线布局，但以线下渠道为主，线下线上渠道各自占比为 7∶3。

爱慕的热销产品采用多种新型面料材质应用到少女发育内衣，为发育期的少女提供更舒适的穿着体验。例如，奶皮系列富含蛋白纤维、氨基酸、高弹柔软，系列小背心富含人体所需的多种氨基酸，柔软舒适，偏日常穿着；云朵少女系列自在呼吸、高弹不勒、稳定支撑。

爱慕的产品分阶方式以发育现象作为分界，分为三个阶段。萌芽期（8～12 岁）：乳头凸起、刺痛，害羞易驼背，推荐穿着内衬柔软、防凸不透、轻柔过渡的背心式内衣。生长期（12～14 岁）：乳房逐渐隆起，推荐穿着科学留量的透气型内衣。成熟期（14～16 岁）：逐渐变丰满、呈现曲线，推荐穿着不闷不勒的支撑型内衣。

（三）新消费内衣品牌少女发育内衣代表：likeuu

品牌历史短、为新锐品牌的 likeuu 隶属 ubras 旗下，专注于 8～15 岁发育期贴身衣物。likeuu 注重品牌营销，以儿童成长的品牌故事营销为主，市场增势迅猛。秉承了 ubras 开创的“无尺码主义”，likeuu 用舒适、包容与安全的内衣，适应孩子青春期的身体变化，适配多场景穿戴。以成为你自己，打造更舒适的自我成长体验为品牌理念将产品布局专注于无尺码背心式内衣，应用锦纶和氨纶面料设计一片式点胶内衣款式，主要价位在 100~200 元/件。渠道以线上渠道为主，线上线下渠道各自占比为 1∶9。

likeuu 的热销产品主打隐形遮羞，其中点胶无尺码最为畅销。产品采用了一片式随心裁工艺，整件内衣由进口树脂点胶黏合，没有缉缝线，平平整整没有摩擦感，在技术上做到了无痕。

likeuu 的产品分阶方式以孩子年龄作为分界，分为三个阶段。启蒙期（8~12 岁）：Likeuu 针对 8~12 岁的青春期女生提供可拆的微容量杯。生长期（12~15 岁）：针对 12~15 岁的青春期女生提供基础款（不移位的椭圆杯）、轻薄款（原纱凉感，轻薄透气）、运动款（有支撑且不束缚发育）三种内衣。成熟期（15 岁以上）：针对 15 岁以上的青春期女生提供更深的圆杯内衣。

（四）婴童品牌少女发育内衣代表：全棉时代

覆盖多种产品系列的婴童护理品牌全棉时代，主打少女一体织无缝背心，展现一朵棉花的力量，注重产品的天然性。以医学贴近生活，全面呵护健康的品牌理念赢得中多少女的喜爱。

全棉时代推出“医学贴近生活，全面呵护健康”的少女内衣，旨在以纯棉面料伴随少女不同阶段的发育成长，精舒棉面料亲肤透气，为少女带来轻松健康的生活体验。主要价位在 90~135 元/件，线上线下渠道并重。

以校园穿搭优选作为卖点，全棉时代的热销产品主推产品少女一体织无缝背心，高含棉专利面料更天然柔软有弹力，Santoni 编织技术一体无缝无压感，以全面呵护少女健康。

全棉时代的产品分阶方式以身体感受作为分界，分为三个阶段。萌芽期（一阶段，9~11 岁）：此时少女胸部慢慢隆起，伴有发痒或轻微胀痛，推荐穿着带薄棉垫的背心式内衣。生长期（二阶段，12~15 岁）：此时少女乳房发胀，伴有轻微疼痛感，推荐穿着有足够空间的立体内衣。成熟期（三阶段 16~18 岁）：胸部逐渐成型，运动时有晃动感，推荐穿着有胸垫支撑的无钢圈内衣。

六、少女发育内衣品类发展趋势

综合前文的分析，本部分将对少女发育内衣的发展趋势及未来市场空间进行预测。

（一）少女发育内衣发展趋势

少女发育内衣品类爆发期将持续，未来新品牌、新产品将更加丰富，从整体市场来看，预计未来产业端、市场端、消费端和产品端都将出现一定的趋势。

对于产业端而言，差异化创新，打造专属概念化新品将成为趋势，如好穿、好听、好记的“奶皮衣”，并且运动面料创新突破（如吸湿排汗等功能）和软支撑等成人流行的舒适方向内衣元素，也将渗透到少女内衣品类。

对于市场端而言，随着市场爆发式增长，不同类型的品牌将有不同的应对策略。成熟内衣品牌将越来越关注少女内衣品类，增加线下店品类铺货；新消费品牌虽然会加速入局少女内衣品类，但研发动力不足，短期内大部分新消费品牌将采取跟随型铺品类策略。长期来看，随着品类渗透和提升，低端不具发育保护特性的将逐渐淘汰，中高端品牌市场占比不断提升。

对于消费端而言，丰富的品类场景将首先受到关注，如少女抹胸款、少女运动款、针对出游、Cosplay 等细分场景的时尚款等；人群需求也会更细分，如大码内衣、经期内衣等；线下服务体验的关注度也会不断上升，带孩子逛+选，能提供良好的线下服务体验将更受消费者青睐。

对于产品端而言，时尚元素在少女内衣设计中将增加，将不局限于卡通、童趣、纯色等传统元素；开发系列性产品，对同一系列完善扩展，如中国风等更适合中国少女的设计款；微设计创新的应用，如花边、小镂空，装饰性的丰富化等。

（二）未来少女发育内衣品类市场空间

目前，8~16岁适龄期人口规模约为7109万人，8岁女童人数在0~16岁女性中占比最大，为904万人，而16岁年龄段女性人数最少，为702万人。8~16岁发育期女孩约占总体女性的人口的10.3%。2023年整体女性内衣市场规模为2000亿元，对应人口下的人均消费金额做基数，预计品类未来将可达207亿元的市场规模。

调研说明：主要分为线上专家访谈、线下入户访谈、线上问卷调研三种。

1. 线上专家访谈

共访谈7位专家，包含2位服饰行业协会专家、3位服饰行业头部品牌专家和2位医学临床/儿童心理专家。

2. 线下入户访谈

共访谈8户消费者，包含4户北京女孩及家长和4户上海女孩及家长。

入户要求：8~12岁女孩4位、12~14岁女孩2位、14~16岁女孩2位。

最近一年内儿童服饰花费≥2万元且为孩子购买过内衣产品≥2件，购买单价≥200元。

3. 线上问卷调研

数量：1550名。

样本要求：儿童服饰年花费不低于5000元、内衣更换频率不低于6个月的8~16岁女孩家长，其中8~11岁≥800人，12~14岁≥350人，15~16岁≥350人。

城市配额：一线城市≥600人，新一线城市≥600人，二线城市≥300人。

最近一年为女儿购买过内衣产品≥2件（线上或线下），最近一次购买产品单价不低于80元。

价格配额：80~99元≥300人，100~199元≥600人，200元及以上≥600人。

第五部分　观点篇

建设现代化服装产业集群

中国服装协会　冯炎君

党的二十大报告提出，从现在起，党的中心任务是全面建成社会主义现代化强国、实现第二个百年奋斗目标，以中国式现代化全面推进中华民族伟大复兴。服装行业是我国国民经济与社会发展的支柱产业、解决民生与美化生活的基础产业、国际合作与融合发展的优势产业，新时代新征程，加快建设现代化产业体系，在中国式现代化进程中再建功勋，是服装行业的使命任务。

在此背景下，中国纺织工业联合会于2023年8月发布了《建设纺织现代化体系行动纲要（2022—2035年）》（以下简称《行动纲要》），吹响了中国纺织服装现代化产业体系建设新征程的号角。《行动纲要》提出了新时代纺织现代化体系的内涵理解、发展目标及重点任务，对行业未来的发展具有重大的指导意义。

根据中国纺织工业联合会的统计，截至2023年10月底，以服装为主导的产业集群共有64个，约占纺织服装所有集群的三分之一。从地域分布来看，64个服装产业集群分布在16个省级区域，整体呈现出东密西疏的特点；从产品品类上统计，生产休闲运动服装的集群最多，数量达13个，童装集群的数量9个，服装制造集群7个，裤业集群5个，羽绒集群4个，男装、牛仔、羊毛羊绒集群3个，皮革皮草、泳装、内衣集群各2个，女装、领带、衬衫、婚纱礼服、棉服、西装及防护服集群各1个。

从2019~2021年集群复查收到的统计数据来看，集群的规模以上企业数占全行业的30%以上，营业收入和利润总额更是能占据到全行业40%以上。以上数据可以看出集群化发展的优势，体现出集群对服装产业体系的中流砥柱作用。

在现代化产业体系建设这一新的产业发展时期，作为服装产业最鲜明特征和最重要的形态，集群的存在与发展有着强大而特殊的意义。服装产业集群的发展支撑着数十万中小企业与上千万从业者的生存与发展。同时，集群经济是地方经济繁荣和就业稳定的重要基础，在推动乡村振兴和新型城镇化进程中发挥着重要的作用，融入和服务中国式现代化建设是纺织行业的基础任务。其中，持续推动集群的升级发展、推进世界级产业集群建设是现代化产业体系建设的关键着力点之一。

2023年6月底，由中国服装协会牵头组织的中国服装产业集群工作会议在上海召开，来自近30个地区的产业集群负责领导与会出席，与会者纷纷提出了自身在发展过程中的亮点与困难，亮点各有不同，但困难与挑战却有很多相似之处。从发展的眼光来看，现代化服装产业集群建设是时代发展的必要要求。

当前，国际格局复杂，世界正经历百年未有之大变局，地缘政治、大国博弈等因素缠绕并行，影响深远。逆全球化思潮抬头，“短链化”“脱钩断链”等现象对全球经济发展和行业的稳定性产生深刻影响，产业链、供应链正面临新一轮的重组、调整、分化，以往以比较优势为基础的传统产业布局被改变，我国服装业体系的完备性优势受到冲击。

与此同时，世界经济处在下行周期，市场数据疲软、信心受挫，居民收入降低。服装作为一种可选消费品缺乏内生动力，需求量处于下降区间。根据中国服装协会在集群工作会中对各服装集群的调查数据显示，大多集群的出口数据都不容乐观，普遍下降10%~20%，严重影响到集群的营收，服装产业体系的安全性也受到影响。

当前，我国社会的主要矛盾是人民日益增长的美好生活需要和不平衡不充分发展之间的矛盾。随着中国经济的高质量发展，消费者对于服装产品的需求日益广泛，对产品质量、品牌文化、时尚创意、健康环保等方面提出了更高的要求。然而目前，大部分集群的大部分企业仍旧处于产业发展微笑曲线的中端，主营业务以简单的加工制造为主，缺乏创意设计能力，缺少品牌力与知名度，暂无法适应新时代市场发展新需求，服装产业体系的竞争力受到挑战。

我国社会人口结构发生根本性变化，随着人口老龄化和少子化现象的加剧，不少集群反映在岗工人的平均年龄偏高，今后十年更会出现断层风险。总体来说，大龄工人对于数字化提升、新技术应用以及精益化管理的接受程度普遍偏低。与此同时，安徽、河南、四川等传统劳动力大省政府召回外溢劳动力，另有部分劳动力转移到其他新兴行业，服装产业新增劳动力不足，招工难成为行业级难题。服装产业体系的先进性与稳定性也受到挑战。

因此，建设具有完整性、先进性、安全性的纺织现代化产业体系是解决当前问题的重要抓手，也是计之深远的必然需求。建设现代化产业集群是企业、政府、行业三方协同努力方能实现的历史使命。未来，行业需要持续践行“科技、时尚、绿色”新定位，加强集群内外融通机制，共同打造自主可控、安全可靠、竞争力强的现代化产业体系。

第一，坚持以科技为生产力。加快数字经济与实体经济的深度融合，推动集群企业“上云用数赋智”，推动服装产业在设计、生产、管理及服务等各个环节向数字化、智能化、网络化方向发展，提高行业的精益化、柔性化、服务化水平，形成向全球价值链高端延伸的竞争力。鼓励集群加强新兴技术研发，对标国际前沿与行业先进水平，协同高等院校、科研院所等多方力量创新联动，健全产学研深度融合的创新体系，推动知识共享和成果转化的进程，力争尽早解决关键领域的“卡脖子”和短板环节。

第二，坚持以时尚为引领力。借助本地行业展会、论坛、设计大赛、时装周等活动，树立集群形象，促进引导优质要素资源向集群加速集聚，提升集群时尚影响力。服装产业作为一个强烈文化属性的行业，各集群应因地制宜，深度挖掘各地优秀传统文化的时代价值，创造性地转化成形成差异化、特色化的时尚产品。

第三，坚持以绿色化发展为支撑力。持续推动开展“气候创新 2030 行动”，引导重点产业集群加入计划并在气候创新行动碳中和起到先行示范作用。工厂是绿色制造的主体，支持以工厂为主导开发绿色低碳制造技术，发展绿色制造新模式，打造用地集约化、原料无害化、生产洁净化、废物资源化、能源低碳化的绿色工厂。以工业园区、产业园区为抓手，加强区内企业生产运营全过程的污染物管控与综合治理，在能源利用绿色化指标、资源利用率恶化指标、基础设计绿色化指标、产业绿色化指标、生态环境绿色化指标、运行管理绿色化指标方面有所改进及提升。

第四，加强集群内外融通机制。东中西部集群需立足实际，以比较优势为基础，立足区域协调发展，实现错位发展：东部集群聚焦巩固原有优势，强化引领地位，加速聚集国内外时尚资源，着重打造具有一定国际影响力的中国纺织时尚策源地，加快培育世界级产业集群；中西部集群把握区位、人才以及资源优势，加快产业配套建设，着力发展智能制造，打造高端制造中心，高质量承接产业转移，将核心制造能力留在国内；中西部集群要坚持全国一盘棋，加强资本、技术、管理等要素的融通循环，提高协作整体质效。加强培育链主企业、专精特新企业，鼓励龙头企业发挥品牌、资源与市场优势，进一步创造大中小融通、产供销协同发展的产业生态，带动区域内专业化生产能力的提升，构筑具有更高附加值、更具竞争力的产业集群。实现更高水平的对外开放，加强集群的对外交流与合作，支持不同发展阶段集群紧密联动、交流合作，形成优势互补、利益共享的局面，将发展落差的势能变成协同发展的动能；支持集群企业抱团出海，协作参与海外园区的投资建设与生产，提升合作效率和风险防范能力。

第五，政府完善相关服务。优化集群本地就业环境，广泛宣传现代化纺织工业情况，提升年轻一代对未来纺织产业发展的认同感，鼓励集群以优惠的政策引进高端技能和设计人才落户及就业，筑牢人才基础提升企业和集群的技术工艺和创意设计水平。进一步拓展企业融资渠道，提升企业应用金融工具解决发展问题的能力。鼓励财通市场化法制化的方法，鼓励引导企业兼并重组方式打通上下游产业链，提高行业集中度与企业竞争力。

新经济周期下中国宏观经济形势与服装产业机遇

经济学家　马光远

马光远

中国经济在历经2023年三个季度的表现后，大家对中国经济的前景仍然打问号，这可能是大家对于中国经济分歧最大的时期，我想用自己的视角对当下中国经济，以及如何发展谈几点看法。

从短期来看，中国经济最困难的阶段已经过去。看待中国经济应该把握两个关键词，一是危机，二是形势。危险中有机遇，要把形与势分开。尽管中国经济5.2%的增长低于预期，但是在全球经济里面仍然表现不错。所以，比较来看，特别是全球经济在疫情以后处在动荡、混乱的周期下，我们的经济能达到今天这样也是不容易的。

首先，规模以上工业增加值等指标在好转，尽管截至9月份固定资产投资继续往下掉，但是基建投资、制造业投资还是不错的，消费差不多稳住了。再从进出口来看，尽管稍微有所下滑，但总体趋稳的趋势比较明显。所以今年的中国经济情绪影响比较大，大家对中国经济期待很大，但是看到方方面面的表现低于预期以后，整个情绪会有比较大的释放。我们的政策到位了，我不认为经济稳不住。其次，企业家预期是可以改变的，各个行业的企业家都是爱国的，都是对中国经济有所期待的。我们的政策转折点是2023年7月27日中央政治局会议，会议提出了很多稳中国经济的举措，从资本市场到房地产市场、消费、进出口，再到企业家的信心都提到了，现在关键是把这些政策落到实处。

所以，我认为最困难的阶段已经过去，中国经济在变化，已经进入了全新的周期。大环境最大的变化就是中央经济工作会议提出的中国经济面临三重压力。我们现在所有的行业，包括服装行业要认真研究三重压力，行业在量的增长方面究竟还有没有空间？对此要有清醒的认识。需求在减弱，供给受到冲击导致预期也在减弱，针对行业的情况，我们要研究如何把压力转换成动力。

中国经济下一步面临的机遇仍然很多，数字化、智能化、低碳、消费等，每个产业机遇都是百万亿级的。全球产业链、供应链的核心都在我们这个地方，我们的应用场景最多，我们的创新机会最多，别人现在要把我们的产业链搬走还需要很长时间，抓住这个机会提升我们的产业链。

我们的服装行业怎么办？产量、销售、出口都在下滑，如果我们还是走过去的老路，下滑的态势只会持续。我们怎样走上服装强国之路？服装行业的后浪究竟在哪里？后浪其实很简单，就是要做得和过去不一样，我认为中国是最应该在服装行业有世界级品牌的。所以，下一步不是说这个行业玩什么，而是怎么玩，这个行业的未来怎么玩。

第一，抓住消费升级的机遇。中国消费升级最大的变化在于年轻人，年轻人开始喜欢国产品牌，特别是“95后”“00后”，包括马上进入消费周期的“10后”。他们对国产品牌的拥护程度、热爱程度是前所未有的。对于服装行业而言这是最大的机遇，是最大的后浪，所以抓住年轻人特别重要，抓住国产品牌发展机遇特别重要。

第二，服装行业要有坚定的文化自信。从历史、文化等层面来讲，中国有着非常丰富的服饰文化资源。中国不能满足于做一个服装大国，要从悠久的服装文化里面找到我们的核心竞争力。

第三，我们需要跨界。什么叫服装行业？需要重新定义服装，作为用户、作为消费者的感受非常明显，重新定义一个东西的时候马上会感觉不一样，似乎创造了新的行业，拓宽了产业的领域。过去我们做服装是怎么做的？现在我们要为哪些人群？为什么样的需求做什么样的产品？关键是定义，所以跨界特别重要。

第四，行业自信。服装不仅是时尚的行业，也是非常有技术含量的行业，服装领域特别是服装材料处处都是高科技，现在我们很多人谈到服装好像其就是低端产业，没有技术含量的产业，这是完全错误的。

风向改变不了，但是船帆的方向是可以改变的。希望中国服装行业越来越好，越来越不一样，越来越成为重新定义的行业。

根据经济学家马光远在“2023中国服装大会”上的演讲编辑整理。

服装智造数字化解决之道

淘天集团犀牛智造 CTO　杨晓刚

杨晓刚

犀牛智造作为一家以科技创新为主的企业，是服装行业的新加入者，使命就是让时尚继续迎上需求。最近几年服装企业数字科技研发投入非常快，一方面是因为政策支持力度大，为制造强国、产业升级提供了强劲的动力和保障；另一方面，在企业的投入侧，AI 图像大模型技术已经发展到了一个奇点。

现如今，行业的碎片化严重，零售渠道分散，同时供大于求，产业面临着转型的契机。越是寒冷、越要爆发，到底应该怎样面对这个趋势呢？我们的观点就是以消费者为核心，这句话说起来非常朴素，但是又非常难。要做到对整个社会、所有人、所有消费场景都有一个大数据无所不在的洞察力，如大模型的发展，它把整个世界压缩到一个模型里，有没有可能某一天把所有的服装趋势、用户的需求变化作为一个洞察，做到一个模型里面进行输出呢？在什么时间推出什么样的新品？产品用什么颜色、什么材料、什么板型……这一直是一个理想，我们还是有了一个不错的进展，基于智能预测、基于 AI，我们可以对原始的图片、文字进行分析，能够洞察用户的心理。

我们品牌企业的研发、生产与市场需求有时是脱离的，针对痛点的解法有两点：一个是智能制造，一个是 AI。在这个体系里面，是围绕着需求大脑进行的，如说我们可以观测某一个款式在淘宝上的销量情况，然后通过算法测算 7 天或者半个月以后的销量，并进行面料采购等。在整个系统的上游是企业的经营决策，我们在云端将整个产品的研发要素、细节、标准、质量工艺等相关数据进行输入，把这些数据传达到每一个人面前，会显示出今天做的订单是哪个品牌的，采用什么样的线、什么样的工具、什么样的标准。

我们用实时的排产技术，通过智能吊挂，将所有生产线进行智能连接，相关的原材料可以通过智能运输系统运输到需要的工作站。使整个生产线形成一个网状结构、一个灵活的组织，通过系统我们将工人的技能矩阵数字化，并和订单需要的工艺进行自动匹配，可以是多种形态的混合，所有这些都依赖于智能吊挂等整体自动化硬件设备，它的体系是构建在整个社会的物联网上面。

当然，也需要完整的供应链体系进行配合，尤其是物料的配送，以及智能仓的配合，这就是云端算法定义的数字虚拟空间。这样一个空间有什么好处呢？数字空间解决了地理限制，可以将对应的订单、款式生产技能培训的教材发给工人站，形成一个融合。另外，因为整个智能工厂的建设，结合人工智能，可以获得巨大的数字基础，对大模型进行二次训练。目前，整个体系的割裂性以及非标准化是非常严重的，说我们没有对工艺的工序进行标准化、编码化和代码化，未来想变成智能化是不可能的。所以，整个数字化的智能工厂能够沉淀出宝贵的数据。

我们可以做到产业互联，基于单体工厂互联互通，形成一个产业矩阵，通过全网的算法，做到相对的按需生产和实时协同。整个体系的内核是算法，像随机算法或者启发式算法。再上层是场景的规划，提供相关的约束，将资源加以约束之后，可以获得最终的解析结果，形成一个计划。

人工智能应用最大的问题是成本。工业生产中，第一个是场景碎片化，如果只用这一个场景，就无法大规模应用。第二个是数据匮乏，一是数据很差，二是数据无法积累。我们的平台可以针对服装场景和 AI 能力做持续的积累，最终实现真正的应用。AI 商品力，从本质上来说就是这么捕捉需求，怎么通过算法来理解今天在物理世界发生的现实。例如，有一个女孩子买了一件衣服，或者有一千万人买了某一件衣服，这件衣服上面有什么元素，是什么面料，基于这些信息让商家进行设计。我们通过 AI 模型，可以对款式进行快速改款，包括进行创意性改型、借鉴、融合，可以针对 CAD 文件进行板型识别，可以将后续的工序编码出来，整个生产的效率，也就是说最后消费者满意度是极其高的。

最后，服装行业对 AI 行业应有更大的关注，我们一定要注意这个趋势是不可逆的，基于大模型的规律，未来 5 ~ 10 年一定会爆发生产力革命。2003 年 10 月 30 日，美国总统签署了法令，限制了算力 10 的 20 次方，这已经是确定的火箭科技，而今天美国把它作为一个核武器来禁止。这里面蕴含巨大的潜力，我们一定不能放弃这个领域，以后可以在工业领域里利用起来。

根据淘天集团犀牛智造 CTO 杨晓刚在“2023 世界服装大会”上的演讲编辑整理。

中国美学精神：从何处来，往哪里去

北京师范大学哲学学院教授/美学与美育研究中心主任　刘成纪

刘成纪

中国社会进入近代和现代之后，我们可以发现一直在提倡美学和提倡美育，党的十八大报告开始提出“美丽中国”概念，强调把生态文明建设放在突出的位置；党的十九大报告又提出加快生态文明体制建设，改革建设美丽中国；党的二十大报告出现美学相关论述 16 处，16 处核心问题要推进美丽中国建设。

中华优秀传统文化是普遍性的概念、一般性的概念，中华美学精神可定位为中华传统文化的精粹。我们必须要注意美丽中国不仅仅是一个国家的自然山川之美，更包括了中国传统人文之美。我觉得可以从以下几个方面来理解中华美学精神的历史奠基。

传统中国崇尚美和艺术，中国传统的立国精神，国家的核心价值，是美和艺术的问题。几千年中国的核心传统，我们称为礼乐传统，到今天称中国传统文明就是礼乐文明，中国传统文化叫礼乐文化，中国传统的政治制度叫礼乐政治、礼乐制度，礼乐是国家核心价值。礼的核心问题是人的行为的雅化，乐是诗乐舞问题，一个国家把行为的雅化、诗乐舞蹈这样一种艺术当成核心价值，由此延伸出中国古代的三大国民教育方式，诗教、礼教和乐教，美和艺术构成社会教化的主干。

服装在过去是作为国家和民族的标识。什么叫做夏？中国有礼仪之大，故称夏，有盛大的礼仪才叫夏，有服装的华美才叫华。服装因此成为华夏和蛮夷之间区分的标志，汉民族服装讲究峨冠博带、交领右衽、上衣下裳，这是基本逻辑，所以北方游牧民族一直到魏晋南北朝隋唐，服装基本上是往左侧延的，这个就是民族标识。

服装也关乎政治，中国汉代帝王服上面有各种各样的图案，琳琅满目，每个图案有它的意义，只有帝王服装才能够出现日月星辰，帝王权力是最高的，所以在服装图案上能够集天下之美于一体，而下边的诸侯日月星辰就不能出现，他对服装图案的拥有是一种有限拥有；再下面一层大夫的服装既不能出现日月星辰，也不能出现山龙华虫，只能出现灶火粉米；再下面一层就是士，士的服装上日月星辰、山龙华虫、粉米都不能出现，只能出现灶火；最低的就是老百姓，老百姓的服装什么图案都不能出现，所以今天对于古代老百姓有一种讲法即布衣，图案的问题成为人的政治标识和权力标识，对应一种政治等级制度。

服装也涉及自然，中国人用服装的色彩来辉映自然四季变化，辉映五行运转，所以中国古代阴阳五行哲学应用于服装设计、服装穿着使用方面。例如，春天为什么穿青衣，因为春天五行对应木，五色对应青，所以穿青；夏天五行对应火，五色对应赤，所以穿红；秋天五行对应金，五色对应白，所以穿白；冬天五行对应水，所以穿黑。服装四季的变化，四季如歌，把服装本身纳入到四季变化的韵律里面去。

在中国古代社会、在中国传统文化中，艺术是占主干地位和主导地位的，是中国文化的核心价值，由此形成国家的立国精神，叫做美治主义。以美治国，理想就是要把国家构成一个审美共同体，使这个国家风雅化，最终审美观念就是琳琅满目，天人共美。

中华美术精神的未来。关于这个问题我认为国家意识形态一直强调中国特色文明，中国特色文化，包括弘扬传承中华美学精神，我们在形成民族自我寻找、自我确认的时候，一定要注意艺术的共通性，艺术是没有国界的，世界共同拥有美学，共同拥有一个艺术。我们为什么要在近代中国仍然寻找所谓民族自身传统，我认为是和当代社会独特状况有关系。1840 年鸦片战争之后，中国不论是军事、政治还是经济，尤其在文化上受到西方强大的压力，在强大压力的背景下，我们就必须自我寻找，在自我寻找的时候一定要意识到局限性，局限性意味着我们自我寻找确立民族这样一种特色，只不过是心理文化上的自我防御机制。唐朝从来不讲国家特色，宋朝也从来不讲国家特色，他的特色就是天下特色，就是世界特色，越是拥有民族精神、越是自信，往往会忘掉其民族性，甚至把民族性当成世界性。今天为什么强调中国特色，中华美学精神，原因在于我们文化领域依然是被西方主流排挤或者压制的。

如何建构一种中华民族美学精神的文化观，建立一种当代意义上学术的、包括企业文化的世界观，这个创作路径我总结为三点。第一，面对世界中西交融汇通的世界，不能处在西方之外，要绕道西方进入中国。第二，我们无法忘掉自己的传统，不能忘掉自己传统，也不能沉溺于自己的传统，复兴不是复辟，要从传统中找到创造性的力量。第三，绕道传统进入现代，把传统作为有生命力东西，是一个活化的传统，是一个被激活的传统，再生的传统。

根据北京师范大学哲学学院教授/美学与美育研究中心主任刘成纪在“2023 中国服装论坛”上的演讲编辑整理。

中国元素的跨文化传承与创新

生活在左品牌创始人　林栖

林栖

今天我分享一个关于马面裙的故事。首先马面裙和马没有关系，在古老的建筑学里面，有马面这样的城墙，起防御作用，马面有前后两个平面，与城墙相似，以此而得名。马面裙分明代马面裙和清代马面裙，都有褶或者梯形，基本没有一块碎布，是世界上最环保的裙子之一。清代马面裙分为月华裙、鱼鳞裙、阑干裙和凤尾裙，马面裙的工艺以及不同的颜色表现在不同时间会有所变化，如明代马面裙比较素雅，到了清代之后，相对来说比较隆重，比较富贵。

马面裙浓缩了一个社会的现状，集结了人文与艺术以及宗教呈现，一件物品承载了上百年的故事。一条裙子有很多东西的融合，具有非常强的寓意。花开牡丹、如意，代表着平安吉祥；蝙蝠图案代表着福气；白蝶窗花，是牡丹与蝴蝶的组合，代表着长久富贵；白色的腰头，寓意白手携老。古时候都是配长衣穿着，代表简洁的做人态度，把素雅、古朴藏在里面，隆重的华丽给到外面，这是一种礼貌，是一种礼节，也是古人给予我们的一种延续下来的思想。

我第一次收到马面裙是在七八年之前，刚刚拿到手的时候我就觉得太美了，怎么会有这么美的裙子，我一定要去应用它。但是当我再拿来的时候，没有很好地保护它，不到两个月的时间全部破损。那一刹那，我发现不管多么华丽、多么高价值的东西，都可能消失，所以拿到手上却没有责任心、没有更好地发扬它的能力就不要去收它。

戴安娜在 1981 年的晚宴上穿着中国的马面裙出席。早先出现“马面裙事件”之后，我一直在想为什么属于中国的、有那么久远历史的东西，要等到别人发现了，我们才知道。

人因为物品而更加地安定，物品因为人而更加地长久。我希望马面裙就是这样的陪伴关系，这样的传承关系，希望就是人随物安定，物随人长久。真正的设计是看不到的设计，好的设计不应该被轻易抛弃，而是拥有可持续、可以启迪未来的价值，旧的物件如何有新的未来。

我们是过去的传承人，现在的守护者，未来的引路人，我相信我们当下都有这样一个使命，怎么样能够对未来做一些更加有意义的事情，今年 4 月，我们申报的马面裙技艺正式纳入了非物质文化遗产，我觉得这是非常有意义的事情。

我们也一直致力于中国元素的跨界融合与创新，以及其他手工艺的嫁接与应用，让马面裙在不同场景下，拥有不同的穿着状态。一开始太多人觉得这个衣服不能穿出门，认为这个是放在古代穿的，只能放在博物馆，认为这个裙子不应该出现在当下。通过我自己的演绎，我会在不同的场合穿着它，有可能在写字楼，有可能在大街上，有可能在长城、故宫等很多地方。

我们今年 9 月刚刚在巴黎时装周走了一场秀，当时现场很多国外的朋友都穿上了我们的马面裙，得到了非常非常多的认可，我没有特意去推广，只是想尽我一份力量让更多人看到。当他们 18 世纪、19 世纪的服饰与我们同一时期的服饰打破空间、时间交融在一起的刹那，我是特别感动的，这是第一次和西方有这么亲密的对话与碰撞。

所有的东西都应该有属于这个时代的样子，或者是未来的影子，那才是符合灵活的应用，如果只是完全照模照样来做，我是不认同的。我觉得我作为设计师有使命给它打破，有使命让它有更多新的可能性与想象空间。

最近我们在上海推出了五分钟的马面裙静展，传统与当下最前沿的力量碰撞，我觉得是非常微妙的。一些达人、客户用他们的理解来穿上马面裙，发现了马面裙的多样性，静展当天整体的曝光量达到了千万级别。这几年以来，我们收藏的马面裙有一百多件，打破了线上线下空间，在时尚领域尽可能让马面裙拥有更多的可能性，以及用更加时尚的表达做传统文化分享。

我们致力于不可复制的传承与对东方文化的思考。以工匠的精神打磨产品，以战略的定理坚定初心，以审美的视觉驱动创新，构建中国美学跨文化传承体系，造就时尚品牌内核。中国制造业非常强大，中国人也非常聪明，但是为什么没有这么好的品牌能够被人尊重，我觉得是值得思考的。所以，需要有很坚定的信念，非常强大的自我认知与驱动综合能力，才有可能成为百年的时尚品牌。我希望中国也能够出现很多值得被人尊敬，能够真正影响未来的时尚品牌。

根据生活在左品牌创始人林栖在“2023 世界服装大会”上的演讲编辑整理。

从大数据洞察中厘清新青年的生活观与审美观

中国社会科学院国情调查与大数据研究中心研究员/社会学研究所副研究员　龚顺

龚顺

今天的演讲聚焦三个主题。第一，这届年轻人发生了哪些变化；第二，变化体现在哪些方面；第三，为什么会出现新的现象、新的趋势。会用到两个数据，一个是中国社会状况综合调查数据；另一个是我们团队做的中国大学生最终调查数据。

正式进入主题，最近我尝试让ChatGPT给这届年轻人画像，结果显示这届年轻人生活在快速发展的时代，积极适应现代科技和全球化潮流，充满活力、创新精神，注重公共事务和社会责任，为社会发展贡献了很多积极力量。我提炼了几个关键词来展示这个现象。

第一个关键词："矛盾体"。现在的年轻人是"内卷"和"躺平"的矛盾体，这几年公共社会舆论场域有这样的趋势。一方面，有一些年轻人躺平即正义，之前有三和大神，现在有新的三和大神。每个人都被卷在社会中，被卷在自己的行业里。中国社科院抽样调查数据发现，"90后""00后"群体对于消费产品的时尚要求、国际化要求比"60后""70后"显著增高。另一方面，年轻人也有追求传统的趋势，这几年在年轻人之间非常流行寺庙旅游，同时其对中国传统文化特色服饰表示了更强的兴趣。

第二个关键词："走心"。现在的年轻人越来越关注自我。"85后""90后""00后""Z时代"的特征是非常明显的，随着改革开放后经济的快速发展，伴随结构转型越来越多的人富起来以后，在这个条件下生长起来的孩子对于工具性价值观的兴趣越来越少，对于自我追求、自我满足、"走心"的需求越来越强。我们注意到一个非常有趣的现象，很多互联网平台上出现了这样一群年轻人，他们"蹲"一个城市。"蹲"这个词与"逃离北上广"来讲有非常大的差异，一方面反映了年轻人的自主文化，另一方面这些年轻人更加注重走心，更加注重自我，综合考量以后认为不如找一个更加宜居的城市。

第三个关键词："找回附近"。数字化社交、数字化平台，或者是年轻人社交的时候有着非常重要的趋势，他们不太喜欢涉猎面特别广、猎奇式的社交方式，更加关注跟自己相关的，更关注于线上社交转化为线下圈层，找回社区，找回附近。2020年近邻升温，北京很多学生去房山赶大集，他们更加注重自己周边的一些东西，甚至"野"到家门口，相关搜索量在社交媒体过去一年都是在成倍增长。同时住房方面也有一些体现，越来越多年轻人虽然住在或是租在很小的房子里，但愿意花时间、花心思装修房屋来满足自己的需求，小房子限制不了生活中的美好。

怎么来解释这个趋势，社会学、经济学非常关注社会结构与经济结构的关系。我想这一代年轻人无论对于自己周边生活世界的关注，还是对于小清新、美好的关注，或是对于"内卷""躺平"矛盾的关注，这里面有着非常重要的结构性因素，这一届年轻人压力太大，或者他们赶上了"内卷"时代。我们在大学生群体中进行了一项调查，当我们问到这些大学生是否认为本科学历能满足自己需求的时候，72.8%的大学生表示本科学历已经不足以满足自己就业和人生规划的需求了。国家统计局公布的16~24岁青年人失业率在2022年7月一度达到20%左右，5个青年人里就有一个面临缓就业、慢就业、难就业的问题，他们必须找一个出口合理化自己的行为，即便躺着也要给自己找个理由，这是人类的本性。同时，学历过剩、过度教育越来越明显，去年毕业生人数首次突破1000万，共计1076万，可以看到，现在大学生、年轻人尤其是Z时代，他们的压力是非常大的。

很多时候我们无论是在学术研究过程中还是在社会生活中，都会发现，话语权不在年轻人手里。年长时代站在关心、爱护或者国家前途命运的角度急于给年轻人贴一个标签，正如前面讲到的中国是多元社会，“流动中国充满希望”。年轻人看到的了我们不理解的现象，并不是说他们堕落了，或者他们跟我们不一样，他们的问题很多时候可能还需要我们更深一步走到他们自己的境遇和生活状况中，从根源出发，才能切实解决年轻人的生活困境。

根据中国社会科学院国情调查与大数据研究中心研究员/社会学研究所副研究员龚顺在“2023中国服装论坛”上的演讲编辑整理。

爱慕：回溯“三十如一”的品牌观和生命观

爱慕品牌创始人/爱慕股份有限公司董事长 张荣明

张荣明

“创造美、传递爱”是爱慕的使命，也是品牌和企业经营的指路明灯，今天除了分享品牌观念之外，还想分享我们30年内如何持续地创造满足消费者生活方式和审美变化需求的好内衣。

30年来，我们一直是当代女性的同行者，一直在探索品牌价值观，价值观是整个品牌建设的指引。爱慕的价值观就是爱、美、生命力。爱慕是爱、喜欢、向往的意思，爱慕尊重、欣赏品味女性的身体之美，洞察女性的身心需求，提供舒适、贴心的产品与体验。所以创造一个让消费者喜爱、向往的品牌是我们的追求。生命力是爱慕30年来不断总结提炼自己内核能力的一种体现。

爱慕以品质、时尚、科技、文化为基因，我想每个品牌都有它自己的命，品牌名字和品牌出生就是品牌的命。中国古话讲“一命二运三风水，四积阴德五读书”，品牌的命是很重要的，品牌的名字和品牌诞生的基因是很关键的。

一是品质，产品一开始定位是高端的女士内衣；二是品牌标识，AMER是法文，是爱和喜欢的意思，法国是世界时尚的中心，我们的名字里面带有时尚的基因；三是科技，品牌诞生的时候是一根记忆和精丝，是高科技材料背景下诞生的品牌；四是文化，爱慕这个名字里面自带文化属性，把品质、时尚、科技、文化作为品牌基因。当然，爱慕的美里面肯定是要提供多元美的产品，因为消费者是多元的，生活方式是多元的，每位女性都能自由选择美，自然展现真我。

这些年来为了传达我们对消费者的爱，爱慕在关爱女性健康方面做了很多事情，重点讲一下关爱乳房健康。乳腺疾病是伤害女性的第一大凶手，我们与中国妇女发展基金会合作，每年捐赠2500套义乳和文胸，这个项目做了十年，累计捐赠义乳受益了3万多名消费者，项目也得到了联合国妇女大会的关注。

爱慕怎么做美的？首先要有美的设计，美的设计是取之不竭的。我们这些年在东方文化元素里面做了重点萃取，如敦煌元素、昆曲元素。还要给消费者带去美的体验，线下零售空间、生活馆，呈现了一个尽可能吸引消费者的美学空间，一些重点店铺开始配备身体护理项目，并正在逐步推向全国。另外，在苏州给会员专门建立了昆曲体验中心，定期邀请会员体验昆曲文化。爱慕从2004年开始一直在做发布会，于2008年建立了自己的内衣博物馆，正值爱慕30年之际，在全国做了博物馆文化巡展，传播内衣文化，传播美文化。

生命力是每个企业所追求的，品牌要有不断成长的态度和能力，陪伴不断成长的消费者，与消费者一起探索人生的无限可能。在品牌生命力维度方面，爱慕非常重视研发，从1999年开始在服装学院设立人体工学研究，产出了很多成果。我们开发出了中国女性身体尺寸技术上的柔性内衣模台，更加符合中国女性的身体。除此之外，还做了好内衣评价体系的系统化研究和实验。

另外，值得一提的是我们的材料创新。保暖衣、秋衣秋裤品类在过去很不时尚，甚至很土，爱慕从2003年采用色拉姆纤维，之后便开创了保暖衣也时尚的时代。2018年爱慕开发了牛奶系列内衣，2020年开始做健康的功能性纤维内衣、抗氧化的纤维内衣。2023年正值30年之际，爱慕与青岛大学国家重点实验室共同开发了生物基海藻纤维，这是一种可持续的材料，用这种材料打造的睡眠衣，拥有抗菌、防螨、抗氧化、滋润亲肤、稀释排汗、清爽透气等功能。

那么，一件好内衣是怎么做的呢？好内衣要满足不同时代消费者的个性化需要，好内衣不是一成不变的，这需要我们和消费者一起不断探索，打造满足消费者生活方式和审美变化的内衣。

回到20世纪90年代，爱慕第一件文胸内衣用的是记忆合金钢托材料，这件产品具有历史意义，开创了中国内衣美学。进入21世纪，女性职业穿搭需求是潮流，所以需要一件能够配合外搭的文胸，像抹胸式的、背心式的、无痕式的等。最近十年我们认为进入了一个自由舒适、悦己的时代，年轻人成为消费的主力军，女性角色的悄然演变，内衣销售的主流风格发生了翻天覆地的变化，这就形成了内衣消费的新时代，尺码自由，一个通码产品就能解决基本需求。

我们追求极致的专业，这也是对我们未来30年发展的要求和期许，我们还会一如既往地为消费者创造一件件更适合的好内衣。

根据爱慕品牌创始人/爱慕股份有限公司董事长张荣明在“2023中国服装论坛”上的演讲编辑整理。

海澜之家：可持续时尚与社会责任

海澜集团董事长 周立宸

周立宸

过去三年，无论是品牌还是生产制造商都面临着很多的困难，真正能够走出来的还是行业的头部佼佼者。

过去别人对我们品牌停留的印象是男人的衣柜，我们是一站式购物平台，但这三年真正让我们走出来的并不是渠道，而是消费者。所以，在集团34周年、品牌20周年的大会上，我毅然决然地把“男人的衣柜”这个口号、这个使命改成了“创造有生命力的服饰”，这意味着在未来，服装怎样更好地与人相结合成为我们真正的价值和使命。

2022年，我们成为首个品牌强国工程的服装品牌，我们扎根本土，扎根国民，成为真正的中国国民品牌，在研发、生产和零售端都实现了全面的智慧化。两年前开始投入研发实验室，未来的时代一定会从“品牌+渠道”成为“品牌+内容”，现在的市场无论是线下购物中心、百货商店，还是线上天猫、唯品会、京东、抖音，我们都不缺渠道资源，缺的是研发和产品资源。目前各大平台无论是线上还是线下，最缺的就是好的产品，好的产品自己会说话。我们在过去的三年中做得最多的就是产品面料、款式的研发。面料方面我们更加注重功能、舒适、自然和环保，这也是我们对于未来消费者更加注重健康所做出的探索。

我们除了在T恤面貌上进行探索，在纤维上也有所创新，我们把所有的裤子，无论是休闲裤还是牛仔裤都做到了百分之百的高弹，因为大家对舒适的需求已经超过了对于形的需求。衬衫面料上，我们针对目前消费者对于挺括、修身和弹力的多种需求，创新了无痕科技压胶的工艺，做到立体有形。当然我们的创新在牛仔裤、羽绒服，以及西装上都有方方面面的研发，我们希望做到全品类的包容，在时尚上做到多元以及面向未来。

我们要让消费者不仅能够有更多的选择，更要穿得好。如何让消费者穿得更好，是我们未来研究的方向，也是我们探索可持续最重要的目标。现在我们要让客群随着年轻化找到更加适合的服装，事实上我们仔细想一想“80后”算不算年轻人，现在80年的人将近45岁了，“90后”算不算年轻人？“90年”的人将近35岁了。“00后”算不算年轻人？“00年”的人大多数已经走向社会了。所以我们的消费者在25~50岁，意味着我们当年创业的消费结构发生了质的改变，在产品系列上我们绞尽脑汁，通过现在当下年轻人对于更加舒适、自由、佛系与自然结合的追求，我们开创了道法自然系列，将中国非遗技艺、文化印在卫衣上，让年轻人对非遗技艺有更多的了解。

我们今年开创性地把衬衫变成了夹克，让夹克看起来更像衬衫，让衬衫不只是穿在里面可以作为基础的穿搭，而且可以当作外套。当然西服也是为了适应年轻人，年轻人现在越来越不喜欢穿西装，很多时候面试不愿意穿西装，所以如何让年轻人接受在职场上继续穿西装也是我们研究的，我们去掉了西装的垫肩，做到随时可脱卸、可穿。我们与中国航天开创了科技面料，做出了带有航天彰显大国自信的联名系列。种种都是在中国自己特色的道路上进行研发。

我们在生产上也做到了精益求精，通过数字化把传统制造做到了完全无人化，每件服装都装有芯片，我们是国内唯一一家全品类服装都装有 RFID 芯片的企业，每年使用的芯片数量上亿。智慧零售离不开整个物联网信息化、数字化的发展，我们也在探索如何能够更多地挖掘未来消费需求的变化，对于时尚敏锐度的变化，尤其像西装、衬衫这些类别怎样通过个体的定制，而且是纯线上化，不用量体师就可以实现 7 日内交付。

现在不缺渠道，缺的是前端的研发和产品，我们希望能够顺应这个时代发展的方向。我永远兴奋的是技术只要达到一定规模，我们都可以跟随时代进行发展，对于消费者敏锐的洞察永远是品牌的核心。

根据海澜集团董事长周立宸在“2023 中国服装大会”上的演讲编辑整理。

第六部分　大事记篇

2023 年中国服装行业大事记

《中国服饰》　兰兰

1 月

1 月 4 日，浙江省科学技术厅公布拟认定省级企业研发机构名单，其中杭州中服科创研究院有限公司的“浙江省中服科创服装产业数字化高新技术企业研究开发中心”被认定为 2022 年浙江省高新技术企业研究开发中心。

1 月 5 日，工信部发布的第四批服务型制造示范名单中，纺织服装类有 7 家企业、5 个示范平台、1 个示范项目企业榜上有名。其中，依文服饰股份有限公司、江苏红豆实业股份有限公司、赢家时装（赣州）有限公司、大杨集团有限责任公司等入选示范企业，比音勒芬高尔夫服饰定制平台、梧桐台（原创服饰供应链服务平台）等入选示范平台。

1 月 6 日，浙江海宁启动“2023 出海抢单拓市场”行动，组织企业抱团“出海”拓展国际商机。事实上，随着我国疫情防控措施优化，众多纺织服装外贸企业或自行出发或“组团出海”，纷纷开足马力赴境外参展、招商、洽谈，抓紧时机走客户、拓市场、稳订单，全力冲刺外贸“开门红”。

1 月 13 日，中国海关总署公布的数据显示，2022 年我国进出口总值首次突破 40 万亿元，规模再创历史新高，连续 6 年保持货物贸易第一大国地位。其中，我国纺织品服装 2022 年 1~11 月出口增长 7.1%。

1 月 16 日，劲霸男装第四次亮相米兰时装周，这也是其时隔两年线上视频发布后再次回归米兰线下走秀。发布秀以“玉礼四方”为主题，从质感面料、剪裁廓型、色彩运用、刺绣工艺等多个维度，展现国际语境下中国服饰文化的创新式现代表达（图 6-1）。

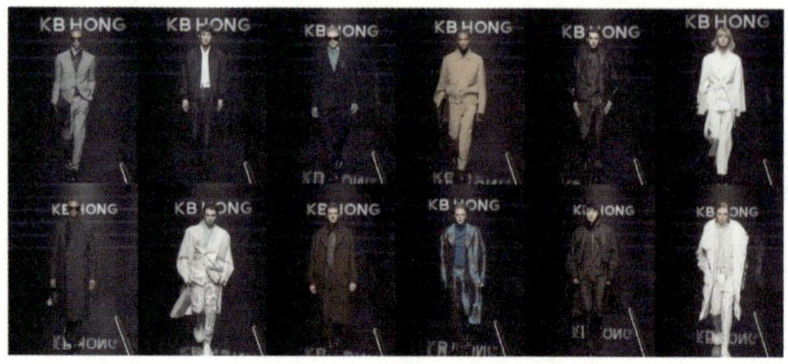

图 6-1　劲霸男装第四次亮相米兰时装周

2 月

2 月 16 日，由 CHIC、中国服装优质制造商联盟联合举办的“2023 中国服装品牌资源对接暨闭门选品会”在时尚工园成功举办。活动共吸引了 30 余家知名服装品牌及近 80 家优质制造企业和优秀面辅料供应商共同参与，为拓展上下游产业链商贸资源对接搭建平台（图 6-2）。

图 6-2　2023 中国服装品牌资源对接暨闭门选品会

2 月 27 日，“元音#东方”第十二届“大浪杯”中国女装设计大赛决赛盛典在深圳大浪时尚小镇举办，参赛选手黄斯赟经过激烈的角逐凭借作品“逍遥诗学”夺魁。作为引领国内赛事风潮的“KOL”，也是年轻人广泛关注的时尚事件，大赛首次将“金奖”升级为“金浪奖”，通过举办高水平的专业赛事来打造粤港澳湾区服装设计领域的最高荣誉与奖项（图6-3）。

图6-3 第十二届“大浪杯”中国女装设计大赛

2月28日，以“秀舞时尚　智创未来”为主题的2023年中国裤业大会暨芦淞服饰产业发展高峰论坛在湖南株洲举行，来自全国各地的裤业集群企业家们汇聚一堂，共同探讨新形势下的中国裤业未来发展（图6-4）。

图6-4 2023年中国裤业大会暨芦淞服饰产业发展高峰论坛

3月

3月16~17日，凌迪Style3D 2023中国服装论坛在北京召开。以“极致：专业化的未来”为主题，论坛举办了思想者大会、天工开物峰会、时尚观念盛典、隐形冠军峰会等四场主题专场及三场围炉谈话，聚智助力时尚企业寻找时代发展的定心之锚、立身之本（图6-5）。

3月24~31日，2023秋冬中国国际时装周在北

图6-5 凌迪Style3D 2023中国服装论坛

京成功举行，为期8天的时装周为观众呈献时装大秀、趋势发布、商贸展览、时尚论坛等近百场精彩活动，全方位展现了万物新生、活力满载的中国时尚行业新生态（图6-6）。

图6-6 2023秋冬中国国际时装周

3月28日，由商务部、工业和信息化部、供销合作总社主办，中国纺织工业联合会承办的“棉纺消费季”启动仪式在国家会展中心（上海）举行。本次消费季以“共同织造美好生活”为主题，旨在推动内外贸一体化，扩大棉制纺织品服装消费，以高质量纺织服装供给，引领和创造新的消费需求，为恢复和扩大消费注入动力（图6-7）。

3月28~30日，CHIC 2023（春季）携手1271家展商、1255个品牌的优质服装服饰企业亮相国家会展中心（上海）。以“CHIC+，万物兴”为主题，CHIC 2023（春季）以全新的面貌联动纺织服装全产业链资源，打造“新生活方式变革下助力品

图 6-7 棉纺消费季启动

牌生态构建的资源汇聚平台”。在三天的展期里，逾 17 万人次观众奔赴展会，人头攒动的客流及喷涌而出的商机极大地提振了行业信心（图 6-8）。

图 6-8 CHIC 2023（春季）

3 月 28 日，中国服装协会、中国服装设计师协会与河北省工业和信息化厅战略合作框架协议签署仪式在上海举行，三方将从产业资源对接、数字化转型等多方面携手促进河北服装产业发展。

3 月 28 日，中国服装协会联合 POP 时尚创意综合服务平台（POP 趋势）共同发布“衣尚中国”趋势报告，通过解读国风服饰着装，聚焦新文化美学，驱动行业构建新局面，以文化为使命，将美输入日常生活。

3 月 29 日，2023 中国服装经济论坛在上海举办。论坛围绕服装产业创新发展新动能、融合发展新趋势、可持续发展新模式等展开深入交流，共同探讨产业变革新时代发展路径。与此同时，多年来被中国服装业界和相关人士喻为决策参考“百宝书”的权威产经年度报告《2022—2023 中国服装行业发展报告》在现场正式发布。

3 月 31 日，“中国服装好设计”第四季启动仪式暨时尚品牌设计沙龙在海宁举行，并为“中国服装好设计”第三季冠、亚、季军颁奖。大赛举办多年来，在培育了一批又一批优质设计生力军的同时，也为原创设计的高效市场转化搭建平台（图 6-9）。

图 6-9 “中国服装好设计”第四季启动仪式

4 月

4 月 1 日，国家标准化管理委员会、国家发展和改革委员会、工业和信息化部等 11 部门联合印发《碳达峰碳中和标准体系建设指南》，提出将围绕基础通用标准，以及碳减排、碳清除、碳市场等发展需求，基本建成碳达峰碳中和标准体系。预计到 2025 年，制（修）订不少于 1000 项国家标准和行业标准（包括外文版本），与国际标准一致性程度显著提高，主要行业碳核算核查实现标准全覆盖，重点行业和产品能耗能效标准指标稳步提升。

4 月 4 日，中国服装协会副会长单位比音勒芬服饰股份有限公司发布公告称，斥资 7.2 亿元间接收购两家历史悠久的国际奢侈品牌“CERRUTI1881”和“KENT&CURWEN”的全球商标所有权。这是继李宁收购 Clarks 以来，近年在国际服装市场上的又一笔重量级交易。

4 月 19 日，工业和信息化部、商务部联合发布关于开展2023纺织服装优供给促升级活动的通知，其中提出将扩大纺织服装市场需求同深化供给侧结构性改革有机结合，深入推动纺织服装增品种提品质创品牌“三品”行动，提振发展信心，提升产业韧性，提高供给水平，促进产业升级、产品升级、消费升级，推动纺织服装行业稳中求进，巩固纺织服装优势产业领先地位。

4月19日，2022—2023年中国校服产业研究中心年会在山东科技职业学院召开。与会者一致认为，研究中心自成立以来始终致力于推进中国校服产业协同创新体系建设，推动校服产业向品牌化、规模化、精细化转型发展，发布的《中国校服产业白皮书》等行业报告填补了行业研究的空白，为相关单位制定、修订校服管理政策和采购模式提供有益参考。

4月21~23日，中国服装青年企业家沙龙2022年会暨沙龙2023年主题学习交流活动在江苏南通成功举办。活动总结了青年企业家沙龙2022年度工作，明确了2023年活动方向，并推荐产生了2023~2024年轮值主席和新成员（图6-10）。

图6-10　中国服装青年企业家沙龙2022年会

4月22~24日，富怡·第七届全国十佳服装制版师大赛全国决赛在江苏常熟举行，经过服装CAD制版、立体裁剪、样衣制作和理论考试四个项目严格考核，王俊辉等10名选手荣获全国十佳服装制版师称号。最佳CAD制版奖、最佳立裁造型奖、最佳制作工艺奖等奖项也花落各家（图6-11）。

4月26~27日，以“提升管理能力　提高专业技术”为主题的2023年全国服装行业职工技能培训交流活动（渠县站）成功举办。为期两天的活动从服装质量技术、企业管理、数字化转型、制版技术、立体裁剪等全方面、多方位对近两百名来自四川省内和重庆市服装企业从业者和院校老师进行系统的管理培训和技能提升，以推动川渝地区服装行业发展迈上新台阶（图6-12）。

图6-11　富怡·第七届全国十佳服装制版师大赛全国决赛

图6-12　2023年全国服装行业职工技能培训交流活动

5月

5月11日，作为中国品牌日活动12个官方分论坛之一的“2023年中国品牌发展国际论坛——纺织服装行业论坛”在上海世博展览馆举行。论坛发布了“2023中国纺织服装品牌竞争力优势企业”、中国纺织服装可持续时尚工作报告，多家优秀企业的代表在现场畅谈品牌发展，近300人参与活动（图6-13）。

图 6-13　2023 年中国品牌发展国际论坛——纺织服装行业论坛

5 月 18 日，波司登珠峰登山队成功飞跃珠穆朗玛峰，开创了国人在珠峰飞行滑翔伞的记录，并于 5 月 19 日成功登顶珠峰。在此次登峰过程中，中国服装协会副会长单位——波司登控股集团有限公司以专属定制的登山服为珠峰登山队保驾护航，这已是其连续 26 年助力中国攀登者攀越珠峰（图 6-14）。

图 6-14　波司登珠峰登山队

5 月 23 日，中国服装协会理事单位——李宁（中国）体育用品有限公司公告称，将把广西供应链基地建设的投资额由 15 亿元增加至 33 亿元，旨在打造高端智能制造及柔性供应链基地和高水平研发及体验中心。

5 月 24 日，抖音电商服饰携手中国服装协会、时尚芭莎共同发起“抖 in 新风潮 · 中国好裤子”活动，聚焦“裤，超级酷”营销概念，为专注匠心制造的中国裤装头部品牌赋予更多潮酷调性，进一步拓宽年轻消费客群覆盖面。在活动期间，GMV 增量支付环比增长 26%，活动话题“中国好裤子”的站内话题播放量破 5.5 亿次。

5 月 30 日，中国服装协会副会长单位——深圳歌力思服饰股份有限公司与加拿大高端羽绒服品牌 Nobis Inc. 签署合资经营协议。歌力思将斥资 4000 万元与加拿大高端羽绒服品牌 Nobis Inc. 在深圳成立合资公司，主要负责 Nobis 品牌在中国境内的运营业务。

5 月 31 日，以“新变革下的品牌价值提升”为主题的中国纺织服装品牌大会在浙江湖州召开，来自全国工业和信息化系统、行业协（商）会、品牌企业、区域品牌、创意设计园区、新闻媒体等近 500 人线下参会，线上同步直播观看超过 1.66 万人次（图 6-15）。

图 6-15　中国纺织服装品牌大会

5 月 31 日，以“链占先机 · 布布为赢”为主题的中国（盛泽）服装供应链新品展示对接会在江苏盛泽举行，近百家优质面料企业现场进行科技功能、时尚创意服装面料新品展示，与全国各地奔赴而来的服装企业与品牌深度交流（图 6-16）。

图 6-16　中国（盛泽）服装供应链新品展示对接会

6 月

6 月 2 日，中国服装协会女装专委会走进雅莹时尚艺术中心，展开了面对面深入友好的交流，共同探讨女装领域乃至民族时尚品牌的未来发展之路（图 6-17）。

图 6-17　中国服装协会女装专委会走进雅莹时尚艺术中心

6 月 6 日，由中国服装协会和兰精集团共同主办的中国服装行业绿色宣言暨零碳时尚发布活动在上海举行。作为中国服装零碳时尚发布首推官，中国时装“金顶奖”设计师王钰涛、陈闻、刘勇在现场联袂演绎了一场精妙绝伦的可持续时尚盛宴（图 6-18）。

图 6-18　中国服装行业绿色宣言暨零碳时尚发布

6 月 11 日，由中国服装协会组织的中国服装企业家一行 27 人赴意大利、西班牙开展为期 10 天的参访学习与行业交流活动。此次欧洲之行是新冠肺炎疫情之后中国服装协会主办的第一次组团出国学习交流，为国内服装企业“走出去”深度考察国际市场等搭建平台，打开了国内外服装行业良性互动、合作共赢的新局面（图 6-19）。

图 6-19　中国服装企业家欧洲学习交流代表团

6 月 13 日，国家发展改革委、教育部等 8 部门联合印发《职业教育产教融合赋能提升行动实施方案（2023—2025 年）》，提出了 5 方面 19 条政策措施为职业教育产教融合赋能。其中，“改造升级冶金、医药、建材、轻纺等领域的一批传统专业”成为重点任务之一。

6 月 15 日，在 2023 年（第二十届）世界品牌大会上，中国服装协会副会长单位——波司登、红豆和中国服装协会常务理事单位——劲霸三家企业入选“中国 500 最具价值品牌”榜单。

6 月 26 日，第四届中国服装品牌直播大会在郑州举行，通过大会、大秀、供应链对接、直播、论坛等多元方式呈现，为服装直播电商产业规范化、持续化、高质量发展有效赋能（图 6-20）。

图 6-20　第四届中国服装品牌直播大会

6月26日，中国服装协会副会长单位——比音勒芬服饰股份有限公司在企业成立20周年庆典活动上发布未来十年发展战略，规划到2033年企业营收将超过300亿元，并明确要打造奢侈品集团的目标。

6月29日，以“时尚引领　品牌变‘革’”为主题的2023中国服装经济论坛·海宁峰会在第30届海宁中国皮革博览会期间举办，共话时代变革下的产业现代化发展路径。现场，中国服装协会、海宁市人民政府、海宁中国皮革城和代表品牌企业等多方共同发起“时尚循环　品质长行”中国时尚产业集群可持续发展倡议，汇聚皮革力量树立海宁典范，助力中国可持续时尚发展（图6-21）。

图6-21　2023中国服装经济论坛·海宁峰会

6月28~29日，第四届中国服装行业质量标准大会暨第二届中国服装协会标准化技术委员会换届会议在西宁召开。大会总结了服装领域标准化工作发展现状，并对未来服装标准化及质量工作进行展望，现场还对2022年度中国服装协会标准化技术委员会标准化工作先进单位和个人予以表彰。

7月

7月12日，中国服装协会在京召开“京津冀服装产业协同发展座谈会”，来自北京、天津、河北三地服装协（商）会领导、相关院校负责人参会共同探讨京津冀服装产业协同发展工作。经与会者共同商议，中国服装协会京津冀时尚产业协同发展推进委员会在会上正式成立，为推进京津冀时尚产业形成特色鲜明、合作紧密的协同发展新格局奠定基础（图6-22）。

图6-22　京津冀服装产业协同发展座谈会

7月17日，由中国服装协会羽绒及皮革皮草服装专委会组织的“攀登之旅”活动走进优秀民族品牌波司登，近60名参会者在波司登总部展开座谈交流，共同探讨品牌高质量发展路径。

7月21~22日，由中国服装协会国风服饰专业委员会与华中小镇携手打造的2023首届中国长城国风服饰文化节在河北保定涞源举行。活动以弘扬中国传统文化，助力国风服饰产业高质量发展为宗旨，通过举办国风时尚品牌秀演发布、高峰论坛、国风服饰展示等系列活动，搭建平台助力国风服饰文化传播，让国风服饰文化之美走进更多人的心中（图6-23）。

图6-23　2023首届中国长城国风服饰文化节

7月24~25日，以“聚智创变　共融归衣”为主题的2023中国服装科技大会在杭州临平艺尚小镇举行，汇聚行业领导、专家及优秀企业和品牌代表等共同探讨中国服装行业的“智”变之路，并对在科技领域取得重点突破的企业、科研人员予以表彰，以科技创新典范的榜样力量加速推进行业企业科技进步和数字化转型步伐（图6-24）。

图6-24　2023中国服装科技大会

7月26~28日，中国（温州）男装节、温州国际服装节暨2023 CHIC定制展（温州站）在温州举行，活动汇聚中国服装行业在男装、定制等细分领域的优质资源，通过举办第五届中国男装高峰论坛、2023中国服装协会男装专业委员会年会、中国男装＆时尚定制联合发布秀等系列活动，为加强中国男装产业的全方位协作与多领域融合蓄能助力，推动男装和定制领域可持续发展（图6-25）。

图6-25　2023 CHIC定制展（温州站）

7月26~31日，第六届CCFW中国国际儿童时尚周在杭州艺尚小镇举行，从趋势发布、行业交流、时尚消费、亲子互动多个维度，为国潮国风发声，叫响中国童装品牌。其中，叮当猫DDCAT、红豆童装、巴拉巴拉、男生女生、1001夜等荣获第六届中国十大童装品牌称号，爱法贝等荣获第六届中国十大童装单项称号（图6-26）。

图6-26　第六届CCFW中国国际儿童时尚周

7月31日，中国服装协会正式发布“2022年服装行业百强企业”名单，雅戈尔、波司登、比音勒芬等130家企业榜上有名。

8月

8月1日以来，受台风“杜苏芮”影响，京津冀地区因极端降雨遭受了严重的洪涝灾害，安踏、鸿星尔克、九牧王、李宁、361°、特步等众多服装企业伸出援手，捐款捐物驰援抗洪一线（图6-27）。

图6-27　鸿星尔克等众多服装企业捐款捐物驰援抗洪一线

8月17~18日，中国服装协会组织协会会员单位赴常州，以“新材料与智能制造”为主题，开展了会员企业的互访交流活动，旨在提升协会会员单位凝聚力，增进产业链合作，推动内循环高质量发展。

8月27日，《建设纺织现代化产业体系行动纲要（2022—2035年）》正式发布，围绕“一个纲要七项行动”对如何推动纺织行业高质量发展，加快建设纺织现代化产业体系进行了系统论述，为产业在新时代发展指明方向和路径（图6-28）。

图6-28 《建设纺织现代化产业体系行动纲要（2022—2035年）》发布仪式

8月28~30日，以服装服饰产业供应链创新集成平台为定位的CHIC 2023（秋季）在上海举行。这是CHIC首次针对服装产业供应链特点重新规划展区与展位，共集结近600家企业向行业内外全面展示了中国服装产业的制造水平和供应能力，也描绘出“GOLDEN TIME 秋之欢聚”的丰收盛景，让人们再次感受到中国服装人积极向上、坚韧不拔的奋进精神（图6-29）。

图6-29 CHIC 2023（秋季）在上海举行

8月31日，中国服装协会携手抖音电商综合业务女装行业共同发布“织造中国·产业带女装助力计划”，通过规模化地挖掘产地里的优价好物，打造具有鲜明区域特色的品类产地名片，实现产业带商家盈利与区域经济共振，助力纺织制造企业转型升级发展。

9月

9月1日，中国服装协会、法国时尚学院和杭州艺尚小镇在法国时尚学院签署中法青年时尚设计人才交流计划战略合作协议，旨在赋能中国时尚力量发展，拓宽国际视野。

9月2日，在法国巴黎举行Who's Next时装贸易展上，由CHIC匠心打造的CHIC Paris in Who's Next展区重磅亮相，其以“时尚中国 Fashion China”为主题，携手劲霸男装、九牧王、歌力思、江南布衣、Raxxy等中国具有代表性的服装品牌及罗峥、洪伯明、杨宇、葛凤等知名设计师，展示中国当代时尚的设计自信、产品自信和品牌自信，助力中国时尚力量提升国际文化影响力与时尚话语权（图6-30）。

图6-30 CHIC Paris in Who's Next展区

9月8~9日，2023中国服装定制峰会暨2023中国服装协会定制专业委员会年会在湖南长沙举行，围绕“一会、一展、一秀、一学、一研”展开多维度思辨与智慧碰撞，为服装定制产业高质量发展注入新动力、培育新优势（图 6-31）。

图 6-31　2023 中国服装定制峰会暨 2023 中国服装协会定制专业委员会年会

9 月 7~16 日，2024 春夏中国国际时装周在京举办，以 130 余场时装大秀、商贸展览、时尚论坛等活动的盛大规模与强大阵容，高度融汇多重商业赛道、多元品牌风格、多维设计圈层的时尚势能，折射出本土设计力量与时尚消费力量的自信复苏（图 6-32）。

图 6-32　2024 春夏中国国际时装周

9 月 19 日，工业和信息化部公布了国家数字化转型成熟度贯标试点企业名单，试点企业涵盖了来自 19 个省市、5 个计划单列市、10 个行业的 900 余家企业。其中，比音勒芬、海澜之家、中国服装科创研究院等 31 家纺织服装企业入选，意味着这些企业在积极探索和实践数字化转型方面卓有成效，已经达到国内领先水平。

9 月 22 日，2023 中国服装产业链合作大会暨中国服装协会服装关联产业委员会年会在厦门成功举办。大会以“链动产业 · 融通共赢”为主题，着力加强产业链上下游及关联企业间的信息交流与高效合作，推动中国服装行业整合创新产业资源，把握机遇协同开拓市场（图 6-33）。

图 6-33　2023 中国服装产业链合作大会暨中国服装协会服装关联产业委员会年会

9 月 23 日~10 月 28 日，在杭州第十九届亚运会、第四届亚洲残疾人运动会举办期间，以安踏、九牧王、361°、衣邦人等为代表的中国纺织服装企业及以吴海燕、楚艳、丁洁等为代表的中国设计师积极踊跃地为亚运会、亚残运会增光添彩，向世界展示了中国品牌、中国设计的东方美学魅力与创新实力（图 6-34）。

图 6-34　中国设计为亚运会、亚残运会增光添彩

9 月 23 日，以“区域协同 · 产城共融”为主题的 2023 中国服装区域合作发展论坛暨中国服装“数智化转型”万里行高峰论坛（沧州站）在河北

沧州举行，与会代表对促进服装产业数字化、智能化转型升级，推动服装行业各方交流合作等方面进行深入交流探讨，集思广益共促产城融合。

9 月 29 日，2023 中国服装行业“9.9 定制周”完美收官，70 家参与活动的企业在此期间通过 99 结尾价格打折、晒单返现、满减赠券等活动，在大众中广泛宣传服装定制文化与服务，促进服装定制消费进一步融入大众消费习惯中（图 6-35）。

图 6-35　2023 中国服装行业“9.9 定制周”

9 月 29 日，“汉服千年　服章之美”汉服时尚设计潮流创新大会在洛阳举办，并举行了龙门服饰文化研究院揭牌仪式、2024 中国（洛阳）汉服设计大赛和汉服妆造大师赛启动仪式、东方丝国大秀等系列活动，旨在深挖文化元素、优化提升业态，弘扬中华优秀传统文化，实现汉服元素与时尚元素深度融合，助力汉服产业蝶变升级（图 6-36）。

图 6-36　“汉服千年　服章之美”汉服时尚设计潮流创新大会

10 月

10 月 12 日，中国服装协会批准发布《康复治疗师服装》《防寒服装》《厨师服》《婴幼儿及儿童罩衣》《踝护具的内翻防护性能测试方法　内翻角法》《婴幼儿及儿童用汗巾》《循环再利用纤维服装通用技术要求》《服装数字化版型管理平台通用要求》《燕尾服》《质量分级及“领跑者”评价要求　衬衫》《轻薄主题服饰》11 项 CNGA 标准。

10 月 18 日，中国（盛泽）服装产业链供需对接订货会在江苏吴江盛泽镇举行。36 家企业的 52 位代表及 100 余家面料企业齐聚一堂，从科技、时尚、绿色等方面深入交流并进行高效精准对接，切实加强了产业链上下游的协作创新与优化供给。

10 月 18～19 日，以“生态 · 互融”为主题的 2023 中国职业装产业大会在浙江宁波举办。大会围绕“资源融汇、科技融合、商贸融通”三大议题，举行了高端会议、圆桌论坛、设计大赛、展览展示等内容丰富的系列活动，着力展现当代职业装新风尚，打造互融共荣的职业装产业生态（图 6-37）。

图 6-37　2023 中国职业装产业大会

10 月 20 日，国风 · 时尚 · 创新论坛在浙江嘉兴举行，并揭牌成立汉服产业研究与文创传播基地。与会代表畅谈国风时尚、科技创新等行业关注话题，深入探讨弘扬中华文化与现代审美理念融合，为推动产业高质量发展集思广益。

10 月 25 日，工业和信息化部公示拟公告的纺织服装创意设计示范园区（平台）名单，其中，中国服装协会副会长单位——宁波太平鸟时尚服饰股份有限公司、晨风集团股份有限公司，中国服装协会常务理事单位——北京格雷时尚科技有限公司、海宁中国皮革城股份有限公司等相关园区上榜。

10 月 26 日，2023 中国服装大会暨中国服装协会七届六次理事会在武汉举行。大会以“开启现代化产业体系建设新征程”为主题，围绕产业发展现状、挑战与机遇、创新与发展等议题展开深入探讨和交流，凝聚行业共识砥砺奋进新征程。来自全国各地相关协会、机构及企业负责人等 38000 余人于线上线下共同参与此次盛会（图 6-38）。

图 6-38　2023 中国服装大会主题会议

10 月 25～27 日，以“振兴汉派、链尚未来”为主题的 2023 湖北纺织服装产业博览会在湖北武汉举行。本届博览会通过展贸交流、资源对接、主题会议、设计论坛、国风市集等多个版块内容，搭建全国纺织服装行业交流合作平台，并向世界展示了湖北省纺织服装产业的壮丽图景（图 6-39）。

10 月 28 日，主题为“裘新时代”的 2023“裘都杯”中国裘皮服装创意设计大赛总决赛在河北大营举办。经过激烈的角逐，大奖花落各家。作为我国裘皮行业顶尖的创意设计赛事，大赛举办以来培养发掘了众多市场化优秀设计人才，以多元化、轻奢化创造更有效的裘皮服装市场需求，赋能枣强大营裘皮产业创新发展。同期，还举行了 2023 中国·大营裘皮服装设计交流会，共话裘皮时尚新未来（图 6-40）。

图 6-39　2023 湖北纺织服装产业博览会

图 6-40　2023“裘都杯”中国裘皮服装创意设计大赛总决赛

11 月

11 月 2 日，《人民日报》刊发题为“服装市场稳步回暖”的文章，以权威媒体视角深入采访了中国纺织工业联合会及红豆、太平鸟、卡宾、森马、雅鹿等企业，呈现了服装企业抢抓机遇，增品种、提品质、创品牌，不断努力开辟新渠道，赢得更大市场的信心与行动。

11 月 15～16 日，中国服装青年企业家沙龙 2023 年会在中国香港召开，服装青年企业家们对当前产业发展及未来成员间合作进行了深入交流与探讨（图 6-41）。

11 月 16～18 日，以“全球合作，共创未来

图 6-41　中国服装青年企业家沙龙 2023 年会

（Together for a Shared Future）”为主题的 2023 世界服装大会在广东东莞虎门举办，来自中国、意大利、法国、英国、西班牙、德国、韩国、越南、柬埔寨、孟加拉国、缅甸、印度尼西亚、巴基斯坦、马来西亚、摩洛哥等近 20 个国家和地区的海外组织、行业协会和企业的千余名嘉宾参会，就新形势下的世界服装产业发展路径及长效合作机制进行了重要探讨，并发布《世界服装大会虎门愿景》（图 6-42）。

图 6-42　2023 世界服装大会

11 月 23 日，由中国纺织工业联合会指导，中国服装协会、中国商务男装研究中心主办，浙江乔顿服饰股份有限公司发起并承办的第三届中国绅装文化节在浙江乌镇举行，探寻把西装穿进日常的中国绅士着装之道（图 6-43）。

图 6-43　第三届中国绅装文化节

11 月 23~25 日，中国服装论坛国际运动时尚大会在 2023 厦门国际时尚周期间举行，大会充分整合发挥厦门运动时尚产业资源优势，多元跨界创新赋能共促产业发展。

11 月 24~26 日，CHIC 温州时尚展携手两百余家展商在 2023 浙江（温州）国际时尚消费暨第十八届轻工业产品博览会上重磅亮相。这是 CHIC 首次联合地方服装协会、商会共同主办垂直类服装服饰展会，将优质产业资源、品牌资源、商贸资源引入温州，共同打造产业全链路展示交易与高效商贸平台。同期，还举行了 2023 年中国服装协会裤业专委会年会暨温州服装产业发展论坛、中国时尚男装发展趋势主题沙龙等活动，汇聚智慧力量助力企业发展。

11 月 27 日，香港纺织及制衣界代表团到访中国纺织工业联合会，双方围绕纺织服装产业发展进行了深入交流，并就长效合作达成共识，希望后续深化多元合作、强化优势互补，共赢未来发展（图 6-44）。

图 6-44　香港纺织及制衣界代表团到访中国纺织工业联合会

11 月 28 日，工业和信息化部、国家发展改革委、商务部、国家市场监管总局等四部门联合印发《纺织工业提质升级实施方案（2023—2025 年）》，提出到 2025 年规模以上纺织企业研发经费投入强度达到 1.3%、70%的规模以上纺织企业基本实现数字化网络化、形成 20 家全球知名的企业品牌和区域品牌，时尚引领力进一步提升等发展目标，为推动纺织工业提质升级、巩固纺织优势产业领先地位指明了方向。

12 月

12 月 2~3 日，2023 年中国服装版师大联盟年会及技术分享交流会在浙江安吉举办，会议共同探讨了当下版师关心的热点问题，务实推进版师技术交流与联盟凝聚力的提升，加速推动版师行业的高质量发展（图 6-45）。

图 6-45　2023 年中国服装版师大联盟年会及技术分享交流会

12 月 6 日，2023 年度中国纺织工业联合会科学技术奖励大会在京召开，表彰在推动我国纺织工业发展、促进纺织行业科技进步工作中作出突出贡献的科技人员和单位。其中，由中国服装协会、杭州中服科创研究院参与完成的《女装单件流柔性智造关键技术及其产业化应用》、GB/T 14272—2021《羽绒服装》和《中国纺织服装行业循环发展转型路径研究》三个项目荣获 2023 年度中国纺织工业联合会科学技术奖科技进步奖二等奖。

12 月 7 日，在江苏南通举办的“衣品天下质造南通”2023 南通服装创新发展大会上，中国服装协会授予南通市“中国服装‘十四五’创新发展基地”称号（图 6-46）。

图 6-46　2023 南通服装创新发展大会

12 月 11 日，2023 年度可持续时尚践行者评选活动正式启动。该活动由中国服装协会、中国纺织工业联合会社会责任办公室主办，中国国际服装服饰博览会（CHIC）、中国服装协会会刊《中国服饰》承办，自 2020 年发起以来着力展现了中国纺织服装行业中积极践行绿色发展的先锋时尚力量，探索产业可持续生产与消费的模式和路径，为推动全球时尚产业绿色变革贡献中国力量。

12 月 14~15 日，2023 年度全国服装标准化技术委员会年会暨标准审定会在海南海口召开，增补何玲君等 7 人为全国服装标准化技术委员会委员、王萍等 8 人为全国服装标准化技术委员会观察员，对 2023 年度全国服装标准化技术委员会标准化工作特殊贡献企业、先进个人和先进单位予以表彰，并审定《婴幼儿背带（袋）》《机织儿童服装》等 3 项国家及行业标准和《纺织品　抗致臭菌性能的评价》等 7 项团体标准。

12 月 17 日，2023 中国十大童装品牌企业家沙龙活动在浙江湖州举办。与会企业家在活动中进行了深入分享和交流，共同寻求未来发展新路径，促进童装产业高质量健康发展。

12 月 18 日 23 点 59 分，甘肃临夏州积石山县发生 6.2 级地震，灾区情况牵动着全国人民的心，波司登、安踏、中乔体育、鸿星尔克、361°、李宁、匹克、特步、比音勒芬、森马等众多服装企业在第一时间展开行动，捐赠防寒保暖物资驰援灾区。

12 月 24 日，以“新长征 · 新智尚”为主题的 2023 江西纺织服装周暨第四届江西（赣州）纺织服装产业博览会在于都举办，中国纺织工业联合会、中国服装协会现场授予于都县“纺织服装产业链现代化建设示范区”的称号，并且中国纺织工业联合会与赣州市签约中国纺联战略合作项目。其间，还举行了 2023 中国服装论坛高精尖创新大会、2023 中国（赣州）服装品牌供应链资源对接会等系列活动，为服装企业和品牌深度交流、商贸对接搭建平台，有效推动产业上下游协同创新（图 6-47）。

图 6-47　2023 江西纺织服装周暨第四届江西（赣州）纺织服装产业博览会

12 月 28 日，《2023—2024 中国服装行业科技创新白皮书》发布，从新材料、智能研发、智能制造、智能供应链、智能营销、智能可穿戴、信息安全、绿色可持续等方面阐述了 2023 年中国服装行业科技创新发展情况，为行业科技进步提供有益的探讨和具有指导性的重要参考。

第七部分　附　录

附录一　2023 年中国服装行业运行数据集总

2023 年 1～12 月纺织行业经济指标完成情况汇总表（规模以上企业）

序号	指标	单位	1～12 月累计	去年同期累计	同比（±%）
1	企业单位数	户	37573	37573	—
2	亏损企业数	户	8048	—	—
3	亏损面	%	21.42	—	—
4	营业收入	万元	470092632	473794525	-0.78
5	营业成本	万元	414033988	419671311	-1.34
6	销售费用	万元	10012377	10322810	-3.01
7	管理费用	万元	17297810	17499877	-1.15
8	财务费用	万元	3873230	3605955	7.41
9	利润总额	万元	18021574	16806121	7.23
10	亏损企业亏损额	万元	4229700	5350393	-20.95
11	资产总计	万元	470292134	456949586	2.92
12	其中：流动资产合计	万元	261929602	255484300	2.52
13	其中：应收票据及应收账款	万元	60527394	58748095	3.03
14	存货	万元	70942609	68056014	4.24
15	其中：产成品	万元	37372791	35689945	4.72
16	负债合计	万元	275732102	263431767	4.67
17	出口交货值	万元	59215303	65541853	-9.65

（数据来源：国家统计局）

2023年1~12月服装行业经济指标完成情况汇总表（规模以上企业）

序号	指标	单位	1~12月累计	去年同期累计	同比（±%）
1	企业单位数	户	13625	13625	—
2	亏损单位数	户	2834	2552	11.05
3	亏损面	%	23.63	18.73	2.07
4	营业收入	万元	121046588	127953214	-5.40
5	营业成本	万元	101772503	108762762	-6.43
6	销售费用	万元	4855754	4942708	-1.76
7	管理费用	万元	6849892	6856613	-0.10
8	财务费用	万元	489161	394518	23.99
9	利润总额	万元	6138212	6353895	-3.39
10	亏损企业亏损额	万元	951364	910515	4.49
11	资产合计	万元	109403446	109868819	-0.42
12	其中：流动资产合计	万元	70407422	70120337	0.41
13	其中：应收票据及应收账款	万元	18914054	18464110	2.44
14	存货	万元	18248544	18664098	-2.23
15	其中：产成品	万元	9502349	9785627	-2.89
16	负债合计	万元	58113861	57804416	0.54
17	出口交货值	万元	27118135	30320817	-10.56

（数据来源：国家统计局）

2023年服装行业固定资产投资（不含农户）增速情况表
（计划总投资500万元以上的固定资产项目）

月份	制造业固定资产投资累计增长（%）	纺织业固定资产投资累计增长（%）	纺织服装、服饰业固定资产投资累计增长（%）
1~2月	8.1	-11	-2.9
3月	7	-4.3	-3.3
4月	6.4	-7.7	-5.7
5月	6	-3.6	-4.2
6月	6	-2	-5.3
7月	5.7	-2.3	-5.5
8月	5.9	-1.5	-4.3
9月	6.2	-2.2	-4.7
10月	6.2	-1.2	-4.3
11月	6.3	-0.9	-3.4
12月	6.5	-0.4	-2.2

（数据来源：国家统计局）

2023年服装行业产量汇总表（规模以上企业）

序号	指标	单位	12月当月	1~12月累计	累计同比（±%）
1	服装	万件	182320	1938961	-8.69
2	1. 机织服装	万件	64444	655642	-15.01
3	其中：羽绒服装	万件	898	8221	-23.78
4	西服套装	万件	1547	13504	-9.37
5	衬衫	万件	2551	30898	-9.86
6	2. 针织服装	万件	117876	1283319	-5.08

（数据来源：国家统计局）

2023年服装行业进出口情况表

指标	出口		进口	
	金额（万美元）	同比（%）	金额（万美元）	同比（%）
服装及衣着附件	1591.45	-7.8	99.67	-5.4
针织或钩编的服装及衣着附件	825.71	-7.8	39.64	-5.2
非针织或非钩编的服装及衣着附件	704.19	-6.8	53.00	-1.6

（数据来源：中国海关总署）

2023年对部分国家和地区服装出口情况表

国家和地区	服装及衣着附件		针织或钩编的服装及衣着附件		非针织或非钩编的服装及衣着附件	
	出口金额（万美元）	同比（%）	出口金额（万美元）	同比（%）	出口金额（万美元）	同比（%）
美国	3358579	-12.0	1904686	-11.0	1304921	-12.9
欧盟	2655135	-19.5	1352415	-17.8	1217822	-21.8
东盟	1551292	-4.3	841306	-10.0	660370	4.5
日本	1264522	-13.2	678487	-12.6	540438	-14.0
韩国	700999	1.1	307178	-2.7	364134	8.6
吉尔吉斯斯坦	652622	-10.4	253011	15.1	384801	-19.9
哈萨克斯坦	598892	72.5	222471	115.3	365811	57.0
澳大利亚	526273	-5.7	266703	-9.6	247239	-1.2
英国	487066	-15.7	256077	-10.8	214324	-18.1
俄罗斯	423027	12.8	182468	23.6	169056	30.5
马来西亚	422408	3.6	195850	-7.5	217963	16.1
越南	373715	17.0	201303	23.3	161506	11.4
新加坡	265437	6.8	147027	6.7	107875	10.1
沙特阿拉伯	260217	6.4	137447	-7.1	116321	28.6
加拿大	253081	-20.5	135734	-21.0	104087	-20.0
菲律宾	242838	-19.5	156061	-27.5	79820	2.1
墨西哥	232791	0.4	135212	3.6	90876	-4.2
阿联酋	216640	-17.9	118747	-26.6	92972	-3.2
智利	216108	-22.5	117648	-27.5	94463	-15.1
巴西	131399	15.1	64997	6.0	56059	27.5
南非	128547	-14.8	67285	-17.3	58441	-12.2
泰国	127901	-25.0	70126	-33.4	53272	-11.8
尼日利亚	125889	-3.4	43594	9.9	80735	-9.5
印度	120599	-3.4	73516	-4.0	40906	-0.6
以色列	112730	-15.3	71330	-19.5	38720	-7.6
巴拿马	92660	-12.9	44088	-23.0	47738	-0.5

续表

国家和地区	服装及衣着附件		针织或钩编的服装及衣着附件		非针织或非钩编的服装及衣着附件	
	出口金额（万美元）	同比（%）	出口金额（万美元）	同比（%）	出口金额（万美元）	同比（%）
伊拉克	90313	4.9	51769	4.4	37442	6.4
肯尼亚	66348	13.9	31146	-13.1	34264	60.1
新西兰	63261	-6.2	33943	-7.1	28155	-4.4
坦桑尼亚	59510	18.4	28617	9.1	30036	29.8
阿尔及利亚	57487	60.5	32610	64.9	24093	53.7
印度尼西亚	55948	-42.0	26747	-50.2	24514	-35.0
多哥	51993	42.2	35224	57.5	16408	18.2
塔吉克斯坦	45103	42.8	20733	110.6	21412	5.8
加纳	42665	65.2	27445	75.1	14072	54.4
秘鲁	41908	-11.9	20790	-19.9	19672	-0.6
塞内加尔	39397	85.5	18374	71.7	20401	102.0
约旦	38280	-5.5	24767	-15.8	12899	26.4
土耳其	36758	-3.7	12842	2.9	18858	-7.7
柬埔寨	32598	-11.6	23003	0.0	7865	-33.8
巴基斯坦	32421	-23.8	20509	-18.7	10753	-33.3
利比亚	30307	29.9	17846	19.3	12065	48.3
安哥拉	30077	50.7	18060	52.7	11685	48.9
挪威	29705	-39.4	13432	-40.7	15316	-39.6
也门	27462	-16.1	18072	-22.4	8360	0.1
哥伦比亚	27227	-30.4	15036	-32.4	10315	-27.8
尼泊尔	27071	54.7	13615	56.4	13252	54.5
喀麦隆	26483	41.8	16876	27.8	9253	80.2

（数据来源：中国海关总署）

附录二　2022 年中国服装行业百强企业名单

一、2022 年中国服装行业“营业收入”百强企业名单

雅戈尔集团股份有限公司
海澜集团有限公司
红豆集团有限公司
杉杉控股有限公司
太平鸟集团有限公司
波司登股份有限公司
山东如意时尚投资控股有限公司
迪尚集团有限公司
浙江森马服饰股份有限公司
江苏阳光集团有限公司
即发集团有限公司
广州纺织工贸企业集团有限公司
江苏东渡纺织集团有限公司
罗蒙集团股份有限公司
江苏虎豹集团有限公司
巴龙国际集团有限公司
狮丹努集团股份有限公司
江苏苏美达轻纺国际贸易有限公司
鲁泰纺织股份有限公司
鑫缘茧丝绸集团股份有限公司
江苏华瑞时尚集团有限公司
四川圣山莫林实业集团有限公司
山东岱银纺织集团股份有限公司
报喜鸟控股股份有限公司
江南布衣有限公司
锦泓时装集团股份有限公司
朗姿股份有限公司
山东希努尔男装有限公司
浙江伟星实业发展股份有限公司
宁波博洋服饰集团有限公司
法派服饰股份有限公司
爱慕股份有限公司
福建七匹狼实业股份有限公司
雅莹集团股份有限公司
威海市联桥国际合作集团有限公司
浙江乔治白服饰股份有限公司
地素时尚股份有限公司
无锡市金茂对外贸易有限公司
四川琪达实业集团有限公司
大杨集团有限责任公司
宁波长隆国泰集团有限公司
石狮市大帝集团有限公司
上海服装（集团）有限公司
国人服饰股份有限公司
山东耶莉娅服装集团有限公司
浙江巴贝领带有限公司
际华三五零二职业装有限公司
宁波培罗成集团有限公司
洛兹服饰科技有限公司
山东仙霞服装有限公司
欣贺股份有限公司
江苏卡思迪莱服饰有限公司
山东南山智尚科技股份有限公司
达利（中国）有限公司
江苏三润服装集团股份有限公司
福建柒牌时装科技股份有限公司
北京铜牛集团有限公司
湖南东方时装有限公司
泗阳捷锋帽业有限公司
浙江蓝天制衣有限公司
浙江华城实业投资集团有限公司
苏州天源服装有限公司

青岛雪达集团有限公司
武汉爱帝集团有限公司
上海嘉麟杰纺织科技有限公司
湖南省忘不了服饰有限公司
雅鹿控股股份有限公司
深圳华丝企业股份有限公司
北京嘉曼服饰股份有限公司
探路者控股集团股份有限公司
浙江爱伊美服装有限公司
宜禾股份有限公司
无锡市金茂服装有限公司
北京格雷时尚科技有限公司
富绅集团有限公司
山西兵娟制衣有限公司
际华三五三四制衣有限公司
湖南派意特服饰有限公司
日禾戎美股份有限公司
广州市汇美时尚集团股份有限公司
才子服饰股份有限公司
际华三五三六实业有限公司
北京大华时尚科技发展有限公司
江苏刘潭集团有限公司
江苏舜天信兴工贸有限公司
浙江达成凯悦纺织服装有限公司
江苏华佳控股集团有限公司
江苏泰慕士针纺科技股份有限公司
广州迪柯尼服饰股份有限公司
山东傲饰集团有限公司
江苏笛莎公主文化产业股份有限公司
郑州市娅丽达服饰有限公司
青岛前丰国际帽艺股份有限公司
北京卓文时尚纺织股份有限公司
南京际华三五零三服装有限公司
安莉芳（上海）有限公司
依文服饰股份有限公司
浙江乔顿服饰股份有限公司
苏州市青田企业发展有限公司
北京方圣时尚科技集团有限公司

二、2022 年中国服装行业“利润总额”百强企业名单

波司登股份有限公司
雅戈尔集团股份有限公司
海澜集团有限公司
山东如意时尚投资控股有限公司
杉杉控股有限公司
迪尚集团有限公司
江苏东渡纺织集团有限公司
江苏阳光集团有限公司
江苏虎豹集团有限公司
罗蒙集团股份有限公司
鲁泰纺织股份有限公司
浙江森马服饰股份有限公司
比音勒芬服饰股份有限公司
巴龙国际集团有限公司
狮丹努集团股份有限公司
江南布衣有限公司
报喜鸟控股股份有限公司
浙江伟星实业发展股份有限公司
地素时尚股份有限公司
江苏苏美达轻纺国际贸易有限公司
山东希努尔男装有限公司
即发集团有限公司
太平鸟集团有限公司
雅莹集团股份有限公司
上海服装（集团）有限公司
鑫缘茧丝绸集团股份有限公司
法派服饰股份有限公司
江苏卡思迪莱服饰有限公司
福建柒牌时装科技股份有限公司
威海市联桥国际合作集团有限公司
福建七匹狼实业股份有限公司
北京嘉曼服饰股份有限公司
浙江乔治白服饰股份有限公司
爱慕股份有限公司

国人服饰股份有限公司
日禾戎美股份有限公司
山东南山智尚科技股份有限公司
山东耶莉娅服装集团有限公司
欣贺股份有限公司
四川琪达实业集团有限公司
湖南东方时装有限公司
雅鹿控股股份有限公司
江苏三润服装集团股份有限公司
苏州天源服装有限公司
衣拉拉集团股份有限公司
湖南派意特服饰有限公司
宁波长隆国泰集团有限公司
上海嘉麟杰纺织科技有限公司
湖南省忘不了服饰有限公司
宁波培罗成集团有限公司
达利（中国）有限公司
洛兹服饰科技有限公司
大杨集团有限责任公司
山东傲饰集团有限公司
山东岱银纺织集团股份有限公司
青岛雪达集团有限公司
青岛酷特智能股份有限公司
际华三五零二职业装有限公司
青岛前丰国际帽艺股份有限公司
江苏泰慕士针纺科技股份有限公司
广州迪柯尼服饰股份有限公司
泗阳捷锋帽业有限公司
浙江华城实业投资集团有限公司
山东仙霞服装有限公司
浙江爱伊美服装有限公司
江苏舜天信兴工贸有限公司
郑州市娅丽达服饰有限公司
江苏华佳控股集团有限公司
浙江依爱夫游戏装文化产业有限公司
北京格雷时尚科技有限公司
浙江蓝天制衣有限公司
浙江巴贝领带有限公司
凯森蒙集团有限公司
四川圣山莫林实业集团有限公司
江苏华瑞时尚集团有限公司
探路者控股集团股份有限公司
际华三五三四制衣有限公司
石狮市大帝集团有限公司
宁波博洋服饰集团有限公司
贝德服装集团股份有限公司
际华三五三六实业有限公司
宜禾股份有限公司
富绅集团有限公司
江苏舜天泰科服饰有限公司
雷迪波尔服饰股份有限公司
苏州市青田企业发展有限公司
依文服饰股份有限公司
深圳华丝企业股份有限公司
四川祥和鸟服饰有限公司
朗姿股份有限公司
广州市汇美时尚集团股份有限公司
江苏中纺联针织有限公司
南通东润实业有限公司
江苏笛莎公主文化产业股份有限公司
河北格雷服装股份有限公司
北京红都集团有限公司
上海东隆羽绒制品有限公司
南京行狐集团有限公司
锦泓时装集团股份有限公司
北京方圣时尚科技集团有限公司

三、2022 年中国服装行业“营业收入利润率”百强企业名单

比音勒芬服饰股份有限公司
衣拉拉集团股份有限公司
日禾戎美股份有限公司
地素时尚股份有限公司
北京嘉曼服饰股份有限公司
福建柒牌时装科技股份有限公司

波司登股份有限公司
江苏卡思迪莱服饰有限公司
江南布衣有限公司
上海服装（集团）有限公司
浙江伟星实业发展股份有限公司
河北格雷服装股份有限公司
四川祥和鸟服饰有限公司
鲁泰纺织股份有限公司
青岛酷特智能股份有限公司
报喜鸟控股股份有限公司
湖南派意特服饰有限公司
雅莹集团股份有限公司
山东南山智尚科技股份有限公司
江苏虎豹集团有限公司
山东傲饰集团有限公司
雅鹿控股股份有限公司
江苏舜天力佳服饰有限公司
江苏东渡纺织集团有限公司
大连新新服装制造有限公司
江苏中纺联针织有限公司
北京红都集团有限公司
山东希努尔男装有限公司
浙江依爱夫游戏装文化产业有限公司
青岛前丰国际帽艺股份有限公司
罗蒙集团股份有限公司
贝德服装集团股份有限公司
安徽武鹰制衣有限公司
湖南东方时装有限公司
江苏泰慕士针纺科技股份有限公司
国人服饰股份有限公司
江苏舜天泰科服饰有限公司
苏州天源服装有限公司
山东如意时尚投资控股有限公司
江苏阳光集团有限公司
欣贺股份有限公司
凯森蒙集团有限公司
山东耶莉娅服装集团有限公司
广州迪柯尼服饰股份有限公司
江苏三润服装集团股份有限公司
湖南省忘不了服饰有限公司
上海嘉麟杰纺织科技有限公司
法派服饰股份有限公司
巴龙国际集团有限公司
株洲市尊速服装有限责任公司
郑州市娅丽达服饰有限公司
山东淏博服饰有限公司
狮丹努集团股份有限公司
浙江乔治白服饰股份有限公司
江苏华佳控股集团有限公司
江苏舜天信兴工贸有限公司
宿迁市箭鹿制衣有限公司
上海东隆羽绒制品有限公司
四川琪达实业集团有限公司
青岛雪达集团有限公司
江苏世纪燎原针织有限公司
苏州市青田企业发展有限公司
江苏苏美达轻纺国际贸易有限公司
南通富士美帽业有限公司
北京大德和隆庆祥服装有限公司
重庆梦之诗服饰有限公司
福建七匹狼实业股份有限公司
达利（中国）有限公司
南京行狐集团有限公司
浙江爱伊美服装有限公司
依文服饰股份有限公司
浙江森马服饰股份有限公司
爱慕股份有限公司
北京格雷时尚科技有限公司
际华三五三六实业有限公司
宁波长隆国泰集团有限公司
际华三五三四制衣有限公司
南通东润实业有限公司
浙江华城实业投资集团有限公司
洛兹服饰科技有限公司
泗阳捷锋帽业有限公司
探路者控股集团股份有限公司

江苏联宏纺织有限公司
富绅集团有限公司
江苏玉人服装有限公司
北京方圣时尚科技集团有限公司
宜禾股份有限公司
鑫缘茧丝绸集团股份有限公司
际华三五零二职业装有限公司
大杨集团有限责任公司
南通冠洲国际贸易有限公司
浙江蓝天制衣有限公司
江苏笛莎公主文化产业股份有限公司
广州市汇美时尚集团股份有限公司
山东仙霞服装有限公司
杉杉控股有限公司
深圳华丝企业股份有限公司
郑州云顶服饰有限公司
江苏业勤服饰有限公司
浙江巴贝领带有限公司

附录三　2023 年中国服装产业集群试点地区名单

序号	集群地区	命名称号
1	河北省磁县	中国童装加工名城
2	河北省容城县	中国男装名城
3	辽宁省大连市普兰店区	中国西装名城　中国服装智能制造名城
4	辽宁省丹东高新技术产业开发区	中国防护纺织品名城
5	辽宁省丹东东港市	中国运动户外服装名城
6	辽宁省兴城市	中国泳装名城
7	辽宁省海城市西柳镇	中国裤业名镇　中国棉服名镇
8	辽宁省灯塔市佟二堡镇	中国皮革皮草服装名镇
9	江苏省常熟市	中国休闲服装名城
10	江苏省常熟市海虞镇	中国休闲服装名镇
11	江苏省常熟市沙家浜镇	中国休闲服装名镇
12	江苏省常熟市古里镇	中国羽绒服装名镇
13	江苏省高邮市	中国羽绒服装制造名城
14	浙江省瑞安市	中国男装名城
15	浙江省海宁市	中国皮革皮草服装名城
16	浙江省平湖市	中国服装制造名城
17	浙江省嵊州市	中国领带名城
18	浙江省三门县	中国冲锋衣服装名城
19	浙江省湖州市织里镇	中国童装名镇
20	浙江省义乌市大陈镇	中国衬衫名镇
21	安徽省繁昌县孙村镇	中国出口服装制造名镇
22	安徽省望江县长岭镇	中国服装棉纺织制造名镇
23	福建省石狮市	中国休闲服装名城
24	福建省石狮市蚶江镇	中国裤业名镇
25	福建省石狮市灵秀镇	中国运动休闲服装名镇
26	福建省石狮市宝盖镇	中国服装辅料服饰名镇
27	福建省石狮市凤里街道	中国童装名镇
28	福建省泉州市丰泽区	中国童装名城
29	福建省晋江市	中国泳装产业名城
30	福建省晋江市英林镇	中国休闲服装名镇

续表

序号	集群地区	命名称号
31	江西省共青城市	中国羽绒服装名城
32	江西省于都县	中国品牌服装制造名城
33	山东省青岛市即墨区	中国童装名城
34	山东省诸城市	中国男装名城
35	山东省汶上县	中国休闲服装制造名城
36	河南省新密市	中国品牌服装制造名城
37	河南省光山县	中国羽绒服产业名城
38	河南省项城市	中国医护服装产业名城
39	河南省西平县	中国服装制造名城
40	河南省安阳市北关区柏庄镇	中国童装名镇
41	河南省邓州市穰东镇	中国裤业名镇
42	湖北省汉川市	中国服装制造名城
43	湖北省荆州市沙市区岑河镇	中国婴童服装名镇
44	湖北省仙桃市毛嘴镇	中国女裤名镇
45	湖南省株洲市芦淞区	中国女裤名城
46	湖南省醴陵市船湾镇	中国职业服装名镇
47	广东省潮州市	中国婚纱礼服名城
48	广东省深圳市龙华区大浪时尚小镇	中国品牌服装名镇
49	广东省佛山市禅城区祖庙街道	中国童装名镇
50	广东省佛山市南海区大沥镇	中国内衣名镇
51	广东省佛山市顺德区均安镇	中国牛仔服装名镇
52	广东省东莞市虎门镇	中国女装名镇　中国童装名镇
53	广东省中山市沙溪镇	中国休闲服装名镇
54	广东省中山市大涌镇	中国牛仔服装名镇
55	广东省汕头市潮南区峡山街道	中国家居服装名镇
56	广东省开平市三埠街道	中国牛仔服装名镇
57	广东省博罗县园洲镇	中国休闲服装名镇
58	广东省普宁市流沙东街道	中国内衣名镇
59	广西壮族自治区玉林市福绵区	中国休闲服装名城
60	广西壮族自治区桂平市木乐镇	中国休闲运动服装名镇
61	四川省彭州市	中国休闲服装名城
62	四川省乐山市井研县	中国工装面料名城
63	四川省渠县	中国户外纺织服装名城
64	陕西省榆林市	中国羊毛防寒服名城

附录四 2023年中国服装科技大会奖项授予名单

一、2023年中国服装行业科技进步奖

2023年中国服装行业科技进步一等奖（排名不分先后）

序号	项目名称	项目完成单位
1	高性能羽绒服装智能化制造关键技术及应用	波司登羽绒服装有限公司，江南大学
2	服装数智化工艺集成应用关键技术	海澜之家集团股份有限公司，武汉亘星智能技术有限公司，江阴海澜科技有限公司
3	全自动下级包朴设备	广东溢达纺织有限公司

2023年中国服装行业科技进步二等奖（排名不分先后）

序号	项目名称	项目完成单位
1	机可洗纯毛西服套装	山东南山智尚科技股份有限公司
2	柔性分拣配对系统在衬衫混流生产中的应用	江苏阳光集团有限公司
3	0感舒适衬衫	江苏红豆实业股份有限公司
4	IECC智能制造数字化协同平台	安徽红爱实业股份有限公司，上海华律智能科技有限公司，东华大学
5	功能性针织衬衣产业化生产技术研究	鲁泰纺织股份有限公司
6	点胶无痕针织内衣的开发与应用	苏州美山子制衣有限公司
7	防弹插板迎弹面止裂层包覆机关键技术的研究及应用	际华三五零二职业装有限公司
8	冰钓服的研究与应用	山东岱银纺织集团股份有限公司
9	天然染料染色贴身服饰的研发	爱慕股份有限公司
10	面向羽绒服装设计创意激发的智能系统及应用	波司登国际控股有限公司，浙江大学
11	比音勒芬高尔夫服饰定制平台	比音勒芬服饰股份有限公司
12	一种智能制帽整套流水线设备	青岛前丰国际帽艺股份有限公司

2023年中国服装行业科技进步优秀奖（排名不分先后）

序号	项目名称	项目完成单位
1	汇美云中台——全链路服装企业数字化管理平台	广州市汇美时尚集团股份有限公司
2	3D立体免烫服装制造研发和运用	金利来（中国）有限公司
3	衣邦人数字化服装定制样板系统的研发及产业化	杭州贝嘟科技有限公司
4	功能纺织面料创新及其产业化应用	大连李阳服装有限公司

续表

序号	项目名称	项目完成单位
5	基于智能 E 尺的测量管理系统	四川琪达实业集团有限公司
6	全成型无缝编织技术的研究与应用	银川瑞纳服饰有限公司
7	基于反追踪安全防护的警务服装关键技术研究及产业化	罗蒙集团股份有限公司
8	依文 MTM 服装定制平台	依文服饰股份有限公司，依文数智（北京）信息科技有限公司
9	一种帽子可转动自如的连帽服装	厦门乔丹科技有限公司
10	发热式跑步运动套装	厦门乔丹科技有限公司，中乔体育股份有限公司
11	全热透气保暖羽绒服	厦门乔丹科技有限公司，乔丹（厦门）实业有限公司，中乔体育股份有限公司
12	吸湿速干功能针织面料开发及其在休闲运动服装上的规模应用	上海嘉乐股份有限公司
13	石墨烯控温冲锋衣	深圳智裳科技有限公司
14	数字化家居服饰设计服务平台	三问家居股份有限公司

二、2023 年中国服装行业科技进步贡献奖（排名不分先后）

序号	项目名称	项目完成单位
1	SewSmart（针聪明）智慧生产协同系统	苏州飞榴科技有限公司
2	基于参数化版型库的自动订单处理解决方案	深圳市博克时代科技开发有限公司
3	基于物联网技术的服装家纺生产管理系统	南通明兴科技开发有限公司
4	5G 智慧工厂研究与实践	浙江瑞晟智能科技股份有限公司
5	四墨盒喷切一体裁切系统关键技术及装备	宁波经纬数控股份有限公司
6	WS-8002 自动明线缉缝机	上海威士机械有限公司
7	全自动吊牌穿带机	上海威士机械有限公司
8	全自动铺缝裁生产线	上工富怡智能制造（天津）有限公司
9	国产服装 3D 数字化虚拟设计工业软件	浙江凌迪数字科技有限公司
10	DPC 数字产品中心平台	武汉亘星智能技术有限公司
11	缝纫模板机自动上下模板综合调配系统	拓卡奔马机电科技有限公司
12	面向工业互联网构架的新一代服装 CAD 系统 ET-ETS CAD 系统	深圳市布易科技有限公司
13	服装智能制造数字工厂关键技术及设备	杰克科技股份有限公司，台州学院
14	后整拉动式拣选解决方案	浙江杰克成套智联科技有限公司，杰克科技股份有限公司
15	基于仿生软体机械手的裁片堆垛逐层分离技术	江南大学，苏州柔触机器人科技有限公司
16	X5Te 数字化包缝机	美机科技集团有限公司

续表

序号	项目名称	项目完成单位
17	志华软件 X2 企业中台和 X2FlexERP	广东志华软件科技有限公司
18	衣科笑铺日记数字化管理系统	杭州衣科信息技术股份有限公司
19	蕾丝柔性材料的智能排版裁切系统技术研发与产业化	广东瑞洲科技有限公司
20	可低成本普及的服装中小商户数字化升级系统	深圳市秦丝科技有限公司
21	HX8V 新一代智能包缝机	上海富山精密机械科技有限公司
22	HSAT-K9C 自动上圆领机	上海富山精密机械科技有限公司
23	基于物联网的富山 IOT 数字化转型云平台	上海富山精密机械科技有限公司
24	卡奥斯服装行业大规模定制工业互联网平台	海尔云城数字科技（青岛）有限公司
25	基于纳米复合生物活性多功能纤维的职业装面料关键技术研究与产业化	百事基材料（青岛）股份有限公司，江苏阳光集团有限公司，青岛百草新材料股份有限公司，中科纺织研究院（青岛）有限公司
26	虚拟仿真技术在数字化服装创新人才培养教学中的应用	深圳市格林兄弟科技有限公司，惠州学院
27	eMES 服装生产管理 SaaS 平台	杭州衣迈斯科技有限公司
28	店+（店加）智能商品项目	杭州店家科技有限公司
29	铜改性聚酯纤维服饰品制备技术	江苏工程职业技术学院
30	服饰考古、复原及虚拟仿真关键技术研究及应用	西安工程大学，新疆大学，上海信玺信息科技有限公司
31	基于品牌生态圈的服装联营云服务平台研究及行业应用	惠州学院，旭日商贸（中国）有限公司，深圳市广德教育科技股份有限公司，深圳市格林兄弟科技有限公司
32	由有机酸催化的水热反应来分离和回收废旧涤棉纺织品的方法	香港纺织及成衣研发中心
33	精纺纯毛织物天然抗皱关键技术研发与应用	山东南山智尚科技股份有限公司

三、2023 年中国服装专利奖

2023 年中国服装专利金奖（空缺）

2023 年中国服装专利银奖（排名不分先后）

序号	专利号	专利名称	专利权人
1	ZL201611115015.8	一种防水膜及其制备方法和防水拉链	浙江伟星实业发展股份有限公司
2	ZL201910444231.1	一种喷淋去污高保形毛精纺服装制备方法	江苏阳光集团有限公司，江苏阳光股份有限公司
3	ZL201710582554.0	自动包朴折叠及车缝机构	广东溢达纺织有限公司，桂林溢达纺织有限公司
4	ZL202110866206.2	一种链双针合缝机	河北奔发制衣有限公司，河北宁纺集团有限责任公司

续表

序号	专利号	专利名称	专利权人
5	ZL201811189440.0	一种采用点胶方式制作服装的方法	苏州美山子制衣有限公司，苏州爱慕内衣有限公司
6	ZL201811069428.6	草木灰法提取色素的方法	爱慕股份有限公司，北京服装学院
7	ZL201710348827.5	一种吊牌自动穿绳机	舒普智能技术股份有限公司
8	ZL201710806970.4	由有机酸催化的水热反应来分离和回收废旧涤棉纺品的方法	香港纺织及成衣研发中心

2023 年中国服装专利优秀奖（排名不分先后）

序号	专利号	专利名称	专利权人
1	ZL201921498337.4	一种机可洗的纯毛西服套装	山东南山智尚科技股份有限公司
2	ZL202110738511.3	一种可机洗羊毛衫的加工方法	金利来（中国）有限公司，深圳添丰采服装有限公司
3	ZL202221340897.9	一种全羊毛免烫西裤	金利来（中国）有限公司，深圳添丰采服装有限公司
4	ZL202221993734.0	一种 100%羊毛机洗西装的散水结构及西装	金利来（中国）有限公司，深圳添丰采服装有限公司
5	ZL202023202483.3	腋窝处下降的方便运动的正装衬衫	鲁泰纺织股份有限公司
6	ZL202011124029.2	一种提升链板定位控制系统	浙江衣拿智能科技股份有限公司
7	ZL201921681256.8	一种可外穿的羊绒防寒裤	榆林市衣人美服饰有限公司
8	ZL201811252246.2	一种基于 2D 人体图像进行量体的方法及系统	武汉亘星智能技术有限公司
9	ZL201710164439.1	一种免烫耐洗防缩水针织服装及其制备方法	广东溢达纺织有限公司
10	ZL202021195384.4	一种具有隐藏式防丢口袋的服装	百裕世纪（集团）有限公司
11	ZL200610154665.3	具有锁绒效果的羽绒服	艾莱依时尚股份有限公司
12	ZL201710751519.7	一种针织面料及其编织方法	陕西博雅服饰科技有限公司

四、2023 中国服装行业年度科技创新人物（排名不分先后）

序号	入选人姓名	入选人单位
1	张奇锋	艾莱依时尚股份有限公司
2	张　毅	爱慕股份有限公司
3	孟晓东	安徽红爱实业股份有限公司
4	段宇晶	北京中科海势科技有限公司
5	李　娟	河北奔发制衣有限公司
6	刘佳玟	湖南省忘不了服饰有限公司

续表

序号	入选人姓名	入选人单位
7	韩月芬	际华三五零二职业装有限公司
8	赵　荣	江苏阳光集团有限公司
9	肖日辉	江西仔衣库服饰有限公司
10	高淑霞	鲁泰纺织股份有限公司
11	王　亮	宁波经纬数控股份有限公司
12	李海滨	青岛酷特智能股份有限公司
13	李　帅	上工富怡智能制造（天津）有限公司
14	武大治	武汉亘星智能技术有限公司
15	翁端文	浙江衣拿智能科技股份有限公司

五、2023 服装行业优秀论文奖

2023 服装行业优秀论文一等奖（排名不分先后）

序号	标题	作者
1	基于数字技术的可充电保暖定位的登山服设计研究	李国安，任祥放，沈雷
2	基于决策树 C4.5 的西裤合体性评估模型构建与验证	杨艳，赵荣，陆春立，赵子豪
3	百草艾草改性涤纶纤维的制备及其性能研究	刘彦明，黄效华，池姗，刘翠，甄丽，刘宇
4	浅谈精益生产在针织服装中的优化研究	高淑霞，李凤霞，韩芳，王敏
5	丝素蛋白基柔性可穿戴压力传感器的研究	肖珊珊，陈世强，程俊银，陈磊

2023 服装行业优秀论文二等奖（排名不分先后）

序号	标题	作者
1	基于电商直播的衬衫生产订单匹配机制	聂家乐，杜劲松，李慧冬
2	论缝制设备数字化转型的路径	杨明才
3	纯棉衬衫的易除污成衣免烫整理工艺研究	陶瑞亮，佘振云
4	虚拟仿真技术在工业平缝机开发中的应用	程丽，吴善敏，管建平，熊锋
5	基于技术接受模型的个人热管理服装需求研究	朱睿悦，顾中婧，田苗，戚乃心
6	PBO/Ag 纳米纤维复合膜的制备及压力传感应用	令狐顺，王圆圆，刘雨佳，陈磊
7	运动服装数字化转型升级研究——以李宁为例	周捷，王思佳，万晴
8	基于个性化文胸样版设计的乳房特征尺寸研究	勾娟娟，吴龙，应柏安
9	工业机器人、人力资本与就业：基于纺织行业的研究	赵君丽，宁江霞，张文秋
10	“互联网+”背景下中国服装消费品牌“智慧营销”策略应用概况分析	李楠

续表

序号	标题	作者
11	新疆少数民族服饰创新式传承发展的途径与策略研究——以维吾尔族艾德莱斯绸传统民族服饰为例	庄鹏姬
12	文胸模杯不同功能区域的弹性分布研究	夏静，吴龙，应柏安，齐静，张欣

2023 服装行业优秀论文优秀奖（排名不分先后）

序号	标题	作者
1	基于感性工学的男式双面呢大衣款式评价	张中启
2	数字化纺织服装专业人才助力纺服产业转型升级的路径研究	黄晓茵
3	业财融合信息化管理系统在服装企业的设计和应用——以独立设计师品牌的服装 A 公司为例	郑小珍
4	纺织服装智能制造工艺模板的开发探讨	朱洁，陶瑞亮
5	多层电脑绗缝机技术应用分析	曹峰，袁宝轩
6	成衣免烫衬衫生产中存在的问题及其改进措施	高淑霞，李凤霞，韩芳，王敏
7	传统刺绣在羊毛防寒服上的应用	李贞
8	解读服装与音乐的关系	顾晓晴
9	基于 Kano 模型的牛仔服装可持续营销平台策略研究	王雪婷，邵慧琳
10	“针织设计项目制课程群”的产教融合探索与实践	郑兴昱，戴竞宇，储谨毅
11	数字化服装制版教学方式的探索	廖斌
12	浅析仿生设计在羽绒服结构中的应用	廖云飞，叶连云
13	中国纺织服装上市企业数字化转型水平测度	赵君丽，张文秋
14	智能羽毛球服运动强度监测算法设计	方方，邓先锋，张怡
15	基于 Simfactory 的牛仔裤单件流水线仿真评价	杨明明，吴龙，应柏安，齐静
16	基于足底压力的个性化三维鞋垫模型的研究	李京芮，吴龙，应柏安

附录五 纺织服装创意设计试点示范园区（平台）名单

（工业和信息化部确定的51个试点，其中25个示范）

批次（入围年份）	序号	所在地	园区（平台）名称	备注
第一批（2016年）	1	北京市	751D·PARK 北京时尚设计广场	示范
	2		北服创新园	
	3	辽宁省	兴城泳装创意设计产业园	
	4	江苏省	常熟纺织服装创意产业园	示范
	5	浙江省	余杭艺尚小镇	
	6		绍兴市柯桥区纺织工业创意设计基地	示范
	7	山东省	迪尚智慧时尚生活方式集成创新平台	示范
	8	湖北省	红T时尚创意街区	示范
	9	广东省	广州轻纺交易园	示范
	10	青岛市	纺织谷	示范
	11	厦门市	海峡两岸龙山文创园	
第二批（2017年）	12	上海市	尚街 loft 时尚生活园区	
	13	浙江省	桐乡濮院针织产业园区创意设计平台（濮院320创意广场）	
	14		临平家纺产业设计园（品牌布艺总部基地）	示范
	15	广东省	红棉国际时装城	示范
	16	陕西省	西咸纺织服装创新园	
	17	青岛市	东方时尚中心	
	18	宁波市	创客157创业创新园	示范
第三批（2018年）	19	北京市	依文纺织服装创意设计平台	
	20	河北省	永清云裳小镇	示范
	21	上海市	POP时尚创意综合服务平台	示范
	22	浙江省	平湖服装文化创意园	示范
	23	江西省	南昌青山湖纺织服装创意设计园区	
	24	山东省	宁阳纺织服装文化创意园	
	25	湖南省	新芦淞（白关）国际服饰创意园	
	26	广东省	广州T.I.T创意园	
	27		梧桐台原创服饰供应链服务平台	示范
第四批（2019年）	28	河北省	清河羊绒小镇	示范
	29	内蒙古自治区	鄂尔多斯现代羊绒园	

续表

批次（入围年份）	序号	所在地	园区（平台）名称	备注
第四批（2019年）	30	辽宁省	辽宁西柳服装创意设计产业园	
	31	江苏省	晨风服装创意设计平台	示范
	32		吴江丝绸文化创意产业园	示范
	33	浙江省	湖州织里童装设计中心	
	34	安徽省	红爱云时尚创意设计平台	
	35	山东省	明远大家居时尚创意中心	示范
	36		如意国际时尚创意设计平台	
	37	河南省	河南旗帜纺织服装创意设计平台	
	38		郑州锦荣服装创意园	示范
	39	广东省	广州国际轻纺城	
	40		唯品同创汇	
	41	宁波市	宁波智尚国际服装产业园	
	42		云裳谷时尚科技园	示范
	43	深圳市	深圳大浪时尚小镇	示范
第五批（2020年）	44	北京市	格雷服装文创设计产业园	示范
	45	江苏省	虎丘婚纱城	
	46	浙江省	海宁中国皮革城纺织服装创意设计园区	示范
	47	山东省	鲁泰纺织服装创意设计平台	示范
	48	湖北省	宜昌服饰创意平台	
	49	大连市	大连服装设计师孵化平台	
	50	宁波市	太平鸟时尚中心	示范
	51		前洋26创业园	

附录六　第六届“中国十大童装品牌”名单[1]
（按品牌所在省份地区排列，排名不分先后）

叮当猫 DDCAT	上海叮当猫儿童用品有限公司
红豆童装	红豆集团无锡红豆童装有限公司
巴拉巴拉	浙江森马服饰股份有限公司
花田彩	湖州花田彩服饰有限公司
男生女生	湖州男生女生品牌管理有限公司
朴与素	湖州丛尚服饰有限公司
琦瑞德泽	浙江万顺服饰股份有限公司
1001 夜	浙江金钥匙儿童用品有限公司
特步儿童	厦门市特步儿童用品有限公司
皇室童缘	福建省皇室童缘服饰有限公司
安奈儿	深圳市安奈儿股份有限公司

“第六届中国十大童装”之设计创新品牌

爱法贝　　宁波百慕品牌管理有限公司

“第六届中国十大童装”之模式创新品牌

贝贝王国　　杭州中赛实业有限公司

“第六届中国十大童装”之产品创新品牌

洛小米　　湖州恩硕服饰有限公司

“第六届中国十大童装”之渠道创新品牌

七秒易购　　湖州七秒实业有限公司

[1] 第六届“中国十大童装品牌”及单项称号有效期至 2025 年 6 月。

附录七 “南山智尚杯”2023中国职业装设计大赛暨交通运输行业制服设计大赛获奖名单

奖项	作品名称	设计师
金奖	花重锦官城	罗琳，熊俊峰
银奖	离天	张秀
	迁跃者	廖子琼
铜奖	后现代工装	张翠娥，陈小芳，卢燕
	青黛	李文慧，梁宁宁
	一苇以航	杨道俊，杨芳宇
优秀奖	蓝盾	梁向雷
	CITY WALKERS 城市穿行着	杨营
	墨韵	徐歆妮
	未来装备	徐文雯
	未来轨迹	闵立波
	朝暮	李冬生，雷小萍，郑涵阳
	乘风如意	杨笑薇
	云霄之韵	周翠华
	自由翱翔	付雨欣
	横纵山河	洪林煜
入围奖	景泰华衿	刘心仪
	山川止行，风禾尽起	琚小芬
	宝相花开	孙苏盟
	翱翔	赵诗凡
	望川	游林辉
	机械师	张梦楠，吴彦
	荷	马雯雯
	曦暮同行	张羽菲，王雨萌，刘菁菁
	靛青阁	林炎灵
	绿鸳	赵珂冉
	前行者	孟文喜
	屋脊上的瑞兽	严斯宇
	零距离	李科，肖岭，刘晓路，鲍巍，刘倩倩，张淼
	海不扬波	孙湉
	依澜	冯佳慧
	青花	金子明
	花神赋	余亚玲

编　后

《2023—2024 中国服装行业发展报告》的编撰，旨在总结 2023 年中国服装行业发展状况，解析行业热点问题，展望行业发展趋势，探索行业发展路径。

本报告由七部分组成：

第一部分总报告篇。本部分由中国服装协会研究完成 2023～2024 年中国服装行业经济运行发展报告，该报告认真总结分析了 2023 年中国服装产业生产、市场、投资情况，深入分析影响行业发展主要因素以及行业运行特点，并就 2024 年中国服装行业发展趋势进行了前瞻性预测。

第二部分分报告篇。本部分由中国服装协会、中华全国商业信息中心、北京服装学院、中国国际电子商务中心、申万宏源证券、中国纺织工业联合会品牌工作办公室、知萌咨询等单位共同研究，完成 2023～2024 年中国服装消费市场发展报告、2023～2024 年中国服装出口贸易分析报告、2023～2024 年中国服装电商发展报告、2023～2024 年中国服装行业资本市场报告、2023～2024 年中国纺织服装品牌发展报告、2023～2024 年中国消费趋势报告。六篇报告数据翔实，观点鲜明，分别就 2023 年中国服装消费市场、全球服装贸易、电子商务、品牌发展、资本市场、消费趋势等领域进行了全面、深入的总结和分析。由于各单位统计口径和计算方法存在不同，报告中部分数据可能略有差异。

第三部分产业链报告篇。本部分收录中国棉纺织行业协会、中国化学纤维工业协会、中国纺织信息中心/国家纺织产品开发中心、中国印染行业协会、中国缝制机械协会分别编撰的 2023～2024 年中国棉纺织行业运行报告、2023～2024 年中国纤维流行趋势发布报告、2023～2024 年中国纺织面料流行趋势报告、2023～2024 年中国服装印花行业发展报告、2023～2024 年中国缝制机械行业经济运行报告，分别就产业链相关方的产品创新、流行趋势以及经济态势进行了详尽分析，为产业链融合以及企业经营提供必要的决策参考。

第四部分专题篇。本部分是对 2023 年热点问题探讨和研究成果的汇总，由中国纺织工业联合会、中国服装协会、东华大学、爱慕股份、艾瑞咨询等单位和机构共同完成，内容涉及行业发展、服装科技、绿色制造、社会责任等内容。

第五部分观点篇。本部分收录了建设现代化服装产业集群以及 2023 年举办的世界服装大会、中国服装大会、中国服装论坛等活动相关专家就产业形势、文化创意、数字化变革、品牌发展、可持续时尚等内容的声音，希望能引发读者的关注与思考。

第六部分大事记篇。本部分由《中国服饰》杂志梳理 2023 年中国服装行业发展重大事件，并对事件意义进行了简洁诠释。

第七部分附录。本部分收录 2023 年服装产业经济数据、重要奖项等内容，以备不同人士按需查询。

本报告编撰工作得到众多业内外人士、机构和企业的大力支持，中国服装协会及本报告编委会在此谨表示衷心感谢。

不当之处，恳请指正。